千岛湖与安徽交界处　淳安县千岛湖镇 /1997.4.4

作者在整理调查材料　淳安县王阜乡大社村 /1995.3.21/ 胡士云摄

严州府治梅城街景　建德县梅城镇 /1994.1.6

严州民居之一　淳安县王阜乡 /1995.3.20

严州民居之二　淳安县王阜乡大社村 /1995.3.21

水碓　淳安县王阜乡仙人潭村 /1995.3.20

织布　淳安县王阜乡大社村 /1995.3.21

打稻　遂安县安阳乡山下村 /1996.8.3

新安江上的九姓渔民　建德县梅城镇渔业村 /1995.8.23

包萝馃（玉米饼）　淳安县王阜乡闻家村 /1995.3.20

上坟　淳安县千岛湖镇（淳安方言发音人邵继康之墓）/1995.8.10（中元节）

徽语严州方言研究

A Study on the Yanzhou Hui Dialect

曹志耘◎著

北京语言大学出版社
BEIJING LANGUAGE AND CULTURE UNIVERSITY PRESS

图书在版编目（CIP）数据

徽语严州方言研究 / 曹志耘著．— 北京 ：北京语言大学出版社，2017.11
ISBN 978-7-5619-4954-2

Ⅰ．①徽… Ⅱ．①曹… Ⅲ．①汉语方言－方言研究－浙江 Ⅳ．① H173

中国版本图书馆 CIP 数据核字 (2017) 第 136871 号

徽语严州方言研究

HUIYU YANZHOU FANGYAN YANJIU

排版制作：北京光大印艺文化发展有限公司
责任印制：周 燚

出版发行：北京语言大学出版社
社　　址：北京市海淀区学院路 15 号，100083
网　　址：www.blcup.com
电子信箱：service@blcup.com
电　　话：编辑部　8610-82303647/3592/3395
国内发行　8610-82303650/3591/3648
海外发行　8610-82303365/3080/3668
北语书店　8610-82303653
网购咨询　8610-82303908
印　　刷：北京京华虎彩印刷有限公司

版　　次：2017 年 11 月第 1 版　　印　　次：2017 年 11 月第 1 次印刷
开　　本：787 毫米 ×1092 毫米　1/16　　印　　张：23.5　彩插 2
字　　数：372 千字
定　　价：68.00 元

PRINTED IN CHINA

献给钱曾怡教授

序

汉语各方言中对徽语的调查工作开展得比较晚，尤其是所谓“严州片”（分布在浙江省原严州府的淳安、遂安、建德、寿昌四县）的具体特征，学术界了解得非常有限。不过，只要研究严州（睦州）的历史地理，我们会容易发现这片区域相当重要，是方言学上的一块宝地。

首先，严州府“据临安上游，当衢、歙之冲要。宋方腊倡乱于睦州，而杭、歙诸郡皆不能固，长江以南举岌岌焉”①，往下游经富春江直到杭州，往南过兰溪至衢州，往西溯“新安江三百里”可上徽州，是浙江内陆的水运枢纽②。严州方言北接吴语太湖片、东邻吴语婺州片、南接吴语处衢片、西通徽语中心地区。既处于“吴根越角”又靠东南大道的位置，必然导致各地方言成分的混杂，就有可能产生一种过渡性的特殊方言。

其次，在历史上，徽州的粮食进口、土产出口都要靠新安江③，严州是徽

① [清] 顾祖禹《读史方舆纪要》卷九十（《国学基本丛书》本，商务印书馆，3781 页）。根据宋元人文集记录的交通路线以及明人黄汴《天下水陆路程》卷一“北京至南京浙江福建驿路”和卷七“江西城由广信府过玉山至浙江水”（杨正泰校注《天下水陆路程 天下路程图引 客商一览醒迷》，山西人民出版社，1992 年，2 页、203 页）、徐霞客《浙游日记》等材料，可以看出“兰溪县—严州府—杭州府”一直是中国东南部的水路要道。

② [南宋] 杨万里咏严州有“家家酒肆向江开”的诗句（《诚斋集》卷二十六《乌祈酒》诗，《四部丛刊初编缩本》，249 页），描绘当时水运路线的繁华景象。

③《天下水陆路程》卷七“江西由休宁县至浙江水”说：“祁门至严州，风、盗绝无，滩高船固。船户甚劳，严州牵夫亦苦，涉水不分冬夏，所得无分文赌沽之费，惟应户差薪米而已。”（杨正泰校注本，226 页）

商必经之地。在明代万历年间，严州府城外有前后两街“徽人杂处，舟车往来，生意凑集，亦称闹市”[①]，长期频繁的商旅来往使徽、严二州形成了一个文化区。到了二十世纪二三十年代，近代工业和海外贸易的发展引起徽帮的没落，浙赣铁路、杭徽公路通车以后陆运代替水运，严州竟变成了一个闭塞的地域。此后徽、严的交流也似乎不如往年密切[②]，我们已经不大能够看得出本来存在的“新安江流域方言文化区”。

我自1980年开始调查休宁方言以来，一直关心徽州和严州两地方言的特性。但因浙江中西部方言的材料比较少见，未能进行具体的研究。到1982年，刚从济南回来的太田斋先生给我介绍了曹志耘先生的处女作《汤溪话的几个语音问题》（1981年），后来又有机会拜读《金华汤溪方言的词法特点》（1987年）、《金华方言的句法特点》（1988年）等出色的文章，深深感到作者对浙江中西部方言描写精密，知识丰富。1993年夏天，在上海有幸向曹先生当面求教，并提出以水系为纲的“新安江流域语言文化调查计划”，得到了积极赞同。从此以后经过四个年头的奋斗，曹先生终于完成了建德、淳安、寿昌、遂安四个地点的详尽描写。在这期间我时常跟作者交换意见，稍微知道调查整理历程的坎坷不平，现在能够看到这一部卓著的成果，心里非常高兴。

下面略举本书的几点主要贡献：

（一）比较谨慎地勾勒出严州方言的轮廓，描写的深度大大地突破了过去的水平，为汉语方言研究填补了一个重要空白。音系部分的连调规律、同音字汇等内容是前人发表的材料中全缺的，454条基本词汇是足以分析方言特点的，语法部分也写得简明、扼要。特别需要提醒读者的是，1956年至1962年新安江水电站库区的许多人口迁徙到外地，老派方言正在迅速消失。本书所记录的内容，很可能是传统严州方言的最后面貌。

① 吕昌期修、俞炳然等纂《续修严州府志》[万历四十二年（1614）序]卷三页卅九（《日本藏中国罕见地方志丛刊》本，书目文献出版社，1991年，76页）。

② 详见戴不凡《浙江家乡戏曲活动漫忆》（《建德文史资料》第3辑，政协建德县委文史资料委员会，1988年，23~101页）。

（二）显示了严州方言在徽语中的特殊地位。据我所知，徽语中心地区（绩歙片、休黟片）的方言基本上一个县一种话，但县、乡镇的内部差异并不一定很大。在严州“最低层次上的方言乃至文化的形成与分布的一个关键性的制约因素”是“源”（“山谷中的一条溪流流经的整个区域”），“在县与县之间、乡镇与乡镇之间表现出很大的差异性”（20页）。四县方言的今声调调类和调值极不一致，连调规律都很复杂，第一、第二人称代词单数形式的差异等（22~24页）就是其典型例子。这些事实也许要求我们重新探讨严州方言的归属问题。①

（三）建德、寿昌两地存在对内使用白读、对外使用文读的一种独特的双方言现象，对内说话叫作“梅城白话”（建德）或“寿昌说话”（寿昌），是比较纯粹的本地方言。对外说话叫作“浙江方言”，语音系统比较接近浙江省权威方言杭州话，跟吴语区的人通话没有很大的困难。一般来说，具备以下条件时很容易出现这种双方言现象：（1）本地方言和官话（或地域共同方言）互相不能听懂，（2）本地方言的内部差异比较复杂，（3）对外接触的机会比较频繁等。建德、寿昌两地方言难懂，并且分别是过去水、陆运输的中转站②，完全符合上述条件。严州为研究语言层次和地域社会的关系提供了一个很好的事例③。

① 郑张尚芳《皖南方言的分区（稿）》（《方言》1986年第1期）把严州片划入徽语的最主要根据仅有下面三项音系特点：“①古全浊塞音声母，多数地点今读送气清音；②好多日母字今读[ø-]声母；③泥来不分”（15页）。贺巍《汉语方言研究的现状与展望》（《语文研究》1991年第3期）以为“徽语的共性还有待于进一步的调查研究”（4页）。

② 关于寿昌在浙西陆路交通上的地位，参看正文141页。《读史方舆纪要》卷九十严州府寿昌县：“梅岭，县西南四十里，接龙游县境。宋建都临安时，此岭最为要道，凡闽、蜀、江西、荆湖、二广、云南、八番、海外诸国来者，皆经其下。亦曰梅峰。元时尚为戍守处，今皆取道于兰溪”（3790页）。

③ 这让我们连想到湘南双方言区的土话、官话并用现象。李永明《临武方言——土话与官话的比较研究》（湖南人民出版社，1988年）认为，居民来源不一“自然造成方言土语复杂的局面。湘南地区官话（本来是官府衙门和少数读书人的用语）的兴起和普及，正是这一地区土话复杂、难懂，不便于交际所促成的”（3页）。

当然，严州方言研究应该是长期性的工作，本书只是一个开端而已。“新安江流域语言文化调查计划”预备调查徽、严二州四百个地点，以期完成该地区的语言地图和文化图册。曹先生负责整个严州地区的调查研究，有一次来信说“在乡下调查虽然辛苦，但又感到十分快乐。由于接触到如此丰富多彩的方言文化，经常会使人产生激动的感觉”。我曾经陪曹先生赴日本奈良县吉野山中的洼垣内村参观过土法造纸技术。现在回想当时穿过杉木树林，隔着吉野河的清澈溪水望见翠绿的山峰，走曲折的公路而汗流浃背，最后找到一位姓昆布的老太太并请她表演造纸等情景，仿佛能够想象作者在严州调查过程中的甘苦。在此遥祝第二步、第三步工作成功！

平田昌司　谨序

一九九六年八月一日记于日本吹田

目 录

前　言

壹　严州

本书所说的“严州”，是指浙江省西部，原严州府的淳安、遂安、建德、寿昌四县，亦即今杭州市之淳安县和建德市。在本书里，淳安县（或淳安）、遂安县（或遂安）、建德县（或建德）、寿昌县（或寿昌）均指旧县及其辖区，必要时用“今淳安县”“今建德市（或建德市）”等指今县市及其辖区。（参看图 1，乡镇据 1992 年区划）

原严州府除了淳安、遂安、建德、寿昌以外，还包括桐庐、分水二县。因为桐庐、分水二县在方言和文化方面接近北部的富阳、临安等地，而与淳安等地殊异，所以在本书里不包括在“严州”的概念之内，也不对这两县的方言进行讨论。

一、历史沿革

1974 年，在原寿昌县与原淳安县交界的李家公社新桥大队（今为建德市李家镇新桥村）枣园自然村的乌龟洞发现了一枚古人牙化石。经鉴定，该人牙化石属于更新世晚期后一阶段的智人类型，并被中国科学院正式命名为“建德人”。这表明早在 5 万年前，就有人类在严州一带繁衍生息。“建德人”是浙江地区原始居民的祖先。

淳安、遂安古为山越地。秦汉时属鄣郡（后改为丹阳郡）歙县。东汉建安十三年（208 年），东吴孙权遣威武中郎将贺齐击山越，平黟、歙，在今淳安一带置新都郡，并分歙县东部叶乡置始新县（后之淳安县），分歙县南部武强

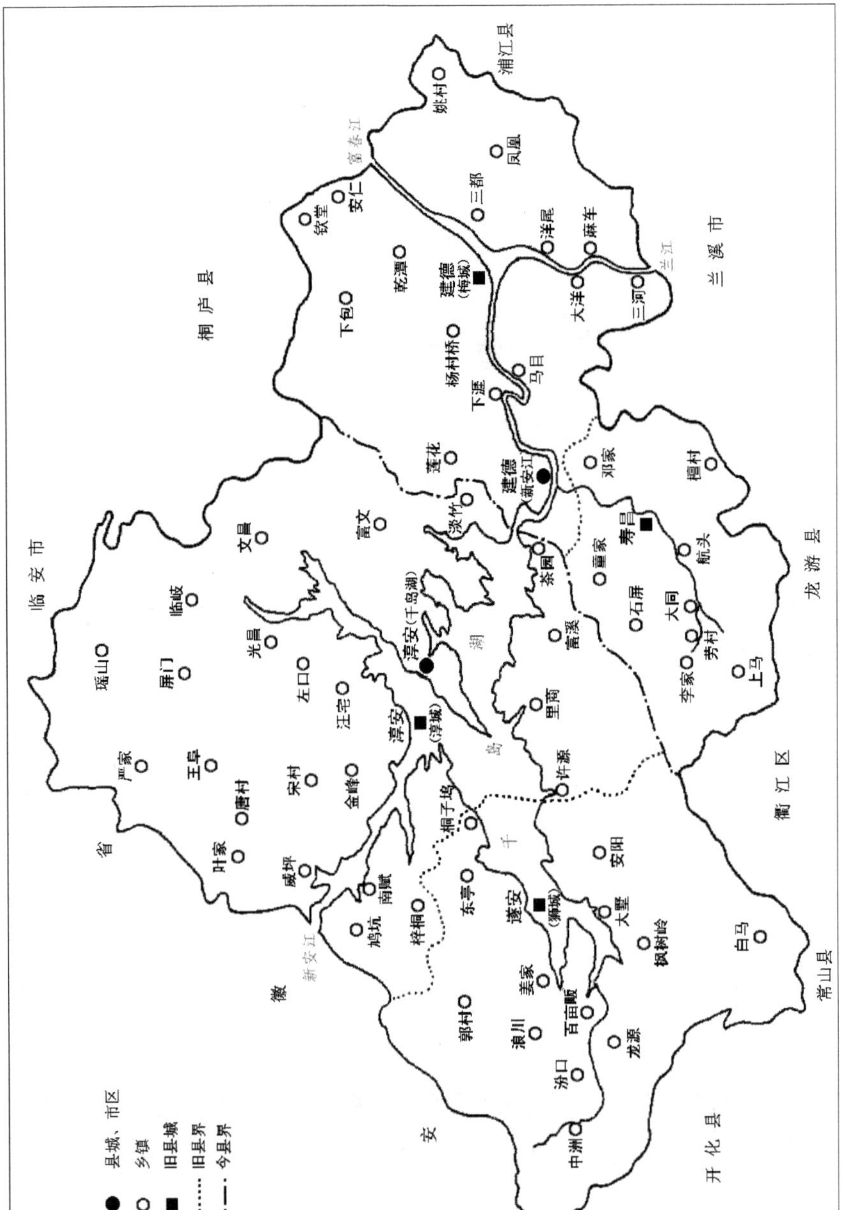
临安市
桐庐县
浦江县
兰溪市
龙游县
衢江区
常山县
开化县
富春江
兰江
新安江
千岛湖
建德(梅城)
建德新安江
淳安(千岛湖)
淳安(淳城)
遂安(狮城)
寿昌
县城、市区
乡镇
旧县城
旧县界
今县界

图1　严州地区示意图

乡置新定县（后之遂安县）。

建德、寿昌古为越国地。秦汉时属会稽郡（后属吴郡）富春县。三国吴黄武四年（225年），析富春县地置建德县和新昌县（后之寿昌县），二县均属吴郡。

桐庐、分水古为越国地，秦汉时属会稽郡（后属吴郡）富春县。三国吴黄武四年（225年），析富春县桐溪乡置桐庐县，属吴郡。唐武德四年（621年），析桐庐县地置分水县，初属严州，旋属睦州。

西晋太康元年（280年），改新都郡为新安郡。南朝梁普通二年（521年），寿昌县由吴郡改属新安郡。隋开皇九年（589年），撤新安郡分属歙州、婺州。隋仁寿三年（603年），在原新安郡置睦州。同年，桐庐县由吴郡改属睦州。唐武德七年（624年），撤建德县并入雉山（后之淳安县）、桐庐两县，撤分水县并入桐庐县，均属睦州。唐永淳二年（683年）复建德县，武周如意元年（692年）复分水县，仍均属睦州。唐末光化三年（900年），桐庐、分水改属杭州，北宋太平兴国三年（978年）复属睦州。宋代以后，睦州先后易名为严州、建德府、建德路、建安府、严州府等。由上可见，从行政区划的角度来说，淳安、遂安于公元208年成为后之“严州”地区的奠基者，寿昌521年入“严州”，桐庐（包括分水）603年入“严州”，建德624年入“严州”。

自唐代始，“严州”地区辖淳安、遂安、建德、寿昌、桐庐、分水六县。自北宋太平兴国三年（978年）至清代，“严州”地区一直辖此六县不变。1958年，遂安县并入淳安县，寿昌县并入建德县，分水县并入桐庐县。同年，撤销建德专区，初属金华专区，旋改属杭州市至今。

严州地区的郡、州、路、府、专区级治所先在淳安，后在建德。东汉建安十三年（208年）设立新都郡时，治始新县（后之淳安县）城新定里（后之淳安县威坪镇）。次年（209年），郡治和县城同迁贺城。唐神功元年（697年），睦州州治从新安县（后之淳安县）贺城迁至建德县城梅城。直到1958年撤销建德专区为止。

原淳安县县城初设新定里（后之威坪镇）。东汉建安十四年（209年）东迁新址，直至1959年被新安江水库淹没，历时1750年。因县城初为贺齐所筑，故称“贺城”，又因同为郡治，故又称“郡城”，后世简称为“淳城”。

原遂安县县城初设木连村溪北（今汾口镇仙居、下童家坞一带）。唐武德四年（621年）东迁新址，直至1959年被新安江水库淹没，历时1338年。因县城后有五狮山，故称“狮城”。

1958年，淳安、遂安二县合并为淳安县，同时在千岛湖畔的排岭建起了新的淳安县城，初名排岭镇，现名千岛湖镇。

原建德县县城自三国吴黄武四年（225年）置县起即设在梅城，直至1960年县城另迁，历时1735年。

原寿昌县县城初设今大同镇古城山村，唐神龙元年（705年）东迁今寿昌镇附近。唐至德年间（756—758年）迁今寿昌镇，直至1958年撤销寿昌县并入建德县，历时1200多年。

1960年，建德县县城从梅城迁至新安江水库大坝和新安江水电站附近的白沙，原名白沙镇，现名新安江镇。

二、政区人口

历史上严州地区各县乡镇的置废和区划变动情况相当繁杂。1992年，浙江省实行撤区扩镇并乡改革，乡镇数目减少近半，淳安县设12个镇、25个乡，建德市设14个镇、13个乡，总计64个乡镇。此后又经过多次撤并，至2013年，淳安县设11个镇、12个乡，建德市设3个街道办事处、12个镇、1个乡，总计39个乡镇街道。具体情况见表1：

表1　严州地区行政区划对照表

		1992年乡镇	2013年乡镇街道
今淳安县	原淳安县地区	千岛湖镇、淡竹乡、汪宅乡	千岛湖镇
		威坪镇、唐村镇、叶家乡	威坪镇
		茶园镇、富溪乡	石林镇
		梓桐镇	梓桐镇
		文昌镇	文昌镇

续表

		1992 年乡镇	2013 年乡镇街道
今淳安县	原淳安县地区	临岐镇	临岐镇
		里商乡、许源乡	里商乡
		屏门乡	屏门乡
		王阜乡、严家乡	王阜乡
		瑶山乡	瑶山乡
		宋村乡	宋村乡
		鸠坑乡、南赋乡	鸠坑乡
		左口乡、光昌乡	左口乡
		金峰乡	金峰乡
		富文乡	富文乡
	原遂安县地区	汾口镇、百亩畈乡、龙源乡	汾口镇
		姜家镇、郭村乡	姜家镇
		中洲镇	中洲镇
		大墅镇	大墅镇
		枫树岭镇、白马乡	枫树岭镇
		浪川乡	浪川乡
		安阳乡	安阳乡
		东亭乡、桐子坞乡	界首乡
今建德市	原建德县地区	新安江镇	新安江街道
		新安江镇	洋溪街道
		梅城镇、洋尾乡	梅城镇
		乾潭镇、安仁镇、下包乡、姚村乡	乾潭镇
		大洋镇、麻车乡、三河乡	大洋镇
		三都镇、凤凰乡	三都镇
		下涯镇、马目乡	下涯镇
		杨村桥镇	杨村桥镇
		莲花乡	莲花镇
		钦堂乡	钦堂乡也写作“钦塘乡”
	原寿昌县地区	邓家乡	更楼街道
		寿昌镇、童家乡	寿昌镇
		大同镇、劳村镇、上马乡	大同镇

续表

		1992 年乡镇	2013 年乡镇街道
今建德市	原寿昌县地区	李家镇	李家镇
		航头镇、石屏乡	航头镇
		檀村镇	大慈岩镇

注：原许源乡（今属里商乡）西北角跟安阳乡相邻的上华、村坑、叶岭三个村属原遂安县，其余部分（包括乡政府驻地塔山村）属原淳安县。原桐子坞乡（今属界首乡）西半部的邺上、里童及其以西的村庄（包括乡政府驻地严家村）属原遂安县，其余部分属原淳安县。

历史上，严州地区相对比较安定。因此，每逢战乱灾荒，就有大量外地人流入本区。清末民初，浙南、福建、江西、安徽等地的难民、灾民纷纷迁入严州山区。20 世纪 50 年代，因建新安江水库，淹没淳安、遂安两座县城，三个镇，五个农村集镇，1377 个自然村，30 万亩耕地。从 1956 年至 1970 年，淳安、遂安二县先后移民 29 万人，其中有 20.7 万人（约占二县当时总人口的一半）移至外县，主要有本省的建德、桐庐、富阳、开化、常山、衢县（今衢江区）、金华、龙泉等县，以及江西省东中部的上饶、抚州、吉安、九江等地区，安徽省南部的徽州地区。

至 1992 年，今淳安县人口约 44 万，今建德市人口约 49 万，总计约 93 万。2013 年，今淳安县人口约 46 万，今建德市人口约 51 万，总计约 97 万。

少数民族主要有畲族，约数千人，主要分布在建德市。

三、地理交通

严州地区（指原淳安、遂安、建德、寿昌四县，今淳安、建德二县市）位于北纬 29°11' ~ 30°02'、东经 118°20' ~ 119°45' 之间。其北、东、南面依次是本省的临安、桐庐、浦江、兰溪、龙游、衢县、常山、开化等县市，西面是安徽省的歙县和休宁县。总面积 6748 平方公里，其中今淳安县面积 4427 平方公里（是浙江省面积最大的一个县），今建德市面积 2321 平方公里。

严州属浙西中山丘陵地区。山地丘陵占该地区总面积的 80% 以上，江湖的水域面积也相当广阔，平原在总面积中所占的比例只有 7% ~ 8%。境内山脉呈东北—西南走向，主要有白际山、昱岭、千里岗、龙门等大山脉。海拔千米以上的高山主要分布在西部地区，在今淳安县境内达 80 多座。新安江从西北的皖南地区蜿蜒而下，由西向东横贯全境，至建德的梅城镇与南来的兰江汇合，再往北注入富春江（在建德境内称“七里泷”）。在新安江、兰江、富春江的两边，大小支流密布，最主要的有遂安港、东源港和寿昌溪。今淳安县的中部是 1959 年建成的著名的新安江水库（即千岛湖），其水域及岛屿（计 1078 个）面积共 982 平方公里。平原散布于山间和沿江地带。

由于崇山峻岭的阻隔，在 20 世纪 30 年代以前的漫长岁月里，严州地区内部及其与外界的交通最主要的是依靠新安江、兰江、富春江三条大江及其支流。与外界之间，新安江上达安徽省徽州，下经富春江直通省城杭州，是皖南、浙西地区唯一的黄金通道。兰江连接建德与兰溪、金华等地，是古代浙南、闽赣一带与杭州之间交通的必经之路。在境内，新安江流经淳安和建德县城，遂安、寿昌二县县城则分别通过武强溪和寿昌溪与新安江贯通一体，各县之间可通过船只或排筏互相往来。但各县乡下由于山岭阻隔，又缺乏水运条件，因而与外地的交通十分不便。

1934 年，严州境内建成遂安—淳安、淳安—建德、建德—寿昌之间的公路。此外，还相继建成淳安—歙县街口、遂安—开化、建德—桐庐、寿昌—兰溪等县间公路。新中国成立后，本地的交通状况发生了巨大的变化。1957 年，金华至建德岭后的铁路建成通车，极大地加强了严州地区与其东部金华一带的交通往来。1959 年，浩大的新安江水库在淳安、遂安两县建成，水库大坝截断了淳安—杭州、建德—徽州之间的航道，水库淹没了许多乡镇之间的陆路通道。但由于水库带来的水运条件的改善，也大大方便了淳安与其西部徽州之间的往来，同时加强了库区周围乡镇之间的沟通。

2011 年，浙江省实现了“公路村村通”，严州地区的交通面貌得到彻底改变。近年来，杭新景（杭州—新安江—景德镇）高速公路及其千岛湖支线、千岛湖环湖公路相继建成通车。杭黄（杭州—黄山）高铁正在修建之中，建成通车后，杭州至建德仅需 30 分钟，杭州至淳安仅需 45 分钟。（参看图 2）

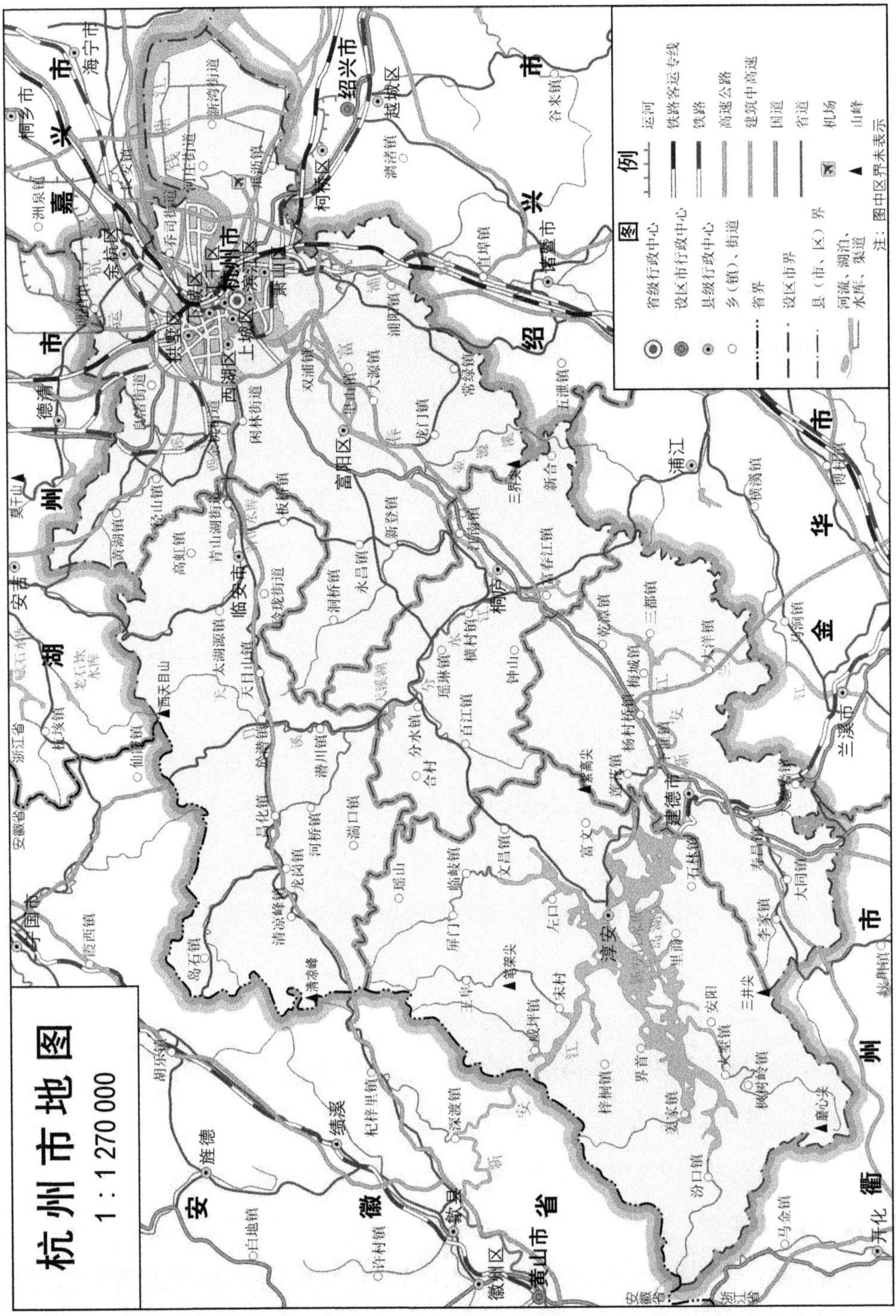

图2 严州地理交通图

审图号：浙S（2016）161号

贰 本书体例说明

1. 调类一律在音节的右上角用代码表示：1 阴平、2 阳平、3 阴上、4 阳上、5 阴去、6 阳去、7 阴入、8 阳入、0 轻声。如果某方言的调类发生过合并，就按合并以后的调类标注。例如淳安话阴去归阴平，所以清去字也标作“1”，如：破 p^{h}ɑ^{1}。

2. 调值一律在音节的右上角用数字表示，例如建德话：婆 pu^{334} ｜ 日 iəʔ^{12}。轻声调值一律标作“0”，例如淳安话：婶婶 sen^{55}sen^{0}。

3. 表示连读调时，如果连读调值与单字调值不同，单字调值写在前面，连读调值写在后面，二者之间用连字号“-”隔开，例如淳安话：姑夫 kua$^{224-31}$ fu$^{224-55}$。如果某字无单字调或单字调不明，则只在“-”后标连读调，例如淳安话：□别，不要 piə$^{-53}$。在“词汇”和“例句对照”里只标连读调。

4. 使用同音字时在字的右上角用小等号“$^{=}$”表示，例如建德话：党$^{=}$我 tɑŋ^{213}。

5. 写不出本字又无同音字可写的音节用方框“□”表示，例如淳安话：□咬 liɑ^{224}。除了列举性的场合外，“□”后的音标一律加方括号。

6. 一些意义较虚且本字不明的字用表音字表示，例如表示人称代词复数词尾的“拉”。本书里较重要的几个表音字如下：

淳安：哇~拉：我们 uɑ^{224} ｜ 喃~拉：你们 lã^{224} ｜ 乙这 iʔ^{5} ｜ 愣那 len^{224}

遂安：尬我 kɑ^{52} ｜ 阿这 ɑ^{33} ｜ 伊那 i^{33} ｜ 嘎~拉：我们 ka^{33} ｜ 耶你的、那 iɛ^{33}

建德：仡这 kəʔ^{12} ｜ 末那 məʔ^{12}

寿昌：咱我 tsɑ^{52} ｜ 潛你 tsen^{52} ｜ 仡这 kəʔ^{31} ~ ki^{24} ｜ 末那 məʔ^{31} ~ mi^{24} ｜ 奇什么 tɕ^{h}i^{52}

7. 同音字汇里的单字和字音对照里的字目，如属于繁简体“多对一”的情况，繁体字恢复繁体写法，非繁体字后加注，例如：後后（皇~）。在其他场合则一律使用简体字。

8. 又读在音之间用“~”表示，或在字的右下角用数字“1”“2”等表示。一般地说，“~”前面的读音比后面的读音常用，“1”表示最常用或最口语化的读音，“2”次之，依此类推。

9. 例子与释义之间用冒号“：”隔开。

10. 例子与例子之间用单竖线“｜”隔开。

11. 除了同音字汇以外，释义、举例和其他夹注一般都用小字表示。在例子里，用“~”代替原字。

其他体例从俗，或在各有关部分交代。

第一章　概说

第一节　方言种类和分布

严州地区的方言大致上可分为淳安话、遂安话、建德话、寿昌话四种土话，它们分别分布在原淳安、遂安、建德、寿昌四县境内。其中淳安话和遂安话基本上没有文读现象，建德话和寿昌话各有一套完整的文读系统。

除了淳安话、遂安话、建德话、寿昌话以外，据笔者调查了解，在严州地区境内还存在一些其他方言（参看下页图 3）。

1. 徽语

（1）绩歙片（歙县话）

原淳安县西北部临安徽省歙县的王阜乡同乐庄村及其以北的十几个村，以及相邻的屏门乡大源里村平时说接近歙县话的方言，但一般人也会说王阜乡严家一带的淳安话。跟王阜乡相邻的威坪镇北部的刘大坞、合富、黄石潭村，以及屏门乡北部的金竹岭脚等村平时说当地的淳安话，但也会说这种歙县话。

淳安县原威坪乡政府所在地的胡、毕、程、黄四姓（约占该地人口的1/5）内部说接近歙县话的方言，对外说当地的淳安话。但该地被水库淹没后，四姓居民迁徙各地，基本上已不再使用这种歙县话。

（2）休黟片（休宁话）

遂安县西北角与安徽省休宁县交界的中洲镇高笋塘、下家坞村说休宁话。

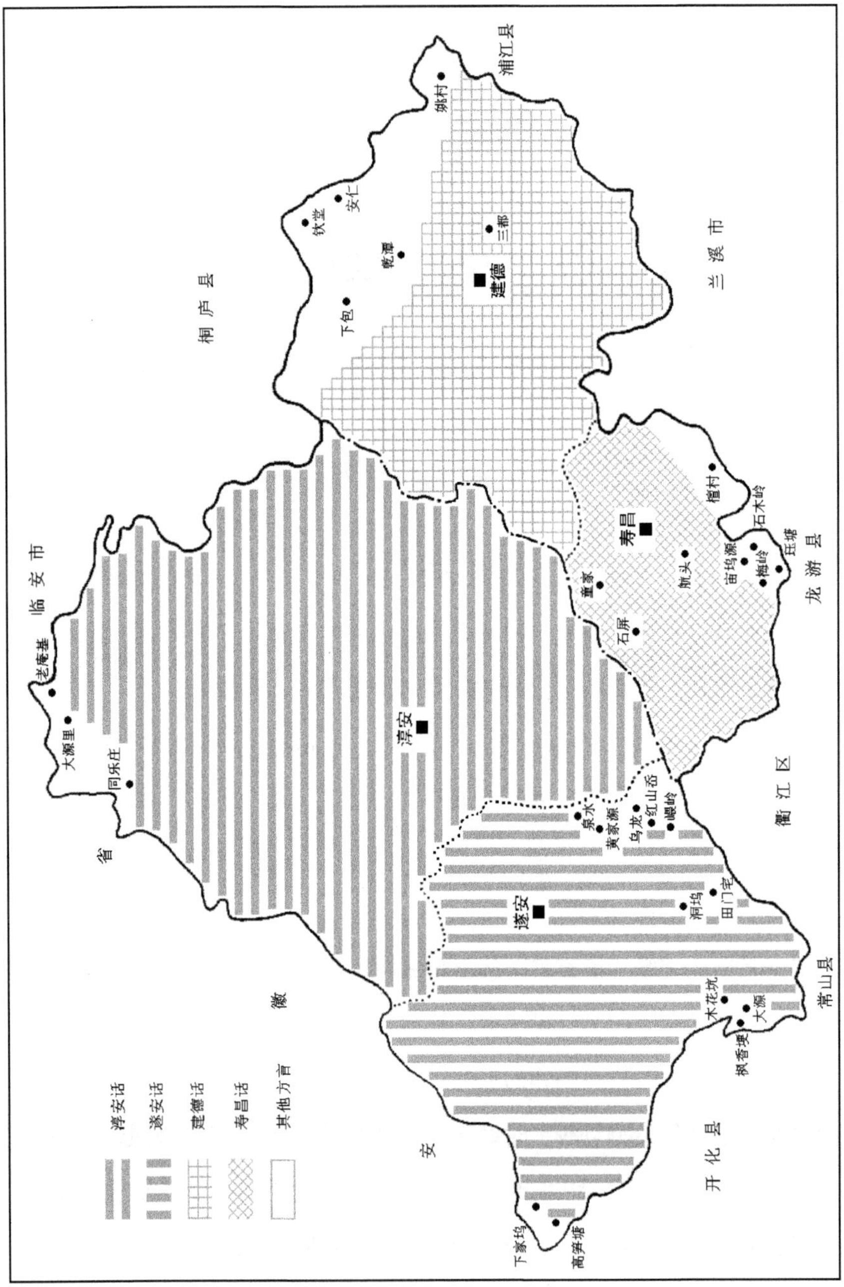

图3 严州方言分布示意图

2. 吴语

（1）太湖片临绍小片（桐庐话）

建德县北部与桐庐县交界的钦堂乡和乾潭镇的原乾潭、安仁、下包地区说桐庐话。

（2）金衢片（衢县话、浦江话、兰溪话）

遂安县南部与衢州市衢县交界的少数村，如安阳乡乌龙、黄家源、红山岙、㟼岭村和大墅镇田门宅村说衢县话。

建德县东北角与浦江县交界的乾潭镇原姚村乡的多数村庄（例如姚村、上梓州村等）说浦江话。

寿昌县南部与兰溪市交界的大慈岩镇（原檀村镇），以及航头镇的梅岭、珏塘、石木岭、宙坞源等村说兰溪话。

此外，建德县三都镇及其南部兰江流域地区（洋尾、大洋、麻车等）的方言带有徽语和吴语金衢片过渡的特点，其属性尚待进一步调查和分析。（图 3 中暂按徽语处理）

（3）上丽片上山小片（常山话、开化话、广丰话）

遂安县西南部与常山、开化二县交界的少数村，如安阳乡泉水、乌龙、黄家源村，大墅镇田门宅、洞坞村，枫树岭镇木花坑、枫香埂、大源村说与之相邻的常山话或开化话。

寿昌县航头镇航头、溪沿二村（二村均位于镇政府所在地）有 80% 以上的人内部说江西广丰话（属于吴语上丽片上山小片），对外说当地的寿昌话。

3. 赣语

寿昌县航头、寿昌二镇北部（原石屏、童家二乡）有一部分人内部说江西南丰话（属于赣语抚广片），对外说当地的寿昌话。

4. 江淮官话

淳安县北部的瑶山乡天坪村老庵基自然村说安徽安庆话，遂安县安阳乡乌龙、黄家源村也有人说安庆话。

5. 畲话

散居在严州各地的畲族人内部说畲话，对外说当地的严州方言。

6. 九姓渔民方言

旧时，在以三江交汇的建德梅城为中心的新安江、兰江、富春江（七里泷一段）上，生活着一批专以捕鱼为生的人，他们自称为“搭鱼个捕鱼的”，现被称为“九姓渔民”或“九姓渔户”。据传说，他们是元末败将陈友谅的残部，被朱元璋贬为贱民，只令在水上生活，深受社会歧视，境遇甚为悲惨。直到 20 世纪中叶，才上岸定居，与平民无异。九姓渔民有自己的方言，然而这种方言的来历、性质和特点尚不明了。据笔者对梅城附近九姓渔民的初步调查，其方言与梅城一带的方言有同有异。例如，严州各地方言均不分尖团，而九姓渔民方言则分尖团，即为其显著的特点。具体情况可参看本书附录。

此外，根据 1986 年版《建德县志》，建德县的罗村乡（今属乾潭镇）和南峰乡（今属梅城镇）有安徽安庆话，罗村乡（今属乾潭镇）有福建话（闽语或客家话未详），千鹤乡（今属梅城镇）有浙江温州话，安仁镇百塘垄、后山二村（今属乾潭镇）有浙江青田话。据笔者了解，遂安县安阳乡乌龙村也有人说福建话（闽语或客家话未详）。

新中国成立后，严州地区跟邻县之间的边界多有变更，这可能是造成方言交叉分布、错综复杂的原因之一。现把这些变更情况记录如下，以供参考。

1950 年，淳安县茶园区清平乡 15 个村和桥西区小源乡 14 个村划给分水县（今属桐庐县）。

1953 年，开化县马金区塘坞乡湛川村和村头区大溪边乡项家源村划入遂安县龙源乡（今属汾口镇）。

1957 年，安徽省休宁县扎源乡 9 个村划入遂安县樟村乡（今属中洲镇）。

1950 年，建德县殿后乡、西洋乡第一和第二行政村划入寿昌县（今属更楼街道）。

1951 年，兰溪县的官塘、回回塘、樟宅坞、湖塘、漫塘、檀村（下半村）、新叶、儒源、上吴方、汪山、三石田、赤姑坪 12 个村划入寿昌县（今属大慈岩镇）。

1957 年，建德县的新蓬村、淡竹岭自然村划入寿昌县（今属新安江街道）。

1958 年，建德县的下陈、施坞、毛山突、山门 4 个村划给兰溪县。

1958 年，寿昌县的芝堰（为原建德县殿后乡政府所在地）、厦王、里王、前方、下慈坞、源心 6 个村划给兰溪县。

1968 年，建德县的岗岭下、白鸠、大厦口 3 个村划给兰溪县。

《中国语言地图集》（1987 年）把严州大部分地区的方言划作徽语严州片。此外，把淳安县与安徽省歙县交界的“西部唐村等地”（从地图上看，除了唐村以外，还包括今威坪、宋村、鸠坑等乡镇）划入徽语绩歙片，把建德县北部与桐庐县交界的“下包、乾堂、钦堂”3 乡镇（“乾堂”应为“乾潭”。从地图上看还包括原安仁镇）划入吴语太湖片临绍小片，把寿昌县东部与兰溪市交界的“唐村、里叶”2 乡（“唐村”应为檀村。今合并为大慈岩镇）划入吴语婺州片。

《中国语言地图集·第 2 版·汉语方言卷》（2012 年）文字说明“B2-10 浙江省的汉语方言”（曹志耘执笔）指出徽语严州片的区域为：“分布于淳安县含旧遂安县，除北部严家乡同乐庄村及其以北的十几个村，屏门乡大源里村　建德市含旧寿昌县，除属吴语太湖片临绍小片的下包、乾潭、钦堂、安仁等乡镇，属吴语金衢片的姚村乡、檀村镇及航头镇的梅岭、珏塘、石木岭、宙坞源等村　开化县马金镇、何田乡、霞山乡、塘坞乡及齐溪镇的齐溪田、大龙、官台、岭里等村”。（第 205 页）然而，地图“B1-21 徽语”“B2-10 浙江省的汉语方言”均未把建德市划入徽语严州片，在地图“B2-10 浙江省的汉语方言”里，建德市甚至呈空白状态，既非徽语，亦非吴语，这是一个不该出现的错误。

关于严州方言的性质和系属，从笔者的语感和现有的调查材料来看，淳安话和遂安话具有很大的独特性，既跟吴语差别很大，又跟安徽省南部的徽州方言很不一样。淳安、遂安人都宣称他们听不懂相邻的安徽省歙县、休宁县的方言，甚至在淳安县王阜乡这一个乡里头，说淳安话的人也听不懂同乡其他村子的人说的歙县话。而外地人——即使是周围的吴语区和徽州地区的人也极难听懂淳安、遂安人所说的土话。但建德话和寿昌话跟吴语比较接近，尤其是它们的文读系统可以说完全是吴语型的。建德、寿昌人跟说吴语的人交际时，如果使用白读系统，通话是相当困难的，例如寿昌镇的人就宣称他们听不懂相距二三十里的本县大慈岩镇的人所说的吴语兰溪话（不过需要指出，通话程度低是南部吴语的普遍特点）；但如果使用文读系统，通话基本上没有问题。笔者作为浙江省中部的汤溪县（今属金华市婺城区）人，初听建德、寿昌人说文读音时竟觉得很像金华城里话——夹杂着很多文读音的，带有一定程度的地区共同语性质的那种金华城里话。

淳安、遂安、建德、寿昌四县方言分别以其原县城淳城、狮城、梅城、寿昌镇的方言为代表性方言。但淳城和狮城已于1959年新安江水库建成时被淹没在水底。当时，淳城的绝大部分人迁移到只有几户人家的小山村排岭（今改名为千岛湖镇，为了阅读方便下文仍称“排岭”，这也是当地人的习惯），狮城的绝大部分人迁移到千岛湖西南郁川半岛上的小山村姜家（本来打算在此建遂安县城）。反过来说，当时排岭的人大部分来自淳城，姜家的人大部分来自狮城。因此，排岭和姜家的方言在一定程度上可以认为是淳城话和狮城话的延续。不过，这几十年来，排岭和姜家的居民成分变化很大。一方面有部分早期移民已经转迁外地，另一方面有很多外地人（包括本县其他乡镇的人以及外县的人）不断移入排岭和姜家，尤其是随着千岛湖旅游业的飞速发展，排岭的外来人口越来越多。时至今日，淳城人及其后代在排岭居民中所占的比例大约只有百分之一二十，狮城人及其后代在姜家（指镇政府所在地）居民中的比例也到不了一半。因此，在排岭，原淳城话基本上只限于淳城人家庭里使用，来自其他乡镇的移民在家里使用各自老家的方言，不同来源的移民之间，或淳安人与外地人之间则使用普通话，普通话在县城里十分通行。同样，姜家话也处在原狮城话和其他移民方言的融合过程当中。原来的（县城被淹没以前的）那种淳城话和狮城话，只保存在当今七八十岁以上的移民口中，由于语言环境的变化，即使这些老年移民所说的淳城话、狮城话也已经有些“不地道”了。可以预料，原淳城话和狮城话将很快会像它们所曾依托的城市一样走向消亡，淹没在历史的水底。

建德县城已于1960年从梅城迁至白沙（今改名为新安江镇，为了阅读方便下文仍称“白沙”，这也是当地人的习惯），寿昌县城寿昌镇则于1958年因撤县而成为一个普通的镇。但梅城至今仍然是建德县东部地区的中心，寿昌镇仍然是原寿昌县地区的中心。另一方面，白沙原来只是一个普通的镇政府所在地，成为县城后，外来人口大量涌入。因为有新安江水电站等大型企业，所以有很多外县人、外省人在白沙工作和生活。在这种情况下，梅城话或原来的白沙话都没有能成为建德新县城的方言，在今天的白沙，最通用的是普通话。

第二节　以往研究情况

前人对严州地区的方言曾经做过一些调查研究，但总的来说为数不多。现在所能见到的有关研究文献主要有以下几种：

曹志耘《严州方言研究》，东京：好文出版，1996 年

曹志耘《严州方言语音特点》，《语言研究》1997 年第 1 期

曹志耘《浙江的九姓渔民》，《中国文化研究》1997 年第 3 期

曹志耘《浙江遂安方言的声调》，《第九届北美洲汉语语言学研讨会论文集》，美国南加州大学，1998 年

曹志耘《汉语方言声调演变的两种类型——以遂安、济南为例兼论北京》，《语言研究》1998 年第 1 期

曹志耘《浙江九姓渔民方言的语音特点》，《汉语现状与历史的研究——首届汉语语言学国际研讨会文集》，中国社会科学出版社，1999 年

曹志耘《浙江省的汉语方言》，《方言》2006 年第 3 期

淳安县志编纂委员会《淳安县志》，汉语大词典出版社，1990 年（其中有“方言”一编。据该书“编后记”：“杭州大学傅国通为本志撰写方言部分”）

傅国通《徽语淳安话记略》，《语言论丛》，杭州大学出版社，1990 年（本文内容为上述《淳安县志》之一部分）

傅国通、方松熹、蔡勇飞、鲍士杰、傅佐之《浙江吴语分区》，浙江省语言学会《语言学年刊》第 3 期方言专刊，《杭州大学学报》增刊，1985 年（其中有对严州片的介绍和淳安、建德、寿昌的材料）

傅国通、方松熹、傅佐之《浙江方言词》，浙江省语言学会，1992 年（其中有淳安、建德、寿昌的材料）

建德县志编纂办公室《建德县志》，浙江人民出版社，1986 年（其中有“方言谣谚”一章。据该书“跋”：“傅国通撰写方言部分”）

刘　倩《九姓渔民方言研究》，北京语言大学博士学位论文，2008 年

刘　倩《浙江九姓渔民方言［tɕ］组声母的分化现象》，《中国语文》2008 年第 5 期

徐小燕《淳安威坪方言语音研究》，上海师范大学硕士学位论文，2012 年

袁　丹、郑　伟、徐小燕《淳安威坪方言古全清平声字的声母浊化》，《方言》2015 年第 1 期

赵日新《徽语的特点和分区》，《方言》2005 年第 3 期

浙江省推广普通话工作委员会、杭州大学中文系《浙江方音集》，油印本，1959 年（其中有“遂安方音”一节，由蔡勇飞记音，张铁雄、程万钟整理）

庄丽雪《严州方言音韵比较研究》，台湾“清华大学”硕士学位论文，2001 年

此外，在其他有关论著中，有时也会涉及严州方言。例如：曹志耘《吴徽语入声演变的方式》，《中国语文》2002 年第 5 期；曹志耘、黄晓东《吴徽语区内的方言岛》，《语言的多视角考察》，南洋理工大学中华语言文化中心，2007 年；郑张尚芳《皖南方言的分区（稿）》，《方言》1986 年第 1 期；郑张尚芳《浙西南方言的 tɕ 声母脱落现象》，《吴语和闽语的比较研究》，上海教育出版社，1995 年。

笔者从 1993 年底开始调查严州方言，曾于 1993 年 12 月— 1994 年 1 月、1995 年 2 — 4 月、1995 年 8 月、1996 年 3 — 4 月、1996 年 7 — 8 月、1997 年 3 — 4 月、2003 年 8 月、2004 年 7 月、2015 年 10 月多次赴严州地区，对原淳安、遂安、建德、寿昌四县县城和部分乡镇（主要是遂安、淳安境内的）方言以及建德境内的九姓渔民方言进行实地调查。调查使用的提纲包括中国社会科学院语言研究所编的《方言调查字表》《方言调查词汇手册》和自编的调查词表等。

第三节　共同特点和内部差异

严州方言内部的异同情况相当复杂。在对各县方言尤其是各乡镇的方言进行更加全面深入的调查之前，我们很难对它做出全面准确的描述。就现在所了解到的情况大体上来说，四县方言之间，淳安话和遂安话比较接近。其中遂安话是严州方言中最为特殊的方言，即使是与遂安关系最密切的淳安人听遂安话也比较困难，遂安人听淳安话相对容易一点。建德话和寿昌话比较接近，尤其是二者的文读系统十分相似。建德话–寿昌话之间的能懂度比起淳安话–遂安话之间的能懂度要高一些。淳安、遂安二县方言跟建德、寿昌二县方言之间的差别比较大，相互间通话很困难。

在各县方言内部，往往以“源”作为小土话的自然单位。一条“源”就是一种口音。所谓“源”，是指山谷中的一条溪流流经的整个区域。这种区域一头封闭，一头通入其他河流，两面以高山作为天然屏障，构成一个狭长的“U”字形。在新安江及其主要支流的两边，分布着众多长短不一的“源”。一条“源”短则十几里，长则几十里甚至一百多里。在“源”里，大小村庄沿“源”中溪流错落分布，一条“源”就像一串葡萄。由于三面环山的地理特征的限制，一条“源”自然地构成一个相对独立的生活社区。在明清时代，严州地区乡下面一级的行政单位“都”往往就是因“源”而设的，一“源”一“都”。这样，一条“源”里的居民的生活和交际活动绝大多数只限于在本“源”内进行，而翻山越岭与别的“源”之间的接触往来相对来说则是偶尔之事。在这种情况下，“源”成为严州地区最低层次上的方言乃至文化的形成与分布的一个关键性的制约因素。这个层次上的方言和文化或许可称之为“源方言”和“源文化”。

以“源方言”为基础的严州方言，在县与县之间、乡镇与乡镇之间表现出很大的差异性。这种差异性之大，甚至大大超过被认为是浙江吴语中内部最复杂的金华地区方言。笔者对此深感惊讶。严州方言给人的印象是似乎一直缺乏相互之间的接触、交流和融合。换句话说，各地的严州方言好像都在各行其道地向前发展。

尽管如此,由于严州方言长期在一个相同的行政和地理单位里生存和发展,内部也具有不少相同或相近的地方。

下面，根据四县县城方言的情况，从与古汉语、普通话和其他邻近方言比较的角度，择要介绍一下严州方言的共同特点和内部差异。这里所谓的共同特点，是指在严州方言内部具有较大的普遍性而又比较重要的特殊现象。所谓内部差异，也同样着眼于比较重要的特殊方言现象。因此，本节也可以看作是对严州方言特点的介绍。为了节省篇幅，介绍规律时一般不作举例，详细情况可参看下文有关章节。

壹　共同特点

1. 古全浊声母全部清化。其中淳安、遂安、寿昌逢塞音塞擦音时一律读送气清音，与徽州东部绩溪、歙县等地相同；建德去声读送气清音，平、上、入声读不送气清音。

2. 古阳声韵的鼻尾有的合并，有的失去鼻尾转为鼻化，有的失去鼻尾读作开尾或元音尾。这方面的特点跟吴语类似。

3. 有鼻音韵尾 [m]，淳安、寿昌通摄字读 [ɔm iɔm] 韵，建德通摄字读 [ɑom iɑom] 韵，遂安通摄字不收 [m] 尾，但宕江摄部分字读 [om] 韵。

4. 调类，淳安、遂安、建德 6 类，寿昌白读 8 类，文读 6 类。古平、上、去、入四声大致上按照古声母的清浊各分阴阳。

5. 连读调的情况都非常复杂，连调模式一般是前字变，后字不变。

6. 左手，严州说“反手”。

7. 右手，严州说“顺手”。

8. 女阴，严州说“胒”。

9. 屎，严州说“涴”。

10. 正房里放八仙桌的那间屋子，严州说“堂前”。

11. 窗，严州说“床”“床门”（“床门”又有窗扇义），其中建德说“窗床”“床门”。

12. 横架着晒衣服用的竹竿，严州说“笐竿”。

13. 玉米，严州说“包萝”。

14. 第三人称单数代词，严州用“渠”“渠农”，其中建德只用“渠”。

15. 严州的“添”可用在动词性词语后，表示将动作继续进行下去，有“再”“还”的意思，例如淳安“尔吃碗添你再吃一碗”。

16. 严州的“起”可用在动词性词语后，作用跟普通话里放在动词前修饰动词的“先”基本相同，例如淳安“尔去起你先去”。遂安除了用“起”外，还可用“过先”表示同样的意思，例如“义 = 去过先你先去”。

贰　内部差异

1. 古全浊声母，今读塞音塞擦音声母时，淳安、遂安、寿昌一律读送气清音，建德去声读送气清音，平、上、入声读不送气清音。

2. 来自古明微母的 [m] 母，逢非鼻尾韵、非鼻化韵时，遂安读带同部位浊塞音的 [mb]，寿昌有的人略带同部位浊音色彩，淳安、建德读 [m]。

3. 北京 [n]、[l] 母洪音字，淳安、遂安相混，建德部分字相混，寿昌 [n]、[l] 不混。古泥母细音字，淳安、遂安读零声母，建德部分读零声母，部分读 [ȵ] 声母，寿昌全部读 [ȵ] 声母。

4. 日母字，淳安、遂安读零声母，建德部分读零声母，部分读 [ȵ] 声母，寿昌读 [ȵ] 声母。

5. 知见两系止山臻摄合口三四等的“追专卷军诀，川春出拳缺，船顺训血”等字，遂安读 [k k^h f] 声母，淳安读 [ts ts^h s] 声母，建德、寿昌读 [tɕ $tɕ^h$ ɕ] 声母。

6. 见系通摄三等的“穷胸”等字，淳安、遂安、建德读 [ts] 组声母，寿昌读 [tɕ] 组声母。

7. 北京 [x] 母拼合口呼韵母的字，遂安读 [f] 声母，淳安多数字读 [x] 声母，部分字 [x ~ f] 又读，建德、寿昌读 [x] 声母。

8. 一般方言读［ʅ u y］韵的“字布区”等字，淳安分别读［ʅa ua ya］韵，遂安、建德、寿昌读［ʅ u y］韵。

9. 蟹摄开口三四等的部分字，淳安读［iɑ］韵，遂安读［ei iei］韵，建德、寿昌读［i］韵。

10. 古入声韵，淳安全部带喉塞音尾，遂安全部失去塞音尾读作开尾或元音尾，建德、寿昌白读部分带喉塞音尾，部分失去塞音尾读作开尾或元音尾，文读全部带喉塞音尾。

11. 严州各县方言之间的调类和调值都存在较大的差异。即便在同一个县内，各乡镇方言之间的声调系统也同样颇有出入。（参看第二章第三节柒“内部差异”）就古入声而言，淳安完整保留阴、阳入，遂安、建德、寿昌的入声正处于消失的过程当中。

12. 建德、寿昌有严整的文白异读系统，尤其是声调的文白异读更为突出，淳安、遂安基本上没有文读。

13. 建德有小称音变，寿昌有少量的词、遂安有个别词有小称音变，淳安没有。

14. 人，淳安说“农”和“农家”，遂安、寿昌说“农”，建德说“人”。

15. 第一、二人称单数代词：

	第一人称单数	**第二人称单数**
淳安	我 vu^{55}	尔 n^{55}
	我农 vu^{55}lɔm^{445}	尔农 n^{55}lɔm^{445}
遂安	尬 kɑ^{52}	义$^{=}$i^{52}
	尬农 kɑ$^{52-55}$lən^{0}	义$^{=}$农 i$^{52-55}$lən^{0}
建德	党$^{=}$tɑŋ^{213}	尔 n^{213}
	印 ɑŋ^{213}	
寿昌	咱 tsɑ^{52}	潜 tsen^{52}
	咱农 tsɑ^{52}nɔm$^{52-33}$	潜农 tsen^{52}nɔm$^{52-33}$
	我 ɑ^{534}	尔 n^{534}

我农 $ɑ^{534-33}nɔm^{52-112}$　　　　尔农 $n^{534-33}nɔm^{52-112}$

16. 近指代词“这”，淳安说“乙［$iʔ^{5}$］”，遂安说“阿［$ɑ^{33}$］”，建德说“仡［$kəʔ^{12}$］”，寿昌说“仡［$kəʔ^{31}$ ~ ki^{24}］”。

17. 否定副词“不”，淳安、遂安用“不”，建德用“弗”，寿昌用“勿”。

18. 相当于“很”的程度副词，淳安、遂安、建德用“好”，寿昌用“猛”。

19. 介词“被”，淳安用“要”“遭”，遂安用“犯”，建德用“把”，寿昌用“让”。

20. 表示已然和将然的“了”，例如“他来了”“天要下雨了”的“了”，淳安、建德、寿昌用“罢”，遂安用“了”。

21. 淳安、建德、寿昌的“过”可用在动词性词语后，表示重复进行前面的动作，例如淳安“我农不曾听灵清，尔讲遍过我没听清，你重说一遍”。遂安没有这种用法。

第二章　语音

第一节　语音特点

建德县梅城镇、寿昌县寿昌镇方言各有很完整的文白异读系统，淳安话和遂安话基本上没有文读现象。梅城人把白读叫作“梅城白话”，把文读叫作“浙江方言”。寿昌人把白读叫作“寿昌说话”，把文读叫作“浙江方言”，也有人叫作“地方方言”。白读系统是梅城、寿昌方言原有的语音系统，文读系统是在浙江权威方言杭州话和汉语共同语等的影响下形成的一种比较接近杭州话的语音系统。梅城、寿昌二地的文读系统十分接近，它们与浙江其他地区（如金华）的文读系统也大同小异。一般来说，白读系统用于本地人之间平时交流，文读系统用于与外地人之间交流，也用于比较正式的、“打官腔”的场合。但在实际使用中，白读与文读也有许多交叉的现象。因为上述白读与文读在来源、用途上的不同，同时也因为文读音就个人来讲常常不太稳定，就众人来讲往往颇有差异，所以下文的介绍以白读为主。凡是涉及文读的地方，均已注明是文读。

壹　声母的特点

1. 古全浊声母全部清化。淳安、遂安、寿昌逢塞音塞擦音时不论声调平仄一律读送气清音，与徽州东部绩溪、歙县等地相同；建德去声读送气清音，平、上、入声读不送气清音，全浊声母的这种分化类型在其他方言里还没有发现。例如：

	平		上		去		入	
	婆	权	棒	柱	渡	阵	薄	择
淳安	p^{h}u^{445}	ts^{h}uã^{445}	p^{h}ɔm^{55}	tɕ^{h}ya^{55}	t^{h}ua^{535}	ts^{h}en^{535}	p^{h}ɔʔ^{13}	ts^{h}ɑʔ^{13}
遂安	p^{h}ə^{33}	k^{h}yɛ̃^{33}	p^{h}om^{422}	tɕ^{h}y^{422}	t^{h}u^{52}	tɕ^{h}in^{52}	p^{h}ɔ^{213}	ts^{h}a^{213}
建德	pu^{334}	tɕye^{334}	po^{213}	tɕy^{213}	t^{h}u^{55}	ts^{h}en^{55}	pu^{213}	tsɑ^{213}
寿昌	p^{h}əɯ^{52}	tɕ^{h}yei^{52}	p^{h}ɑ̃^{534}	tɕ^{h}y^{534}	t^{h}u^{33}	ts^{h}en^{33}	p^{h}ɔʔ^{31}	ts^{h}əʔ^{31}

2. 来自古明微母的 [m] 母，逢非鼻尾韵、非鼻化韵时，遂安读带同部位浊塞音的 [mb]，寿昌有的人略带同部位浊音色彩，淳安、建德读 [m]。例如遂安：毛 mbɔ^{33} ｜米 mbei^{422} ｜木 mbu^{213} ｜袜 mbɑ^{213}。

3. 北京 [n]、[l] 母洪音字，淳安、遂安相混，建德部分字相混，寿昌 [n]、[l] 不混。例如：

	脑	老	南	兰	捺	辣
淳安	lə^{55}		lã^{445}		ləʔ^{13}	
遂安	lɔ^{422}		lɑ̃^{33}		lɑ^{213}	
建德	nɔ^{213}	lɔ^{213}	nɛ^{334}		ləʔ^{12} 文	lo^{213}
寿昌	nɤ^{534}	lɤ^{534}	niɛ^{52}	luə^{52}	nəʔ^{13} 文	luə^{24}

4. 古泥母细音字，淳安、遂安读零声母，建德部分读零声母，部分读 [ȵ] 声母，寿昌全部读 [ȵ] 声母。例如：

	泥	年	娘	女
淳安	iɑ^{445}	iã^{445}	iɑ̃^{445}	ya^{55}
遂安	iei^{33}	iɛ̃^{33}	iɑ̃^{33}	y^{422}
建德	i^{334}	ȵie^{334}	ȵie^{334}	y^{213}
寿昌	ȵi^{52}	ȵi^{52}	ȵiɑ̃^{52}	ȵy^{534}

5. 日母字，淳安、遂安读零声母，建德部分读零声母，部分读 [ȵ] 声母，寿昌读 [ȵ] 声母。例如：

	绕	染	让	热	日
淳安	$iə^{535}$	$iã^{55}$	$iã^{535}$	$iəʔ^{13}$	$iʔ^{13}$
遂安	$iɑ^{52}$	$iɛ̃^{422}$	$iã^{52}$	$iɛ^{213}$	iei^{213}
建德	$iɔ^{213}$ 文	$ȵie^{213}$	$ȵie^{55}$	i^{213}	$iəʔ^{12}$
寿昌	$ȵiɤ^{33}$	$ȵi^{534}$	$iã^{33}$	$ȵi^{24}$	$ȵiəʔ^{31}$

6. 知见两系止山臻摄合口三四等的“追专卷军诀，川春出拳缺，船顺训血”等字，遂安读 [k k^h f] 声母，淳安读 [ts ts^h s] 声母，建德、寿昌读 [tɕ $tɕ^h$ ɕ] 声母。例如：

	追	卷动词	春	缺	顺	血
淳安	$tsue^{224}$	$tsuã^{55}$	ts^huen^{224}	$ts^huəʔ^{5}$	$suen^{535}$	$suəʔ^{5}$
遂安	$kyei^{534}$	$kyɛ̃^{213}$	k^hyen^{534}	$k^hyɛ^{24}$	fen^{52}	$fɛ^{24}$
建德	$tɕye^{423}$	$tɕye^{213}$	$tɕ^hyen^{423}$	$tɕ^hy^{55}$	$ɕyen^{55}$	$ɕy^{55}$
寿昌	$tɕyei^{112}$	$tɕyei^{24}$	$tɕ^hyã^{112}$	$tɕ^hyei^{55}$	$ɕyã^{33}$	$ɕyei^{55}$

7. 见系通摄三等的“穷胸”等字，淳安、遂安、建德读 [ts] 组声母，寿昌读 [tɕ] 组声母。例如淳安：菊 $tsoʔ^{5}$ ｜穷 $ts^hɔm^{445}$ ｜局 $ts^hɔʔ^{13}$ ｜胸 $sɔm^{224}$。

8. 见晓组开口二等字，淳安、遂安读作 [k k^h ø x] 声母，建德、寿昌白读 [k k^h ŋ x] 声母（文读 [tɕ $tɕ^h$ ȵ 或 ø ɕ]）。例如：

	家	敲	眼	孝	学
淳安	ko^{224}	$k^hə^{224}$	$ã^{55}$	$xə^{224}$	$xɑʔ^{13}$
遂安	$kɑ^{534}$	$k^hɔ^{534}$	$ɑ̃^{422}$	$xɔ^{422}$	$xɔ^{213}$
建德	ko^{423}	$k^hɔ^{423}$	$ŋɛ^{213}$	$xɔ^{334}$	xu^{213}
寿昌	$kuə^{112}$	$k^hɤ^{112}$	$ŋuə^{534}$	$xɤ^{33}$	$xɔʔ^{31}$

9. 北京 [x] 母拼合口呼韵母的字，遂安读 [f] 声母，淳安多数字读 [x] 声母，部分字 [x ~ f] 又读，建德、寿昌读 [x] 声母。例如遂安：虎＝斧 fu^{213} ｜欢＝翻 $fɑ̃^{534}$ ｜毁＝佛 $fəɯ^{213}$。

10. 影喻母字，各地均有些特殊的声母读法。例如：

淳安 乌 va^{224} ｜永 ven^{55} ｜匀 ven^{445}

遂安 拥 lən^{33} ｜用 lən^{52} ｜育 lu^{213}

建德 矮 ŋɑ^{213} ｜安 ŋɛ^{423} ｜冤 ȵye^{334} ｜秧 ȵie^{423} ｜圆 ȵye^{334} ｜养 ȵie^{213}

寿昌 弯 ŋuə^{112} ｜碗 ŋuə^{24}

贰 韵母的特点

1. 古入声韵，淳安全部带喉塞音尾，遂安全部失去塞音尾读作开尾或元音尾，建德、寿昌白读部分带喉塞音尾，部分失去塞音尾读作开尾或元音尾（文读全部带喉塞音尾）。其中建德是咸山宕江四摄和梗摄部分字今白读失去塞音韵尾，寿昌是咸山两摄字今白读失去塞音韵尾。例如：

	叶咸	发山	药宕	桌江	十深	出臻	北曾	白梗	六通
淳安	iəʔ^{13}	fɑʔ^{5}	iɑʔ^{13}	tsoʔ^{5}	səʔ^{13}	tsʰuəʔ^{5}	pəʔ^{5}	pʰɑʔ^{13}	lɔʔ^{13}
遂安	iɛ^{213}	fɑ^{24}	iɑ^{213}	tsɔ^{24}	ɕiei^{213}	kʰyei^{24}	pəɯ^{24}	pʰa^{213}	lu^{213}
建德	i^{213}	fo^{55}	iɑ^{213}	tsu^{55}	səʔ^{12}	tɕʰyəʔ^{5}	pəʔ^{5}	pɑ^{213}	ləʔ^{12}
寿昌	i^{24}	fɤ^{55}	iɔʔ^{31}	tɕiɔʔ^{3}	səʔ^{31}	tɕʰyəʔ^{3}	pəʔ^{3}	pʰəʔ^{31}	lɔʔ^{31}

淳安入声韵很丰富，共有 16 个。有些韵母的来源看不出明显的规律，例如同是曾开一德韵字，就分别读成 [əʔ]、[iʔ]、[ɑʔ]、[eʔ] 四个韵母。通摄入声字以及山宕江等摄的部分入声字则基本上依今声调阴阳分别读成两套韵母，阴入读 [oʔ ioʔ]，阳入读 [ɔʔ iɔʔ]。这种情况似乎反映出淳安话古老而驳杂的特点。

2. 古阳声韵，鼻尾有的合并，有的分化，有的失去鼻尾转为鼻化，有的失去鼻尾读作开尾或元音尾，总的来说变化很大。这方面的特点跟吴语相类似。例如：

	敢咸	圆山	王宕	江江	心深	匀臻	剩曾	打梗	动通
淳安	kã^{55}	vã^{445}	uɑ̃^{445}	kɑ̃^{224}	ɕin^{224}	ven^{445}	sen^{535}	tɑ̃^{55}	tʰɔm^{55}
遂安	kɔ̃^{213}	yɛ̃^{33}	uɑ̃^{33}	kom^{534}	ɕin^{534}	yen^{33}	ɕin^{52}	tɑ̃^{213}	tʰən^{422}
建德	kɛ^{213}	ȵye^{334}	o^{334}	ko^{423}	ɕin^{423}	yen^{334}	sen^{55}	tɛ^{213}	tɑom^{213}
寿昌	kie^{24}	uei^{52}	uɑ̃^{52}	kɑ̃^{112}	ɕien^{112}	yɑ̃^{52}	sen^{33}	tɑ̃^{24}	tʰɔm^{534}

失去鼻尾读作开尾或元音尾的现象发生在跟吴语毗邻的建德和寿昌。其中

建德是咸山宕江四摄和梗开二的字今白读失去鼻尾，寿昌是咸山两摄字今白读失去鼻尾。相比之下，建德走得更快。

3. 有鼻音韵尾［m］，淳安、寿昌通摄字读［ɔm iɔm］韵，建德通摄字读［ɑom iɑom］韵，遂安通摄字不收［m］尾，但宕江摄部分字读［om］韵。例如：

	汤宕	讲江	红通	梦通	肿通	用通
淳安	tʰɑ̃²²⁴	kɔm⁵⁵	ɔm⁴⁴⁵	mɔm⁵³⁵	tsɔm⁵⁵	iɔm⁵³⁵
遂安	tʰom⁵³⁴	kom²¹³	n³³	mom⁵²	tsən²¹³	lən⁵²
建德	tʰo⁴²³	ko²¹³	ɑom³³⁴	mɑom⁵⁵	tsɑom²¹³	iɑom⁵⁵
寿昌	tʰɑ̃¹¹²	kɑ̃²⁴	ɔm⁵²	mɔm³³	tɕiɔm²⁴	iɔm³³

4. 合口的蟹、止、山一等、臻一等摄端系声母字今无［u］介音，淳安、遂安、建德一般读开口呼韵母，寿昌臻摄字读开口呼韵母，其他字读齐齿呼韵母。例如：

	堆蟹	随止	端山	算山	轮臻	村臻	卒臻
淳安	te²²⁴	se⁴⁴⁵	tɑ̃²²⁴	sɑ̃²²⁴	len⁴⁴⁵	tsʰɑ̃²²⁴	tsəʔ⁵
遂安	təɯ⁵³⁴	səɯ³³	tə̃⁵³⁴	sə̃⁴²²	lən³³	tsʰən⁵³⁴	tsəɯ²⁴
建德	te⁴²³	ɕye³³⁴	tɛ⁴²³	sɛ³³⁴	len³³⁴	tsʰen⁴²³	tsəʔ⁵
寿昌	tiɛ¹¹²	ɕi⁵²	tiɛ¹¹²	ɕiɛ³³	len⁵²	tsʰen¹¹²	tsəʔ³

5. 一般方言读［ɿ ʅ u y］韵的字，淳安分别读作［ɿa a ua ya］韵，遂安、建德、寿昌读［ɿ u y］韵。大体上说，北京读［ɿ］、［ʅ］韵的字淳安读［ɿa］韵，北京读［u］韵的字淳安读［a］、［ua］韵，北京读［y］韵和部分［u］、［uei］韵的字（遇止合三知系字）淳安读［ya］韵。例如淳安：资 tsɿa²²⁴ ｜迟 tsʰɿa⁴⁴⁵ ｜事 sɿa⁵³⁵ ｜五 ŋa⁵⁵ ｜夫 fua²²⁴ ｜土 tʰua⁵⁵ ｜雨 ya⁵⁵ ｜猪 tɕya²²⁴ ｜吹 tɕʰya²²⁴。

北京读［i］韵的部分字（蟹开四端系部分字）淳安读［iɑ］韵，遂安读［ei iei］韵，建德、寿昌读［i］韵。例如淳安：低 tiɑ²²⁴ ｜弟 tʰiɑ⁵⁵ ｜泥 iɑ⁴⁴⁵。

6. 止摄开口三等见溪群晓声母的字，遂安读作［tsɿ tsʰɿ sɿ］音节，淳安、建德、寿昌读［tɕi tɕʰi ɕi］。例如遂安：寄 tsɿ⁴²² ｜起 tsʰɿ²¹³ ｜棋 tsʰɿ³³ ｜戏 sɿ⁴²²。当然，这个现象也涉及声母，不过主要是个韵母问题，所以放在韵母部分介绍。

7. 深臻曾梗摄开口三等影组和日疑母的舒声字，遂安今读自成音节的韵母

[n]，例如：音 n^{534} ｜影 n^{213} ｜认 n^{52} ｜银 n^{33}。此外，古阳声韵字读成 [n] 韵的还有庵 n^{534} ｜恩 n^{534} ｜形 n^{33} ｜营 n^{33} ｜红 n^{33} 等。这些字淳安、建德、寿昌多读 [in] 一类的韵母。

8. 蟹咸山三摄一等（蟹山摄包括开合）大部分字，寿昌今读齐齿呼韵母，其中见系字读 [ie] 韵，其他声母字读 [iɛ] 韵。例如：

蟹摄 来 liɛ^{52} ｜改 kie^{24} ｜杯 piɛ^{112} ｜罪 ɕiɛ^{534}

咸摄 贪 t^{h}iɛ^{112} ｜暗 ie^{33}

山摄 安 ie^{112} ｜割 kie^{55} ｜短 tiɛ^{24} ｜泼 p^{h}iɛ^{55}

叁 声调的特点

1. 单字调，淳安、遂安、建德 6 类，寿昌白读 8 类，文读 6 类。古平、上、去、入四声大致上按照古声母的清浊各分阴阳。古今声调的演变情况见表 2：

表 2 严州方言古今声调演变情况表

<table>
<tr><th rowspan="2">古调</th><th rowspan="2">古声</th><th rowspan="2">淳安</th><th rowspan="2">遂安</th><th colspan="2">建德</th><th colspan="2">寿昌</th></tr>
<tr><th>白读</th><th>文读</th><th>白读</th><th>文读</th></tr>
<tr><td rowspan="2">平</td><td>清</td><td>阴平 224</td><td>阴平 534</td><td>阴平 423</td><td>阴平 334</td><td>阴平 112</td><td>阴平 33</td></tr>
<tr><td>浊</td><td>阳平 445</td><td>阳平 33</td><td>阳平 334</td><td>阳平 211</td><td>阳平 52</td><td>阳平 112</td></tr>
<tr><td rowspan="3">上</td><td>清</td><td rowspan="3">上声 55</td><td>阴上 213</td><td rowspan="3">上声 213</td><td rowspan="2">上声 55</td><td>阴上 24</td><td rowspan="2">上声 55</td></tr>
<tr><td>次浊</td><td rowspan="3">阳上 422</td><td rowspan="2">阳上 534</td></tr>
<tr><td>全浊</td><td>=阳去</td><td>=阳去</td></tr>
<tr><td rowspan="2">去</td><td>清</td><td>=阴平</td><td>=阳平</td><td>=上声</td><td rowspan="2">去声 33</td><td>=上声</td></tr>
<tr><td>浊</td><td>阳去 535</td><td>阳去 52</td><td>阳去 55</td><td>阳去 213</td><td>阳去 24</td></tr>
<tr><td rowspan="4">入</td><td rowspan="2">清</td><td rowspan="2">阴入 5</td><td rowspan="2">阴入 24</td><td>=阳去</td><td rowspan="2">阴入 5</td><td>阴入甲 55</td><td rowspan="2">阴入 5</td></tr>
<tr><td>阴入 5</td><td>阴入乙 3</td></tr>
<tr><td rowspan="2">浊</td><td rowspan="2">阳入 13</td><td rowspan="2">=阴上</td><td>=上声</td><td rowspan="2">阳入 12</td><td>=阴上</td><td rowspan="2">阳入 13</td></tr>
<tr><td>阳入 12</td><td>阳入 31</td></tr>
<tr><td colspan="2">调类数</td><td>6</td><td>6</td><td>6</td><td>6</td><td>8</td><td>6</td></tr>
</table>

从表 2 可见，严州各县方言之间的调类和调值都存在较大的差异。就古入

声而言，淳安完整保留阴、阳入，遂安、建德、寿昌的入声正处于消失的过程当中。具体地说：

（1）遂安的浊入与清上合，都读［213］，例如：毒＝土 t^hu^{213} ｜服＝斧 fu^{213} ｜席＝洗 $ɕiei^{213}$ ｜勺＝嫂 $sɔ^{213}$。清入字虽然自成一调，但已失去塞音韵尾，读成长调［24］。

（2）建德的白读是咸山宕江四摄和梗摄的部分入声字与舒声调合，读成长调。其中清入字与浊去合，都读［55］，例如：撇＝避 p^hi^{55} ｜雪＝自 $ɕi^{55}$ ｜瞎＝夏立～ xo^{55}。浊入字与上声合，都读［213］，例如：雹＝补＝簿 pu^{213} ｜活＝哑＝瓦 o^{213}。

（3）寿昌白读是咸山两摄的入声字从入声中分离出来，读成长调。其中咸山两摄的清入字自成一类，读［55］（阴入甲），与其他清入字读短调［3］（阴入乙）不同。咸山两摄的浊入字与清上合，都读［24］，例如：闸＝闪 $ɕyə^{24}$ ｜页＝椅 i^{24} ｜折～本＝喜 $ɕi^{24}$ ｜活＝哑 $uə^{24}$。

从遂安、建德、寿昌及其乡下方言入声字舒声化后的去向来看，清入字多并入高平调，如建德的［55］。如果本方言的声调系统中没有高平调，就自成一个高平调的调类，如寿昌的［55］。浊入字多并入低升调、低降升调一类的调，如遂安、建德的［213］，寿昌的［24］。从淳安以及建德、寿昌方言本身入声的调值可以看出，严州方言入声字舒声化前后的调值具有一致性。换句话说，严州方言入声字舒声化后的去向取决于本方言声调系统的调值，而与调类、声母等因素无关。这也正是造成严州方言语音错综复杂的重要原因之一。

2. 连读调

各方言的情况都非常复杂，连调模式一般是前字变，后字不变。具体情况请看各地方音的相关部分。

第二节　淳安方音

壹　概说

原淳安县古为山越地。秦汉时属鄣郡（后改为丹阳郡）歙县。东汉建安十三年（208 年），东吴孙权遣威武中郎将贺齐击山越，平黟、歙，在今淳安一带置新都郡，分歙县东部叶乡置始新县（后之淳安县）。1958 年，遂安县并入淳安县。今属杭州市。

在古代，淳安曾是新安江流域地区政治、文化、交通的中心。汉代新都郡的郡治即设在淳安县城，此后淳安历为新安郡、遂安郡、睦州治所，直至唐神功元年（697 年）睦州州治迁建德县梅城止。

原淳安县位于浙江省西部，与安徽省歙县为邻，与本省原昌化（今属临安）、原分水（今属桐庐）、建德、原寿昌（今属建德）、原遂安（今属淳安）五县接壤，相当于今淳安县中部的鸠坑、梓桐、里商等乡镇及其以东地区。据南宋《严州图经》记载，淳安县东西长 170 里，南北宽 150 里。据民国 37 年（1948 年）测量，淳安县总面积为 2870 平方公里。地形以山地丘陵为主，白际山和昱岭两大山脉分别分布于县的西部和北部。新安江从西北的皖南地区蜿蜒而下，横贯县境南部，经建德汇入富春江。

1959 年，在淳安、遂安二县建成著名的新安江水库（即千岛湖）。原淳安县新安江两岸包括县城在内的广大地区沦为库区。全县被水库淹没的地区计有：一座县城（淳城），三个镇（茶园、港口、威坪），两个农村集镇（桥西、进贤），986 个自然村，20 万亩耕地。自 1956 年至 1970 年，原淳安县先后移至外县、外省的移民达 15 万多人。

在原淳安县境内，1992 年设 7 个镇、17 个乡，共 24 个乡镇：

7 镇：千岛湖镇、威坪镇、唐村镇、茶园镇、梓桐镇、文昌镇、临岐镇。

17 乡：里商乡、屏门乡、王阜乡、瑶山乡、宋村乡、鸠坑乡、左口乡、金峰乡、富文乡、淡竹乡、汪宅乡、叶家乡、富溪乡、许源乡、严家乡、南赋乡、光昌乡。

2013 年设 6 个镇、9 个乡，共 15 个乡镇：

6 镇：千岛湖镇、威坪镇、石林镇、梓桐镇、文昌镇、临岐镇。

9 乡：里商乡、屏门乡、王阜乡、瑶山乡、宋村乡、鸠坑乡、左口乡、金峰乡、富文乡。

原许源乡（今属里商乡）西北角跟安阳乡相邻的上华、村坑、叶岭三个村属原遂安县，其余部分（包括乡政府驻地塔山村）属原淳安县。

据民国 37 年（1948 年）统计，淳安县人口为 23.8 万多人。自从与遂安县合并以后，原淳安县境内的人口难以单独统计，2013 年估算有 28 万多人。除了汉族以外，还有几百名畲族人散居在县内各地。

原淳安县境内的方言主要是“淳安话”，淳安话以原县城淳城镇的方言为代表。淳城作为县城具有 1750 年的历史，作为郡州治所具有 489 年的历史，但淳城已于 1959 年新安江水库建成时被淹没在水底。当在只有几户人家的小山村排岭建起新的淳安县城时，淳城的绝大部分人迁移到排岭。但这几十年来排岭的居民成份变化很大，时至今日，淳城人及其后代在排岭居民中所占的比例大约只有百分之一二十。因此，原淳城话并没有在新县城取得统治地位。在今天的排岭，用作本地共同语的是普通话，原淳城话基本上只限于淳城人在家里使用，比较地道的淳城话只保存在当今七八十岁以上的移民口中。

除了淳安话以外，原淳安县西北部临安徽省歙县的王阜乡同乐庄村及其以北的十几个村，以及相邻的屏门乡大源里村平时说接近歙县话的方言，但一般人也会说王阜乡严家一带的淳安话。跟王阜乡相邻的威坪镇北部的刘大坞、合富、黄石潭村，以及屏门乡北部的金竹岭脚等村平时说当地的淳安话，但也会说这种歙县话。原威坪乡政府所在地的胡、毕、程、黄四姓（约占该地人口的 1/5）内部说接近歙县话的方言，对外说当地的淳安话。但该地被水库淹没后，四姓居民迁徙各地，基本上已不再使用这种歙县话。县北部的瑶山乡天坪村老庵基自然村说安徽安庆话。此外，各地的畲族人内部说畲话，对外说当地的淳安话。

本书记录原淳安县的代表性方言——原县城淳城镇方言。主要发音人：

1. 邵继康先生，男，1916 年生（1994 年第一次调查时 78 岁），世代居住在淳城，1958 年全家迁居排岭，1933 — 1945 年在杭州、金华等地学习、当兵，1945 年后一直在淳安工作、生活，当过船工、会计等，中学文化程度。说地道淳城话，还会说所谓“浙江官话”（一种比较接近杭州话的浙江地区共同语）。邵继康已于 1995 年 7 月不幸去世。

2. 邵列之先生，男，1931 年生（1995 年第一次调查时 64 岁），世代居住在淳城，1949 年参军，在四川、朝鲜等地当兵，1954 年从部队回建德县梅城镇工作，1958 年回淳城，此后无固定工作，1959 年全家迁居排岭，初中文化程度。说地道淳城话，还会说遂安话（因两个媳妇和一个女婿是遂安人）和不太标准的普通话。

另外还简单调查了应贺者先生等人。应贺者先生，男，1910 年生（1994 年调查时 84 岁），世代居住在淳城，1959 年全家迁居排岭，长期在本地饮食行业工作，说地道淳城话。

邵继康、邵列之、应贺者三人的语音略有差异，本节以邵继康的发音为准，有的地方也采纳邵列之的发音。

贰　声韵调

一、声母 20 个，包括零声母在内

p 比	p^h 派爬簿步白	m 毛	f 飞房灰2	v 味鹅胡软温屋月
t 刀	t^h 体桃动地夺	l 来李路南奴		
ts 紫专军	ts^h 草迟拳赵阵侄穷	ɭ 儿耳二	s 三时船实熏	
tɕ 精经主	$tɕ^h$ 清轻骑舅轿及		ɕ 西希钱书	
k 改讲	k^h 苦狂跪柜掘	ŋ 五午	x 海回灰1	
ø 矮衣外雨年热牛				

说明：

1. [v] 实际音值是 [ʋ]，限于拼 [i u a ã en uʔ əʔ] 七韵。

2. [l] 的前面带有轻微的 [n]，可记作 [ⁿl]。[l] 有时又读作 [n]。应贺者

及其女儿多读［n］。

3.［ts］组拼除［u］韵外的合口呼韵母时接近［ts］组。邵列之［ts］组拼［ua］、［ue］、［uəʔ］韵时读作［tɕ］组拼［ya］、［ye］、［yəʔ］韵，例如：组＝举 tɕya^{55} ｜粗＝区 tɕʰya^{224} ｜苏＝虚 ɕya^{224} ｜追 tɕye^{224} ｜血 ɕyəʔ^{5}。

4. 开口呼零声母字前有较强的摩擦成分。

5. 第二人称单数口语用“尔［n^{55}］”和“尔农［n^{55}lɔm^{445}］”，“你”字文读［ni^{55}］。人义口语说“农［lɔm^{445}］”，“人”字白读［in^{445}］，文读［zen^{445}］。［n］、［z］二母都只有一个文读的字，故不计入声母表。

6. 邵继康“五午”读零声母。

二、韵母 49 个，包括自成音节的［m］、［n］在内

ɿ 脂 2 史	i 衣鸡味	u 多哥坐墓	y 铝水 2
ɿa 子刺事			
a 雾湖五儿		ua 布土醋古	ya 猪区树鱼水 1
ɑ 矮鞋败	iɑ 夜低泥	uɑ 外怪	
o 牙沙画		ui 鬼跪	
e 爱盖罪		ue 桂亏威	
ə 包敲	iə 摇表		
ɯ 藕走狗	iɯ 有秋		
ã 潭安端远孙	iã 烟尖	uã 专船劝楦	
ɑ̃ 谈减伞山帮霜生	iɑ̃ 枪羊	uɑ̃ 官湾光王	
en 根灯温运笋	in 心新星	uen 滚准军裙	
ɔm 东中瓮棒双猛	iɔm 用荣		
m 母舅~			
n 尔			
əɭ 而耳木~			
ɿʔ 虱瑟	iʔ 一笔立急	uʔ 屋恶善~镬	yʔ 橘
ɑʔ 甲塔擦杀百	iɑʔ 贴切脚药	uɑʔ 刮阔活划计~	
eʔ 脱蛇黑鼻		ueʔ 国骨屈弯	
əʔ 割拨测革实	iəʔ 叶节雪篾	uəʔ 刷缺血出	
oʔ 剥桌福足	ioʔ 郁育		
ɔʔ 八木六局	iɔʔ 肉玉		

说明：

1. [ʅa a ua ya] 的 [a] 接近 [ɐ]。[ua] 韵的介音 [u] 在 [p] 组声母后比较轻弱。应贺者 [ʅa] 韵中的 [ʅ] 比较轻弱。

2. [ɑ iɑ uɑ] 的 [ɑ] 实际音值是 [ɒ]。

3. [ə iə] 的 [ə] 位于 [ə]、[ɤ] 之间。

4. [en] 韵中的 [e] 舌位较低。

5. 除 [u] 韵外，合口呼韵母的介音 [u] 在 [ts] 组声母后接近 [ɥ]。

6. 鼻音韵尾 [n] 和自成音节的韵母 [n] 发音时舌头与上颚接触较松，音色较模糊。

7. 鼻音韵尾 [m] 在 [ɔm] 韵中比在 [iɔm] 韵中明显，在单字和后字中比在前字中明显。应贺者把 [m] 尾读作 [n] 尾。

8. 喉塞音韵尾 [ʔ] 不很明显。

9. [ʅʔ] 韵在 [ʅ] 后有个轻微的 [ə]。

10. [ɑʔ iɑʔ uɑʔ] 三韵的字在连读中有时会读成 [əʔ iəʔ uəʔ] 韵。这三韵的部分字邵列之归入 [ɔʔ iɔʔ] 韵。

11. [oʔ ioʔ] 的 [o] 舌位较高，接近 [ʊ]。

12. [m] 韵（只有“母”一字）邵继康读作 [u] 韵。

13. [əl̩] 韵邵列之接近 [ər]。

14. 淳安话无小称及其音变现象。

三、单字调 6 个

阴平 [224] 衣天西东新山，四变做盖宋放

阳平 [445] 皮田亭麻南来

上声 [55] 死早水改火粉，是稻柱马李有

阳去 [535] 大地洞命乱岸

阴入 [5] 北铁桌国雪法

阳入 [13] 夺局贼麦月六

说明：

1. 阳平有时读［435］。

2. 阳平和上声略带紧喉色彩。

3. 阳去［535］中的上升部分有时不太明显或没有。

4. 阳入［13］是短调，但阴入和阳入比一般吴语的短调略长。

叁 音韵特点

一、声母的特点

1. 古全浊声母字今读清音声母。逢塞音塞擦音不论平仄绝大部分读送气清音，只有极少数的字读不送气清音（声调也多归入阴调类），其中较常用的字有：距住瞿具 tɕya^{224} | 毙 pi^{55} | 队 te^{224} | 忌$_2$ tɕi^{55} | 站车~ tsã^{224} | 健 tɕiã^{224} | 邓 ten^{224} | 赠 tsen^{224}。

2. 泥母字洪音今读［l］声母；细音今读零声母，如：娘 iã^{445} | 女 ya^{55}。来母字不论洪细今均读［l］声母，但“吕旅”二字读零声母，音［ya^{55}］。因此，泥母洪音字与来母字声母相混，例如：脑＝老 lə^{55} | 南＝兰 lã^{445} | 捺＝辣~子 ləʔ^{13}。

3. 日母山臻合三的“软润闰”三字读［v］声母，止开三的“儿二耳饵”四字白读［ɭ］声母，其余读零声母。例如：软 vã^{55} | 闰 ven^{535} | 儿 ɭa^{445} | 二 ɭa^{535} | 如 ya^{445} | 染 iã^{55} | 日 iʔ^{13}。

4. 见系果臻梗通合三、山合三四的部分字读作［ts tsʰ s］声母。例如：靴 sue^{224} | 拳 tsʰuã^{445} | 决 tsuəʔ^{5} | 均 tsuen^{224} | 琼 tsʰuen^{445} | 蓄 soʔ^{5}。

5. 见晓组开口二等字读作［k kʰ x］声母。例如：家 ko^{224} | 甲 kɑʔ^{5} | 敲 kʰə^{224} | 孝 xə^{224} | 鞋 xɑ^{445} | 学 xɑʔ^{13}。

6. 晓母合口呼和［ɔm］、［oʔ］韵字有的读［x］声母，有的读［f］声母，有的［x］、［f］又读。例如：货 xu^{224} | 徽 xue^{224} | 虎 fua^{55} | 婚 fen^{224} | 灰 xue^{224} ~ fe^{224} | 欢 xuã^{224} ~ fã^{224} | 霍~扇：闪电 xoʔ^{5} ~ foʔ^{5}。

个别非组字在［ɔm］韵前读［x］声母，或［f］、［x］又读。例如：冯 xɔm^{445} | 封 fɔm^{224} ~ xɔm^{224} | 缝名词 fɔm^{535} ~ xɔm^{535}。

7. [v] 母来自古微、日、疑、匣、影、喻（云）、喻（以）七母的部分合口呼韵母的字，例如：武 va^{55} | 润 ven^{535} | 月 vəʔ^{13} | 县 vã^{535} | 乌 va^{224} | 永 ven^{55} | 匀 ven^{445}。

8. [ŋ] 声母只有“五午”二字。[ɭ] 声母只有“儿耳~朵二~哥”三字。

二、韵母的特点

1. 读 [ɿ]、[y] 韵的主要是一些口语中不用或不常用的字，单字音是 [ɿa]、[ya] 韵的字在连读中有时也会读成 [ɿ]、[y] 韵。除此情况以外，单字音中无 [ɿ]、[y] 韵。[i]、[u] 韵的字也跟一般方言有所不同。大体上说，北京读 [ɿ]、[ʅ] 韵的字淳安读 [ɿa] 韵，北京读 [i] 韵的部分字（蟹开四端系部分字）淳安读 [iɑ] 韵，北京读 [u] 韵的字淳安读 [a]、[ua] 韵，北京读 [y] 韵和部分 [u]、[uei] 韵的字（遇止合三知系字）淳安读 [ya] 韵。例如：资 tsɿa^{224} | 迟 tsʰɿa^{445} | 事 sɿa^{535} | 低 tiɑ^{224} | 弟 tʰiɑ^{55} | 五 a^{55} | 夫 fua^{224} | 土 tʰua^{55} | 雨 ya^{55} | 猪 tɕya^{224} | 吹 tɕʰya^{224}。

2. [ui]、[ue] 二韵不同。读 [ui] 韵的限于 [k kʰ] 声母的上声字。

3. 山合一及臻、蟹、止摄合口端系声母字今读开口呼韵母。例如：端 tã^{224} | 乱 lã^{535} | 算 sã^{224} | 撮 tsʰəʔ^{5} | 屯 tʰen^{445} | 轮 len^{445} | 笋 sen^{55} | 卒兵~ tsəʔ^{5} | 堆 te^{224} | 内 le^{535} | 催 tsʰe^{224} | 遂 se^{535}。

4. 咸山摄舒声字大体上依古音洪细（但还有其他制约因素）分为 [ɑ̃]、[ã] 两套韵母。[ɑ̃] 套又跟宕江摄混同。例如：扇（山开三）sã^{224} ≠山（山开二）＝桑（宕开一）sɑ̃^{224} | 原（山合三）vã^{445} ≠完（山合一）＝王（宕合三）uɑ̃^{445}。

5. 梗开二字主要读 [ɑ̃ ɑʔ] 韵，与宕江摄混同。例如：打＝党 tɑ̃^{55} | 生＝桑 sɑ̃^{224} | 耕＝钢 kɑ̃^{224} | 摘＝着~鞋 tsɑʔ^{5}。

6. 北京 [ən əŋ] 二韵字淳安读 [en] 韵，北京 [in iŋ] 二韵字淳安读 [in] 韵。例如：真＝蒸 tsen^{224} | 心＝新＝星 ɕin^{224}。

7. 入声韵丰富，共有 16 个。有些韵母的来源看不出明显的规律，例如同是曾开一德韵字，就分别读成以下四个韵母：

[əʔ] 韵：北 pəʔ^{5} | 墨默 məʔ^{13} | 得$_{2}$ təʔ^{5} | 特~务 tʰəʔ^{13} | 勒 ləʔ^{13} | 则 tsəʔ^{5} | 贼 səʔ^{13} | 塞 səʔ^{5} | 刻克 kʰəʔ^{5}

[iʔ] 韵：得｜德 tiʔ^{5} ｜特~为：故意 t^{h}iʔ^{13} ｜肋~条 liʔ^{13}

[ɑʔ] 韵：肋~排骨：肋骨 lɑʔ^{13}

[eʔ] 韵：黑 xeʔ^{5}

有几个入声韵的字很少。例如，[ʅʔ] 韵仅“瑟虱”二字，[uʔ] 韵仅“恶善~握屋镬斛”五字，[yʔ] 韵仅“橘龁□~嘴：亲嘴 [ɕyʔ^{5}] □~毽：毽子 [ɕyʔ^{5}]”四字，[ueʔ] 韵仅“骨国屈弯”三字，[ioʔ] 韵仅“郁育辱褥”四字，[iɔʔ] 韵仅“肉玉狱欲浴”五字。

8. 通摄入声字以及山宕江等摄的部分入声字基本上依今声调阴阳分别读成两套韵母，阴入读 [oʔ ioʔ]，阳入读 [ɔʔ iɔʔ]。例如：摸 moʔ^{5} ：木 mɔʔ^{13} ｜秃 t^{h}oʔ^{5} ：毒 t^{h}ɔʔ^{13} ｜索 soʔ^{5} ：熟 sɔʔ^{13} ｜郁 ioʔ^{5} ：浴 iɔʔ^{13}。但也有个别阴入字读成 [ɔʔ] 韵，例如：八 pɔʔ^{5} ｜胛 kɔʔ^{5}。

9. [m] 韵只有“母舅~姆”二字。[n] 韵只有“尔你”一字。

三、声调的特点

1. 清平与清去合，都读 [224]。例如：西＝细 ɕi^{224} ｜私＝四 sʅa^{224} ｜编＝变 piã^{224} ｜装＝壮 tsã^{224}。

2. 浊平与浊去在年轻人中有混同现象，都读 [535]。

3. 上声不分阴阳，都读 [55]。例如：锁＝坐 su^{55} ｜请＝近 tɕ^{h}in^{55} ｜哑＝瓦 o^{55}。

4. 入声依古声母清浊分阴入、阳入两类。

5. 有少数舒声字读成入声，其中有较多的假摄字，例如：些 səʔ^{5} ｜者 tsəʔ^{5} ｜惹 iɑʔ^{13} ｜佘 səʔ^{5} ｜剐 kuɑʔ^{5} ｜夸 k^{h}uɑʔ^{5} ｜例 liɑʔ^{13} ｜鼻~头 p^{h}eʔ^{13} ｜厕 ts^{h}əʔ^{5} ｜咳 k^{h}əʔ^{5}。

肆 连读调

淳安话两字组的连调规律见表 3。表中各栏的上一行为单字调，下一行为连读调。无下一行的表示连读调与单字调相同。其中阳入做前字时的 [31] 是短调。后字除了阴入字不读轻声以外，其他调类的字基本上都有轻声的读法，所以后字另列轻声一栏，表示各调类的前字和轻声的连调模式。例词请参看词汇部分。

表 3　淳安话两字组连调表

1 \ 2	阴平 224	阳平 445	上声 55	阳去 535	阴入 5	阳入 13	轻声
阴平 224	224 224 24 —— 224 224 31 —— 224 224 33 55 —— 224 224 24 55	224 445 24 —— 224 445 33	224 55 24	224 535 24	224 5 33	224 13 24	224 24 0
阳平 445	445 224 31 —— 445 224 31 55	445 445 —— 445 445 31 —— 445 445 31 224	445 55 —— 445 55 31	445 535	445 5 31	445 13 31	445 0
上声 55	55 224 —— 55 224 55	55 445	55 55	55 535	55 5	55 13	55 0
阳去 535	535 224 53 —— 535 224 53 55	535 445 53	535 55 53	535 535 53	535 5 53	535 13 53	535 53 0
阴入 5	5 224 —— 5 224 55	5 445	5 55	5 535	5 5	5 13	5 0

续表

1＼2	阴平 224	阳平 445	上声 55	阳去 535	阴入 5	阳入 13	轻声
阳入 13	13 224 —— 13 224 31 —— 13 224 31 55	13 445 —— 13 445 31	13 55 —— 13 55 31	13 535 —— 13 535 31	13 5 31	13 13 —— 13 13 31	13 0

淳安话两字组的连调有以下几个特点：

1. 一般是前字变，后字不变。

2. 同一调类的前字在不同调类的后字之前往往读为一种或几种共同的调值，例如阳去字在各调类的后字之前均读作［53］调。

3. “同调类的前字＋不同调类的后字”的连调模式有“类化”的现象，即不管后字是什么调类，均采用同一种连调模式。除了后字为轻声的两字组属于类化现象外，后字为阴平和上声的两字组也均有相同的连调模式。例如，“阴平＋阴平”有［24 55］的连调模式，“阴平＋上声”的连调模式也是［24 55］。

不符合表 3 连调规律的个别例外词有：

阴平＋阴平：姑夫 kua$^{224-31}$fu$^{224-55}$

阴平＋阳去：告状 kə$^{224-33}$tsʰã$^{535-55}$ ｜丧事 sã$^{224-55}$sɿ^{0}

阴平＋阳入：唾沫 tʰua$^{224-33}$məʔ$^{13-5}$

阳入＋阳去：瘌痢黄癣 lɔʔ$^{13-31}$li$^{535-55}$

阳入＋阳入：木勺 mɔʔ$^{13-31}$sɔʔ$^{13-5}$

伍　同音字汇

本字汇根据淳安话韵母、声母、声调的次序（见上文贰）排列。没有单字音只有连读音的字不收。有单字音的字，如果连读音跟单字音不同，例如单字音是 [ɿa ua ya] 韵而连读音是 [ɿ u y] 韵，只收单字音不收连读音。轻声用 [0] 表示。写不出本字的音节用方框“□”表示。释义、举例在字后用括号“( )”表示。例子里用“～”代替原字。又读在字的右下角用数码表示。

ɿ

ts　[224] 脂₂齿(牙～) [55] 子₂

s　[224] 絮₁鹚蛳使史驶□(翼～：翅膀) [445] 糍 [0] 齿(马～苋)□(刀～：刀鞘)

i

p　[224] 蓖闭秘泌庇痹 [55] 毙陛譬鄙比

pʰ　[224] 批披屁 [445] 皮疲脾琵肥(～皂) [55] 被(名词)被(介词) [535] 蔽敝弊币鐾避备鼻(～涕)

m　[445] 迷谜弥眉楣媚鸣 [55] 米糜靡尾 [535] 未

f　[224] 废肺非绯飞妃匪痱费翡 [445] 肥(～料) [55] 吠榧

v　[445] 维惟唯微 [535] 味

t　[224] 帝嘀(里～：这里) [55] 抵

tʰ　[224] 替 [445] 堤题提蹄啼 [55] 体隶 [535] 递地

l　[224] 裹(～～：这里) [445] 驴(～狗子：驴)犁黎离篱璃梨厘 [55] 缕屡礼丽狸李里(一～路)裹₂(哪～)理鲤泪 [535] 滤₂厉励荔利痢莉吏

tɕ　[224] 祭际济鸡稽计继繫寄笄飢肌几(茶～)基箕纪记幾(～乎)机讥饑既季 [55] 挤已忌₂幾(～个) [0] 穄(芦～：高粱)

tɕʰ　[224] 妻栖溪契₂奚器弃欺气汽 [445] 奇骑岐祁鳍其棋期旗 [55] 启企技妓起忌₁祈岂

ɕ　[224] 西犀细(粗～)婿兮系(～统)係(联～)牺戏嬉熙希稀袭 [445] 齐脐荠携 [55] 洗玺徙喜

ø　[224] 易(容～)肄医意异衣依揖忆亿易(贸～) [445] 倪宜谊移尼伊夷姨疑饴遗尹凝 [55] 椅拟矣已以 [535] 艺仪蚁₂义议

u

p ［224］波玻布（公～）怖$_2$把（个～）

p^h ［224］颇坡 ［445］婆匏（丝瓜～：油条）［55］脯浦阜

m ［445］魔磨（动词）摩馍模（～子）模（～范）摹谋 ［55］某牡母（～亲）拇$_1$ ［535］磨（名词）暮慕墓募茂贸幕牧

f ［224］肤俘妇负 ［55］贺（姓）［0］荷（薄～）河（护城～）夥

v ［224］俄阿（～胶）卧倭涴（屎）娱 ［445］蛾鹅和（～尚）湖（千岛～）壶$_2$ ［55］我获 ［535］饿婺话戊 ［0］悟（觉～）务（家～）

t ［224］多剁都（首～）都（～是）［55］朵躲

t^h ［224］拖 ［445］驼驮（抱）途$_2$涂$_2$ ［55］妥椭惰 ［535］大（～细：大小）

l ［224］啰 ［445］罗锣箩萝（包～：玉米）骡螺脶 ［55］撸（捋）［535］努

ts ［224］做 ［55］左佐

ts^h ［224］搓锉错

s ［224］唆鬚 ［55］坐锁琐唢 ［535］座诉

k ［224］歌哥锅戈过菇故$_2$ ［55］果裹馃（本地多写作“粿”）

k^h ［224］科窠棵颗课

x ［224］货呼乎 ［445］河（黄～）何荷（～花）和（～气）禾狐（～臭）［55］火伙（～食）祸 ［535］贺（～城）

y

l ［55］铝

tɕ ［55］嘴

$tɕ^h$ ［0］坠（耳～）

ɕ ［224］絮$_2$须（必～）需 ［55］序叙绪许$_2$水$_2$

ɿa

ts ［224］制（～度）製知蜘智支枝肢栀资姿咨致脂$_1$至滋置之芝志痣醉 ［55］紫姊纸衹旨指子$_1$籽梓止趾址

ts^h [224] 蛆雌疵刺次雉痴嗤试 [445] 池驰瓷迟稚兹慈辞词持 [55] 此撕$_1$是耻齿 [535] 嗣治 [0] 翅(鱼～)

s [224] 斯厮撕$_2$赐筛(筛子)施私四肆师狮尸示视嗜司丝思伺寺饲痔士仕柿诗市尿(名词) [445] 匙祠时鲥侍□(～杷：枇杷) [55] 氏死似祀巳始 [535] 自字事侍

a

m [55] 妈(大姨～)亩母(雌性) [535] 忘

v [224] 互乌污恶(可～)赴莴□(煮) [445] 吴蜈梧胡(姓)湖(一个～)狐(～狸)壶$_1$葫蝴糊无诬 [55] 伍(队～)户沪坞抚武舞侮鹉 [535] 误护务(～农)雾

t [0] 嗒(语气词)

l [0] 啦

ŋ [55] 五午

ø [0] 啊

ɭ [445] 儿 [55] 耳$_1$(～朵) [535] 二(～哥)

ua

p [224] 菠布(～鞋)怖$_2$ [55] 补谱$_1$

p^h [224] 铺(动词)铺(名词) [445] 蒲菩 [55] 谱$_2$普簿甫脯(果～) [535] 薄(～荷)部步捕埠辅伏(孵)

f [224] 戽夫敷麸父付赋富副(量词) [445] 符扶芙浮 [55] 虎浒府腑俯斧釜 [535] 傅腐附副(正～) [0] 孚(美～灯)

t [55] 堵赌肚(猪～)妒

t^h [224] 唾吐(呕～)兔 [445] 徒屠途$_1$涂$_1$图 [55] 舵土吐(～痰)杜肚(腹～) [535] 度渡镀

l [445] 奴卢炉芦鸬庐 [55] 鲁橹虏卤 [535] 糯怒路赂露鹭虑滤$_2$

ts [224] 租 [55] 祖组阻

ts^h [224] 粗醋措初 [55] 楚 [535] 助

s [224] 蓑梭苏酥素塑疏蔬数（名词）

k [224] 姑孤枯雇顾 [55] 古估牯股鼓故 1 固

kʰ [224] 箍库裤 [55] 苦

ɭ [55] 耳 2(～朵)

ya

tɕ [224] 猪著诸居车（～马炮）巨拒距据诛蛛株 2 驻注住朱硃珠殊蛀铸拘驹俱瞿句具惧 [55] 煮举拄主矩

tɕʰ [224] 趣枢区驱吹炊 [445] 除储渠（～道）厨槌锤 [55] 苎处（相～）处（～所）鼠取娶柱 [535] 柜（粮柜）[0] 住（补语）

ɕ [224] 梳书舒庶墟虚嘘输戍帅 [445] 徐锄 [55] 褚暑恕署许 1 聚竖水 1 [535] 树

ø [224] 语淤儒乳愚虞吁迂羽愈喻 [445] 如鱼渔余（姓）馀于盂榆逾愉围（～裙）[55] 女（男～）吕旅汝预雨宇禹履 [535] 御誉豫遇寓芋裕

ɑ

p [224] 簸（动词）把（介词）爸拜罢 [55] 摆 [0] 吧

pʰ [224] 破派 [445] 排牌簰 [535] 败

m [445] 埋 [55] 妈（大～）[535] 买卖迈

t [224] 戴（动词）带□（拿）□（～～：爸爸）

tʰ [224] 他太泰 [535] 大（～夫，～学）□（什么）

l [224] 哪(～个)奶拉(动词)拉(人称代词复数词尾) [445] 哪(～里) [535] 拿（给）乃赖癞 [0] 呐（唢～）

ts [224] 斋债寨

tsʰ [224] 差（～事）[535] 射（解大小便）

s [224] 筛 1(斟) [445] 豺柴 [55] 筛 2(斟) 洒

k [224] 个(一～)阶介界芥尬疥届戒械佳街解(～送) [55] 解(～开) 哽(噎) [0] 个（的）

kʰ [224] 揩□(～□ [kʰeʔ⁵]：蛤蜊) [445] □(他们。“渠拉”的合音) [55] 楷

x [445] 鞋 [55] 蟹

ø　[445] 还(～有) [55] 也矮蚁 1

ia

t　[224] 低 [55] 爹底

tʰ　[224] 涕剃屉 [55] 弟 [535] 第

l　[224] □(咬)

tɕ　[224] 借 [55] 贾

tɕʰ　[224] 笡(斜) [55] 且

ɕ　[224] 细(小) [445] 霞邪斜 [55] 写 [535] 泻谢

ø　[224] 吆(咬) [445] 耶爷泥 [55] 雅亚野 [535] 夜

ua

s　[55] 傻耍

k　[224] 乖怪 [55] 拐

kʰ　[224] 快筷 [55] 垮 [535] □(提梁)

x　[445] 划(～水：鱼胸腹部的鳍)

ø　[224] 歪□(～拉：我们。本书里写作"哇") [445] 怀槐淮 [535] 外坏

o

p　[224] 巴芭疤霸把(柄)壩□(～～：伯母) [55] 把(一～)

pʰ　[224] 琶杷怕 [445] 爬耙(铁～) [535] 耙(碎土农具)稗

m　[445] 麻 [55] 马码蚂 [535] 骂

t　[55] □(～柱：帮助挑担用的棍子)

l　[55] 女(～婿)

ts　[224] 楂渣诈榨炸(～弹)蔗抓(～牌：摸牌)煠(用油炸)

tsʰ　[224] 叉杈差(～不多，出～)岔车(汽～)钗□(掐) [445] 茶搽查

s　[224] 沙纱痧晒 [445] 蛇 [55] 社所

k　[224] 家加痂茄嘉傢架驾嫁稼价瓜挂卦褂 [55] 假(真～)假(放～)寡

kʰ　[224] 搭(捉)跨 [55] 可

x　[224] 讹(读"化"字音)虾花化华(～山，姓) [445] 华(中～)桦 [55]

下(底～)夏(姓)厦(～门)下(～来)[535]下(～饭)夏(春～)

ø [224]丫椏挖 [445]牙芽衙华(金～：地名)划(～船)[55]哑瓦 [535]画

ui

k [55]诡癸鬼

k^h [55]跪轨

e

p [224]贝杯辈背(背部)碑卑悲

p^h [224]胚坯配 [445]培陪赔裴 [55]倍 [535]沛佩背(～书)焙丕

m [224]□(～觉：睡觉)[445]梅霉枚媒煤 [55]每美 [535]妹昧

f [224]灰 2 [55]辉 2

t [224]戴(姓)堆对碓队

t^h [224]胎台(～州：地名)态梯推退 [445]臺苔抬 [55]待怠殆腿 [535]贷代袋玳屉(抽～)兑

l [445]来雷 [55]累(～积)累(连～)□(□[$t^hɑ^{535}$]～：什么)[535]耐奈内累(劳～)类 [0]儡(傀～)嘞(语气词)

ts [224]遮灾载再在 [55]宰

ts^h [224]猜菜蔡催崔 [445]裁才(奴～)材(～料)财(～产)[55]彩采睬 [0]□(阿～：喷嚏)

s [224]赊鳃赛世势岁 [445]材(棺～)财(发～)裁纔(～得: 刚,才)随 1 [55]捨舍(宿～)罪碎粹 [535]射(～箭)麝赦誓逝遂隧

k [224]该概溉盖丐 [55]改

k^h [224]开慨 [55]凯徛(站立)[0]及(来得～)

x [445]孩 [55]海亥 [535]害

ø [224]哀埃爱蔼 [445]呆 [535]碍艾 [0]诶(语气词)

ue

ts [224]株 1(茬儿)最追

ts^h [224]脆翠 [445]随 2 髓垂 [535]术(白～)

s　[224] 靴税虽绥衰摔谁 [55] □（～家：搬家）[535] 瑞

k　[224] 圭闺桂规龟归贵鳜

kʰ　[224] 盔魁傀块刽桧溃亏愧 [445] 奎逵葵 [535] 会₂（～计）绘₂柜（～台）

x　[224] 恢灰₁悔晦麾徽 [55] 贿毁挥辉₁讳

ø　[224] 桅煨萎威（～武）[445] 回茴危伪为（作～）违围（～巾）伟苇韦 [55] 委威（～坪：地名）[535] 会₁（～计）滙会（开～）会（～不～）绘₁惠慧卫为（介词）位魏畏纬胃谓猬彙

ə

p　[224] 褒报包胞豹 [55] 保堡宝饱

pʰ　[224] 泡（名词）抛炮泡（动词）[445] 袍跑 [55] 抱鲍 [535] 暴爆刨（木工用具）瀑

m　[224] 猫₁ [445] 毛茅矛 [55] 锚卯 [535] 冒帽貌

f　[55] 否

t　[224] 刀到倒（～立）[55] 祷岛倒（打～）倒（～水）

tʰ　[224] 滔掏套 [445] 桃逃淘陶萄涛 [55] 讨道稻盗导

l　[224] 挠□(掏) [445] 萝（～菔：萝卜）劳捞牢唠涝 [55] 脑恼老嘞(语气词，表感叹）[535] 闹

ts　[224] 遭₁糟灶罩笊朝（今～）昭招沼照诏 [55] 早枣蚤澡抓（搔）爪找

tsʰ　[224] 操造躁糙抄耖超 [445] 遭₂（被）曹槽朝（～代）潮 [55] 草钞炒吵赵兆召

s　[224] 骚臊扫（～地）扫（～帚）燥烧绍少（～年）[445] 韶 [55] 皂嫂少（多～）[535] 邵

k　[224] 高膏篙羔糕告交（～费）茭佼教（～书）校（～准）窖觉（困～：睡觉）[55] 稿绞搞

kʰ　[224] 去₁（了）靠（依～）敲 [55] 去₂（了）考烤犒 [535] 靠（～岸）

x　[224] 浩耗酵孝哮 [445] 豪壕毫号（～啕大哭）[55] 好（形容词）好（动词）酷 [535] 号（～码）

ø　[224] 奥懊澳坳讴（叫）袄（～坑：地名）[445] 熬 [55] 袄拗（拧）[535] 傲

iə

p　[224] 膘标鳔彪 [55] 表（～格）錶婊

pʰ　[224] 票 [445] 瓢嫖 [55] 飘漂（～流）漂（～白）漂（～亮）

m　[445] 苗描猫₂ [55] 藐渺秒妙杪（梢）[535] 庙谬

t　[224] 刁貂雕钓吊 [55] 屌（～□[poʔ⁵]：阴茎）

tʰ　[224] 挑（用肩挑）粜 [445] 条调（～解）跳笤 [535] 挑（挑选）掉调（声～）调（～动）

l　[445] 燎疗聊辽撩寥髎（～子：阴茎）[55] 了嘹 [535] 料廖

tɕ　[224] 交（～关：非常）郊胶蛟教（～育）焦蕉椒醮骄娇浇叫 [55] 狡铰搅较校（学～）校（上～）矫缴侥饺

tɕʰ　[224] 跷锹缲 [445] 巢樵剿乔侨桥荞 [55] 巧悄窍 [535] 轿

ɕ　[224] 梢捎稍效消宵霄硝销俏笑鞘嚣萧箫□（楔，揳）[55] 小晓

ø　[224] 妖邀腰要（～求）要（重～）幺 [445] 饶摇谣窑姚尧 [55] 扰舀鸟（动物名）跃 [535] 绕耀鹞尿（～素）

ɯ

t　[224] 兜篼鬥丢 [55] 斗（一～）抖陡

tʰ　[224] 偷透 [445] 头投 [55] 敨（展开）[535] 豆逗痘

l　[224] 溜馏 [445] 楼流刘留榴瘤硫琉 [55] 了（知～）篓搂柳 [535] 漏陋

ts　[224] 奏昼宙邹皱绉周舟州洲咒 [55] 走帚

tsʰ　[224] 凑抽臭 [445] 绸稠筹愁仇（报～）酬 [55] 丑（子～寅卯）醜纣 [535] 售

s　[224] 嗽搜飕馊瘦收受 [55] 叟手首守 [535] 兽寿授

k　[224] 锯勾钩沟够构购阄 [55] 狗苟耇

kʰ　[224] 去（来～）抠叩扣寇 [445] 渠（他）[55] 口厚₁

x　[224] 鲎（虹）[445] 侯喉猴瘊 [55] 吼後（前～）厚₂ [535] 後（午～）候

ø　[224] 欧呕殴 [55] 藕偶

iɯ

tɕ [224] 鬏鸠纠救 [55] 酒九久韭灸咎究

tɕʰ [224] 揪秋鳅丘 [445] 囚求球 [55] 臼舅 [535] 旧柩

ɕ [224] 修羞秀绣锈袖休嗅 [535] 就

ø [224] 忧优幽幼 [445] 柔揉牛尤邮由油游犹悠 [55] 纽扭有友酉莠诱 [535] 又右佑柚釉

ã

p [224] 半叁(撮)

pʰ [224] 潘判 [445] 般搬盘盆蟠 [55] 伴拌绊叛

m [224] □(蒙,遮盖) [445] 瞒馒鳗 [55] 满

v [224] 冤怨 [445] 圆员缘元原源袁辕园援 [55] 软阮宛远 [535] 院愿县

t [224] 端□(峰～:牛脖子上突起的肌肉) [55] 短

tʰ [224] 贪吞 [445] 潭谭罈(酒～)团(～长) [535] 断(判～)断(～气)锻段缎椴

l [224] 溇□(你的;～拉:你们。本书里写作"喃") [445] 南男鸾 [55] 卵 [535] 乱嫩 [0] 呢 1

ts [224] 簪站(车～)沾粘瞻占(～卜)佔赞濽毡战颤钻(动词)钻(名词) [55] 展

tsʰ [224] 窜村寸 [445] 谗馋 [55] 忖

s [224] 膻扇(动词)扇(名词)酸算蒜孙狲 [445] 蚕蟾蝉禅(～宗)廛(～基:浮厝的建筑物) [55] 鋬陕闪善膳 [535] 单(姓) [0] 鳝(黄～)

k [224] 甘柑泔干(天～)肝乾(～燥)竿羹 2(瓢～) [55] 感敢橄杆秆擀赶幹

kʰ [224] 堪龛勘墈(～上:地名)磡看(～守)刊看(～见) [55] 坎砍□(砸,敲打)

x [224] 蚶汉 [445] 含函寒韩 [55] 憾罕旱 [535] 喊汗焊翰

ø [224] 庵暗安鞍按案□(～拉:你们) [535] 岸

iã

p [224] 鞭编变边遍 [55] 汴蝙扁匾

pʰ　[224] 篇偏骗片 [445] 便 (~宜) [55] 辨辩辫 [535] 便 (方~) 缏

m　[445] 绵棉眠 [55] 免勉娩缅□ (捻) [535] 面 (脸) 麵

t　[224] 掂店颠癫 [55] 点典

tʰ　[224] 添掭天 [445] 甜田填 [55] 舔簟 [535] 电殿奠佃垫 [0] □ (□ [$ɕĩã^{55}$] ~：蜥蜴)

l　[445] 廉镰帘连联怜莲鲢恋 [55] 脸 [535] 殓练炼楝 [0] 裢 (褡~)

tɕ　[224] 尖剑兼艰煎箭犍键建健腱毽荐肩坚见 [55] 检捡剪茧笕

tɕʰ　[224] 歼签欠谦迁千牵纤□ (拴，系) [445] 钳乾虔掮 [55] 潜捷俭锹歉浅践件旋 (~转)

ɕ　[224] 仙鲜 (新~) 线掀先宣喧 [445] 钱前贤弦全泉 [55] 渐险鲜 (朝~) 癣羡轩宪献显选旋 (头上的) 筅鐓 (~鸡：阉鸡) □ (~□ [$t^hiã^0$]：蜥蜴) [535] 贱饯

ø　[224] 黏厌焰烟燕 (姓) 燕 (鸟名) 咽□ (香~：较小的柚子) [445] 炎盐 (食~) 阎檐严嫌涎然燃焉延筵言年研沿铅 [55] 染冉淹掩艳晏碾演堰宴厣 (鳞) □ (嫩满~：小孩儿) [535] 验盐 (腌) 念廿砚现

uã

ts　[224] 专砖眷卷 (名词) 绢捐鹃 [55] 转 (~移) 转 (~动) 捲

tsʰ　[224] 川穿圈 (圆~) 劝 [445] 缠传 (~达) 椽拳权颧 [55] 篆喘犬 [535] 传 (~记) 串券

s　[224] 闩拴楦 [445] 船玄悬

ø　[0] 哇 (疑问语气词)

ɑ̃

p　[224] 扮班斑颁扳帮谤邦摒 (拔) [55] 板版榜浜

pʰ　[445] 爿滂旁螃膀 [55] 攀 [535] 瓣办

m　[445] 蛮忙芒 (~种) 茫芒 (麦~) 盲虻 [535] 慢漫幔

f　[224] 欢₂藩翻番幡荒₂慌₂方肪芳放₃ [445] 凡帆烦矾繁房防 [55] 范 (姓) 犯患₂宦₂反贩畈₁妨仿 (~造) 纺彷访 [535] 泛饭畈₂

t [224] 耽担(动词)担(名词)丹单(简～)诞旦当(～时)挡当(上～)裆 [55] 胆掸蛋党打

t^h [224] 探坍滩摊炭叹汤烫 [445] 谈痰檀坛(天～)弹(～琴)堂棠螳唐糖塘 [55] 毯淡坦但倘躺荡(～秋千, ～街, 涮洗)趟(去一～) [535] 炭(白～)弹(子～)趟(一～字)□(平坦的场地) [0] 膛(灶～)

l [224] 囡(～人: 女儿)□(皮肤上起的疙瘩) [445] 蓝篮难(困～)兰拦栏郎廊狼螂榔 [55] 懒冷 [535] 览揽榄滥缆难(大～)烂囊朗浪啷(语气词)

ts [224] 蘸赃髒葬张帐账胀庄装妆壮章樟蟑障瘴争睁 [55] 斩盏长(生～)涨掌

ts^h [224] 参(～加)惨搀餐仓苍畅创昌菖唱倡撑 [445] 惭残藏(隐～)藏(西～)臓长(～短)肠场常偿□(舂: ～米) [55] 赚灿铲产(生～)栈丈仗杖闯厂窗 [535] 状□(舂, 捶打)□(扔)

s [224] 参(人～)三杉衫珊山删疝桑丧(婚～)丧(～失)霜孀商伤生牲笙甥 [445] 床(竹～)尝 [55] 暂散(鞋带～)伞散(～会)产(～□[$m\text{ɔ}m^0$]: 产妇)磉嗓爽赏省(～长)省(节～)省(反～) [535] 上(～山)尚上(～面) [0] 裳 2(衣～)

k [224] 尴监鉴舰间奸冈岗刚纲钢缸(沉～桶: 一种木桶)江降(～童: 跳神)更(五～)粳庚羹 1 耕 [55] 减碱简柬拣谏趼港

k^h [224] 嵌康糠抗炕坑 [445] 蛤(～蟆) [55] 㡆(窗户)慷

x [224] 苋 [445] 鹹衔闲行(银～)航杭降(投～)行(～路, ～为)行(品～)桁 [55] 陷馅限夯项杏 [535] 巷

ø [224] 眼(～睛)肮□(～□[$t\text{ɕ}^hi\tilde{a}^{55}$]: 恰恰) [445] 岩颜昂 [55] 眼(～面前: 眼前) [535] 雁硬

iã

l [445] 良凉量(～长短)粮梁粱 [55] 两(～个)两(几～)辆 [535] 亮谅量(数～)

tɕ [224] 将(～来)浆酱将(大～)疆僵薑缰降(下～) [55] 蒋奖桨姜(姓)

$tɕ^h$　[224] 枪呛腔 [445] 详祥强 [55] 抢戗□（□ [ã^{224}] ～：恰恰）

ɕ　[224] 相（互～）箱厢湘襄镶相（～貌）香乡向 [445] 墙 [55] 想鲞象像橡饷享响 [535] 匠

ø　[224] 央秧殃 [445] 娘羊洋烊杨阳扬疡 [55] 壤攘嚷仰养痒映 [535] 酿让样 [0] 飏（纸～：风筝）

uã

k　[224] 官棺观（参～）冠（衣～）贯灌（～脓：化脓）罐观（寺～）冠（～军）鳏关惯光□（～艾：艾）[55] 管馆广梗

k^h　[224] 宽匡筐眶 [445] 狂 [55] 款旷矿 [535] 掼(扔，投掷)□(纽～：纽襻)

x　[224] 欢₁ 荒₁ 慌₁ [55] 缓患₁ 宦₁ 谎晃况

ø　[224] 豌腕弯湾汪 [445] 完丸顽还（～原）环黄₁ 簧皇蝗隍亡王横（～直）横（蛮～无理）[55] 玩皖碗幻晚挽妄望枉往旺 [535] 换万

en

p　[224] 奔锛 [55] 本

p^h　[224] 喷（～水）喷（～香）[445] 朋烹彭膨 [55] 笨

m　[445] 门蚊明（～年）[535] 闷孟

f　[224] 昏婚分芬纷粪拚（～箕：簸箕）份荤 [445] 焚坟文纹闻 [55] 混₂ 粉愤忿奋

v　[224] 温瘟□（～榄：尖头扁担）[445] 魂馄浑匀雲 [55] 稳永泳咏 [535] 润闰问韵运晕

t　[224] 敦墩登灯凳镫邓澄 [55] 顿等

t^h　[445] 屯豚饨臀囤沌腾誊藤 [55] 盾 [535] 断(断绝)钝遁 [0] □(户～：门槛)

l　[224] 拎□（那。本书里写作“愣”）[445] 论（～语）仑伦沦轮能 [55] 暖 [535] 论（议～）

ts　[224] 针斟珍镇真诊疹尊遵曾（姓）增憎僧甑赠征惩蒸证症贞侦正（～月）正（～反）政砧 [55] 枕（名词）枕（动词）振震整

ts^h　[224] 称(～呼)称(相～)秤 [445] 沉陈尘臣存旬呈程成城(淳～)诚 [55]

逞□（～子：乌桕）[535] 趁阵衬郑

s [224] 森渗深身申伸娠逊升声圣 [445] 神辰晨层乘绳塍承丞蝇城（～里）[55] 甚沈审婶甚肾慎损荀笋榫蛏蕈 [535] 剩胜盛（兴～）

k [224] 今（～阴：今天）跟根更（～加）粳 [55] 耿

k^h [224] 揿（用力按）[55] 恳垦啃肯

x [445] 痕恒衡 [55] 很狠亨 [535] 恨

ø [224] 恩

in

p [224] 彬宾槟殡鬓冰兵柄 [55] 禀丙秉饼併乒

p^h [224] 拼聘姘 [445] 贫频苹凭平坪评瓶屏萍 [55] 品並 [535] 病

m [445] 民明（清～）盟名铭 [55] 闽悯敏皿 [535] 命

t [224] 丁钉（名词）疔钉（动词）订□（沉淀）[55] 顶

t^h [224] 听厅汀 [445] 亭停廷庭蜓 [55] 艇挺 [535] 锭定

l [445] 林淋临邻鳞磷陵凌菱宁灵零铃伶 [55] 领岭 [535] 令另

tɕ [224] 浸今（古～）金禁（～不住）襟禁（～止）津进晋巾斤筋劲俊茎京荆惊鲸境敬竟镜竞精晶睛经径 [55] 锦紧仅谨景警井靖颈

$tɕ^h$ [224] 揿（按）亲（～戚）亲（～家）清轻$_2$青蜻 [445] 岑琴禽擒秦勤芹巡卿擎情 [55] 侵寝钦近庆请轻$_1$倾顷

ɕ [224] 心辛新薪信讯欣兴（～旺）兴（高～）幸性姓星腥 [445] 寻晴形型刑邢□（～孙孙：重孙）[55] 盡衅迅静醒□（些）[535] 净

ø [224] 毅音阴因姻洇印殷应（～当）鹰应（响～）莺鹦樱英婴缨 [445] 壬任（姓）淫人仁纫银寅仍扔孕迎盈赢莹荥营茔 [55] 饮忍刃引隐允影颖 [535] 任（责～）认韧

uen

ts [224] 肫均钧君军鳟 [55] 準准（批～）

ts^h [224] 椿春 [445] 唇群裙琼 [55] 蠢菌 [535] 郡

s [224] 熏勋薰训 [445] 纯莼醇淳 [535] 顺舜

k　[224] □(熏)□(打～头：翻跟头)[55] 滚棍

k^h　[224] 昆坤困(～难)睏(睡)[445] □(～柴：木柴)[55] 捆

x　[55] 混$_1$

ɔm

p　[224] 崩绷迸 [55] 绑乓

p^h　[224] 胖碰 [445] 庞棚篷蓬(～莱)[55] 棒蚌捧□(迸)[535] 蓬(茶～：茶树)□(遇)

m　[445] 萌蒙 [55] 蟒网猛懵 [535] 梦 [0] □(妈～：妈妈)

f　[224] 放$_1$风$_1$枫疯$_1$丰讽封$_1$峰蜂锋 [445] 逢缝(动词)[535] 凤奉$_1$俸缝$_1$(名词)笐$_2$

t　[224] 东冻栋冬中(～秋)[55] 董懂

t^h　[224] 通痛 [445] 同铜桐筒童瞳 [55] 桶捅动统 [535] 洞

l　[224] 弄(～堂)[445] 聋农脓隆浓龙砻咙 [55] 笼拢陇垄 [535] 弄(～送：捉弄)

ts　[224] 桩棕鬃粽宗综中(～国)忠中(～风)终众踪纵冢鐘锺盅种(～树)[55] 总种(～类)肿

ts^h　[224] 疮聪匆葱樬(尖头扁担)囱充铳冲□(火～：烘篮)[445] 丛虫穷$_1$从(～容)从(跟～)重(～复)共$_1$ [55] 仲宠重(轻～)[535] 撞

s　[224] 双(一～)双(～生)送鬆宋嵩兄$_1$胸$_1$凶$_1$ [445] 床(一～被)曾$_2$(不～)崇熊$_1$雄$_1$(英～)松(～树)屣(精液)[55] 搃(推)颂讼 [0] 裳$_1$(衣～)

k　[224] 缸杠扛豇公蚣工功攻贡(～枣)虹弓躬宫恭 [55] 讲贡(～献)供(～给)拱巩供(上～)

k^h　[224] 囥(藏放)空(～虚)控空(～缺)[55] 孔恐共$_2$

x　[224] 放$_2$烘风$_2$疯$_2$封$_2$ [445] 曾$_1$(不～)弘宏洪鸿冯 [55] 轰哄 [535] 笐$_1$奉$_2$(朝～：公公)缝$_2$(名词)

ø　[224] 翁瓮埮 [445] 黄$_2$红 [55] □(推)[0] 蟥(蚂～)

iɔm

tɕ^{h} [445] 穷$_2$

ɕ [224] 兄$_2$胸$_2$凶$_2$ [445] 熊$_2$雄$_2$(英～)

ø [445] 荣戎绒雄(雌～)融茸容蓉熔庸 [55] 诵甬毛雍拥甬勇涌 [535] 用

m

ø [55] 母(舅～)姆(～妈：妈妈)

n

ø [55] 尔(你)

əl

ø [445] 儿(文读)而 [55] 尔(文读)耳(木～)饵 [535] 二(十～)贰

ʅʔ

s [5] 瑟虱

iʔ

p [5] 臂笔毕必弼逼碧璧壁

p^{h} [5] 匹肶(女阴)僻辟

m [13] 密蜜

v [5] 慰熨熨(淹)

t [5] 得$_1$德的(目～)滴嫡嘀(～子：一种像唢呐的乐器)扚(掐)

t^{h} [5] 踢剔□(撒) [13] 特(～为：故意)笛敌狄籴

l [5] □(丢失)□(牧牛细骨～：牧童)□(痴胚～吸吸：傻不愣登) [13] 裏$_1$(哪～)立笠栗律率(效～)肋(～臭：狐臭)鳓力历曆

tɕ [5] 急级吉戟积迹脊绩击激笄

tɕ^{h} [5] 契$_1$杞缉(通～)辑七漆讫乞剧屐戚寂吃

ɕ [5] 吸悉膝戌恤蟋息熄媳惜昔锡析□(～得：知道)□(髓) [13] 疾籍藉席夕

ø [5] 乙一逸益亦□(这。本书里写作"乙")□(□[xaʔ^{5}]～：怎么) [13] 日译

uʔ

v　[5] 恶 (善 ~) 握屋 [13] 镬斛

yʔ

tɕ　[5] 橘

tɕʰ　[5] 龅

ɕ　[5] □ (~嘴：亲嘴) □ (~毽：毽子)

ɑʔ

p　[5] 百柏伯檗

pʰ　[5] 泊 (梁山 ~) 迫拍魄脈 (掰) [13] 拔₁雹白

m　[5] □ (张开嘴) [13] 拇₂袜茉麦脉

f　[5] 法髪發 [13] 伐筏罚

t　[5] 答搭褡跌沰 (淋)

tʰ　[5] 塔榻塌獭托 [13] 踏达

l　[5] □(揉) [13] 腊蜡肋 (~排骨: 肋骨) 辣落 (~雨) 烙骆酪洛络乐 (快 ~)

ts　[5] 劄札扎作雀 (麻 ~) 着 (穿) 酌摘责隻炙□ (勺子) [0] 着₂(助词)

tsʰ　[5] 插擦察拆策册赤斥尺 [13] 着 (~火) 泽择宅 [0] 着₁(助词)

s　[5] 撒杀栅 [13] 昨芍石

k　[5] 蛤夹裌甲挟 (~菜) 格隔

kʰ　[5] 掐 (~宝：压宝) 阔 (~叶芥) 客 [13] 轧

x　[5] 吓瞎赫□ (~□ [iʔ⁵]：怎么) [13] 狭峡匣辖鹤学

ø　[5] 阿 (~□ [tsʰe⁰]：喷嚏) 鸦鸭押压轭□ (折断) [13] 岳额□ (~络桌：一种桌子)

iɑʔ

tʰ　[5] 帖贴铁 [13] 叠₁碟₁牒蝶谍

l　[5] 裂 [13] 例猎列烈劣略掠 (梳子)

tɕ　[5] 爵脚觉 (~悟) 摭 (捡)

tɕʰ　[5] 恰切雀 (~斑) 鹊却□ (湿)

ɕ　［5］屑削［13］嚼

ø　［5］捏约液腋［13］惹箬诺若弱虐疟药钥乐（音～）

uɑʔ

k　［5］剐括刮

kʰ　［5］夸阔（开～）

ø　［13］活滑猾劃（～清界限）

eʔ

pʰ　［13］鼻（～头）□（～燕：蝙蝠）

tʰ　［5］脱

k　［5］虼

kʰ　［5］□（□［kʰɑ224］～：蛤蜊）

x　［5］黑

ueʔ

k　［5］骨国

kʰ　［5］屈（弯）

əʔ

p　［5］钵拨不北

pʰ　［5］泼勃□（香～：柚子）［13］荸

m　［13］末沫抹没墨默陌

f　［5］忽吻刎佛弗或惑［13］佛（拜～）

v　［13］悦阅月越曰粤穴物域核（桃～）疫役

t　［5］掇得 2 □（较小的坛子）

tʰ　［5］蜕突［13］夺特（～务）

l　［13］来（十～岁）纳粒垃捺捋勒呢 2

ts　［5］者摺褶蛰执汁哲浙质卒则织职□（疖子）

tsʰ　［5］厕涉缉（～鞋底：纳鞋底）铡彻撤辙撮秩猝侧测［13］侄直值殖植

s　［5］些佘摄涩湿设失室塞色啬识式饰适释□（垃～：垃圾）［13］杂十什

拾舌 3 折（～本）实贼食蚀

k　[5] 合（十～一升）蛤鸽割葛革

k^h　[5] 咳磕瞌渴刻克

x　[5] 喝 [13] 合（结～）盒颌核（～桃）核（审～）

ø　[5] 沃

iəʔ

p　[5] 鳖憋

p^h　[5] 撇劈 [13] 别蹩（驱赶）

m　[13] 灭篾□（河～：蚯蚓）

t^h　[13] 叠 2 碟 2

tɕ　[5] 接劫给节结洁鐭即鲫羯□（捡）

$tɕ^h$　[5] 妾 [13] 及（～格）舌 2 杰极

ɕ　[5] 洽胁薛泄揭歇蝎雪 [13] 协集习舌 1 绝

ø　[5] 靥噎 [13] 聂镊叶页业入热孽翼逆

uəʔ

ts　[5] 蕨决诀

ts^h　[5] 缺出屈（委～）[13] 掘（发～）

s　[5] 刷说血率（～领）[13] 術述秫

k　[5] 滮（裂）

k^h　[13] 掘（用力挖）

oʔ

p　[5] 博剥驳卜（～卦）

p^h　[5] 箔朴扑仆覆 1（趴）菔（萝～：萝卜）

m　[5] 膜寞摸□（白～：醭）

f　[5] 霍 2 福幅蝠複腹覆 2 復

t　[5] 笃督豖□（肚～：兜肚）

t^h　[5] 秃

l　[5] 落(角～头：角落)

ts　[5] 着(～棋：下棋)桌卓琢啄涿捉竹筑祝粥菊掬足烛嘱斫

ts^h　[5] 戳畜(～生)麯促触曲□(看：～书)

s　[5] 宿(星～)萨煞索速肃宿(住～)缩叔淑畜(～牧)蓄粟束

k　[5] 各阁搁胳郭角谷(姓)穀

k^h　[5] 窟廓扩确壳哭

x　[5] 豁郝霍$_1$藿

ioʔ

ø　[5] 郁育辱褥$_2$

ɔʔ

p　[5] 八□(屌～：阴茎)

p^h　[13] 拔$_2$钹鹁薄缚

m　[13] 蟆莫木目睦穆

f　[13] 服伏袱

t^h　[13] 独读牍犊毒

l　[13] 瘌鹿禄六陆绿录

ts^h　[13] 浊镯逐轴局

s　[13] 煤(用水煮)凿勺族熟塾俗续赎蜀属

k　[5] 胛

iɔʔ

ø　[13] 肉褥$_1$玉狱欲浴

第三节　遂安方音

壹　概说

原遂安县古为山越地。秦汉时属鄣郡（后改为丹阳郡）歙县。东汉建安十三年（208 年），东吴孙权遣威武中郎将贺齐击山越，平黟、歙，在今淳安一带置新都郡，分歙县南部武强乡置新定县（后之遂安县）。1958 年，遂安县并入淳安县。淳安县今属杭州市。

原遂安县位于浙江省西部，与安徽省歙县、休宁两县为邻，与本省原淳安、原寿昌（今属建德）、衢县、常山、开化五县接壤，相当于今淳安县西南部的姜家、界首、安阳等乡镇及其以西、以南地区。据明万历壬子《遂安县志》记载，遂安县东西长 123 里，南北长 124 里。据民国 36 年（1947 年）调查，遂安县总面积为 1513 平方公里。地形以山地丘陵为主，白际山和千里岗两大山脉分别分布于县的西北部和东南部。武强溪自西向东横贯县境，至淳安的港口汇入新安江。

1959 年，在遂安、淳安二县建成著名的新安江水库（即千岛湖）。原遂安县武强溪两岸包括县城在内的广大地区沦为库区。全县被水库淹没的地区计有：一座县城（狮城），三个农村集镇（安阳、东亭、横沿），391 个自然村，10.5 万亩耕地。自 1956 年至 1970 年，原遂安县先后移至外县、外省的移民达 5.5 万多人。

在原遂安县境内，1992 年设 5 个镇、8 个乡，共 13 个乡镇：

5 镇：汾口镇、姜家镇、中洲镇、大墅镇、枫树岭镇。

8 乡：浪川乡、安阳乡、东亭乡、桐子坞乡、白马乡、百亩畈乡、龙源乡、郭村乡。

2013 年设 5 个镇、3 个乡，共 8 个乡镇：

5 镇：汾口镇、姜家镇、中洲镇、大墅镇、枫树岭镇。

3 乡：浪川乡、安阳乡、界首乡。

原桐子坞乡（今属界首乡）西半部的勘上、里童及其以西的村庄（包括乡政府驻地严家村）属原遂安县，其余部分属原淳安县。

据民国37年（1948年）统计，遂安县人口为13.2万多人。自从与淳安县合并以后，原遂安县境内的人口难以单独统计，2013年估算有17万多人。除了汉族以外，还有少量畲族人散居在县内各地。

原遂安县境内的方言主要是“遂安话”，遂安话以原县城狮城镇的方言为代表。狮城作为县城具有1338年的历史，但狮城已于1959年新安江水库建成时被淹没在水底。当初，因打算在千岛湖西南郁川半岛上的小山村姜家另建遂安新县城，所以狮城的绝大部分人迁移到姜家。但由于遂安县最终并入了淳安县，姜家未能得到较大的发展，一些早期的狮城移民逐渐转迁外地，同时也有其他地方的人陆续移入姜家。时至今日，狮城人及其后代在姜家（指镇政府所在地）居民中的比例不到一半。因此，姜家话处在原狮城话和其他移民方言的融合过程中，今天的姜家话已不完全等同于原狮城话。比较地道的狮城话只保存在当今七八十岁以上的移民口中。（在淳安新县城排岭，现在也有不少狮城移民及其后代，不过狮城话在排岭的地位和影响远不如在姜家。）

除了遂安话以外，遂安县西北角与安徽省休宁县交界的中洲镇高笋塘、下家坞村说休宁话。县南部与衢州市衢县交界的少数村，如安阳乡乌龙、黄家源、红山岙、崐岭村和大墅镇田门宅村说衢县话。县西南部与常山、开化二县交界的少数村，如安阳乡泉水、乌龙、黄家源村，大墅镇田门宅、洞坞村，枫树岭镇木花坑、枫香埂、大源村说与之相邻的常山话或开化话。安阳乡乌龙、黄家源村有人说安徽安庆话，乌龙村有人说福建话（闽语或客家话未详）。这些方言一般都分布在县境的边缘地区，尤其是南部与原寿昌、衢县、常山、开化等县交界的崇山峻岭之中。在这些地方，不同方言的分布错综复杂，不少村庄往往同时有好几种方言并存并用。据安阳乡政府的陈功先生介绍，安阳乡乌龙村存在衢县、常山、安庆、福建4种方言，黄家源村则存在建德、寿昌、衢县、常山、安庆5种方言。当然，以外县方言为母语的人，在跟使用遂安话的人交际时一般都会说当地的遂安话。此外，各地的畲族人内部说畲话，对外说当地的遂安话。

本书记录原遂安县的代表性方言——原县城狮城镇方言。主要发音人：

1. 姚承义先生，男，1923 年生（1994 年调查时 71 岁），世代居住在狮城，1959 年全家迁居姜家，一直在本地当小商人、会计等，高中文化程度，说地道狮城话，不会说外地话。姚承义已于 1995 年不幸去世。

2. 张樟树先生，男，1920 年生（1994 年调查时 74 岁），世代居住在狮城，1959 年全家迁居姜家，先在本地当过 8 年半小学教师，后来一直在本地当泥水匠，高小文化程度，说地道狮城话，不会说外地话。

3. 蒋建源先生，男，1932 年生（1995 年调查时 63 岁），世代居住在狮城，1962 年全家迁居姜家，1951 — 1964 年在邻县寿昌、建德、淳安排岭等地学习、工作，1964 — 1983 年在姜家供销社工作，1983 — 1992 年在排岭淳安县第二建筑公司工作，1992 年离休，在排岭生活至今，高中文化程度。说地道狮城话，还会说不太标准的普通话，但不会说淳安话。

4. 毛积玉先生，男，1931 年生（1995 年调查时 64 岁），世代居住在狮城，1959 年全家迁居原遂安县的汾口，先在狮城工作，1961 年到排岭，此后一直在县供销社和土产公司工作，1982 年退休，在排岭生活至今，高中文化程度。说地道狮城话，还会说不太标准的普通话。

另外还简单调查了姚承义、张樟树的几个子女。姚、张、蒋、毛四人的语音略有差异，其中姚、张二人基本一致，本节以姚承义、张樟树的发音为准。

贰 声韵调

一、声母 17 个，包括零声母在内

p 比	p^h 派爬簿步白	m 毛米木袜满命	f 飞灰熏刷船
t 刀	t^h 体桃动地夺	l 脑老李奴路南兰农龙	
ts 紫寄	ts^h 草迟造助择骑穷		s 三时遂勺
tɕ 精经主	$tɕ^h$ 清轻裙赵轿直凑		ɕ 箱香钱书实
k 改讲追专军	k^h 苦狂共出拳春		x 海厚方
ø 矮衣外雨泥热软牛湖话温月远云藕五耳亩			

说明：

1. [m] 母逢非鼻尾韵、非鼻化韵时实际音值是 [mb]，但有的人塞音成分不太明显。

2. [l] 母逢非鼻尾韵、非鼻化韵时前面带有轻微的 [n]，可记作 [nl]。逢鼻尾韵、鼻化韵时 [l]、[n] 又读，以读 [l] 为常。但蒋建源以读 [n] 为常。

3. 姚承义 [tɕ] 组的发音部位比较靠后，接近 [c] 组。

4. [k]、[kʰ] 母可跟撮口呼韵母相拼，但不拼 [y] 韵。[k]、[kʰ] 在撮口呼韵母前接近 [c]、[cʰ]。但姚承义、蒋建源、毛积玉这些音节有时读 [tɕ]、[tɕʰ] 声母，年轻人都读 [tɕ]、[tɕʰ] 声母。

5. 齐齿呼零声母字，有时会又读作 [ȵ] 声母。

6. 合口呼零声母字，年轻人读作 [ʋ] 声母。

7. 除 [y] 韵外的撮口呼零声母字，其介音 [y] 发音很松，音色较模糊。年轻人把介音 [y] 读作 [ʋ]。

二、韵母 40 个，包括自成音节的 [m]、[n] 在内

ɿ 子刺事骑	i 衣皮一	u 雾古木局肉	y 鱼区书水鬼
a 矮鞋败百拆麦		ua 怪快划计~	
ɑ 爬加花甲杂八	iɑ 姚表脚药	uɑ 画挂刮阔活	
ə 多坐火脱割末		uə 饿哥科	
ɛ 贴灭刷撇	iɛ 夜借叶切雪		yɛ 决缺月越
ɔ 包敲桌郭学			
ɯ 狗口后	iu 豆楼嗽有九秋		
ei 低弟税立笔	iei 泥鸡实急日	ui 微维味	yei 追橘出域
əɯ 来开对徽藕黑北		uəɯ 桂亏威块国骨	
ã 打生争硬		uã 梗横	
ɑ̃ 男胆减伞眼	iɑ̃ 羊凉张	uɑ̃ 官弯万王	
ə̃ 安敢汗端酸			
ɛ̃ 船楦边面店	iɛ̃ 烟尖欠年		yɛ̃ 专权劝远
en 民名定顺熏	in 心新星		yen 军春云
ən 根门孙灯东中用		uən 温滚	
om 帮汤方江光床双			
m 亩母			
n 五耳认银音英营			

说明：

1. 介音［i］、［y］发音较松，音色较轻弱。

2. 鼻音韵尾［n］和自成音节的韵母［n］发音部位比较靠后。

3. 姚承义、张樟树的鼻音韵尾［m］不如蒋建源明显。

4. 读阴入调［24］的字的韵母有时略带紧喉色彩。但蒋建源没有紧喉色彩。

5. ［ɑ iɑ uɑ］和［ɑ̃ iɑ̃ uɑ̃］韵里的［ɑ］接近［ɒ］。

6. ［ɛ iɛ yɛ］和［ɛ̃ iɛ̃ yɛ̃］韵里的［ɛ］接近［ᴇ］。

7. ［əɯ］韵中有的字蒋建源读作［ə］韵。

8. 张樟树［iɛ］韵跟［iei］韵有时混同（例如：叶＝日），［yɛ］韵跟［yei］韵已经混同，分别读作［iʔ］、［yʔ］。蒋建源［ɛ］跟［ei］、［iɛ］跟［iei］有时也分不大清。

三、单字调 6 个

阴平 ［534］ 衣天西东新山

阳平 ［33］ 皮田亭麻南来

阴上 ［213］ 死早水改火粉，夺贼学麦月六

阳上 ［422］ 是稻柱米冷眼，四变做盖宋放

阳去 ［52］ 大地洞命乱硬

阴入 ［24］ 北铁桌国雪法

说明：

1. 阳平调［33］比其他调略长。

2. 张樟树阴入调［24］比其他调略短。

叁 音韵特点

一、声母的特点

1. 古全浊声母字今读清音声母。逢塞音塞擦音不论平仄绝大部分读送气清音，例如：婆 $p^hə^{33}$ ｜权 $tɕ^hyɛ̃^{33}$ ｜棒 p^hom^{422} ｜件 $tɕ^hiɛ̃^{422}$ ｜度 t^hu^{52} ｜阵 $tɕ^hin^{52}$ ｜薄 $p^hɔ^{213}$ ｜择 ts^ha^{213}。只有极少数的字读不送气清音，其中较常用的

字有：住瞿 tçy^{213} ｜具 tçy^{534} ｜队 təɯ^{422} ｜技 tsɿ^{534} ｜赚站 tsɑ̃^{422} ｜集习 tçiei^{24} ｜续 tsu^{24} ｜邓 tən^{422}。

2. 泥母字洪音今读 [l] 声母；细音今读零声母，如：娘 iɑ̃^{33} ｜女 y^{422}。来母字不论洪细今均读 [l] 声母。因此，泥母洪音字与来母字声母相混，例如：脑＝老 lɔ^{422} ｜南＝兰 lɑ̃^{33} ｜捺＝辣 lɑ^{213}。

3. 知照组和见晓组止臻合三、山合三四的部分字读作 [k k^{h} f] 声母。例如：追 kyei^{534} ｜决 kyɛ^{24} ｜春 k^{h}yen^{534} ｜拳 k^{h}yɛ̃^{33} ｜顺 fen^{52} ｜血 fɛ^{24}。

4. 日母通摄字读 [l] 声母，其余读零声母。例如：绒 lən^{33} ｜肉 lu^{213} ｜如 y^{33} ｜染 iɛ̃^{422} ｜软 yɛ̃^{422} ｜闰 yen^{52} ｜日 iei^{213} ｜耳 n^{422} ｜认 n^{52}。

5. 见溪群晓母止开三的字读作 [tsɿ ts^{h}ɿ sɿ]，梗通合三的部分字读作 [ts ts^{h} s] 声母。例如：寄 tsɿ^{422} ｜起 ts^{h}ɿ^{213} ｜棋 ts^{h}ɿ^{33} ｜戏 sɿ^{422} ｜兄 sən^{534} ｜穷 ts^{h}ən^{33} ｜曲 ts^{h}u^{24}。

6. 见晓组开口二等字读作 [k k^{h} x] 声母。例如：家 kɑ^{534} ｜甲 kɑ^{24} ｜敲 k^{h}ɔ^{534} ｜孝 xɔ^{422} ｜鞋 xa^{33} ｜学 xɔ^{213}。

7. 晓母今合口呼字读 [f] 声母（参看上文第 3 条），跟非组字相混。例如：虎＝斧 fu^{213} ｜欢＝翻 fɑ̃^{534} ｜毁＝佛 fəɯ^{213}。

非组字在 [on] 韵前读 [x] 声母。例如：方 xon^{534} ｜房 xon^{33}。

8. 日疑影喻母通合三的字读 [l] 声母（日母参看上文第 4 条）。例如：褥 lu^{213} ｜玉 lu^{213} ｜拥 lən^{33} ｜用 lən^{52}。

二、韵母的特点

遂安话的韵母系统很复杂，下面介绍主要特点。

1. 古入声韵字，今失去塞音韵尾，读作开尾韵和元音尾韵。例如：敌 t^{h}i^{213} ＝体｜局 ts^{h}u^{213} ＝楚｜实 çiei^{213} ＝洗｜学 xɔ^{213} ＝好。

2. 古阳声韵字，咸山两摄全部、宕摄大部分和梗开二今失去鼻音韵尾，读作鼻化韵。其他摄鼻音韵尾归并为 [n] 一个，例如：心＝新＝星 çin^{534}。

3. 蟹摄开口四等字读 [ei]、[iei] 韵。例如：米 mei^{422} ｜低 tei^{534} ｜泥 iei^{33} ｜犁 lei^{33} ｜洗 çiei^{213} ｜鸡 tçiei^{534}。

4. 流摄一等端系字读 [iu] 韵（跟三等字相同），精组字的声母也随之读成了 [tɕ tɕ^{h} ɕ]。例如：兜＝丢 tiu^{534} | 楼＝刘 liu^{33} | 走＝酒 tɕiu^{213} | 嗽＝秀 ɕiu^{422}。

5. 咸山两摄舒声字今有 [ɑ̃]、[ə̃]、[ɛ̃] 三套韵母。大体上说，一二等读 [ɑ̃]、[ə̃] 两套，其中见系多读 [ə̃]；三四等读 [ɛ̃] 套。

6. 咸深山臻曾梗摄开口三四等帮端组和来母字今读开口呼韵母，无 [i] 介音。其中咸山摄读 [ɛ̃]、[ɛ] 韵，深臻曾梗摄读 [en]、[ei] 韵。例如：边 pɛ̃^{534} | 店 tɛ̃^{422} | 连 lɛ̃^{33} | 跌 tɛ^{24} | 冰 pen^{534} | 亭 t^{h}en^{33} | 林 len^{33} | 笔 pei^{24}。

7. 山臻摄合一、蟹止摄合口端系声母字今读开口呼韵母，无 [u] 介音。例如：端 tə̃^{534} | 乱 lə̃^{52} | 算 sə̃^{422} | 撮 ts^{h}ə^{24} | 屯 t^{h}ən^{33} | 轮 lən^{33} | 村 ts^{h}ən^{534} | 卒兵～ tsəɯ^{24} | 堆 təɯ^{534} | 内 ləɯ^{52} | 催 ts^{h}əɯ^{534} | 遂 səɯ^{422}。

8. 深臻曾梗开口三等影组和日疑母的舒声字今读自成音节的韵母 [n]，例如：音 n^{534} | 影 n^{213} | 认 n^{52} | 银 n^{33}。此外，古阳声韵字读成 [n] 韵的还有：庵 n^{534} | 恩 n^{534} | 形 n^{33} | 营 n^{33} | 红 n^{33}，等。

三、声调的特点

1. 清上与浊入合，都读 [213]。例如：土＝毒 t^{h}u^{213} | 斧＝服 fu^{213} | 洗＝席 ɕiei^{213} | 嫂＝勺 sɔ^{213}。

2. 浊上与清去合，都读 [422]。例如：是＝四 sɿ^{422} | 弟＝替 t^{h}ei^{422} | 舅＝臭 tɕ^{h}iu^{422} | 动＝痛 t^{h}ən^{422}。

3. 有少数舒声字读成入声，其中较常用的字例如：些₁ səɯ^{24} | 蔗 tɕiei^{24} | 惹 iɑ^{24} | 第 t^{h}i^{24} | 置 tsɿ^{24} | 厕 ts^{h}əɯ^{24} | 视始喜 sɿ^{24} | 岛 tɔ^{213}。

肆 连读调

遂安话两字组的连调规律见表 4。表中各栏的上一行为单字调，下一行为连读调。无下一行的表示连读调与单字调相同。例词请参看词汇部分。

表 4　遂安话两字组连调表

1＼2	阴平 534	阳平 33	阴上 213	阳上 422	阳去 52	阴入 24
阴平 534	534 534 55 —— 534 534 55 213	534 33 —— 534 33 55 213	534 213 55	534 422 52 —— 534 422 55 213	534 52 52	534 24 52

阳平 33	33 534
	——
	33 534
	  33
		33 33	33 213
			24
			——
			33 213
			  33
				33 422
				——
				33 422
				  33
				——
				33 422
				52 42
					33 52
					——
					33 52
					52
						33 24
						——
						33 24
						  33

阴上 213	213 534 24 —— 213 534 21 33 —— 213 534 24 52	213 33 24 —— 213 33 21	213 213 24 —— 213 213 21 33	213 422 24 —— 213 422 21 —— 213 422 21 24	213 52 21	213 24 21
阳上 422	422 534 —— 422 534 55 33 —— 422 534 55 0	422 33 55	422 213 55 —— 422 213 55 33	422 422 42 —— 422 422 55 33 —— 422 422 21 42	422 52 42 —— 422 52 55 —— 422 52 21	422 24 0
阳去 52	52 534 55 —— 52 534 55 0	52 33 55 —— 52 33 55 0	52 213 55 —— 52 213 55 0	52 422 55 —— 52 422 55 0	52 52 55 —— 52 52 55 0	52 24 55 —— 52 24 55 0

续表

1 \ 2	阴平 534	阳平 33	阴上 213	阳上 422	阳去 52	阴入 24
阴入 24	24　534 —— 24　534 21　33	24　33 55 —— 24　33 21	24　213 55 —— 24　213 21　33	24　422 —— 24　422 21	24　52	24　24 55 —— 24　24 21　33

遂安话两字组的连调有以下几个特点：

1. 一般是前字变，后字不变。

2. 同一调类的前字在不同调类的后字之前往往读为一种或几种共同的调值，例如阳去字在各调类的后字之前均读作［55］调。

3. “同调类的前字＋不同调类的后字”的连调模式有“类化”的现象，即不管后字是什么调类，均采用同一种连调模式。具体地说：

阴平＋后字：55 213

阳平＋后字：33 33

阴上＋后字：21 33

阳上＋后字：55 33

阳去＋后字：55 0

阴入＋后字：21 33

不符合表 4 连调规律的个别例外词有：

阴平＋阳平：工人 kən^{534}n$^{33-52}$ ｜奶儿｜囡儿（见下文小称例词）

阴平＋阴入：工作 kən$^{534-52}$tsɔ$^{24-52}$

阳平＋阳平：农民 nən$^{33-24}$men^{0} ｜肠头大肠末端 som$^{33-55}$t^{h}iu^{0}

阳上＋阳平：拜堂坟前空地 pa$^{422-55}$t^{h}om^{0}

阳上＋阳上：故意 ku$^{422-55}$i^{0}

阳上＋阳去：姊妹 tsɿ$^{422-21}$məɯ$^{52-24}$ ｜卵袋阴囊 lɔ̃$^{422-55}$t^{h}əɯ$^{52-33}$

阳去＋阳上：大细大小 t^{h}ə^{52}ɕiɛ^{422}（“大细小孩儿”读［t^{h}ə^{55}ɕiɛ^{422}］，符合规律）

阳去＋阴入：卖肥卖淫 ma^{52}p^{h}ei^{24}

阴入＋阳平：却$^{=}$泥湿的泥 tɕ^{h}iɑ^{24}iei^{0}

阴入＋阴上：职业 tɕiɛ^{24}iɛ^{0}

阴入＋阴入：恰恰 k^{h}ɑ$^{24-33}$k^{h}ɑ$^{24-33}$

伍　小称音

遂安话里只有以下几个词可能是小称的残存形式：

奶儿乳房；乳汁 la$^{534-24}$n^{33}

囡儿乳房；乳汁 lə̃$^{534-24}$n^{33}

蟮儿蚯蚓 ɕiɛ̃$^{422-55}$n^{33}

□儿怎么 xã$^{534-55}$n$^{33-213}$

靴儿 fɛ̃^{534}

从这几个词来看，遂安话的小称可能有两种方式：一是在词末加上自成音节的“儿 [n^{33}]”，二是把“儿 [n^{33}]”合入前面的音节变成鼻化韵。

陆　同音字汇

本字汇根据遂安话韵母、声母、声调的次序（见上文贰）排列。轻声用 [0] 表示。写不出本字的音节用方框“□”表示。释义、举例在字后用括号“( )”表示。例子里用“～”代替原字。又读在字的右下角用数码表示。

ʅ

ts　[534] 知蜘智支枝肢栀技妓资姿咨脂飢肌几(茶～)兹滋之芝基箕$_1$幾(～乎)机讥饑 [213] 紫纸祇旨指至子籽梓止趾址己幾(～个) [422] 际济制(～度)寄姊致志痣纪记箕$_2$季 [52] 既 [24] 滞製稽冀置蛰即鲫积迹脊绩

ts^{h}　[534] 雌疵痴欺 [33] 池驰奇骑岐瓷迟祁慈磁辞词持其棋期旗 [213] 起杞 [422] 启刺企次器弃耻齿岂气汽 [52] 此侈治忌祈吃

s　[534] 鬚筛(筛子)西(东～)系(～统)係(联～)斯厮撕施牺私师狮尸司丝思诗嬉熙希稀尿 [33] 鸶糍祠巳嗣饲时鲥 [213] 死使史驶髓 [422]

赐是氏戏四肆似祀寺痔士仕柿市试侍 [52] 豉自示字牸（～牛：母牛）事 [24] 玺徙匙矢视嗜始喜蟋惜昔锡析 [0] 薯（番～）

i

p [534] 蓖 [213] 弊币毙鄙比 [422] 蔽闭秘泌庇 [24] 臂逼碧璧壁

p^h [534] 披 [33] 皮疲脾丕琵枇肥（～皂） [213] 鼻 [422] 彼被（一床～）譬痹屁 [52] 敝鐾吠避备僻辟 [24] 匹

m [33] 眉媚 [213] 弥靡觅 [422] 尾

f [534] 非飞 [33] 肥（～料） [213] 匪榧 [422] 妃痱费

t [422] 隶 [24] 得（副词，只、仅）的（目～）滴嫡嘀（嘎～：咱们）

t^h [213] 体笛敌狄籴 [52] 递地 [24] 第踢剔

l [33] 黎离篱璃梨蜊厘狸 [213] 力 [422] 丽李里（一～路）裏理鲤 [52] 厉励利痢吏 [0] 哩了$_3$

ø [534] 医衣依 [33] 宜仪谊移尼伊夷姨疑拟沂□（那。本书里写作"伊"） [213] 倚椅遗匿翼 [422] 翳蚁意忆亿 [52] 艺义议易（容～）腻肄异逆亦译易（交～）□（你。本书里写作"义⁼"） [24] 已以毅揖乙一逸抑益

u

p [213] 补谱 [422] 布（～鞋）布（公～）怖卜（～卦）

p^h [534] 铺(动词) [33] 蒲匏(卵～：阴囊)菩脯 [213] 浦甫$_2$脯菔(萝～：萝卜) [422] 簿铺（名词）曝 [52] 普部步捕埠伏（孵） [24] 朴扑仆覆$_1$(趴)

m [33] 模摹谋 [213] 目穆木□（指甲～：指甲） [422] 某牡母（～亲） [52] 暮慕墓募茂贸幕

f [534] 呼乎夫麸 [33] 俘孚符扶芙巫诬浮 [213] 虎浒府腑俯甫$_1$斧殕父釜服伏 [422] 沪戽肤敷腐辅付赋傅赴讣妇阜富 [52] 互附负副腹 [24] 福幅蝠複覆$_2$復 [0] 咐（上～：告诉）

t [534] 都（首～）都（～是）东（～西） [213] 堵赌肚（猪～） [422] 妒 [24] 牍椟笃督

t^h [33] 徒屠途涂图 [213] 土独读毒 [422] 肚（破～：剖腹）吐（～痰）吐（呕

吐）兔 [52] 杜度渡镀 [24] 秃

l [33] 萝（包～：玉米）奴卢炉芦鸬庐驴 [213] 努鹿禄六陆肉育绿录辱褥玉欲浴 [422] 鲁橹卤 [52] 虏怒路露鹭 [24] □（弄，搞）

ts [534] 租 [213] 祖组阻□（～头：帮助挑担用的棍子）[422] 铸筑 [24] 捉竹逐祝粥菊足促₁续烛嘱触蜀

ts^h [534] 粗初 [213] 楚础轴局 [422] 醋 [52] 助住（补语）[24] 畜（～生）麯畜（～牧）蓄曲促₂□（看）

s [534] 苏酥梳鬚（穗儿）[33] □（□ [lu24] ～：捉弄）[213] 数（动词）族熟俗赎 [422] 素诉塑疏蔬数（名词）竖肃 [52] 树 [24] 漱速宿（住～）叔淑粟属

k [534] 姑孤枯 [213] 古牯股鼓 [422] 估故固雇顾 [24] 谷（姓）榖

k^h [534] 箍 [213] 苦 [422] 库裤窟 [24] 哭

ø [534] 涡乌污抚 [33] 吴梧胡（姓）湖狐壶葫鬍蝴糊无 [213] 坞斛 [422] 伍（队～）户恶（可～）武舞侮鹉戊握沃 [52] 误悟护务雾□（煮）[24] 屋

y

l [52] 虑滤

tç [534] 猪诸车（～马炮）渠（～道）巨拒距据诛蛛株朱硃珠殊拘驹具惧龟 [213] 著煮居举驻住主俱瞿嘴鬼 [422] 绪注蛀矩句贵（～贱）

$tç^h$ [534] 区驱吹炊 [33] 除储锄厨枢槌锤 [213] 鼠取娶 [422] 苎处（相～）处（好～）柱雉跪柜₂ [52] 趋趣

ç [534] 书舒虚嘘输 [33] 徐 [213] 许水 [422] 序墟须（必～）需戍 [52] 叙暑恕署聚

ø [33] 蜈如鱼渔淤余（姓）馀儒于盂围（～裙）[422] 女（男～）汝雨 [52] 语御与誉预豫乳愚虞娱遇寓吁迂榆逾愉宇禹羽愈芋喻裕履

a

p [213] 摆 [33] □（老紧～作：傲慢）[422] 簸拜伯（父亲）[24] 百柏伯（～～：爸爸）檗 [0] 吧

p^h [33] 排牌簰孛 [213] 白 [422] 破派 [52] 败 [24] 脈（掰）

m [33] 埋没(无～：没有)□(睡) [213] 陌麦脉 [52] 买卖迈 [0] 妈(姆～：妈妈)

f [33] 怀槐淮

t [213] 殆 [213] 朵(耳～) [422] 戴带嗒(语气词)

t^h [534] 拖态 [422] 太呔(～厦：地名)泰 [52] 大(～蒜)□(～拉：什么)

l [534] 奶(牛～)拉(□[xa^{33}]～：许多) [33] 拉(人称代词复数词尾) [422] 哪(～个)奶(吃～) [52] 乃耐奈赖癞 [24] 拉(捕，捉) [0] 来(十～岁)拉(表处所介词)拉(□[t^ha^{55}]～：什么)啦(语气词)

ts [534] 斋 [213] 姐(哥) [422] 载债 [24] 摘责隻炙

ts^h [534] 钗差(出～) [213] 泽择宅 [52] 射(解大小便) [24] 测拆策册赤斥尺

s [534] 筛(斟)衰摔 [33] 柴□(口水) [213] 洒石 [422] 在 [52] 赛寨帅率(～领) [24] 栅

k [534] 阶街 [33] □(～拉：我们。本书里写作"嘎") [213] 解(～开)嘎(拉琴) [422] 个₂(一～)丐介界芥尬疥戒械解(押送) [52] 嘎(～～：鸡蛋) [24] 格隔□(我的。本书里写作"嘎")

k^h [534] 揩 [213] 楷 [422] 凯概溉慨 [24] 客

x [33] 鞋□(～拉：许多) [213] 蟹核(审～) [422] 亥 [52] 孩杏 [24] 赫吓

ø [534] 哀埃挨(轮流) [33] 捱 [213] 矮额 [24] 扼轭□(折使断) [0] 阿啊(语气词)

ua

k [534] 乖 [213] 拐 [422] 怪

k^h [422] 快筷

ø [534] 歪 [213] 劃 [52] 坏 [0] 哇(语气词)

ɑ

p [534] 巴芭芭□(～烟：抽烟) [213] 把(动词，量词)罢 [422] 把(介词)霸坝爸 [24] 八

p^h [33] 爬琶杷钯 [213] 拔□(捺) [422] 怕 [52] 耙稗 [0] □(射痢～：拉肚子)

m [534] □(拿) [33] 麻痳蟆 [213] 袜 [422] 马码蚂 [52] 骂

f　[534] 花 [213] 乏伐筏罚 [422] 化 [24] 法髪發

t　[24] 答搭跌₂(摔) 耷(阿～：这里)

tʰ　[213] 踏达 [24] 塔榻塌獭

l　[534] 女(女儿) 拉 [33] 拿 [213] 纳腊蜡镴捺辣瘌肋□(捋) [422] 哪(～里) □(跨)

ts　[534] 楂渣抓(捉拿) [213] 窄 [422] 诈榨炸(～弹) [24] 札扎

tsʰ　[534] 叉杈差(～别) 车(水～) [33] 茶搽查察 [422] 岔 [52] □(遮挡) [24] 插绰

s　[534] 沙纱傻耍 [33] 蛇 [213] 杂闸煠(用油炸) 铡芍 [422] 晒 [24] 撒萨杀

k　[534] 家加痂嘉 [213] 茄假(真～) [422] 假(放～) 架驾嫁价 [52] □(我。本书里写作"尬") [24] 夹(头发～) 裌甲胛挟(～菜) 合(合眼)

kʰ　[534] □(蹲) [33] 蛤(～蟆) [213] 夹(～住) [422] □(拿) [24] 恰㧟(压)

x　[534] 虾 [33] 霞 [213] 盒狭峡匣 [422] 下(底～) 下(～降) [52] 厦(大～) 厦(～门) 夏(姓) 夏(春～) [24] 喝瞎

ø　[534] 鸦(～片) 丫桠 [33] 牙芽衙□(这。本书里写作"阿") [213] 哑 [422] 亚瓦 [24] 鸭押压

ia

p　[534] 膘标(目～) 彪 [213] 表(～格) 錶婊标(梢)

pʰ　[534] 飘漂(～流) [33] 瓢嫖 [213] 漂(～白) [422] 票漂(～亮)

m　[33] 苗描 [52] 藐渺秒庙妙谬

t　[534] 刁貂雕 [213] 鸟(动物名) 屌 [422] 钓吊

tʰ　[534] 挑(～刺) [33] 条调(～皮) 笤 [213] 挑(选择) [422] 跳粜 [52] 掉调(声～) 调(～动)

l　[33] 燎疗聊辽撩(捞) 嘹髎(～子：阴茎) [213] 略 [422] 了₁ [52] 寥料廖掠

tɕ　[534] 佳蛟狡焦蕉朝(～饭：早饭) 召昭招沼骄娇矫浇 [213] 缴侥饺 [422] 贾醮照诏叫爵嚼 [24] 椒着(穿) 酌脚

$tɕ^h$　[534] 跷锹缲樵超 [33] 朝（～代）潮乔侨桥荞□（～～：爷爷）[213] 巧（～妙）着（～火，寻～）[422] 俏赵兆窍擦 [52] 悄轿 [24] 巧（凑～）雀鹊却□（湿）

ɕ　[534] 消宵霄硝销烧嚣萧箫 [33] 韶屑 [213] 小少（多～）[422] 笑鞘绍少（～年）[52] 稍郊校（上～）邵晓 [24] 削

ø　[534] 妖腰幺 [33] 饶摇谣窑姚尧 [213] 弱箬虐疟药钥乐（音～）[422] 雅扰要（～求）舀要（重～）[52] 绕鹞 [24] 惹邀耀若约跃□（捡）

uɑ

k　[534] 瓜 [213] 寡剐 [422] 挂卦褂 [24] 括刮

k^h　[534] 夸 [24] 垮阔

x　[52] 华（姓）

ø　[534] 挖 [33] 华（中～）铧划（～船）蛙还（副词）[213] 活滑猾 [422] 鸦（老～：乌鸦）[52] 画话

ə

p　[534] 波菠玻跑钵拨

p^h　[534] □（拔）[33] 婆 [213] □（～□ [$ts^hə\text{ɯ}^{52}$]：喷嚏）[24] 泼泊迫拍魄

m　[33] 磨（动词）茅 [213] 寐末沫抹 [52] 磨（名词）昧

f　[33] 河何荷（～花）[213] 火伙（～食）[422] 货 [52] 贺 [0] 荷（薄～）

t　[534] 多 [213] 躲 [422] 剁 [24] 掇□（介词，跟）

t^h　[33] 驼₁驮（抱）[422] 唾 [52] 大（～细：大小）大（～黄）[24] 兑脱

l　[33] 罗锣箩萝（～菔：萝卜）骡螺腡 [213] 垃 [52] 糯

ts　[213] 左佐 [422] 做再

ts^h　[534] 搓猜 [422] 锉错 [24] 撮

s　[534] 蓑梭 [33] □（垃～：垃圾）[213] 锁琐 [422] 坐座 [24] 些₂

k　[33] 蛤（～蜊）[24] 合（容量单位）鸽割葛胳革 [0] 个（的）

k^h　[24] 咳渴

x　[213] 合（结～）[24] 辖

ø　[24] □(堰)

uə

k　[534] 歌哥 [213] 果裹馃(本地多写作“粿”) [422] 过

kʰ　[534] 科窠 [213] 可 [422] 课 [52] □(八~：八哥)

ø　[534] 阿(~胶)危 [33] 蛾鹅和 [422] 祸涴(屎) [52] 饿

ɛ

p　[24] 鳖憋

pʰ　[213] 别 [24] 撇劈

m　[213] 灭篾

f　[24] 刷说血

t　[534] 爹 [422] 帝 [24] 跌₁(丢失)

tʰ　[213] 叠碟牒蝶谍 [422] 剃₂屉 [24] 帖贴铁

l　[534] □(咬) [213] 猎列篾(箅子)□(驱赶) [24] 烈裂 [0] 了₂呢

k　[422] 个₁(一~)

iɛ

tɕ　[534] 遮 [33] □(□[tɕʰiɛ³³]~：蛤蟆) [213] 揭 [422] 借届 [24] 者皆接捷摺劫哲蜇折(~扣)浙节截结洁戟疖羯

tɕʰ　[534] 车(汽~)扯 [33] □(~□[tɕiɛ³³]：蛤蟆) [213] 杰 [422] 笡 [24] 且妾涉彻撤辙切挈₂

ɕ　[534] 佘 [33] 邪斜 [213] 写捨洽协舌折(~本)绝蚀 [422] 社细(小)薛泄 [52] 泻卸谢射(~箭)麝赦舍(宿~) [24] 胁设歇蝎雪

ø　[33] 耶爷涯崖阎液腋□(你的；~拉：你们；旁指，那。本书里写作“耶”) [213] 叶页业热孽□(~□[tʰɛ̃³³]：蜥蜴) [422] 也野 [52] 夜 [24] 聂镊摄靥捏噎

yɛ

k　[24] 厥蕨撅决诀

kʰ　[213] 掘 [24] 拙缺屈(文读)

ø　[213] 月越曰粤穴 [24] 芮悦阅

ɔ

p　[534] 褒包胞 [213] 保堡宝饱 [422] 报豹 [24] 博剥驳

pʰ　[534] 坡泡(～桐)□(香～: 柚子) [33] 袍跑(文读) [213] 薄缚雹瀑 [422] 鲍爆炮泡(浸～) [52] 薄(～荷)暴抛(扔)刨(木工用具)

m　[534] 猫锚 [33] 魔毛矛 [422] 卯 [52] 冒帽 [24] 貌莫膜寞摸

t　[534] 刀叨 [213] 倒(打～)导 [422] 到倒(～水) [24] 朵(一～花)祷岛沰(淋)

tʰ　[33] 驼₂舵掏桃逃淘陶萄涛 [213] 讨 [422] 滔道稻套□(～□[tɕiei⁰]花: 杜鹃花) [52] 盗 [24] 妥托铎踱

l　[33] 劳捞牢唠□(□[ɔ³³]～: 现在) [213] 落烙骆酪洛络乐(快～) [422] 脑恼老 [52] 赂闹诺 [24] 涝□(雹～: 冰雹)

ts　[534] 遭糟抓(搔) [213] 早枣蚤澡爪找 [422] 灶罩笊 [24] 作桌卓琢啄

tsʰ　[534] 操抄巢剿 [213] 草钞炒吵浊镯 [422] 措造躁糙 [24] 戳龊(龌～: 脏)

s　[534] 骚臊皂₂梢捎 [33] 曹槽 [213] 嫂凿勺 [422] 所皂₁扫(～地)扫(～帚)燥昨 [24] 索朔缩束煞

k　[534] 戈高膏篙羔糕交胶 [213] 稿镐铰搞 [422] 告教(～书)教(～育)校(～钟)较酵窖觉(困～: 睡觉)□(～桶: 粪桶) [24] 搅各阁搁郭廓觉(～悟)角

kʰ　[534] 烤敲 [213] 考 [422] 颗靠扩 [24] 确壳酷

x　[33] 禾豪壕毫耗 [213] 好(～坏)鹤学 [422] 好(喜～)孝 [52] 浩号(～码)效校(学～) [24] 霍

ø　[534] 坳凹 [33] 俄熬龌(～龊: 脏)□(～□[lɔ³³]: 现在) [213] 卧绞(拧)鄂镬岳 [422] 袄奥懊 [52] 傲 [24] 恶(善～)

ɯ

k　[534] 勾钩沟阄今(～日) [213] 狗苟 [422] 锯盖够构购

kʰ　[33] 渠(他) [213] 口 [422] 去₁扣寇

x　[534] □(馋) [33] 侯喉猴瘊候(时～) [422] 後厚后(皇～) [52] 候

iu

t　[534] 兜丢 [213] 斗（～升）抖 [422] 鬥

t^h　[534] 偷 [33] 头投 [213] 敨（展开）[422] 透 [52] 豆逗脰

l　[33] 楼流刘留榴硫琉馏 [422] 篓搂柳溜 [52] 吕旅漏陋

tɕ　[534] 鬏邹周州洲鸠纠□（蹲）[213] 走酒肘帚九久韭 [422] 醉奏昼皱绉舟咒灸咎救究柩

$tɕ^h$　[534] 揪秋鳅抽丘□（～猪：母猪）[33] 囚泅绸稠筹愁仇（报～）酬求球 [213] 丑（子～寅卯）醜馗 [422] 凑纣宙骤臭臼柏舅 [52] 旧

ɕ　[534] 修羞搜飕馊收休 [33] 就 [213] 手首守兽 [422] 絮嗽秀绣宿（星～）锈袖瘦受寿授售朽嗅□（～头：马头墙）

ø　[534] 柔揉忧优悠幽 [33] 牛尤邮由油游犹蚰 [213] 郁 [422] 纽扭有又酉莠诱幼 [52] 又右佑釉

ei

p　[24] 笔毕必

p^h　[534] 批 [52] 呸□（坏）[24] 屄（女阴）

m　[33] 迷谜 [213] 密蜜 [422] 米

f　[213] 術述 [422] 废肺 [52] 惠慧睡瑞穗谁

t　[534] 低 [213] 底抵 [422] 蒂（阴茎）[24] 得（助词，表停顿）

t^h　[33] 堤题提蹄啼 [422] 弟替涕剃 1

l　[33] 犁 [213] 立笠栗 [422] 礼 [52] 例荔劣律率（效～）歷曆

iei

tɕ　[534] 鸡 [213] 挤 [422] 祭穄计继繄 [24] 蕉集习袭执汁急级给疾质吉织职籍藉夕击激 [0] □（□ [$t^hɔ^{55}$] ～花：杜鹃花）

$tɕ^h$　[534] 妻溪 [213] 及侄直值殖植极 [422] 砌契 [24] 缉辑七漆秩讫乞出 2 戚寂挈 1（提，拎）

ɕ　[534] 西（方位）犀 [33] 齐脐荠 [213] 洗十什拾实食席 [422] 细（粗～）世势婿碎 [52] 誓逝 [24] 涩湿吸悉膝虱失室戌恤息熄媳识式饰适释

ø [33] 泥倪 [213] 入日

ui

l [52] 屡

ø [33] 维惟唯微 [52] 未味

yei

k [534] 追 [24] 橘

k^h [33] 垂 [213] 术（白～）[24] 出 1

ø [24] 熨域疫役

əɯ

p [534] 杯碑卑悲 [213] 帛 [422] 贝辈背（～心）[24] 不北

p^h [534] 坯 [33] 培陪赔裴 [213] 勃 [422] 沛倍配 [52] 佩背（～书）焙□（朵）

m [33] 梅枚媒煤楣霉 [213] 没（文读）墨默 [422] 每 [52] 妹

f [534] 恢灰徽 [33] 挥辉 [213] 贿毁佛（拜～）[422] 悔晦讳 [24] 否忽佛或惑获

t [534] 呆（～子）堆 [33] □（锥子）[422] 对碓队 [24] 得（～到）德

t^h [534] 胎台（～州：地名）梯推 [33] 臺苔抬 [213] 腿夺突特 [422] 退 [52] 待怠贷代袋 [24] 忒（太）

l [33] 来（～去）雷 [213] 粒□（拨，划拉）[52] 偏内累（劳～）锐累（积～）累（连～）垒类泪 [24] 勒

ts [534] 灾 [213] 宰 [24] 最卒则

ts^h [534] 催崔 [213] 彩睬 [422] 菜蔡脆翠粹 [52] □（□ [$p^hə^{213}$] ～：喷嚏）[24] 厕猝侧

s [534] 腮鳃虽绥 [33] 才（口～）材财裁豺随 [213] 贼 [422] 罪岁遂隧 [24] 些 1 瑟塞色啬

k [534] 该 [213] 改

k^h [534] 开 [422] 去 2 徛（站立）[24] 磕刻克

x [213] 海 [52] 害 [24] 黑

ø [534] 欧瓯呕殴 [33] 呆(痴～)儿(～子)而 [422] 爱耳(文读)饵藕 [52] 碍艾二贰偶 [24] 哎(叹词)

uəɯ

k [534] 规归 [213] 溃诡轨癸鬼(文读) [422] 鳜桂贵(富～) [24] 骨国

k^h [534] 盔魁亏窥愧 [33] 奎逵葵 [213] 傀 [422] 块会(～计)刽桧柜$_1$ [24] 屈(弯)

ø [534] 煨萎威 [33] 桅回茴违围(包～)苇 [213] 秽委伟核(桃～)物 [52] 外滙会(开～)会(不～)绘卫伪为(动词)为(介词)位魏畏慰纬胃谓猬

ã

p [422] 摒(拔,拉)

p^h [534] 彭膨 [33] 朋$_1$□(～母家：妇女) [52] □(碰,遇)

m [33] □(～觉：睡觉) [422] 猛 [52] 孟

t [213] 打

l [534] □(髻) [33] □(鹅～：肿瘤) [422] 冷

ts [534] 争

ts^h [534] 撑 [422] 埕(小瓮) [52] □(舂,砸)

s [534] 森参(人～)生牲笙甥 [213] 省(浙江～)省(节～)

k [534] 更(五～)庚羹$_1$耕 [213] 哽埂

k^h [534] 坑

x [534] □(～儿：怎么) [33] 桁行(走)行(品～) [213] 罕

ø [213] □(～牛：黄牛) [52] 岸硬

uã

k^h [213] 梗

ø [33] 横(～直)横(蛮～)

ɑ̃

p [534] 班斑颁扳攀邦浜 [213] 板版□(推～：差) [422] 扮

p^h [33] 爿 [422] 绊

m [33] 蛮 [422] 晚（～爹）盲虻 [52] 慢漫幔

f [534] 帆欢藩翻番幡谎况 [33] 凡範桓烦矾繁肪芳妨防访房 2 [213] 焕反仿（～造）纺彷 [422] 范（姓）犯泛贩放 2 晃□（被）[52] 幻患宦饭

t [534] 耽担（挑；拿）丹单（简～）诞 [213] 胆掸蛋党 [422] 担（名词）旦但

t^h [534] 贪滩摊叹 [33] 谭谈痰檀壇弹（～琴）棠 [213] 毯躺 [422] 淡炭倘荡（～来～去）荡（放～）趟 [52] 探坦弹（子～）

l [33] 南男蓝篮难（～过）兰拦栏囊郎廊螂朗 [422] 懒 [52] 蒌览揽榄滥缆难（大～）烂浪 1

ts [213] 斩盏撰 [422] 赚站蘸赞

ts^h [534] 参（～加）搀餐 [33] 惭 [213] 惨残灿产（生～）藏（隐～）藏（西～）臓创 [422] 歼铲

s [534] 三杉衫珊山删 [33] 裳 [213] 产（～母：产妇）[422] 伞散（鞋带～）散（分～）栈疝丧（～失）[52] 暂

k [534] 监（～牢）间冈刚纲钢（文读）[213] 减碱简裥 [422] 鉴舰

k^h [534] 龛铅康（健～）慷 [213] 床（窗户）[422] 嵌抗炕

x [33] 含函鹹衔闲降 [213] 苋 [422] 陷馅限 [52] 喊

ø [33] 岩颜昂 [422] 眼晏 [52] 雁

iɑ̃

l [33] 良凉量（～长短）粮梁粱 [422] 两（～个）两（斤～）辆 [52] 亮谅量（数～）

tɕ [534] 将（～来）浆张章 2 疆僵薑礓缰姜（姓）[213] 蒋奖桨长（队～）涨掌 [422] 酱将（大～）帐账胀障瘴

$tɕ^h$ [534] 枪昌 2 羌腔 [33] 详祥长（～短）肠 1 畅昌 1 常尝偿强 [213] 抢场厂 [422] 丈仗杖唱倡

ɕ [534] 箱厢湘襄镶商伤香乡 [33] 墙享 [213] 想鲞赏晌饷响 [422] 相（～信）象像橡相（照～）尚向 [52] 匠上（动词）上（方位）

ø [534] 央秧殃烊 2 [33] 娘羊洋烊 1 杨阳扬疡 [422] 仰养痒 [52] 酿壤攘

嚷让央（中～）样

uã

k　[534] 官棺观(参～)冠(鸡～)观(寺～)冠(～军)鳏关 [213] 管馆广 [422] 贯灌罐惯

k^h　[534] 宽 [33] 匡筐眶狂 [213] 款 [422] 旷 [52] 掼□(把儿，提梁)□(襻)

ø　[534] 弯湾 [33] 玩顽还（动词）环簧蝗隍亡忘王 [213] 碗宛 [422] 腕晚（文读）挽妄 [52] 缓皖唤换万望（希～）枉往旺

ə̃

p　[534] 搬 [422] 半

p^h　[534] 潘 [33] 瓣般盘盆旁螃傍庞朋₂ [422] 伴拌判叛 [52] 盼办

m　[33] 瞒馒鳗 [422] 满

t　[534] 端 [213] 短

t^h　[33] 团（～长）[422] 断（断绝）[52] 锻段缎椴

l　[534] 囡（～人家：女孩儿）[33] 鸾 [422] 卵 [52] 乱

ts　[534] 钻（动词）[422] 钻（名词）

ts^h　[213] 纂窜篡

s　[534] 酸狲 [422] 算蒜

k　[534] 甘柑泔干(天～)肝乾(饼～) [213] 感敢橄竿杆秆赶幹 [422] □(动)

k^h　[213] 坎砍 [422] 勘刊看

x　[33] 寒韩 [422] 旱汉夯 [52] 撼憾汗焊翰

ø　[534] 安鞍 [422] 暗按案

ɛ̃

p　[534] 贬鞭编汴边□(～子：篦子) [213] 蝙扁匾 [422] 变遍(一～)遍(～地)

p^h　[534] 篇偏 [33] 便（～宜）[422] 辨辩骗辫片 [52] 便（方～）

m　[33] 绵棉眠 [213] □（捻）[52] 殓免勉娩缅面（脸）麵

f　[534] 闩拴 [33] 船 [52] 楦

t　[534] 癫□（推）[213] 点典奠 [422] 店

tʰ [534] 添天 [33] 甜田填□(□ [iɛ²¹³] ～：蜥蜴) [213] 舔 [422] 簟 [52] 电殿佃垫

l [33] 镰连联怜莲恋 [213] 帘 [422] 廉脸 [52] 练链楝

iɛ̃

tɕ [534] 尖渐兼艰奸煎毡肩坚 [213] 检柬拣谏剪践展茧趼笕 [422] 瞻佔剑箭战颤键建健笺荐见

tɕʰ [534] 签潜谦迁遣千牵 [33] 钳缠乾虔揁前 [213] 浅 [422] 俭欠件 [52] 歉

ɕ [534] 锨仙鲜(新～)掀先 [33] 蟾钱鲜(朝～)轩贤弦全泉宣 [213] 陕闪险癣显选 [422] 线扇(动词)善蟮扇(名词)膳单(姓)宪献鐓(～鸡：阉鸡) [52] 贱饯羡现旋

ø [534] 黏烟 [33] 炎盐(食～)檐掩严嫌然燃谚焉延筵蜒言年沿□(～篓: 箩) [422] 染冉厌碾演燕宴兖□(谷～：秕谷) [52] 验艳焰盐(腌)念研砚

yɛ̃

k [534] 专砖捐 [213] 转(～车)转(旋～)捲 [422] 眷卷(名词)绢倦券

kʰ [534] 椽川穿圈 [33] 传(～达)拳权颧 [213] 喘犬 [422] 劝 [52] 篆传(水浒～)

ɕ [33] 玄悬

ø [534] 冤 [33] 完丸圆员缘院元原源阮袁辕园渊 [422] 软援远怨 [52] 愿县

en

p [534] 冰兵 [213] 禀丙秉饼 [422] 彬宾槟殡鬓柄

pʰ [534] 拼 [33] 贫频凭陵凌菱平坪评瓶屏萍 [213] 品 [422] 併聘姘 [52] 病並

m [33] 民萌鸣明盟名铭 [213] 皿 [52] 闽敏命

f [33] 唇纯莼醇熏勋薰兄₂(弟～) [52] 顺舜训

t [534] 丁钉(名词)疔订₂叮 [213] 顶鼎 [422] 钉(动词)订₁

tʰ [534] 厅汀庭 [33] 亭停廷艇 [213] 挺 [422] 听锭 [52] 定

l [534] 拎 [33] 林淋临邻鳞磷宁(～波)宁(～可)灵零铃伶 [422] 领岭翎 [52] 吝令另

in

tɕ [534] 针斟今(古～)金锦津珍趁真诊疹巾筋征惩蒸京荆鲸精睛贞侦正(～月)征经 [213] 枕振震紧仅谨惊景警井整□(泅) [422] 浸襟禁(～不住)禁(～止)进晋镇斤劲证症擎境敬竟镜竞晶靖正(～反)政颈径□(油～：猪油) [0] 甑(饭～)

$tɕ^h$ [534] 亲称(～呼)承丞拯清轻青蜻 [33] 侵琴禽擒秦陈尘臣勤芹循巡乘卿情呈程逞成城(狮～)诚 [213] 荀旬殉请 [422] 揿(按)近称(对～)秤□(忌) [52] 寝钦阵衬庆郑罄倾顷 [0] □(户～：门槛)

ɕ [534] 心深辛新薪身申伸辰晨升声星 [33] 寻沉神层绳塍蝇晴城(～里)型刑邢 [213] 沈审婶甚笋榫醒 [422] 渗信讯肾迅兴(时～)兴(高～)静性姓圣腥 [52] 盡慎衅欣剩胜幸净盛(兴～) [0] □(些)

ø [33] 营₂ [52] 认₂

yen

k [534] 肫君军 [213] 準准(批～) [422] 俊均钧

k^h [534] 椿春□(伸) [33] 窘裙 [422] 串蠢菌群郡琼迥春

ø [33] 匀雲荣 [52] 润闰允韵运晕永泳咏

ən

p [534] 叁(～箕：簸箕) [213] 奔本崩 [422] 粪

p^h [534] 喷(～水)喷(～香) [33] 烹棚篷蓬 [213] 捧 [422] 碰 [52] 笨

m [33] 门蚊 [52] 闷

f [534] 昏婚分芬纷焚荤风枫疯丰讽封峰蜂锋 [33] 坟宏冯逢缝(动词) [213] 粉愤奋 [422] 忿放₁轰俸 [52] 份凤奉缝(名词)

t [534] 敦墩驐(～鸡：阉过的公鸡)蹲登灯东(方位)冬 [213] 盾顿等董懂栋 [422] 凳邓澄瞪冻

t^h [534] 吞通 [33] 潭屯豚饨囤沌腾誊藤同铜桐筒童瞳 [213] 捅统 [422] 桶动痛 [52] 钝遁洞

l [534] 容₂ [33] 论(～语)仑伦沦轮能聋农隆戎绒雄(～猪)融浓龙笼砻

陇垄茸酕雍容₁蓉庸拥 [422] 暖笼拢弄(~堂)脓 [52] 嫩论(议~)弄(捉~)甬勇涌用

ts [534] 簪尊遵曾(姓)增曾(~经)筝睁棕宗中(~国)忠终踪纵(~横)鐘锺盅 [213] 总种(名词)肿 [422] 憎鬃粽综中(~风)仲众冢种(动词)

ts^h [534] 村聪匆葱充从(~容)从(~来)冲共(同)□(火~:烘篮) [33] 存虫穷重(~复) [213] 忖宠 [422] 寸铳纵(放~)重(轻~)

s [534] 孙僧兄₁鬆嵩胸凶(吉~,~恶) [33] 蚕崇熊雄(英~)松(~树)屣(精液)廛(~子:浮厝的建筑物) [213] 损 [422] 錾赠送宋 [52] 逊丛诵颂讼

k [534] 蚣跟根羹₂公蚣工功攻弓躬宫恭巩 [422] 粳更(~加)耿贡汞

k^h [534] 堋磡空(~话) [213] 恳垦啃肯孔恐□(吼叫) [422] 控空(有~) [52] 供(~销社)供(上~)共(~产党)

x [534] 烘哄 [33] 痕恒亨衡鸿□(不~:未) [213] 很狠₁ [52] 狠₂恨

uən

k [213] 滚棍 [422] 昆

k^h [534] 坤 [213] 捆困(~难) [422] 睏(睡)

ø [534] 温瘟 [33] 魂馄浑文纹闻 [213] 稳吻刎 [422] 混□(淹) [52] 问

om

p [534] 帮 [213] 榜谤绑

p^h [422] 棒胖

m [534] 蒙 [33] 忙矇 [422] 芒(~种)茫莽蟒芒(麦~)网懵 [52] 梦望(~牛:放牛)

t [534] 当(~时)挡 [422] 当(上~)档

t^h [534] 汤 [33] 堂唐糖塘 [422] 荡(涮洗)烫

l [33] 狼 [52] 浪₂□(~热:热闹)

ts [534] 赃庄装章₁樟桩 [422] 葬壮

ts^h [534] 仓苍疮菖囱 [52] 闯状撞

s [534] 桑霜孀双 [33] 肠₂床 [213] 丧(出~)磉嗓搡爽

k　[534] 钢缸光江扛豇 [213] 岗讲 [422] 杠降虹

k^h　[534] 康(～熙)糠 [422] 园(藏放)矿

x　[534] 荒慌方 [33] 行(银～)航杭房₁弘 [422] 项巷 [52] 笐

ø　[534] 汪 [33] 黄皇 [422] 瓮

m

ø　[33] 无(～没：没有)姆(～妈：妈妈) [422] 亩母(舅～)拇(大～指)

n

ø　[534] 庵音阴恩因姻殷鹰鹦樱英婴缨翁 [33] 儿(～女)壬任(姓)淫饮人仁银寅凝莺营赢形营₁茔萤红洪 [213] 隐尹影颖塕 [422] 五午耳(～朵)引印仍扔映□(给) [52] 任(责～)纫忍刃认₁应(～当)应(答～)迎孕□(～娘：奶奶)

柒　内部差异

——以声调为例

一、调查点

遂安话内部的差异非常大。因此，要全面了解遂安话的面貌，不能仅限于调查县城话，而需要调查全县各乡镇农村方言。在遂安，影响最深广的传统行政区划单位是所谓“18都”。直至今天，一些中老年人还喜欢以“都”来表达地域上的关系。据1990年版《淳安县志》，“18都”肇始于明万历四十年(1612年)，至清雍正六年(1728年)改“18都”为“18乡”，此后一直沿用到清末宣统二年(1910年)才改为“12区”。可见，在近世把全县分成18部分的体制延续了300年之久。20世纪以来，行政区划的变更相当频繁。其中比较重要的(延续时间较长的)有：

民国二十五年(1936年)：20乡镇

1961年：25公社

1984年：25乡镇

1992年：13乡镇

2013年：8乡镇（参看本书“前言”表1）

由上可见，遂安县乡镇级的行政单位一直保持在20个左右。后来的13乡镇或今天的8乡镇体系对由来已久的20个左右行政单位的撤并幅度过大。因此，如果一个乡镇只调查一个点的话，对某些比较大的乡镇来说可能不够。笔者根据遂安县乡镇变更的实际情况，选择了18个地点进行调查。为使调查点方言更具有代表性，所选地点多为原县城、原乡镇或现乡镇政府所在地，只有原郭村乡的霞五村下胡宅自然村（为朱熹讲学之瀛山书院所在地）、原百亩畈乡的直街村、大墅镇的寺林村3个调查点例外，但它们跟原或现乡镇政府所在地也都只有一步之遥。在本节中，下胡宅自然村、直街村、寺林村分别用“郭村”“百亩畈”“上坊”的名称来表示，其他地点均用原或现乡镇名表示。为避免跟其他数字混淆，调查点编号一律下加横线。

二、各地方言的声调系统

遂安县内18个地点方言的声调系统见表5。需要说明的一点是，为避免引起混乱，调类名称一律“尽前不尽后”。例如樟村的清平跟浊入合，调类名称就叫作“阴平”，而不叫作“阳入”。

表5 遂安18地点方言声调系统表

古声调	平		上		去		入		调类数
古声母	清	浊	清	浊	清	浊	清	浊	
例 字	东天三	皮徐南	九草火	坐近米	对菜四	洞树硬	八铁福	毒十麦	
01 樟村	阴平33	阳平213	阴上243	阳上53	阴去21	＝阳上	＝阳上	＝阴平	5
02 中洲	阴平35	阳平22	阴上231	阳上53	阴去213	＝阳上	＝阳上	＝阴上	5
03 龙门	阴平55	阳平22	＝阳平	阳上53	阴去213	＝阳上	阴入31	阳入44	6
04 汾口	阴平55	阳平22	阴上24	阳上53	阴去213	＝阳上	阴入31	阳入132	7

续表

古声调	平		上		去		入		调类数
古声母	清	浊	清	浊	清	浊	清	浊	
例 字	东天三	皮徐南	九草火	坐近米	对菜四	洞树硬	八铁福	毒十麦	
05 浪川	阴平 55	阳平 31	阴上 24	＝阴上	阴去 113	阳去 42	阴入 435	＝阴上	6
06 郭村	阴平 545	阳平 33	阴上 45	阳上 31	阴去 113	阳去 313	阴入 535	＝阳上	7
07 姜家	阴平 31	阳平 44	阴上 435	阳上 223	阴去 113	阳去 24	阴入 53	＝阳上	7
08 百亩畈	阴平 55	阳平 33	＝阳平	阳上 53	阴去 213	＝阳上	阴入 534	＝阴平	5
09 龙源	阴平 44	阳平 13	阴上 11	阳上 53	阴去 213	＝阳上	阴入 534	＝阴平	6
10 铜山	阴平 42	阳平 44	阴上 22	阳上 213	阴去 24	＝阳上	阴入 53	＝阴上	6
11 枫树岭	阴平 523	阳平 22	阴上 213	阳上 33	阴去 55	＝阴上	阴入 24	＝阴上	6
12 白马	阴平 523	阳平 22	阴上 213	阳上 24	阴去 55	＝阳上	＝阳上	＝阴上	5
13 上坊	阴平 534	阳平 33	阴上 213	阳上 55	＝阳平	阳去 53	阴入 24	＝阴上	6
14 大墅	阴平 534	阳平 33	阴上 213	阳上 55	阴去 423	阳去 53	阴入 24	＝阴上	7
15 安阳	阴平 534	阳平 33	阴上 213	阳上 42	＝阳上	阳去 53	阴入 24	＝阴上	6
16 桐子坞	阴平 534	阳平 33	阴上 113	阳上 42	＝阳上	阳去 53	阴入 35	＝阴上	6
17 东亭	阴平 534	阳平 33	阴上 113	阳上 42	＝阳上	阳去 53	阴入 35	＝阴上	6
18 狮城	阴平 534	阳平 33	阴上 213	阳上 422	＝阳上	阳去 52	阴入 24	＝阴上	6

遂安话调类的地域分布情况见图4至图6。

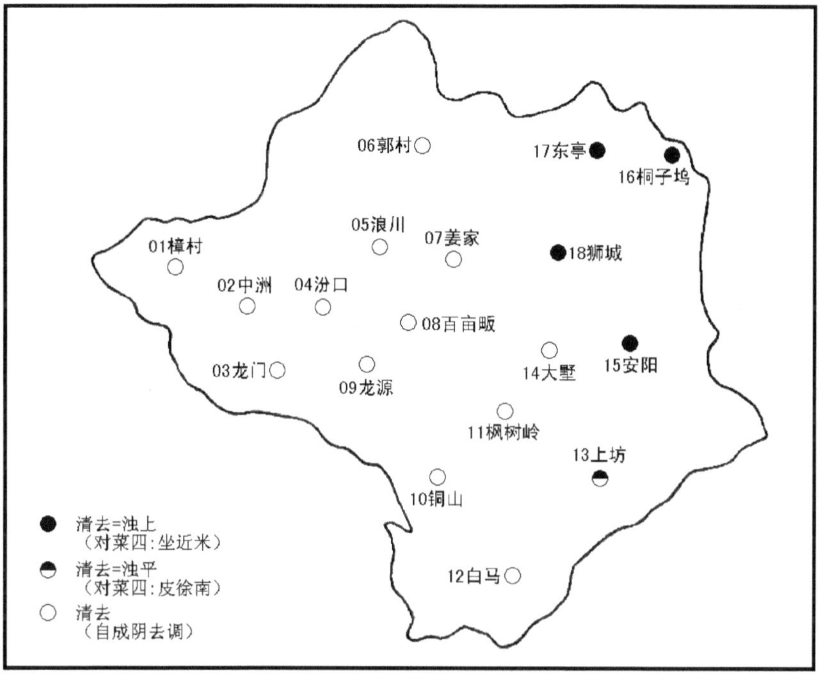

图4　遂安话清去字的归类

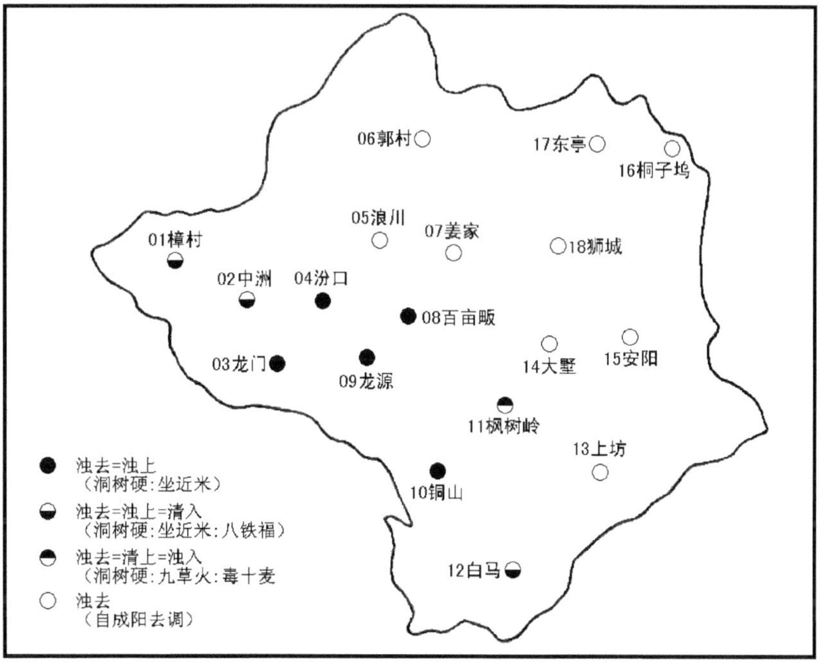

图5　遂安话浊去字的归类

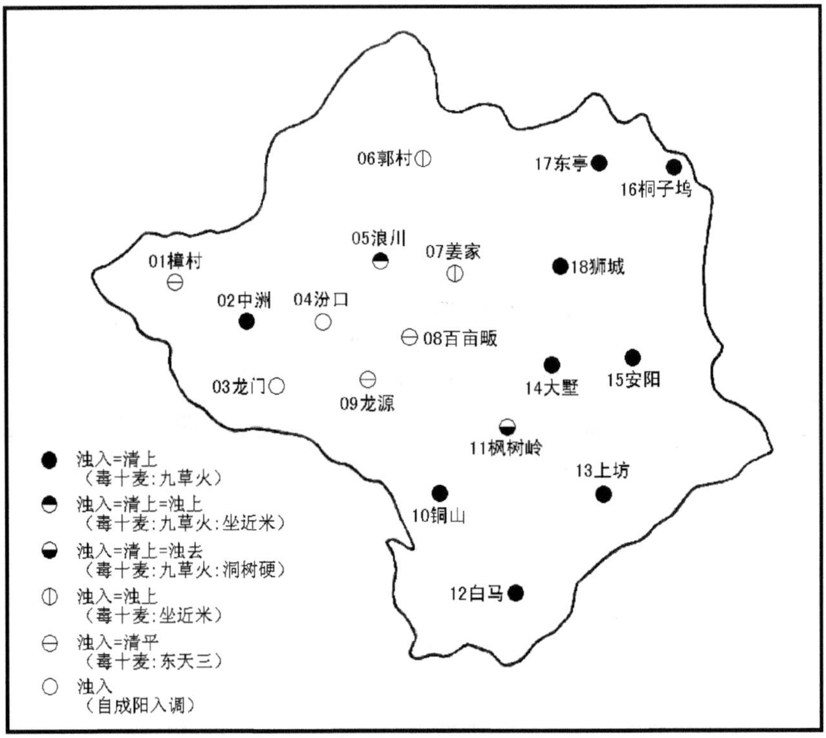

图6　遂安话浊入字的归类

三、共同特点和内部差异

（一）共同特点

为了便于把握遂安话声调的总体情况，这里先归纳一下它的共同特点。

1. 调类数目在 5 ~ 7 个之间，多为 6 个。

2. 古平、上、去、入按古声母清浊各分两类。例外的情况只有 05 浪川上声不分两类。

3. 由古四声乘以古声母清浊得到的“八个类别”之间往往互有合并，其中以下几个类别之间在比较多的地点发生了合并：清平跟浊入，清上跟浊入，浊上跟清去，浊上跟浊去，浊上跟清入。可以看出，这种合并已不限于“清—清”合并或“浊—浊”合并，也就是说已经打破了原声母清浊所造成的声调阴阳之间的界限，比如清平字和浊入字可以读为一调。

4. 次浊上声和全浊上声没有区别。

5. 大部分地点（15个点）保留独立的阴入调类，读长调，韵母不带喉塞音尾。01 樟村、02 中洲、12 白马 3 个点例外，清入字读同阳上。

6. 阳平是一个平调，多数地点调值读［33］或［22］，个别地点读［44］。只有以下 3 个点例外：01 樟村读［213］，05 浪川读［31］，09 龙源读［13］。

（二）内部差异

由表 5 和图 4 至图 6 可以看出，遂安各地方言声调系统之间的差异之大是令人惊讶的。这里把几项比较重要的内部差异情况归纳一下。

1. 调类系统

由表 5 可见，在全部 18 个地点方言中，一共有 13 种不同的调类系统。这是遂安话中最引人注目的现象。相同的地点有：

02 中洲、12 白马为一类；

06 郭村、07 姜家为一类；

15 安阳、16 桐子坞、17 东亭、18 狮城为一类。

其中除了安阳、桐子坞、东亭、狮城 4 个点在调值上也十分接近，同时在地理上也能互相连接，的确表现出一种亲缘关系以外，郭村跟姜家之间调值上出入颇多，中洲跟白马之间则不仅调值差别巨大，而且地理上也相距遥远。中洲跟白马两个点调类系统的一致性应该看作是一种偶合。

2. 清去

在严州方言里，清去字在调类上是属于不太稳定的一类。除狮城以外的其他 3 个县城方言的情况如下：

淳安县淳城镇 同阴平［224］，如：富＝夫［fua^{224}］

建德县梅城镇 白读同阳平［334］，如：素＝锄［su^{334}］；文读同上声［55］，如：趣＝娶［$tɕ^hy^{55}$］

寿昌县寿昌镇 白读跟浊去一起读去声［33］，如：兔＝渡［t^hu^{33}］；文读同上声［55］，如：趣＝娶［$tɕ^hy^{55}$］

由表 5 和图 4 可见，遂安话清去字的今调类有 3 种情况：

（1）01 樟村—12 白马，14 大墅（13 个点）：读独立的阴去调；

（2）13 上坊（1 个点）：同阳平；

（3）15 安阳—18 狮城（4 个点）：同阳上。

3. 浊去

由表 5 和图 5 可见，遂安话浊去字的今调类有 4 种情况：

（1）05 浪川—07 姜家，13 上坊—18 狮城（9 个点）：读独立的阳去调；

（2）11 枫树岭（1 个点）：同阴上和阳入；

（3）03 龙门，04 汾口，08 百亩畈—10 铜山（5 个点）：同阳上；

（4）01 樟村，02 中洲，12 白马（3 个点）：同阳上和阴入。

如果采用音韵学上“浊上归浊去”的说法，那么（3）、（4）两种情况（共 8 个点）也可以说是浊上归到浊去里去了。

4. 浊入

在今天的一些徽语、吴语方言里，浊入字在调类上也是属于不太稳定的一类。由表 5 和图 6 可见，遂安话浊入字的今调类比较复杂，有以下 6 种情况：

（1）03 龙门，04 汾口（2 个点）：读独立的阳入调；

（2）01 樟村，08 百亩畈，09 龙源（3 个点）：同阴平；

（3）06 郭村，07 姜家（2 个点）：同阳上；

（4）02 中洲，10 铜山，12 白马—18 狮城（9 个点）：同阴上；

（5）05 浪川（1 个点）：同阴上和阳上；

（6）11 枫树岭（1 个点）：同阴上和阳去。

5. 调值

遂安各地方言除了阳平调值具有较大的一致性以外，其他各调的调值都存在很大的差异。例如阴上调值，除了 11 枫树岭—18 狮城（共 8 个点）读低降升调 [213] 或低平升调 [113] 显得比较一致以外，其余 01 樟村—10 铜山（共 10 个点）有的读高降升调，有的读升调，有的读平调，还有的（01 樟村、02 中洲）读升降调，很难看出什么规律来。综合各调调值的情况来看，差异主要集中出现在 01 樟村—10 铜山这 10 个地点之间，而 11 枫树岭—18 狮城这 8 个地点相对地说比较一致。详细情况见表 5，在此不一一细说。

四、成因初探

在遂安这么一个面积只有 1000 多平方公里，人口只有十几万的狭小区域内，方言的声调系统却呈现出如此复杂多样的状态，不能不说是一种耐人寻味的现象。

遂安话声调如此复杂的面貌很自然地让人联想到各种各样的具体因素。例如该地区的少数民族语言底层、该地区居民的移民历史，等等，这些因素无疑都是值得追究的。不过，在这个过于复杂的问题上，我们应该分清主次，抓住重点。下面，我们试图从纷乱的头绪中找出最关键的、最具有决定性的因素，并考察其在汉语声调发展演变过程中的普遍意义。

1. 今天遂安各地方言的声调格局是比较晚近的时代形成的

从表 5 可以看出，今天遂安各地方言声调系统的基础是由古平上去入各分阴阳而得到的“八个类别”。我们可以推断，遂安话曾经有过阴平、阳平、阴上、阳上、阴去、阳去、阴入、阳入八个调类的时期。后来，在这八个调类的基础上，发生了种种合并现象。其中大部分合并现象可以归为以下两种类型：一是阴调类与阳调类之间的合并，二是入声调与舒声调之间的合并。

根据汉语语音发展演变的规律，产生这两类合并现象必须首先具备以下两个相应的条件：一是全浊声母清化，二是入声韵母“舒声化”（这里指失去塞音韵尾，声调变长）。而全浊声母清化和入声韵母舒声化这两项重要的语音变化，在北方话里是中古以后慢慢完成的，入声韵母失去塞音尾大约发生在 14 世纪。就遂安话来说，这两项语音变化发生的时间则要晚近得多。例如跟遂安交界的衢县、常山、开化等地吴语方言里，至今仍保留全浊声母和带喉塞尾的入声韵母。跟遂安同属严州方言的淳安、建德、寿昌方言至今也仍不同程度地保留着带喉塞尾的入声韵母。即使在遂安话里，古入声韵母今天虽然已经失去塞音尾，但 03 龙门、04 汾口至今仍保留着独立的阴入调和阳入调，绝大部分地点仍保留着独立的阴入调，狮城有的发音人的阴入调还在一定程度上保留着短促的特点。这都说明了遂安话全浊声母清化和入声韵母舒声化的历史并不太长久。当然，在没有任何历史文献可资证明的情况下，我们还无法确定音变发生的具体年代。不过，如果假设遂安话的这两项音变发生在17世纪初以后，也就是近400年之内，应当是比较保险的。

若然，那么遂安各地方言声调系统中阴调类与阳调类之间的合并、入声调与舒声调之间的合并就必然是最近400年之内发生的事情了。

2. 底层和移民不是主要原因

如果遂安话全浊声母的清化和入声韵母的舒声化的确发生在近400年之内，那么可以断定，上古时代生活在这一地区的越族（后来被称为“山越”）的语言底层很难对这两项音变之后所产生的声调系统的大变动构成直接的影响。

至于移民方面的因素，据1990年版《淳安县志》第三编“人口”：“在历史上，原淳安、遂安两县不少姓氏，都是先后从外地迁入的，……其中以宋随赵构南渡定居淳遂各乡者居多。”（第94页）而作为遂安县最大的余姓（达数万人），则是在“东汉初平元年（190年），渡江迁居润州、丹阳。西晋永嘉元年（307年），分迁武强（遂安县）连理乡九势山下萝蔓塘桂林里”。（第95页）可见遂安县的主要移民定居遂安已经具有相当长的历史，早已成为当地的主人。清代以后，虽然还有一些来自安徽、江西、福建以及浙江其他地区的难民“陆续流入淳安（“淳安”一名这里也包括遂安——引者注）山区，经营无主山地，开荒种植，安家落户，俗称‘歇山棚’”（第87页），但由于这些新移民来源众多而人数有限，且主要居住在那些荒无人烟的高山深坞，因而实际上很难对早已成型的遂安话产生比较大的影响。相反地，倒是他们在沿用自己的母语方言之外，还学会了当地的遂安话。

3. 声调系统合并的可能性和必要性

声母的清浊对立导致了阴阳调类的区别，带塞音尾的入声韵母的存在保证了短促的入声调的存在。在具有全浊声母和带塞音尾的入声韵母的方言里，如果发生调类合并的事情，只能限于阴调类内部、阳调类内部、舒声调内部或入声调内部，而不能发生在阴阳调类之间或舒促声调之间。因此，这种类型的方言的调类合并的幅度无论是大是小，都必然沿着共同的道路和方向进行，最后的结果也只能是大同小异。即使是发生了最剧烈的调类合并现象，最后也必然会剩下以下四个调类，即阴舒声、阳舒声、阴入、阳入。例如新派上海话的五个调类就是在上述原则制约下的剧烈合并的结果：阴平 [52]，阴去（包括清上）[334]，阳去（包括浊平、浊上）[113]，阴入 [55] 短调，阳入 [23] 短调。

遂安话全浊声母的清化和入声韵母的舒声化，则为由平上去入各分阴阳而产生的“八个类别”之间的自由合并提供了极大的方便。比如，原先当阳上调跟其他调类发生合并时，无非是跟阳平或者阳去这两个调类合并。而现在，它有了七种可能性。

在调类系统出现大合并的可能性的同时，汉语音系简化的大趋势则显示了调类系统合并的必要性。随着汉语词汇的多音节化，汉语语音不断地朝着简化的方向发展。全浊声母的清化、入声韵母的舒声化就是声母和韵母系统简化的结果。而在平上去入各分阴阳的八大类别之间逐步进行合并，就是声调系统简化的主要任务。

4. 在缺乏权威方言统一制约的情况下自由化地发展

如上所述，遂安话声调系统的调类合并既具备了可能性，也具备了必要性。从理论上说，在声调系统即将发生大变动的时候以及大变动发生的过程当中，对遂安话具有“影响力”的方言（权威方言）必定要发挥它的制约作用。然而，让人吃惊的是，对遂安话来说，事实上并不存在一个或几个这样的权威方言。勉强带有一定权威方言性质的只有狮城话，但它的“影响力”只发生在狮城附近很有限的地区。

为什么会出现这样的局面呢？我们有必要来看一看古代遂安的地理交通和经济文化情况。遂安位于浙江省西部边陲，一直是严州地区内最偏僻落后的小县。它四面高山环绕，对外交通主要依赖唯一的大河武强溪。武强溪在狮城的上游缺乏水运条件，在狮城的下游可通过小船或排筏跟新安江连接，但从狮城到新安江边上的淳安县港口镇有 30 公里之远。在本县内部，除了武强溪沿岸和汾口一带平原地区以外，均为褶皱型山区。这种地貌的特点是，两边高山陡立，山谷狭窄曲折，高低不平，一般长达几十公里，谷中必有一条小溪，大部分村庄就建在小溪的两边。当地人把山谷中的一条溪流流经的整个区域叫作“源”（陶渊明所记的桃花源就是这样的“源”，据说在离遂安不远的安徽黟县）。这样的“源”在遂安有十几条，事实上遂安主要是由这些“源”组成的。在这样的地理交通条件下，可以想象古时候的遂安人既难以跟外地人来往，也难以在不同的“源”之间进行沟通。

由于遂安山多地少，交通不便，经济文化一直比较落后。也许是因为这里的山太高，路太远，当地人很少走出大山，到外面去经商、求学或求仕。就连本地仅有的一点买卖（主要是盐），也差不多全都由徽州商人经营。从总体上说，遂安人在长达几千年的时间里，一直过着自给自足的小农经济生活。在这样的经济形态中，人们没有必要过多地跟外地人来往交流。如上文所说，自明万历四十年（1612 年）起，遂安县建立了“18 都”的行政体制。这种“都”基本上就是以“源”为基础而设立的，一条“源”就是一个“都”，不同的“源”属于不同的“都”。这个体制一直延续了 300 多年，到 20 世纪才有了一些小的变化。这就从行政关系上进一步决定了当地人绝大多数的交往行为只发生在一条“源”的内部，尤其是在本村内部或本村与邻村之间。

综上所述，遂安各地方言的声调系统在发生调类合并的大变动时，没有出现过某种有“影响力”的权威方言来统一制约这种合并运动。作为县城方言的狮城话，只对其附近——主要是武强溪下游的东亭、桐子坞、安阳等地方言的调类合并产生过作用。这就使得各地方言犹如脱缰的野马，可以自由自在地发展变化。

5. 调类合并的唯一依据就是调值的相近度

当然，我们说遂安各地方言发生了自由化的发展，是指它在发展变化的过程中不受制于外来因素。就方言现象本身来说，所有的变化都必然有它的原因和规律。就像河水在没有人工修筑的堤坝、渠道等引导的情况下自然会往地势低的地方流一样，调类的自我合并也存在它的内在规律，这个规律就是调值越相近的调类越容易合并，或者说，调类合并的唯一依据就是调值的相近度。

遂安各地方言阴入调和阳入调的归并去向可以有力地证明这一点。遂安话的入声韵母失去塞音尾之后，入声调（包括阴入、阳入）也随之由原来的短促调变（可以理解为“延伸”）为一般的长调。当入声调发生这种“延伸”的时候，仅从音理上说（不考虑外来因素的制约），如果“延伸”的结果正好跟舒声调里某个调类的调值相同或十分接近,那么这个入声调就很容易归入那个舒声调。否则，这个入声调将会保存独立的调类（尽管是长调）。比方说，一个方言里阴入读［5］短调，阴平读［55］调，阴入发生“延伸”时就很容易归入阴平。

从表5可以看出，11 枫树岭— 18 狮城这8个地点的清入字的调值基本上是中升型的。其中12 白马的清入字归入了舒声调（同阳上和阳去），这是因为白马的舒声调里正好有中升的［24］调。其余7个地点的清入字保持独立的阴入调，因为这7个地点方言的声调系统里根本没有相应的升调。再看浊入字，同样是升降调，02 中洲归入了舒声调（同阴上），而与之相邻的04 汾口（相距大约仅5公里）则保持独立的阳入调。这是因为中洲的舒声调里有升降调，汾口则没有。11 枫树岭— 18 狮城这8个地点的浊入字全都归入了舒声调（同阴上，枫树岭还同阳去），同样可以看出这些方言浊入字的原调值（低降升型）在调类归并过程中的决定性作用。

遂安各地的方言由于长期处于相对独立存在和发展的状态，调值系统早已形态各异。有时即使是在两个相距很近的地点，相应的调值之间也迥然不同。试比较同是七个调类的04 汾口和07 姜家二地（相距大约10公里）的调值系统：

	清平	浊平	清上	浊上	清去	浊去	清入	浊入
04 汾口	阴平 55	阳平 22	阴上 24	阳上 53	阴去 213	＝阳上	阴入 31	阳入 132
07 姜家	阴平 31	阳平 44	阴上 435	阳上 223	阴去 113	阳去 24	阴入 53	＝阳上

既然各地方言的调值是如此的悬殊，当它们的调类发生合并，而且这种合并是以调值的相近度为唯一依据的时候，出现“八仙过海，各显神通”的合并结果也就不足为怪了。

汉语及其方言的声调的发展演变是汉语语音研究中的重大问题。迄今为止，这个问题尚未得到全面满意的解决。在遂安这么小的一个区域内，其方言的声调呈现出如此丰富复杂的局面，为我们观察汉语声调的发展演变规律提供了一个十分难得的机会。

附录　各地方言发音人简况

01 樟村：余佐辅，男，1943 年生，小学毕业，农民。

02 中洲：程维札，男，1929 年生，未上过学，在苏州当兵 4 年多（在部队里学过文化），后回乡务农。

03 龙门：徐义北，男，1941 年生，初中肄业，农民。

04 汾口：郑衍宜，男，1935 年生，在小学和速成学校学习 3 年，在杭州、宁波、温州当兵和当工人 7 年，1962 年回乡务农。

05 浪川：周约旺，男，1940 年生，小学毕业，农民。

06 郭村：胡启明，男，1929 年生，小学毕业，原郭村乡供销社退休职工。

07 姜家：姜曾诰，男，1934 年生，大学肄业，农民。

08 百亩畈：毛松元，男，1953 年生，高中肄业，在江西吉安当兵 5 年，后回乡在当地乡政府工作。

09 龙源：姜传生，男，1949 年生，初中毕业，农民。

10 铜山：1. 余处周，男，1938 年生，枫树岭镇铜山村人，中专毕业，曾在杭州上学 2 年，退休小学教师。2. 汪太头，男，1948 年生，枫树岭镇鲁家田村（离铜山村 4 公里）人，小学毕业，在铜山当农机员。

11 枫树岭：余海泉，男，1962 年生，初中毕业，在杭州当兵 3 年，农民。

12 白马：童柏松，男，1934 年生，小学肄业，1956 — 1963 年在福建等地工作，1963 年回乡务农。

13 上坊：1. 余广西，男，1929 年生，小学毕业，农民。2. 王启柳，男，1934 年生，小学肄业，曾在宁夏 2 年，农民。

14 大墅：方公求，男，1922 年生，初中毕业，退休小学教师。

15 安阳：方富生，男，1932 年生，小学毕业，农民。

16 桐子坞：严克东，男，1925 年生，初中毕业，1950 — 1962 年在狮城工作，1962 年回乡务农。

17 东亭：姚锡清，男，1927 年生，老家东亭，出生在浙江桐庐，1941 年回东亭，1945 年起在淳城、狮城、姜家经商和工作，1962 年回东亭务农，初中肄业。

18 狮城：1. 姚承义，男，1923 年生，高中毕业，农民，1959 年迁居姜家（已于 1995 年去世）。2. 蒋建源，男，1932 年生，高中毕业，1951 — 1964 年在邻县寿昌、建德、淳安排岭等地学习和工作，1964 — 1983 年在姜家工作，1983 年起在排岭工作，离休干部。

第四节 建德方音

壹 概说

原建德县古为越国地。秦汉时属会稽郡（后属吴郡）富春县。三国吴黄武四年（225 年），析富春县地置建德县，属吴郡。1958 年，寿昌县并入建德县。1992 年，建德县改为建德市。今属杭州市。

自置县之日起，建德县城即设在梅城，直到 1960 年迁往白沙，历时 1735 年。唐神功元年（697 年），睦州州治从新安县（后之淳安县）县城贺城迁至建德梅城，自此梅城成为严州地区的中心，直到 1958 年建德专区撤销，历时 1261 年。

原建德县位于浙江省西部，西面是淳安，西南是寿昌，北面是桐庐，东面是浦江，南面是兰溪，相当于今建德市新安江、下涯镇及其以东地区。东西长约 59 公里，南北宽约 47 公里，总面积 1633 平方公里。地形以山地丘陵为主，高山主要分布在西北和北部，丘陵主要分布在南部。昱岭和龙门两大山脉分别分布于县的北部和东部。从淳安西来的新安江和从兰溪南来的兰江在县的中部梅城镇汇合，再往北注入富春江（在建德境内称“七里泷”）。在建德县境内，新安江、兰江、富春江三江构成一个规则的“Y”字形。

在原建德县境内，1992 年设 8 个镇、9 个乡，共 17 个乡镇：

8 镇：新安江镇、梅城镇、乾潭镇、安仁镇、大洋镇、三都镇、下涯镇、杨村桥镇。

9 乡：洋尾乡、下包乡、姚村乡、麻车乡、三河乡、凤凰乡、马目乡、莲花乡、钦堂乡。

2013 年设 2 个街道办事处、7 个镇、1 个乡，共 10 个乡镇街道：

2 街道：新安江街道、洋溪街道。

7 镇：梅城镇、乾潭镇、大洋镇、三都镇、下涯镇、杨村桥镇、莲花镇。

1 乡：钦堂乡也写作“钦塘乡”。

据1957年统计，建德县人口为34.5万多人。自从与寿昌县合并以后，原建德县境内的人口难以单独统计，2013年估算有30万多人。除了汉族以外，还有一两千名畲族人散居在县内各地。

原建德县境内的方言主要是属于严州方言系统的“建德话”（也可称为“建德徽语”），建德话以原县城梅城镇的方言为代表。虽然建德县城已于1960年从梅城迁往白沙，但梅城作为县城具有1735年的历史，作为州府治所具有1261年的历史，而且至今仍然是建德县东部地区的中心。白沙作为一个新兴城市，外来人口很多，至今还没有形成自己的方言。在今天的白沙，用作本地共同语的是普通话。

除了建德话（建德徽语）以外，建德县北部与桐庐县交界的钦堂乡和乾潭镇的原乾潭、安仁、下包地区说桐庐话（属吴语太湖片临绍小片），县东北角与浦江县交界的乾潭镇的原姚村乡多数村庄（例如姚村、上梓州村等）说浦江话（属吴语金衢片）。此外，三都及其南部兰江流域地区（洋尾、大洋、麻车等）的方言带有徽语和吴语过渡的特点，尚待进一步调查和分析。各地的畲族人内部说畲话，对外说当地的建德话。九姓渔民方言的具体情况可参看本书附录。原淳安、遂安两县迁入建德的移民基本上已转迁到江西省去了。

此外，根据1986年版《建德县志》，建德县的罗村乡（今属乾潭镇）和南峰乡（今属梅城镇）有安徽安庆话，罗村乡（今属乾潭镇）有福建话（闽语或客家话未详），千鹤乡（今属梅城镇）有浙江温州话，安仁镇百塘垄、后山二村（今属乾潭镇）有浙江青田话。

本书记录原建德县的代表性方言——原县城梅城镇方言。主要发音人：

毛永甫先生，字君让，男，1918年生（1994年第一次调查时76岁），世代居住在梅城。1946年全家迁居淳安县城淳城镇，开设青溪诊所，1959年淳城被新安江水库淹没，转到原遂安县（今淳安县）姜家医院工作，1980年退休，全家回梅城生活至今，大专文化程度。说地道梅城话，不会说外地话。在梅城时说“梅城白话”（白读系统的梅城话），在外地工作时跟家里人也说“梅城白话”，跟外地人说所谓“浙江方言”（文读系统的梅城话，比较接近杭州话）。

另外还简单调查了徐宏基先生。徐宏基先生，男，1951 年生（1994 年调查时 43 岁），世代居住在梅城，一直在梅城生活和工作，初中文化程度，说地道梅城话，但一般不说“浙江方言”，跟自己的小孩和外地人都说普通话。

毛永甫、徐宏基二人的语音略有差异，本节以毛永甫的发音为准。

贰　声韵调

一、白读系统

（一）声母 20 个，包括零声母在内

p 布爬簿白	pʰ 破步	m 米毛满命袜		f 斧飞房
t 到逃动夺	tʰ 土地	n 脑南兰连	l 农奴龙老犁炉列	
ts 紫纸陈赵择直穷	tsʰ 草郑			s 三字时实
tɕ 精专经军求舅及	tɕʰ 清春轻起轿	ȵ 年软严愿厌远		ɕ 星墙书船刷兴戏
k 改讲狂跪	kʰ 苦柜	ŋ 藕额恩		x 海虎灰厚学
ø 泥聂儿热人日让换鹅牛月衣乌烟雨王用				

说明：

1. 不送气的清音声母逢低调（[213]、[12]）时，音色像吴语金华、汤溪等地方言的“浊音声母”。

2. [tɕ] 组声母的发音部位比较靠前，带舌叶色彩。

3. [n]、[ȵ] 两个声母都可跟齐齿呼韵母相拼，有辨义作用。例如：莲 nie^{334} ≠年 ȵie^{334} ｜亮 nie^{55} ≠捏 ȵie^{55}。

（二）韵母 34 个，包括自成音节的 [m]、[n] 在内

ʅ 子刺事舌	i 衣皮提割结	u 舞徒大坐河桌	y 雨区朱书血
ɑ 买客	iɑ 夜野药	uɑ 外坏	yɑ 抓~阄
o 马寡化方江光王床双八落			
e 赔队	ie 斜田蒋铁	ue 贵柜会	ye 罪槌专权远
ɛ 改开敢安团张冷争	iɛ □ [tɕʰiɛ⁰] “起来”的合音	uɛ 宽湾横	

续表

ɔ 毛告交	iɔ 姚表桥		
əɯ 头走后愁	iəɯ 秋球油		
	iã 烟羊		
en 分陈遁等	in 心新星	uen 滚魂稳	yen 裙云
ɑŋ 印我			
ɑom 通虫红缝	iɑom 雄用		
m 磨母摸			
n 五鱼儿耳			
əʔ 十佛北毒	iəʔ 立一吃	uəʔ 国骨哭	yəʔ 竹出

说明：

1. [iã] 韵里的 [a] 舌位较高，鼻化色彩很轻微。

2. 鼻音韵尾 [n] 和自成音节韵母 [n] 发音时舌头与上颚接触较松，音色较模糊。

3. 鼻音韵尾 [m] 闭唇动作明显，但读音较轻弱。徐宏基有时闭唇动作不太明显。

4. [i] 韵的舌位比较高，在 [p] 组和 [tɕ] 组声母后时接近舌尖元音 [ɿ]。

5. [u] 韵的开口度很小，在 [k] 组声母后时舌位还比较靠后，几乎与声母合为一体。

6. [ɑ iɑ uɑ yɑ] 韵里的 [ɑ] 接近 [ɒ]。

7. [o] 韵的实际音值介于 [o]、[u] 之间。

8. [ie] 韵里的 [e] 舌位较高，接近 [ɪ]。

9. [əɯ iəɯ] 韵里的 [ə] 很轻弱。

10. [uəʔ yəʔ] 韵里的 [ə] 有点圆，接近 [o]。

（三）单字调 6 个

阴平　[423]　衣天西东新山

阳平　[334]　皮田亭梅南来，四变做盖送放

上声　[213]　死早水改火粉，是稻柱米冷眼，夺学石麦月药

阳去 ［55］ 大地洞命乱硬，发桌割铁雪刷

阴入 ［5］ 北德国哭急七

阳入 ［12］ 毒贼十木六日

说明：

1. 阴平［423］中的上升部分有时不太明显或没有。

2. 上声［213］中的下降部分有时不太明显。

3. 阳去［55］调较短，并略带紧喉色彩。

4. 阳入［12］是短调。

二、文读系统

（一）声母 20 个，包括零声母在内

p 布簿步白	p^h 破爬	m 米毛满命袜		f 斧飞房
t 到动地夺	t^h 土逃	n 脑南你兰	l 农奴龙老犁炉连列人	
ts 紫纸赵郑择直	ts^h 草陈穷			s 三字时实日
tɕ 精专经军讲舅轿及	$tɕ^h$ 清墙春船轻起求	ȵ 严愿厌		ɕ 星书刷兴戏学
k 改跪柜	k^h 苦狂	ŋ 藕额		x 海虎灰厚
ø 泥年聂儿热软让换鹅牛月恩衣乌烟雨王远用				

说明：

1. 不送气的清音声母逢低调（［211］、［213］、［12］）时，音色像吴语金华、汤溪等地方言的“浊音声母”。

2. 其他声母的发音特点同白读。

（二）韵母 39 个

ɿ 子刺事	i 衣皮提	u 五舞徒坐	y 雨区朱书鱼
ɑ 大马	iɑ 斜亚	uɑ 寡化	yɑ 抓~阄
o 河磨母摸			
e 赔队	ie 夜野	ue 贵柜会	ye 罪槌

续表

ɛ 买改开		uɛ 外坏	yɛ 衰摔
ɔ 毛告	iɔ 姚表桥交		
əɯ 头走后愁	iəɯ 秋球油		
ã 敢安	iã 烟田眼	uã 团宽湾	yã 专权远
en 分陈遁等冷争横	in 心新星	uen 滚魂稳	yen 裙云
ɑŋ 方张	iɑŋ 江蒋羊	uɑŋ 光王	yɑŋ 床双
ɑom 通虫红缝	iɑom 雄用		
ər 儿耳			
əʔ 十佛北毒舌割客八落	iəʔ 立一吃结药铁	uəʔ 国骨哭	yəʔ 竹出桌血

说明：

1. [ã iã uã yã] 韵里的 [a] 舌位较高，鼻化色彩很轻微。

2. 其他韵母的发音特点同白读。

（三）单字调 6 个

阴平 [334] 衣天西东新山

阳平 [211] 皮田亭梅南来

上声 [55] 死早水改火粉，米美冷柳眼网，四变做盖送放

阳去 [213] 大地洞命乱硬，是稻动柱近坐

阴入 [5] 发桌割铁雪刷，北德国哭急七

阳入 [12] 夺学石麦月药，毒贼十木六日

说明：

1. 阳平有时又读 [213]，这里标作 [211]。

2. 上声实际上是 [55]，又读 [53]，这里标作 [55]。

3. [55]、[213]、[12] 调的发音特点同白读。

叁 音韵特点

一、声母的特点

1. 古全浊声母字今读清音声母。其中塞音塞擦音声母，在白读中逢古去声读送气清音，逢古平、上、入声读不送气清音（全浊声母的这种分化类型在其他方言里还没有发现）；在文读中逢古平声读送气清音，逢古上、去、入声读不送气清音。例如：

	平		上		去		入	
	婆	权	棒	件	度	阵	薄	择
白读	pu^{334}	tɕye^{334}	po^{213}	tɕie^{213}	t^{h}u^{55}	ts^{h}en^{55}	pu^{213}	tsɑ^{213}
文读	p^{h}u^{211}	tɕ^{h}yã^{211}	pɑŋ^{213}	tɕiã^{213}	tu^{213}	tsen^{213}	pəʔ^{12}	tsəʔ^{12}

位于梅城以东、距梅城 7 公里的三都镇方言，古全浊声母大部分字今读浊音声母（逢高调时浊音色彩不太明显），全浊入中的咸山摄及部分梗摄字今读不送气清音声母，声调归阴上［313］调，例如：白＝摆 pa^{313}。演变方式与梅城不同。

2. 见晓组开口二等字白读［k k^{h} ŋ x］声母，文读［tɕ tɕ^{h} ȵ ɕ］或零声母。例如（“/” 后为文读）：交 kɔ^{423}/tɕiɔ^{334} ｜甲 ko^{55}/tɕiəʔ^{5} ｜确 k^{h}əʔ^{5}/tɕ^{h}yəʔ^{5} ｜眼 ŋɛ^{213}/ȵiã^{55} ~ iã^{55} ｜学 xu^{213}/ɕiəʔ^{12}。

3. 见晓组梗通摄合口三等部分字读作［ts ts^{h} s］声母。例如：兄 sɑom^{423} ｜穷 ts^{h}ɑom^{334} ｜共 ts^{h}ɑom^{55}。

4. 泥母今洪音字读［n］声母；今细音字中，咸山宕三摄的古阳声韵字读［ȵ］声母，其他字读零声母。来母不论洪细，咸山宕三摄的古阳声韵字和深臻曾梗四摄的部分古阳声韵字今读［n］声母，其他字读［l］声母。因此，泥母洪音字与来母咸山宕摄古阳声韵字声母相混。例如：

	洪音			细音			
	咸山宕古阳声韵		其他	咸山宕古阳声韵	其他		
泥	南 nɛ^{334}	暖 nɛ^{213}	脑 nɔ^{213}	娘 ȵie^{334}	宁 in^{334}	泥 i^{334}	聂 iəʔ^{12}
来	篮 nɛ^{334}	卵 nɛ^{213}	老 lɔ^{213}	凉 nie^{334}	灵 nin^{334}	犁 li^{334}	烈 liəʔ^{12}

5. 日母，咸山宕三摄的古阳声韵字白读［ȵ］声母，文读零声母；其他字一般白读零声母，文读［l］或［s］声母。例如（“/” 后为文读）：染 ȵie^{213}/iã^{55} ｜软 ȵye^{213}/yã^{55} ｜让 ȵie^{55}/iɑŋ^{213} ｜人 in^{334}/len^{211} ｜日 iəʔ^{12}/səʔ^{12}。

6. 疑影喻母，今开口呼（除 [o]、[ɑom] 韵外）字读 [ŋ] 声母，今 [o]、[ɑom] 韵和合口呼字读零声母。今细音字中，咸山宕三摄的古阳声韵字读 [ȵ] 声母，其他字读零声母。匣母字的今声母读法基本上也符合上述规律，只是开口呼字多读作 [x] 声母。例如：

	开口呼		o ɑom 韵	合口呼	细音			
					咸山宕古阳声韵		其他	
疑	额 ŋɑ^{213}	岸 ŋɛ^{55}	牙 o^{334}	鹅 u^{334}	严 ȵie^{334}	原 ȵye^{334}	银 in^{334}	月 y^{213}
影	矮 ŋɑ^{213}	安 ŋɛ^{423}	瓮 ɑom^{334}	乌 u^{423}	冤 ȵye^{334}	秧 ȵie^{423}	衣 i^{423}	一 iəʔ^{5}
喻			王 o^{334}	位 ue^{55}	圆 ȵye^{334}	养 ȵie^{213}	余 y^{334}	运 yen^{55}
匣	鹤 ŋəʔ^{12}	害 xɛ^{55}	红 ɑom^{334}	换 uɛ^{55}	嫌 ȵie^{334}	县 ȵye^{55}	穴 yəʔ^{12}	

二、韵母的特点

1. 古入声韵，咸山宕江四摄和梗摄部分字今在白读中失去塞音韵尾，并入开尾韵，例如：叶 i^{213} ＝椅 ｜ 血 ɕy^{55} ＝树 ｜ 药 iɑ^{213} ＝野 ｜ 学 xu^{213} ＝虎 ｜ 白 pɑ^{213} ＝摆。文读收喉塞音 [ʔ] 韵尾。其他字不论文白都收 [ʔ] 尾。

2. 古阳声韵，咸山宕江四摄和梗开二的字今在白读中失去鼻音韵尾，读作开尾韵，例如：敢 kɛ^{213} ＝改 ｜ 全 ɕie^{334} ＝斜 ｜ 床 so^{334} ＝蛇 ｜ 江 ko^{423} ＝家 ｜ 争 tsɛ^{423} ＝灾。文读咸山摄为鼻化韵，宕江梗摄为鼻尾韵。其他字不论文白都读鼻尾韵。

3. 山臻摄合一、蟹止摄合口端系声母字今读开口呼韵母，无 [u] 介音。例如：端 tɛ^{423} ｜ 乱 nɛ^{55} ｜ 算 sɛ^{334} ｜ 撮 tsʰɿ^{55} ｜ 屯 ten^{334} ｜ 轮 len^{334} ｜ 村 tsʰen^{423} ｜ 卒兵～ tsəʔ^{5} ｜ 堆 te^{423} ｜ 队 tʰe^{55} ｜ 雷 le^{334} ｜ 醉 tɕi^{334}。

三、声调的特点

1. 白读调：

（1）浊平与清去合，都读 [334]。例如：赔＝辈 pe^{334} ｜ 甜＝店 tie^{334} ｜ 房＝放 fo^{334} ｜ 虫＝粽 tsɑom^{334}。

（2）上声不分阴阳，并与咸山宕江四摄和梗摄部分浊入合，都读 [213]。例如：补＝簿＝雹 pu^{213} ｜ 哑＝瓦＝活 o^{213}。

（3）浊去与咸山宕江四摄和梗摄部分清入合，都读［55］。例如：避＝撇 p^hi^{55} ｜自＝雪 $ɕi^{55}$ ｜夏立～＝瞎 xo^{55}。

（4）其他入声字按古声母清浊分阴阳两类。

2. 文读调：

（1）平、入声按古声母清浊各分阴阳。

（2）清上、次浊上与清去合，都读［55］。例如：企＝器 $tɕ^hi^{55}$ ｜所＝诉 su^{55} ｜检＝剑 $tɕiã^{55}$。

（3）全浊上与浊去合，都读［213］。例如：俭＝贱 $tɕiã^{213}$ ｜静＝净 $tɕin^{213}$。

古声调与今白读调、文读调之间的对应关系详见下一小节。

肆　文白异读

在长达1200多年的时间里，梅城一直是严州地区的政治、经济和文化中心。在地理交通方面，梅城位于三江交汇之地，京（北京）福（福州）驿路枢纽，是浙西地区的交通咽喉，也是皖南徽州地区与外界交往的必经之地。梅城的南门码头，是浙西地区的物资集散中心。在这样的背景下，梅城话形成了白读和文读两套语音系统。当地人把白读叫作“梅城白话”，把文读叫作“浙江方言”。白读系统是梅城话原有的语音系统，文读系统是在浙江权威方言杭州话和汉语共同语等的影响下形成的一种比较接近杭州话的语音系统。一般来说，白读系统用于梅城本地人之间平时交流，文读系统用于梅城人与外地人之间交流，也用于比较正式的、“打官腔”的场合。但在实际使用中，白读与文读也有许多交叉的现象。这表现在有些字词白读与文读同音，有相当一部分字词（特别是书面词语、新词语）现在只有文读音没有白读音，也有的字词只有白读音没有文读音。所以在使用白读系统时夹杂了不少文读成分，在使用文读系统时也夹杂了一些白读成分。这使得梅城话的语音显得十分复杂。

因为上述白读与文读在来源、用途上的不同，同时也因为文读音就个人来讲常常不太稳定，就众人来讲往往颇有差异，所以本节的描写、分析以白读为主。凡是涉及文读的地方，均已注明是文读。

下面介绍建德梅城方言文白异读的主要规律。请注意这些规律是粗线条的，符合条件的字不一定字字都有这些文白异读。

一、声母方面

1. 古全浊声母字今读清塞音塞擦音声母的：白读去声送气，平、上、入声不送气；文读平声送气，上、去、入声不送气。（例见上文）

2. 来母咸山宕三摄的古阳声韵细音字：白读 [n] 母，文读 [l] 母。例如（“/”后为文读，下同）：连 nie^{334}/liã^{211} ｜量 nie^{55}/liɑŋ^{213}。

3. 从邪崇船禅母部分字（主要是平声字）：白读擦音声母，文读塞擦音声母。例如：坐 su^{213}/tsu^{213} ｜邪 ɕie^{334}/tɕʰiɑ^{211} ｜床 so^{334}/tɕʰyɑŋ^{211} ｜船 ɕye^{334}/tɕʰyã^{211} ｜成 sen^{334}/tsʰen^{211}。

4. 日母：咸山宕三摄的古阳声韵字白读 [ȵ] 母，文读零声母；其他字一般白读零声母，文读 [l] 或 [s] 声母。（例见上文）

5. 见晓组开口二等字：白读 [k kʰ ŋ x] 声母，文读 [tɕ tɕʰ ȵ ɕ] 或零声母。（例见上文）

6. 白读为 [ȵ]、[ŋ] 声母的字，文读常常为零声母。例如：娘 ȵie^{334}/iɑŋ^{211} ｜烟 ȵie^{423}/iã^{334} ｜圆 ȵye^{334}/yã^{211} ｜安 ŋɛ^{423}/ŋã^{334} ~ ã^{334} ｜压 ŋɑ^{55}/iəʔ^{5}。

二、韵母方面

1. 咸山宕江四摄和梗摄部分古入声韵字：白读失去塞音韵尾，并入开尾韵；文读为塞音尾韵 [əʔ iəʔ uəʔ yəʔ]。例如：叶 i^{213}/iəʔ^{12} ｜血 ɕy^{55}/ɕyəʔ^{5} ｜药 iɑ^{213}/iəʔ^{12} ｜学 xu^{213}/ɕiəʔ^{12} ｜白 pɑ^{213}/pəʔ^{12}。

2. 咸山宕江四摄和梗开二的古阳声韵字：白读失去鼻音韵尾，读作开尾韵；文读咸山摄为鼻化韵 [ã iã uã yã]，宕江摄为鼻尾韵 [ɑŋ iɑŋ uɑŋ yɑŋ]，梗开二为鼻尾韵 [en]。例如：敢 kɛ^{213}/kã^{55} ｜编 pie^{423}/piã^{334} ｜换 uɛ^{55}/uã^{213} ｜全 ɕie^{334}/tɕʰyã^{211} ｜肠 tsɛ^{334}/tsʰɑŋ^{211} ｜抢 tɕʰie^{213}/tɕʰiɑŋ^{55} ｜光 ko^{423}/kuɑŋ^{334} ｜床 so^{334}/tɕʰyɑŋ^{211} ｜争 tsɛ^{423}/tsen^{334}。

3. 开口二等的见晓组字：白读开口呼韵母，文读齐齿呼韵母。（例见上文）

4. 假开二、假合二、蟹合二：白读［o］韵，文读［ɑ iɑ uɑ］韵。例如：爬 po^{334}/pʰɑ^{211} ｜下底～ xo^{213}/ɕiɑ^{213} ｜划～船 o^{334}/xuɑ^{211} ｜画 o^{55}/uɑ^{213}。

5. 止摄日母字：白读［n］韵，文读［ər］韵。例如：儿 n^{334}/ər^{211} ｜耳 n^{213}/ər^{55}。

三、声调方面

文白两套声调系统在调类和调值上均互有异同。调类方面的不同有：

1. 古全浊上声：白读归上声，文读归阳去。

2. 古清去：白读归阳平，文读归上声。

3. 古咸山宕江四摄和梗摄部分清入字：白读归阳去，文读归阴入。

4. 古咸山宕江四摄和梗摄部分浊入字：白读归上声，文读归阳入。

调值方面，只有古全浊上声、除咸山宕江四摄和部分梗摄以外的入声字文白调值相同，其他字的文白调值均不相同。详细情况见表 6。

表 6　建德话古今文白声调关系表

古声调	古声母	今白读	今文读	例字
平	清	阴平 423	阴平 334	衣 i^{423}/i^{334} ｜夫 fu^{423}/fu^{334}
	浊	阳平 334	阳平 211	移 i^{334}/i^{211} ｜余 y^{334}/y^{211}
上	清	上声 213	上声 55	椅 i^{213}/i^{55} ｜顶 tin^{213}/tin^{55}
	次浊			米 mi^{213}/mi^{55} ｜领 lin^{213}/lin^{55}
	全浊		＝阳去	坐 su^{213}/tsu^{213} ｜棒 po^{213}/pɑŋ^{213}
去	清	＝阳平	＝上声	意 i^{334}/i^{55} ｜化 xo^{334}/xuɑ^{55}
	浊	阳去 55	阳去 213	步 pʰu^{55}/pu^{213} ｜树 ɕy^{55}/ɕy^{213}
入	清	＝阳去	阴入 5	割 ki^{55}/kəʔ^{5} ｜发 fo^{55}/fəʔ^{5}
		阴入 5		北 pəʔ^{5}/pəʔ^{5} ｜谷 kuəʔ^{5}/kuəʔ^{5}
	浊	＝上声	阳入 12	夺 ti^{213}/təʔ^{12} ｜月 y^{213}/yəʔ^{12}
		阳入 12		十 səʔ^{12}/səʔ^{12} ｜六 ləʔ^{12}/ləʔ^{12}

伍 连读调

建德话白读两字组的连调规律见表 7。文读的连调规律比较简单，在此不讨论。表中各栏的上一行为单字调，下一行为连读调。无下一行的表示连读调与单字调相同。其中阳平做前字时的［33］接近［44］，阳入做前字时的短调［2］接近短调［21］，阳入在阴平后面有时可读短调［5］。例词请参看词汇部分。

表 7 建德话白读两字组连调表

1＼2	阴平 423	阳平 334	上声 213	阳去 55	阴入 5	阳入 12
阴平 423	423 423 42 42 ——— 423 423 42 213 ——— 423 423 21 55 ——— 423 423 33 55	423 334 21 55 ——— 423 334 42 213	423 213 42	423 55 42	423 5 42	423 12 42
阳平 334	334 423 33 42	334 334 33 ——— 334 334 33 55 ——— 334 334 21 55	334 213 33 ——— 334 213 33 55 ——— 334 213 33 334 ——— 334 213 55 0	334 55 33	334 5 33	334 12 33

续表

1＼2	阴平 423	阳平 334	上声 213	阳去 55	阴入 5	阳入 12
上声 213	213 423 　42 —— 213 423 55 42	213 334 —— 213 334 55 —— 213 334 21 —— 213 334 21 55 —— 213 334 55 0	213 213 —— 213 213 55 —— 213 213 21 —— 213 213 21 55 —— 213 213 55 0	213 55 21	213 5 55 —— 213 5 21	213 12
阳去 55	55 423 　42	55 334 —— 55 334 33 55 —— 55 334 21 55 —— 55 334 　0	55 213 —— 55 213 　0	55 55 —— 55 55 33 —— 55 55 　0	55 5	55 12
阴入 5	5 423 　42	5 334 —— 5 334 　55	5 213 —— 5 213 　55	5 55	5 5	5 12
阳入 12	12 423 2 42	12 334 2	12 213 2 —— 12 213 2 55	12 55 2	12 5 2	12 12 2

建德话两字组的连调有以下几个特点：

1. 一般是前字变，后字不变。但前、后字都变的时候也不少。

2. 同一调类的前字在不同调类的后字之前往往读为一种或几种共同的调值，例如阳入字在各调类的后字之前均读作短调 [2]。

3. 一些连调模式在舒声调的字组里具有较大的覆盖性，即不管字组的前后字的单字调是什么，均采用同一种连调模式。这种性质的连调模式及其字组有：

[42 213]：阴平＋阴平，阴平＋阳平，阴平＋上声

[21 55]：阴平＋阴平，阴平＋阳平，阳平＋阳平，上声＋阳平，上声＋上声，上声＋阳去，阳去＋阳平（“阳入＋上声”的 [2 55] 也可看作属于该类）

[33 55]：阴平＋阴平，阳平＋阳平，阳平＋上声，阳平＋阳去，阳去＋阳平，阳去＋阳去

[55 0]：阳平＋上声，上声＋阳平，上声＋上声，阳去＋阳平，阳去＋上声，阳去＋阳去

不符合表 7 连调规律的个别例外词有：

阴平＋阴平：伤风 so$^{423\text{-}213}$fɑom$^{423\text{-}42}$

阴平＋阳去：关系 kuɛ$^{423\text{-}21}$ɕi^{55}

阴平＋阳入：三十 sɛ$^{423\text{-}42}$səʔ$^{12\text{-}5}$

阳平＋阳去：凉帽斗笠 nie$^{334\text{-}21}$mɔ^{55} ｜相貌 ɕie$^{334\text{-}21}$mɔ^{55}

阳平＋阳入：四十 ɕi$^{334\text{-}33}$səʔ$^{12\text{-}5}$

上声＋阳平：上头 so$^{213\text{-}33}$təɯ^{334}

上声＋上声：舅舅 tɕiəɯ$^{213\text{-}21}$tɕiəɯ$^{213\text{-}334}$ ｜舅母 tɕiəɯ$^{213\text{-}21}$m$^{213\text{-}334}$ ｜产妇 tsɛ^{213}fu$^{213\text{-}334}$

上声＋阳去：酒靥 tɕiəɯ$^{213\text{-}55}$i^{55}

阳去＋上声：豆腐 tʰəɯ^{55}fu$^{213\text{-}334}$

阴入＋上声：忽闪闪电 xuəʔ^{5}sɛ^{0}

陆　小称音

建德话的小称是在词末加上自成音节的“儿 [n^{334}]”。小称词的连读调跟一般两字组的连读调不完全相同，由于例词数量有限，尚难以看出规律。举例如下：

前字声调	例词
阴平（清平）	歌儿 ku$^{423-42}$n$^{334-213}$ ǀ 虾儿 xo$^{423-42}$n$^{334-213}$
阳平（浊平）	钳儿 tɕie$^{334-55}$n^{0} ǀ 猴儿 xəɯ$^{334-33}$n$^{334-213}$
（清去）	锯儿 ki$^{334-33}$n$^{334-55}$ ǀ 兔儿 tʰu$^{334-33}$n$^{334-55}$
上声（清上）	茧儿 tɕie$^{213-21}$n$^{334-55}$ ǀ 鸟儿 tiɔ$^{213-55}$n^{0} ǀ 鬼儿男孩儿 kue$^{213-55}$n^{0}
（浊上）	辫儿 pie$^{213-21}$n$^{334-55}$ ǀ 女儿女孩儿 no$^{213-55}$n^{0}
（浊入）	镯儿镯子 tsu$^{213-21}$n$^{334-55}$ ǀ 盒儿 xo$^{213-21}$n$^{334-55}$
阳去（浊去）	（缺例）
（清入）	桌儿 tsu^{55}n^{0} ǀ 刷儿 ɕy^{55}n^{0}
阴入（清入）	竹儿 tɕyəʔ^{5}n$^{334-55}$ ǀ 塞儿 səʔ^{5}n$^{334-55}$
阳入（浊入）	（缺例）

柒　同音字汇

本字汇以收录建德话单字的白读音为主。一个字如果有白读音，就只收白读音；如果没有白读音，则收文读音。但口头词语里的文读音也尽量收入。文白异读规律详见上文肆。

本字汇根据建德话韵母、声母、声调的次序排列。声韵调次序见上文贰。韵母基本上按白读系统排列，只用于文读的韵母 [yɛ ər ã uã yã iaŋ uaŋ yaŋ] 分别插入相应的地方。声调先列白读调，在双竖线“‖”后再列文读调。轻声用 [0] 表示。写不出本字的音节用方框“□”表示。释义、举例在字后用括号“()”表示。例子里用“~”代替原字。又读在字的右下角用数码表示。

ʅ

ts　[423] 猪蜘支枝肢栀资脂之芝 [334] 池智歧瓷迟致至治志痣 [213] 紫纸是旨指子籽梓止趾址 [55] 摺蛰折(～断)□(刚～：刚) ‖[334] 知姿咨滋 [55] 滞制(～度)製置

ts^h　[423] 撕痴 [334] 刺次痔 [213] 鼠齿始 [55] 茔雉撮 ‖[334] 侈 [211] 稚慈磁辞词持 [55] 疵此翅耻

s　[423] 筛(米～)施私师狮尸司丝思饲诗 [334] 世匙糍肆祠伺时鲥试 [213] 氏屎巳士仕柿史市舌折(～本) [55] 示字寺嗣事 ‖[334] 斯厮 [55] 势逝使驶 [213] 誓赐豉视嗜侍

i

p　[423] 屄 [334] 闭皮脾琵枇痹 [213] 陛彼被(名词)婢比别 [55] 毙鳖 ‖[55] 蔽臂鄙秘泌 [213] 敝弊币被(介词)

p^h　[423] 批披 [334] 屁濆(洋～埠：地名) [55] 鐾避庇撇 ‖[211] 疲 [55] 譬秕

m　[334] 眉 [213] 米尾 [55] 弥未 ‖[211] 迷谜糜

f　[423] 飞 [334] 废肺肥痱费 [213] 匪榧 [55] 味 ‖[334] 非妃翡 [211] 维惟唯微 [55] 吠

t　[423] 低 [334] 题提蹄啼帝蜓(蜻～) [213] 底抵弟夺 [55] 掇□(一～：一点) ‖[213] 隶逮

t^h　[334] 涕剃 [213] 体 [55] 第递地脱(～衣裳) ‖[211] 堤 [55] 替屉

n　[0] 裹(哪～) ‖[55] 你

l　[334] 驴犁黎离篱璃梨痢厘狸泪 [213] 礼丽李裹(～头)理 [55] 滤例荔利吏裂 [0] 哩(啥～：什么) ‖[55] 吕₁旅屡履里(公～)鲤 [213] 厉励

tɕ　[423] 箕鸡飢肌几(茶～)基饑 [334] 祭穄计继繄奇骑寄祁其棋期旗纪记醉 [213] 挤技妓姊幾(～乎)幾(～个) [55] 杞(枸～)接褶劫结镙羯 ‖[334] 机讥 [55] 际济剂稽髻冀己既季

$tɕ^h$　[423] 蛆妻溪雌欺觑(眯) [334] 契器气汽 [213] 起 [55] 忌 ‖[334] 栖 [211] 脐₂岐祈 [55] 砌启企弃杞(～人忧天)岂

ɕ　[423] 西嬉熙稀樨尿 [334] 徐絮齐荠细(粗～)婿岁戏四 [213] 洗死喜蟢髓1 [55] 系(中文～)係(关～)自歇雪 ‖[334] 犀奚兮牺希 [211] 脐1 [55] 玺 [213] 係(判断词)

k　[334] 渠(他)锯(名词) [55] 合(容量单位)蛤割

k^h　[334] 去

ø　[423] 伊医衣依 [334] 泥倪移尼姨疑意遗躯(比划,量)□(～牛:蜗牛) [213] 蚁椅拟叶(树～)热翼 [55] 艺义议易(容～)腻靥易(贸～)语(谜语) ‖[211] 宜谊夷饴 [55] 已以忆亿 [213] 仪肄异

u

p　[423] 菠玻 [334] 婆簸蒲菩布(～鞋)布(公～)菔(萝～:萝卜)□(～日头:晒太阳取暖) [213] 补谱部簿薄(厚～)雹 [55] 钵拨剥驳 ‖[334] 波 [55] 怖剖

p^h　[423] 铺(动词)潽(沸) [334] 铺(名词) [55] 薄(～荷)步埠伏(孵) ‖[334] 坡 [55] 普浦捕脯

f　[423] 夫麸 [334] 俘符扶芙抚腐(豆～)付傅浮富副 [213] 府斧父腐(～乳)妇缚 ‖[334] 敷 [211] 肤巫孚 [55] 腑俯甫釜辅侮 [213] 赴讣

t　[423] 多都(首～) [334] 剁徒屠途涂图 [213] 朵躲都(～是)堵赌肚(猪～)杜 ‖[211] 惰 [55] 妒 [213] 堕

t^h　[423] 拖1 [334] 驼吐(呕吐)兔 [213] 土吐(～痰) [55] 大(～细:大小)肚(～皮:肚子)度渡镀大(～黄) ‖[55] 舵妥椭

l　[334] 罗锣箩萝骡螺腡卢炉芦鸬庐 [213] 鲁橹撸(捋)卤 [55] 糯路露□(～砖地:水泥地) ‖[334] 啰 [211] 奴 [55] 努虏 [213] 怒

ts　[423] 租 [334] 做 [213] 左祖组镯 [55] 桌捉(捡) ‖[55] 左(～右)阻 [213] 助

ts^h　[423] 搓粗初楚 [334] 锉醋错 [55] 戳 [0] 龊(龌～:脏) ‖[55] 措

s　[423] 蓑梭苏(江～)酥疏蔬 [334] 素塑(～菩萨)锄数(名词) [213] 坐锁苏(姓)数(动词) ‖[334] 唆 [55] 琐诉所漱 [213] 座

k　[423] 歌哥锅姑孤 [334] 过故(缘～)雇顾 [213] 果裹馃(本地多写作“粿”)

古牯股鼓［55］各搁角　‖［334］戈［55］估故（～意）固

k^h　［423］科窠髁棵颗课箍枯［334］库裤［213］苦［55］壳

x　［423］呼戽（～田：耘田）［334］货［213］火伙（～食）虎浒学［55］寣（一～：一觉）嘀（～～：叹词）

ø　［423］阿（～胶）窝乌污［334］蛾鹅俄河何荷（～花）和禾涴（屎）华（宝～洲：地名）吴蜈梧胡（姓）湖狐壶葫鬍蝴糊无（～名指）［213］祸吾户沪坞武舞务镬［55］饿误悟雾戊恶（～心）龌（～龊：脏）‖［211］乎 1［55］伍（姓）恶（可～）［213］卧互护婺

y

l　［55］虑　‖［213］吕 2

tɕ　［423］车（～马炮）诛蛛株朱硃珠拘驹［334］除褚渠（～道）锯（动词）厨拄蛀句［213］举巨拒距柱主矩　‖［334］诸［55］著煮据 1 铸［213］居据 2 注俱具惧

$tɕ^h$　［423］枢区［213］取［55］驻住缺　‖［334］驱［211］储瞿［55］处（动词）处（名词）趋娶趣

ɕ　［423］梳书孺（～子：妇女）鬚输［334］殊［213］序叙绪许聚竖［55］树刷血　‖［334］舒虚嘘须（必～）需［55］暑汝［213］恕署薯

ø　［334］如余（姓）馀盂俞榆围（～裙）［213］女（男～）语（～文）雨宇羽月（～亮）越［55］誉喻玉　‖［334］淤［211］渔愚虞娱吁迂于愉［55］乳禹［213］御预豫儒遇寓逾愈芋裕

ɑ

p　［334］爸排拜牌簰［213］摆罢（～官）白［55］百柏伯［0］吧（疑问语气词）‖［55］霸

p^h　［334］破派［55］败脈（掰）

m　［334］埋［213］买陌麦脉［55］妈（姆～：妈妈）卖　‖［55］马（～铃薯）

t　［334］戴（动词）带［0］奆（人称代词复数词尾）‖［213］大（～哥）

t^h　［423］拖 2［334］太［55］大（～蒜，～家）汏（洗）□（趟）‖［334］他

n　[423] 奶 [55] 哪₁ ‖[211] 拿 [55] 那

l　[423] 拉 [213] 瘰络□(捋) [55] 哪₂赖(～皮)癞(～头：黄癣)

ts　[423] 斋 [334] 债 [213] 着(～火，寻～)择 [55] 眨着(～盐：放盐)窄摘隻

tsʰ　[423] 钗(薛宝～)差(出～)□(睁) [334] 蔡 [213] 踩 [55] 射(解大小便)插(肏)撤拆册赤尺

s　[423] 腮(络～胡)筛(斟) [334] 柴晒 [213] 洒射(～箭)撒芍射(～出去)石 [55] 栅 ‖[334] 奢 [211] 豺

k　[423] 阶街 [334] 个₁(一～)茄介(～绍)界芥尬戒解(～差) [213] 解(～开) [55] 格隔 ‖[55] 械

kʰ　[423] 揩 [213] 楷 [55] 客

ŋ　[213] 矮额 [55] 押压轭□(折使断)

x　[423] 夯 [334] 鞋 [213] 蟹哈(～气) [55] 吓

ø　[334] 还₁(副词) [0] 啊 ‖[55] 隘

iɑ

tɕ　[55] 脚 ‖[334] 佳 [55] 驾

tɕʰ　[334] 笡

ɕ　[55] 削 ‖[211] 霞遐 [55] 卸 [213] 厦(～门)峡

ø　[334] 爷涯崖 [213] 野药钥 [55] 夜噎 ‖[211] 耶 [55] 雅亚

uɑ

k　[423] 乖 [334] 怪 [213] 拐(跷～儿：瘸子) [55] 澭(裂)

kʰ　[334] 快筷₁ ‖[55] 垮跨

x　[55] 豁 ‖[211] 华(中～)华(姓)

ø　[423] 歪 [334] 怀槐淮还₂(副词) [213] 劃(～线) [55] 外坏 [0] 哇(疑问语气词) ‖[334] 蛙

yɑ

tɕ　[423] 抓(～阄)

o

p　[423] 巴芭疤 [334] 爬琶杷钯坝 [213] 把（～车，一～刀）拔榜绑棒 [55] 把（给）把（介词）八

p^h　[334] 怕胖 [55] 耙稗

m　[334] 麻1 痳妈（老～：老婆）蟆忙虻 [213] 马（牛～）码蚂袜蟒膜幕网 [55] 骂母（～舅）忘 ‖ [211] 魔摩模摹谋 [55] 牡 [213] 暮慕墓募茂贸

f　[423] 方坊 [334] 房防纺放 [213] 负阜乏罚 [55] 法髪發 ‖ [55] 否

t　[423] 当（～时）[334] 堂螳唐糖塘当（上～）档 [213] 踏党荡（～秋千，～街，涮洗）瀵（仙人～：地名）□（～柱：帮助挑担用的棍子）[55] 答搭褡

t^h　[423] 汤 [334] 烫 [55] 塔遢獭托

n　[334] 囊郎廊狼榔 [213] 女（女儿）[55] 浪晾

l　[213] 蜡镴辣瘌落烙骆

ts　[423] 楂渣诈遮抓（捉）赃庄（村～）装章樟桩 [334] 茶搽查榨炸（～弹）蔗葬壮 [213] 状1（～元）□（动词，套）[55] 扎（捆）□（凸出）

ts^h　[423] 叉杈差（相～）岔疮车（汽～）钗（～儿）仓苍疮菖窗 [334] 唱 [213] 状2（～元）[55] 插擦状（告～）绰撞□（遮挡）

s　[423] 沙纱傻桑丧（～事）霜孀商伤双（一～鞋）双（～生）春□（嗓子哑）[334] 蛇藏（隐～）床尝裳偿□（嵌）[213] 闸煠（用水煮）凿昨爽赏上（～去）上（～头）勺 [55] 啥萨杀索尚 ‖ [213] 麝赦

k　[423] 家加痂嘉傢瓜钢缸光江扛豇 [334] 假（放～）架嫁稼价蛤（～蟆）挂卦褂岗狂降（下～）[213] 假（真～）贾夹（动词）寡夹（名词）广讲港 [55] 夹（动词）裌甲（～子）胛刮□（架置）‖ [334] 剐

k^h　[423] 糠 [334] 搭（捉）园（藏放）筐 [55] 庴（压）掐阔慷□（指～：指甲）‖ [55] 可

ŋ　‖ [55] 我

x　[423] 虾花荒慌 [334] 化行（银～）杭降（投～）[213] 下（底～）夏（姓）盒狭匣巷 [55] 夏（春～）呷（喝）瞎□（尔～：咱们）[0] 荷（薄～）‖ [211]

乎₂ [213] 贺厦(大~)下(动词)

ø [423] 丫桠挖汪 [334] 牙芽衙划(~船)黄皇蝗隍芒(麦~)王 [213] 哑瓦活枉往 [55] 鸦画话鸭旺 [0] 娃(奶~儿：吃奶的小孩)

e

p [423] 蓖杯碑□(簸) [334] 培陪赔辈背(~出去) ‖[334] 卑悲 [55] 贝 [213] 沛佩

p^h [423] 胚坯 [334] 配 [55] 倍背(~书)焙备 ‖[334] 丕 [211] 裴

m [334] 梅枚媒煤霉 [213] 每 [55] 妹昧 ‖[55] 美 [213] 媚寐

t [423] 呆(痴~)堆 [334] 戴(姓)对队 [213] □(在) [55] □(和)

t^h [423] 胎 台 (~ 州： 地 名) 苔 (舌 ~) 梯 推 [334] 退 [213] 腿 □(~□ [ue⁵⁵]：相差) [55] 队兑 ‖[55] 蜕

n [0] 呢

l [334] 雷擂楼₂ [213] 瘰(疖子) [55] 类 [0] 嘞(语气词) ‖[55] 儡累(劳~)垒 [213] 内

ts ‖[55] 者

s [213] 捨社 ‖[55] 舍(名词) [213] 畲

ie

p [423] 篦鞭编边 [334] 便(~宜)变 [213] 辨辩蝙扁匾辫 [55] 憋

p^h [423] 篇偏遍(~地) [334] 骗遍(一~)片 [55] 便(方~)

m [334] 棉眠 [213] 免搣(捻)□(~镬：砚台) [55] 面(脸)麵

t [423] 颠 [334] 甜店田钿填□(滴落)□(~子：毽子)□(蟮~儿：蜥蜴) [213] 点叠蝶典 [55] 跌

t^h [423] 添天 [334] 掭 [213] 舔 [55] 帖殿垫铁

n [334] 帘连联怜莲凉量(动词)粮梁粱 [213] 两(~个)两(几~)辆 [55] 殓练链楝亮谅量(数~)

tɕ [423] 尖兼煎肩坚刚(~□ [tsɿ⁵⁵]：刚)将(~来)浆僵薑 [334] 借钳剑挟(~菜)箭建见酱将(大~)强(~盗) [213] 俭剪件茧趼笕蒋奖桨姜(姓)

强（倔）□（□［xəʔ¹²］～：怎么）［55］节 ‖［55］解（～放）

tɕʰ　［423］签迁千牵枪腔［334］届欠□（咳嗽）［213］浅抢［55］切 ‖［334］皆

ȵ　［423］烟（乌～：鸦片）胭黏［334］炎盐（名词）阎檐厌焰严嫌延堰年贤 1 弦 1 燕（～儿）沿娘［213］惹染碾演㢘（鳞）［55］验盐（腌）念廿研砚捏

ɕ　［423］仙鲜（新～）轩先相（～信）箱厢湘镶香乡［334］邪斜细（小）线献前贤 2 弦 2 全泉墙相（看～）向鐓（～鸡：阉鸡）［213］写险癣显想鲞象像饷享响［55］谢贱屑选旋（头上的）匠 ‖［211］谐［55］懈

ø　［213］也 2

ue

l　‖［55］累（～计）累（连～）

k　［423］规龟归［334］鳜桂葵贵［213］诡跪轨癸鬼 ‖［334］圭闺［55］会（～计）刽桧［213］溃

kʰ　［423］盔魁亏［334］块奎逵［55］柜 ‖［55］傀愧

x　［423］恢灰挥徽［334］悔 ‖［334］辉［211］回［55］贿晦秽毁

ø　［423］煨威［334］桅茴危伪为（介词）违围（包～）畏慰［213］滙伟［55］会（开～）会（～不～）慧卫位魏讳胃谓猬□（□［tʰe²¹³］～：相差）‖［211］为（动词）［55］惠 2 萎委苇纬［213］绘惠 1

ye

tɕ　［423］追专砖娟捐［334］槌锤缠传（动词）椽拳权颧眷卷（名词）［213］最嘴转（～身）捲 ‖［213］遂坠

tɕʰ　［423］催吹川穿圈（圆～）［334］翠串劝［55］传（名词）‖［334］崔炊［211］垂［55］脆粹

ȵ　［423］冤［334］圆员缘元原源袁园怨［213］软远［55］院愿县

ɕ　［423］闩栓［334］税随船楦［213］罪碎髓 2 水［55］遂□（转，拧）‖［334］虽绥［211］谁［213］汆锐睡瑞穗

ɛ

p　［423］班斑颁扳搬 1 帮［334］扮盘（算～）半旁膀（翼□［ɕiɔ⁴²³］～：翅

膀)□(摆动)□(聋~：聋子)[213]爿板版伴拌膀1(肩~)

p^h　[423]潘[334]襻盘(敲~：性交)判[213]膀2(肩~)[55]瓣办鬓(一种像瓮的器具)

m　[423]蛮(很)[334]蛮瞒馒蛮(蛮横)[213]满[55]慢

f　[423]翻番(~椒：辣椒)幡[334]烦矾贩[213]反[55]饭

t　[423]耽担(动词)丹单(~衣)端□(好好~：好好儿)[334]台(天~：地名)薹苔(青~)抬潭谈痰担(名词)檀坛弹(~琴)旦团(~圆)糰(汤~：汤圆)[213]待怠胆淡掸诞短断(~掉)打[0]□(烂~：丘疹)

t^h　[423]贪坍滩摊[334]探炭叹[213]毯坦蛋(鸡~)躺[55]贷代袋弹(子~)蛋(生~)段缎忒(太)‖[55]态泰

n　[334]南男蓝篮难(形容词)兰拦栏[213]懒暖卵冷[55]癞(~蛤蟆)滥缆难(名词)烂乱[0]榄(橄~)‖[211]鸾[55]乃[213]耐奈赖(姓)

l　[334]来

ts　[423]灾簪钻(动词)张争[334]再寨(大~)馋蘸佔灒战钻(名词)长(~短)肠场帐账胀常[213]宰载(年~)盏产(~妇)篡攒长(排~)涨丈杖掌‖[55]载(~重,满~)[213]在暂站(立)赚站(车~)栈

ts^h　[423]猜搀餐撑[334]菜篡[213]彩采睬铲产(生~)厂‖[211]纔

s　[423]腮鳃三杉衫珊山删扇(动词)酸生牲笙甥[334]才(~子)材财裁帅蚕蟾伞散(~开来)扇(名词)算蒜□(~年饭：吃年夜饭)□(~吐：唾沫)[213]闪散(分~)善蟮省(浙江~)省(节~)‖[55]赛

k　[423]该甘柑泔监(牢~)干(~支)肝竿乾(饼~)间(房~)更(敲~)羹1耕[334]盖幹(事~：事情)[213]改徛(站立)感敢橄减碱杆秆擀赶[0]□(自~：自己)‖[55]概溉丐介(蒋~石)解(姓)

k^h　[423]开龛铅坑[334]看[213]杲(窗户)舰慨□(~~：恰)[55]隑(倚)‖[55]凯

ŋ　[423]庵安鞍恩[334]呆(~子)捱暗岩按案颜[213]眼[55]碍艾岸硬

x　[334]含鹹衔汉闲□(~汽：蒸汽)[213]海亥馅旱限苋杏[55]害陷汗

焊 ‖[211] 孩

ø　[213] 也 1 ‖[334] 哀 [55] 爱蔼

iɛ

$tɕ^h$　[0] □ (“起来”的合音)

uɛ

k　[423] 官棺观(～世音)冠(衣～)关 [334] 贯灌罐 [213] 拐(～儿：拐杖) 管馆梗

k^h　[423] 宽 [334] 筷 2 [213] 款 [55] 掼(扔)□(提梁)

x　[423] 欢 [334] 还(动词)

ø　[423] 弯湾 [334] 横 [213] 缓碗 [55] 换万

yɛ

ɕ　‖[334] 衰摔

ɔ

p　[423] 包胞 [334] 袍报跑豹爆 [213] 保堡宝抱饱鲍 ‖[213] 暴瀑

p^h　[423] 泡(形容词)抛□(香～：柚子) [334] 炮泡(动词) [55] 刨(木工用具)

m　[423] 猫 [334] 毛茅锚 [213] 卯 [55] 帽貌 ‖[211] 矛 [213] 冒

t　[423] 刀叨 [334] 桃逃淘陶萄到 [213] 祷岛倒(打～)倒(～茶)道稻导

t^h　[423] 滔 [334] 套 [213] 讨 [55] 盗 ‖[211] 涛

n　[213] 脑恼 [55] 闹 ‖[55] 扰 [213] 涝

l　[423] 捞 [334] 劳牢唠 [213] 老佬

ts　[423] 糟朝(今～)昭招 [334] 躁(痱子～)罩朝(～代)潮照诏 [213] 早枣蚤澡爪找赵兆 ‖[334] 遭召沼 [55] 笊

ts^h　[423] 操抄超 [334] 躁(暴～)灶糙 [213] 草钞炒吵 ‖[211] 曹韶

s　[423] 骚臊烧 [334] 槽扫(～帚星)燥 [213] 皂造扫(～地)嫂少(多～)绍□(～猪：半大不小的猪) [55] 邵 ‖[334] 梢 [55] 少(～年) [213] 稍

k　[423] 高膏篙羔糕交(～费)胶 [334] 告教(～书)觉(困～：睡觉) [213] 稿绞铰搞校(～表)狗(癞不～：癞蛤蟆)

k^h [423] 敲 [334] 靠 [213] 考烤 ‖ [55] 犒

ŋ [423] 傲 [334] 熬 [213] 袄₁ 咬

x [334] 毫孝₁ [213] 好(形容词)浩 [55] 好(动词)号(～码) ‖ [211] 豪壕号(～啕大哭) [55] 耗

ø [423] 凹 [334] 懊 [213] 袄₂ ‖ [334] 坳 [55] 奥

iɔ

p [423] 膘标(目～) [334] 瓢嫖薸(浮萍) [213] 表(～格)錶标(梢) ‖ [334] 彪

p^h [423] 飘漂(～流) [334] 票 [213] 漂(～白)漂(～亮)

m [334] 苗描 [213] 藐渺秒 [55] 庙妙谬 ‖ [213] 廖

t [423] 刁貂雕 [334] 条笤钓吊 [213] 鸟屌

t^h [423] 挑(～刺) [334] 跳粜 [55] 掉调(声～)调(～动)

l [334] 撩(捞)聊髎(～子：阴茎) [213] 了(完)嘹 [55] 疗料 ‖ [211] 燎辽寥

tɕ [423] 焦蕉椒交(～关：非常)蛟姣骄娇浇 [334] 樵乔侨桥荞叫 [213] 饺 ‖ [334] 郊狡 [55] 较校(少～)缴

$tɕ^h$ [423] 跷锹缲 [334] 翘 [213] 巧 [55] 轿 ‖ [334] 悄 [211] 巢剿 [55] 俏窍

ɕ [423] 消宵霄硝销萧箫□(掀)□(楔子) [334] 孝₂笑鞘□(～汽：蒸汽) [213] 小晓 [55] 效 ‖ [334] 捎嚣 [55] 酵 [213] 校(学～)

ø [423] 妖邀腰幺吆(～牛：放牛) [334] 饶摇谣窑姚要(重～)鹞 [213] 舀耀□(捲)□(知～儿：知了) ‖ [334] 要(～求) [211] 肴淆尧侥 [55] 杳 [213] 绕尿(～素)

əɯ

t [423] 兜篼丢 [334] 戽(水～门：地名)头投鬥 [213] 斗(名词)抖陡

t^h [423] 偷 [213] 敨(展开) [55] 豆逗 ‖ [55] 透

l [334] 楼₁ [213] 娄 [55] 漏 ‖ [213] 陋

ts [423] 邹周舟州洲 [334] 绸稠筹愁皱绉仇(报～)酬咒 [213] 走肘纣帚

‖[213] 奏昼宙骤

ts^h [423] 抽 [334] 凑臭 [213] 丑(子~寅卯)醜 ‖[211] 囚

s [423] 搜馊收 [334] 瘦 [213] 手守受兽 [55] 寿 ‖[55] 叟嗽首 [213] 授售

k [423] 勾钩沟阄□(弯身) [334] 够构购 [213] 狗(雄~)枸 ‖[55] 苟

k^h [423] 抠 [334] 扣寇 [213] 口 ‖[55] 叩

ŋ [423] 欧讴(叫) [213] 藕偶 ‖[334] 呕殴

x [423] 响□(馋) [334] 喉猴候(时~)鲎(虹) [213] 後厚后(皇~) [55] 候(动词) ‖[211] 侯 [213] 吼

iəɯ

l [334] 流刘留榴硫琉 [213] 柳 [55] 溜 ‖[211] 馏

tɕ [334] 求球仇(姓)救究柩 [213] 酒九韭灸臼舅 ‖[334] 鸠纠 [55] 久

$tɕ^h$ [423] 秋鳅丘 [55] 旧

ɕ [423] 修休 [334] 绣锈 [55] 就 ‖[334] 羞 [55] 秀宿(星~)朽嗅 [213] 袖

ø [423] 忧优 [334] 柔揉牛尤邮由油游悠幼 [213] 纽扭有友酉莠诱 [55] 又佑釉 ‖[334] 幽 [211] 犹 [213] 右

ã

p ‖[213] 绊

p^h ‖[334] 攀 [211] 般搬 [55] 盼叛

m ‖[213] 漫

f ‖[334] 番(~茄) [211] 凡帆繁樊 [55] 泛 [213] 范(姓)犯

t ‖[55] 锻 [213] 但

t^h ‖[211] 谭

n ‖[55] 览揽

ts ‖[334] 沾粘瞻毡 [55] 斩赞展

ts^h ‖[334] 参(~加)惨 [211] 惭谗残 [55] 灿

s ‖[211] 蝉禅(~宗)然燃 [213] 膳单(姓)禅(~让)

k ‖[334] 尴 [55] 幹(~部)

k^h　‖［55］堪坎砍勘嵌刊

x　‖［211］函寒韩［55］撼憾喊罕［213］翰

iã

p　‖［55］贬

m　‖［211］绵［55］勉［213］缅

t　‖［213］电奠佃

n　‖［211］恋［55］脸

l　‖［211］廉镰

tɕ　［55］□（仡～：这么）‖［334］艰间（中～）奸［55］鉴监（国子～）检简柬拣谏涧荐［213］渐践键健

tɕ^h　‖［334］歼谦遣［211］潜钱乾旋（～转）［55］歉羡

ȵ　‖［211］拈焉筵言［55］淹阉掩艳$_1$雁谚$_1$燕（姓）宴

ɕ　‖［211］咸（～丰）［55］陕宪

ø　［423］烟（香～）央秧［334］羊洋烊杨阳［213］仰养痒［55］现让样‖［211］涎［55］艳$_2$晏谚$_2$

uã

k　‖［334］观（寺～）冠（～军）［55］惯

x　‖［211］桓幻环［55］唤焕况［213］患宦

ø　‖［211］玩完丸顽［55］娩皖腕晚挽

yã

tɕ　‖［334］绢［213］撰篆倦

tɕ^h　‖［55］喘券犬

ȵ　‖［211］辕$_1$援$_1$渊［213］阮

ɕ　‖［334］宣喧［211］玄$_1$悬眩

ø　‖［211］辕$_2$援$_2$玄$_2$

en

p　［423］搬$_2$叁（撮）［334］盆彭棚［213］本笨‖［334］奔崩

p^h　[423] 喷(～水)烹 [334] 喷(～嚏) ‖[211] 澎

m　[334] 门蚊(～虫)闻(嗅)明(～朝：明天) [55] 闷问 ‖[211] 萌

f　[423] 分 [334] 拚(～斗：簸箕)焚坟 [213] 粉 [55] 份□(未。"弗曾"的合音) ‖[334] 芬纷 [55] 愤奋粪

t　[423] 墩驐(～鸡：阉过的公鸡)蹲登灯 [334] 屯饨顿腾誊藤凳橙 [213] 盾等 ‖[334] 敦 [213] 钝

t^h　[423] 吞 [55] 遁邓 ‖[211] 豚臀囤沌

l　[334] 论(～语)轮能 [55] 嫩 ‖[211] 仑伦沦 [55] 纫 [213] 任(责～)刃论(议～)润

ts　[423] 针珍真尊增蒸贞正(～月)樴(楔) [334] 沉岑陈尘镇臣震存乘承丞拯症仍呈程(～度)正(～副)甑 [213] 枕(～头)整 ‖[334] 斟遵曾(姓)征筝睁征 [55] 诊疹振证侦政 [213] 憎赠

ts^h　[423] 村称(～呼) [334] 衬寸秤 [213] 忖□(～子：乌桕) [55] 阵郑 ‖[211] 曾(～经)澄惩程(姓)逞诚 [55] 称(～心) [213] 臻

s　[423] 森参(人～)深身伸孙狲升声 [334] 渗趁神辰层僧绳塍成城 [213] 沈审婶甚肾榫省(反～)圣 [55] 慎巽剩盛(兴～) ‖[334] 申 [211] 晨 [55] 损胜

k　[423] 今₁跟根羹₂(瓢～) ‖[334] 庚 [55] 粳更(～加)耿

k^h　[334] 揿(用力按) [213] 垦肯 ‖[55] 恳

x　[334] 恨 [213] 狠很擤 ‖[211] 痕恒亨衡

in

p　[423] 宾槟冰兵 [334] 贫殡鬓凭平坪评柄瓶屏 [213] 禀饼併並 ‖[334] 彬 [211] 姘₁ [55] 丙秉

p^h　[423] 拼 [213] 品 [55] 病 ‖[211] 频姘₂萍 [55] 聘

m　[334] 民鸣名 [55] 命 ‖[211] 明(光～)盟铭 [55] 闽悯敏抿

t　[423] 丁钉(名词)疔 [334] 亭停廷庭蜓钉(动词)订 [213] 顶鼎

t^h　[423] 听厅汀 [213] 艇 [55] 锭定 ‖[55] 挺

n　[423] 拎 [334] 林淋邻鳞磷陵凌菱灵零铃伶龄棂 [55] 另 ‖ [55] 檩吝

l　[213] 领岭 [55] 令 ‖ [211] 铃（马～薯）[55] 泠

tɕ　[423] 今₂金襟津巾斤筋京荆惊鲸精睛经 [334] 浸琴禁（～止）进勤芹擎敬镜径 [213] 尽紧谨近劲景警井靖颈 ‖ [334] 茎晶 [55] 锦晋俊境竞 [213] 仅竟

tɕʰ　[423] 侵亲（～戚）亲（～家）清轻青蜻 [334] 揿（按）庆 [213] 请 ‖ [211] 禽擒秦旬₂循 [55] 寝钦卿磬倾顷

ȵ　[423] 姻

ɕ　[423] 心辛新薪兴（～旺）星腥刑 [334] 寻信讯巡兴（高～）行（出～）情晴性姓邢 [213] 笋静醒 [55] 净 ‖ [334] 欣 [211] 旬₁行（品～）形型 [55] 衅荀迅殉 [213] 幸

∅　[423] 音阴因鹰鹦樱英 [334] 人仁银寅淫蝇应(弗～)迎宁（～波）宁（～愿）营 [213] 忍引隐影 [55] 认 ‖ [334] 殷莺婴缨颖 [211] 壬任（姓）吟淫凝盈茔 [55] 饮尹应（～该）映

uen

k　[213] 滚棍

kʰ　[423] 坤 [334] 睏（睡）[213] 捆 ‖ [334] 昆 [55] 困（～难）

x　[423] 昏婚荤

∅　[423] 温瘟 [334] 魂馄浑文蚊（～香）闻（新～）[213] 混稳吻 ‖ [211] 纹

yen

tɕ　[423] 肫均军君 [334] 裙 [213] 準准（批～）[55] □（～光：精光）[0] 菌（细～）‖ [334] 钧 [213] 郡

tɕʰ　[423] 椿春 ‖ [211] 群 [55] 蠢

ɕ　[423] 熏勋 [55] 顺 ‖ [211] 唇纯醇 [55] 舜训

∅　[334] 匀雲赢 [55] 闰运晕 ‖ [55] 允熨永泳 [213] 韵咏

ɑŋ

p　‖ [334] 邦浜 [213] 蚌

pʰ　‖ [211] 滂傍庞 [55] 谤

m　‖［211］芒（～种）茫盲

f　‖［334］肪芳彷［211］妨［55］仿（～造）访

t　［213］□（我。本书里写作“党⁼”）‖［55］挡

t^h　‖［211］棠［55］倘

l　‖［55］朗

ts　‖［334］髒［55］仗障瘴

ts^h　‖［334］昌［211］藏（西～）臟［55］畅创倡

s　‖［334］丧（～妻）［55］嗓

k　‖［334］冈刚纲［55］杠

k^h　‖［334］康炕［55］抗匡

x　‖［211］航

ø　［213］卬（我）

iɑŋ

l　‖［211］良

tɕ　‖［334］疆

$tɕ^h$　‖［211］详祥

ɕ　‖［334］襄

ø　‖［334］殃［211］扬疡［55］昂壤嚷

uɑŋ

k　‖［55］逛

k^h　‖［55］旷矿

x　‖［55］谎

ø　‖［211］簧亡［213］妄望

yɑŋ

tɕ　‖［334］庄（姓）

$tɕ^h$　‖［55］闯

ɑom

p　[334] 朋篷蓬（～松）

p^h　[423] □（～柑：橙子）[213] 捧 [55] 蓬（量词）□（碰）

m　[334] 蒙蠓（～蚣：蜈蚣）[213] 猛 [55] 孟梦 ‖ [55] 懵

f　[423] 风枫疯丰讽封峰蜂锋 [334] 逢缝（动词）[213] 奉 [55] 凤俸缝（名词）‖ [211] 冯

t　[423] 东冬 [334] 同铜桐筒童冻 [213] 董懂动栋 ‖ [213] 瞳

t^h　[423] 通 [334] 痛 [213] 桶捅统 [55] 洞

l　[334] 笼聋农龙 [213] 拢垄泷窿 [55] 弄脓 ‖ [211] 隆 [55] 陇

ts　[423] 棕鬃宗中（当～）忠终鐘锺盅 [334] 粽虫中（～状元）仲穷从（介词）重（～复）种（～树）[213] 重（轻～）种（～子）肿 ‖ [334] 踪 [55] 总综众怂纵

ts^h　[423] 聪匆葱囱充冲□（火～：烘篮）[334] 铳 [213] 宠 [55] 共（同）‖ [211] 琼丛崇从（～容）

s　[423] 兄鬆松（～树）胸凶（吉～，～恶）[334] 送宋屣（精液）[55] 诵颂 ‖ [334] 嵩 [213] 讼

k　[423] 公蚣工功攻弓躬宫恭 [334] 贡供(上～) [213] 拱 ‖ [334] 供(～销) [55] 汞巩 [213] 共（～产党）

k^h　[423] 空（～话）[334] 空（有～）[213] 孔 ‖ [55] 控恐

x　[423] 烘 [213] 哄（吵）‖ [211] 弘宏鸿虹翁₂ [55] 轰（～炸）

ø　[334] 红洪瓮 [213] 堳（灰～：灰尘）‖ [334] 翁₁

iɑom

ø　[423] 毦痈 [334] 荣绒熊雄融浓茸容蓉 [213] 勇涌 [55] 用佣 ‖ [211] 戎熔 [55] 雍庸拥甬

m

ø　[334] 磨(动词)麻₂无(南～阿弥陀佛)抹 [213] 某亩母(舅～)拇姆(～妈：妈妈）[55] 磨（名词）摸

n

ø　[334] 鱼儿 [213] 五伍（“五”的大写）午尔（你）耳 [55] 二

ər

ø　‖ [211] 而 [55] 饵

əʔ

p　[5] 不北卜（占～）罢（了）□（～屌：阴茎）[12] 勃仆□（～箩：箩）
‖ [5] 博檗 [12] 钹帛

pʰ　[5] 舶扑覆₁（趴）‖ [5] 泼泊朴迫拍魄

m　[12] 没墨默木目穆牧□（那。本书里写作“末”）‖ [12] 末沫莫寞

f　[5] 弗福幅蝠複腹覆₂ [12] 佛（拜～）服伏復 ‖ [12] 伐筏

t　[5] 得德笃督舀□（拄）[12] 突特独读牍毒 ‖ [12] 达

tʰ　[5] 脱（丢失）秃 ‖ [5] 榻

n　‖ [12] 纳诺

l　[5] 了（助词）□（栅～门：近视眼）[12] 粒入肋勒鳓鹿禄六陆绿录
‖ [12] 腊捺洛乐（快～）若

ts　[5] 祇执汁质卒作则织职 [12] 侄秩直值殖植 ‖ [5] 缀扎（～针）札哲浙
酌责炙 [12] 杂煠（油～鬼：油条）涉泽宅

tsʰ　[5] 厕猝侧测 ‖ [5] 察彻辙策斥

s　[5] 些寨（压～夫人）涩湿瑟虱失室塞色啬识式饰 [12] 十拾（收～）实贼
食蚀 ‖ [5] 摄设适释 [12] 铡日（～本）弱

k　[5] 个₂（一～；的）疙（～老疮：疥疮）蛇胳 [12] □（这。本书里写作“仡”）
‖ [5] 葛阁革 [12] 夹（动词）轧

kʰ　[5] 刻克 ‖ [5] 咳磕瞌渴廓确

ŋ　‖ [12] 鄂鹤岳（～飞）

x　[5] 黑 [12] □（跌）□（摔，掉）□（～□ [tɕie²¹³]：怎么）‖ [5] 喝郝赫
[12] 合（结～）辖核（～桃）核（审～）

ø　‖ [5] 扼

iəʔ

p [5] 笔毕必逼壁 [12] 荸鼻弼鳖(追赶) ‖ [5] 碧璧

pʰ [5] 匹肶劈 ‖ [5] 僻辟

m [12] 密蜜觅搣(捻) ‖ [12] 灭篾

t [5] 的(目~)滴嫡 [12] 笛敌狄籴 ‖ [12] 碟牒谍

tʰ [5] 踢剔 ‖ [5] 贴

l [12] 立笠栗律率(效~)力歷曆□(赶) ‖ [12] 猎列烈劣略

tɕ [5] 急级给吉雀即鲫绩击激 [12] 习袭及疾₂极寂捷 ‖ [5] 甲(~乙丙丁)揭洁雀觉(知~)戟积迹脊 [12] 捷杰截爵嚼剧(戏~)屐籍藉席(主~)夕

tɕʰ [5] 缉辑泣七漆讫乞戚吃 ‖ [5] 恰洽妾怯鹊却

ɕ [5] 戌吸疾₁悉蟋膝戌恤息熄媳锡析疲(差) [12] 集拾(~起来) ‖ [5] 胁薛泄惜昔 [12] 协绝席(酒~)

ø [5] 毅揖乙一 [12] 日(今~)逸匿 ‖ [5] 约益 [12] 聂镊叶(姓)页业孽虐疟乐(音~)逆亦译液腋

uəʔ

k [5] 骨国谷(姓)毂 ‖ [5] 括郭

kʰ [5] 夸窟哭 ‖ [5] 扩

x [5] 忽霍(~闪:闪电) [12] 或惑 ‖ [5] 霍藿

ø [5] 屋颁(淹) [12] 核(杨梅~)获劃斛 ‖ [5] 握 [12] 滑猾

yəʔ

tɕ [5] 橘竹筑祝粥菊掬足烛 [12] 族逐轴俗嘱蜀局 ‖ [5] 决诀卓啄 [12] 掘琢浊剧(~烈)

tɕʰ [5] 出蛐畜(~生)麯促触曲(歌~) ‖ [5] 拙

ɕ [5] 塑(~料)率(统~)蟀速肃宿缩叔淑畜(~牧)蓄粟束 [12] 术(白~)術述熟续赎属 ‖ [5] 说朔

ø [5] 郁育狱 [12] 抑域溺疫役肉辱褥欲浴 ‖ [12] 悦阅月(毒~:五月)曰粤穴岳(五~)

第五节　寿昌方音

壹　概说

1974 年，在原寿昌县境内，与原淳安县交界的李家公社新桥大队（今为建德市李家镇新桥村）枣园自然村的乌龟洞发现了一枚古人牙化石。经鉴定，该人牙化石属于更新世晚期后一阶段的智人类型，并被中国科学院正式命名为“建德人”。这表明早在 5 万年前，就有人类在寿昌及严州一带繁衍生息。“建德人”是浙江地区原始居民的祖先。

原寿昌县古为越国地。秦汉时属会稽郡（后属吴郡）富春县。三国吴黄武四年（225 年），析富春县地置新昌县（后之寿昌县），属吴郡。1958 年，寿昌县并入建德县（1992 年改为建德市）。建德市今属杭州市。

原寿昌县位于浙江省西部，东北是建德，西北是淳安，东面是兰溪，南面是龙游，西南是衢县，相当于今建德市更楼、寿昌镇及其以西、以南地区。东西长约 43 公里，南北宽约 28 公里，总面积 688 平方公里。地形以低山丘陵为主，千里岗山脉分布于县的西北部。寿昌溪（又名艾溪）自西南向东北横贯县境，至建德新县城白沙附近的罗桐埠注入新安江。

在原寿昌县境内，1992 年设 6 个镇、4 个乡，共 10 个乡镇：

6 镇：寿昌镇、大同镇、劳村镇、李家镇、航头镇、檀村镇。

4 乡：邓家乡、童家乡、上马乡、石屏乡。

2013 年设 1 个街道办事处、5 个镇，共 6 个镇街道：

1 街道：更楼街道。

5 镇：寿昌镇、大同镇、李家镇、航头镇、大慈岩镇。

据 1957 年统计，寿昌县人口为 11.9 万多人。自从与建德县合并以后，原寿昌县境内的人口难以单独统计，2013 年估算有 20 万多人。除了汉族以外，还有一两千名畲族人散居在县内各地，居住在大同镇的最多。

原寿昌县境内的方言主要是属于严州方言系统的“寿昌话”（也可称为“寿昌徽语”），寿昌话以原县城寿昌镇的方言为代表。虽然寿昌县已于 1958 年撤销并入建德县，但寿昌镇作为县城具有 1200 多年的历史，至今仍然是原寿昌县的中心。

除了寿昌话（寿昌徽语）以外，寿昌县南部与兰溪市交界的大慈岩镇（原檀村镇），以及航头镇的梅岭、珏塘、石木岭、宙坞源等村说兰溪话。航头镇航头、溪沿二村（二村均位于镇政府所在地）约有 80% 以上的人内部说江西广丰话，对外说当地的寿昌话。航头、寿昌二镇北部（原石屏、童家二乡）有一部分人内部说江西南丰话，对外说当地的寿昌话。此外，各地的畲族人内部说畲话，对外说当地的寿昌话。原淳安、遂安两县迁入寿昌的移民基本上已转迁到江西省去了。

本书记录原寿昌县的代表性方言——原县城寿昌镇方言。主要发音人：

费大赞先生，字襄阳，男，1942 年生（1995 年第一次调查时 53 岁），世代居住在寿昌镇，1980 年以前一直在本镇务农（其中 1960 年曾到江西省景德镇工作过一年），1980 年起在本镇工厂工作至今，高中文化程度。说地道寿昌镇话，还会说不太标准的普通话。

另外还简单调查了马启发先生和姜恭和先生。马启发先生，男，1934 年生（1994 年调查时 60 岁），1952 — 1975 年在上海学习、工作，1975 年回寿昌中学任教至今，大学文化程度，说寿昌话，还会说普通话和上海话。姜恭和先生，男，1927 年生（1995 年调查时 68 岁），曾祖父辈从江西广丰迁来，母亲浙江温州人，1950 — 1983 年在辽宁部队工作，1983 年离休回寿昌生活至今，大学文化程度，说寿昌话，还会说普通话。

费大赞、马启发二人的语音比较接近，二人与姜恭和之间则有较多差异，本节以费大赞的发音为准。

贰 声韵调

一、白读系统

（一）声母 20 个，包括零声母在内

p 比	pʰ 派爬簿步白	m 毛米袜命		f 飞饭房
t 刀丁	tʰ 体停桃动地夺	n 脑南	l 老兰李路龙	
ts 紫争	tsʰ 草迟择直			s 三造字时勺
tɕ 精经主专	tɕʰ 清轻旗舅旧	ȵ 泥软愿		ɕ 西希墙水
k 改江	kʰ 苦狂柜	ŋ 藕眼瓦吴换		x 海火害学
ø 袄轭衣烟王雨远				

说明：

1. 不送气的清音声母逢低调（[112]、[24]、[31]）时，音色像吴语金华、汤溪等地方言的“浊音声母”。

2. [m] 母逢非鼻尾韵、非鼻化韵时有的人带同部位的浊塞音成分，实际音值接近 [mb]。但费大赞塞音成分不明显。

3. [k] 组声母拼细音韵母 [ie] 时接近 [c] 组。

（二）韵母 40 个，包括自成音节的 [m]、[n] 在内

ʅ 子刺事	i 衣泥烟天灭热	u 雾布粗果火	y 雨区朱书
ɑ 拖排败街	iɑ 夜野	uɑ 怪快外	yɑ 衰
	iɛ 背妹男蚕短	uɛ 块灰会	
	ie 写改安铁割	uei 贵跪亏	yei 水专权刷
		uə 家花欢眼单伞辣	yə 沙蛇山杀
ɤ 老高好八	iɤ 调巧桥		
əɯ 头收狗	iəɯ 刘秀求有		
ã 冷争耕		uã 梗横	yã 春云
ɑ̃ 方昌江	iɑ̃ 枪响羊	uɑ̃ 光荒王	yɑ̃ 床撞双
en 门寸灯	ien 林新印青英	uen 滚昏温	
əm 东通红	iəm 冲凶用		
m 亩母无			
n 五儿耳			
əʔ 色百客	iəʔ 叠笔一	uəʔ 国骨	yəʔ 决橘
ɔʔ 读谷壳学屋	iɔʔ 脚局肉	uɔʔ 勿	

说明：

1. 鼻音韵尾 [n] 和自成音节的韵母 [n] 发音部位比较靠后。

2. 鼻音韵尾 [m]，有的人闭唇动作不太明显。

3. 喉塞音韵尾 [ʔ] 白读不如文读时明显。

4. [u] 韵舌位较低，在 [k] 组声母后时最低，接近 [o]。

5. [ie]、[en uen] 韵里的 [e] 接近 [ᴇ]。

6. [iɛ uɛ] 韵里的 [ɛ] 接近 [æ]。

7. [ɤ iɤ] 韵里的 [ɤ] 舌位较低。

8. [ã uã yã] 韵里的 [a] 舌位较高，其中 [ã uã] 韵里的 [a] 接近 [æ]，[yã] 韵里的 [a] 接近 [ɛ]。

寿昌话的白读韵母有以下两点年龄差异：

9. 果摄字，以及效开一二帮组字，流开一帮组字，姜恭和等老年人读 [o] 韵（该韵为老年人所特有），例如：果 ko^{24} ｜宝 po^{24} ｜某 mo^{534}。费大赞等中年以下的人果摄字读 [u] 韵，跟遇摄字同韵，例如：果＝鼓 ku^{24}；效、流摄字读 [əɯ] 韵，跟流摄字同韵，例如：宝 $pəɯ^{24}$ ：抖 $təɯ^{24}$。

10. 假开二帮组字，姜恭和等老年人读 [uə] 韵，跟假摄其他字同韵，例如：疤 $puə^{112}$ ：家 $kuə^{112}$。费大赞等中年以下的人读 [ɤ] 韵，跟效摄字同韵，例如：疤 $pɤ^{112}$ ：高 $kɤ^{112}$。

（三）单字调 8 个

阴平	[112]	衣天西东新山
阳平	[52]	皮盘亭南来严
阴上	[24]	土早水古改火，合袜辣热月越
阳上	[534]	市动柱米冷眼
去声	[33]	四冻做盖宋放，大地洞帽面乱
阴入甲	[55]	发铁塔雪刷割
阴入乙	[3]	北德桌缺国哭
阳入	[31]	夺贼学麦木六

说明：

1. 阴上 [24] 开头有时先略降，为 [324]。

2. 阳上 [534] 有时上升部分不太明显，为 [53]。

3. 去声 [33] 末尾有时略升，为 [334]。

4. 阳入 [31] 是短调，末尾有时略升，为 [312]。

二、文读系统

（一）声母 20 个，包括零声母在内

p 比簿步白	pʰ 派爬	m 毛米袜命		f 飞饭房
t 刀丁动地夺	tʰ 体停桃	n 脑南	l 老兰李路龙	
ts 紫争造字择直	tsʰ 草迟			s 三时勺
tɕ 精经江主专舅旧	tɕʰ 清轻旗墙	ȵ 泥软		ɕ 西希水学
k 改柜	kʰ 苦狂	ŋ 藕吴		x 海火害
ø 愿眼瓦换袄轭衣烟王雨远				

说明：

1. 不送气的清音声母逢低调（[112]、[24]、[13]）时，音色像吴语金华、汤溪等地方言的“浊音声母”。

2. 其他声母的发音特点同白读。

（二）韵母 35 个

ɿ 子刺事	i 衣泥	u 雾布粗果火拖无五	y 雨区朱书
ɑ 老高好沙	iɑ 调巧桥家蛇	uɑ 花	
ɛ 排败改	iɛ 街	uɛ 怪快外块灰会	yɛ 帅
ei 背妹	ie 夜野写	uei 贵跪亏水	
əɯ 头收狗亩母儿耳	iəɯ 刘秀求有		
ã 安男蚕单伞山	iã 烟天眼	uã 短欢	yã 专权春云
ɑ̃ 方昌	iɑ̃ 江枪响羊	uɑ̃ 光荒王	yɑ̃ 床双
en 冷争耕梗横门寸灯	ien 林新印青英	uen 滚昏温	
ɔm 东通红	iɔm 冲凶用		
əʔ 割八辣杀色百客	iəʔ 灭热铁叠笔一	uəʔ 国骨勿	yəʔ 刷决橘
ɔʔ 读谷壳屋	iɔʔ 学脚局肉		

说明：

1. 喉塞音韵尾 [ʔ] 文读比白读时明显。

2. [ã iã uã yã] 韵里的 [a] 舌位较高，其中 [ã uã] 韵里的 [a] 接近 [æ]，[iã yã] 韵里的 [a] 接近 [ɛ]。

3. 其他韵母的发音特点同白读。

（三）单字调 6 个

阴平 [33] 衣天西东新山

阳平 [112] 皮盘亭南来严

上声 [55] 土早水古改火，两五米女冷有，四冻做盖宋放

阳去 [24] 是稻后坐柱近，大地洞帽面乱

阴入 [5] 发铁塔雪刷割，北德桌缺国哭

阳入 [13] 合袜辣热月越，夺贼学麦木六

说明：

1. 阳入 [13] 是短调。

2. [33]、[24] 调的发音特点同白读。

叁 音韵特点

一、声母的特点

1. 古全浊声母字今读清音声母。其中塞音塞擦音声母，在白读中不论平仄绝大部分读送气清音，在文读中逢古平声读送气清音，逢古上、去、入声读不送气清音。例如：

	平		上		去		入	
	婆	权	棒	柱	渡	阵	薄	择
白读	p^{h}əɯ^{52}	tɕ^{h}yei^{52}	p^{h}ɑ̃^{534}	tɕ^{h}y^{534}	t^{h}u^{33}	ts^{h}en^{33}	p^{h}ɔʔ^{31}	ts^{h}əʔ^{31}
文读	p^{h}əɯ^{112}	tɕ^{h}yã^{112}	pɑ̃^{24}	tɕy^{24}	tu^{24}	tsen^{24}	pɔʔ^{13}	tsəʔ^{13}

只有极少数的字读不送气清音，其中较常用的字有：是 tsɿ^{534} | 渠他 kəɯ^{52} | 毙 pi^{24} | 篦 pi^{112} | 头上～ təɯ^{52} | 唇2 tɕyã^{52}。

2. 泥母今洪音字读 [n] 声母，今细音字读 [ȵ] 声母，但在 [iɛ] 韵前面也读 [n] 声母。来母字不论洪细，今都读 [l] 声母。泥、来母字声母相分。例如：

脑 nɤ^{534} | 南 niɛ^{52} | 念 ȵi^{33} | 老 lɤ^{534} | 练 li^{33}。

3. 日母字多读 [ȵ] 声母，少数读零声母。例如：绕 ȵiɤ^{33} | 软 ȵyei^{534} | 热 ȵi^{24} | 让 iã^{33}。

4. 见晓组开口二等字白读 [k kʰ ŋ x] 声母，文读 [tɕ tɕʰ ø ɕ] 声母。例如（"/"后为文读）：交 kɤ^{112}/tɕiɤ^{33} | 甲 kuə^{55}/tɕiəʔ^{5} | 确 kʰɔʔ^{3}/tɕʰiɔʔ^{5} | 眼 ŋuə^{534}/iã^{55} | 学 xɔʔ^{31}/ɕiɔʔ^{13}。

5. 疑母今洪音字读 [ŋ] 声母，今细音字读 [ȵ] 声母，但在 [ie] 韵前面也读 [ŋ] 声母。例如：鹅 ŋu^{52} | 藕 ŋəɯ^{534} | 艾 ŋie^{33} | 愿 ȵyei^{33}。

6. 匣影母字在 [uə] 韵前面有的读 [ŋ] 声母，例如：华金～ ŋuə^{52} | 换 ŋuə^{33} | 碗 ŋuə^{24}。

二、韵母的特点

1. 古入声韵，咸山两摄字今在白读中失去塞音韵尾，并入开尾韵和元音尾韵，文读收喉塞音 [ʔ] 韵尾。例如（"/"后为文读）：

咸摄 接 tɕi^{55}/tɕiəʔ^{5} ：鸡 tɕi^{112} | 叶 i^{24}/iəʔ^{13} ：椅 i^{24}

山摄 血 ɕyei^{55}/ɕyəʔ^{5} ：水 ɕyei^{24} | 折～本 ɕi^{24}/ɕiəʔ^{13} ：洗 ɕi^{24}

其他摄字不论文白都收 [ʔ] 尾。

2. 古阳声韵，咸山两摄字今在白读中失去鼻音韵尾，并入开尾韵和元音尾韵，文读为鼻化韵 [ã iã uã yã]。例如（"/"后为文读）：

咸摄 敢 kie^{24}/kã^{55} ：改 kie^{24} | 钳 tɕʰi^{52}/tɕʰiã^{112} ：奇 tɕʰi^{52}

山摄 连 li^{52}/liã^{112} ：犁 li^{52} | 专 tɕyei^{112}/tɕyã^{33} ：追 tɕyei^{112}

其他摄字不论文白都读鼻化韵或鼻尾韵。

3. 蟹咸山三摄一等（蟹山摄包括开合）大部分字今读齐齿呼韵母，其中见系字读 [ie] 韵，其他声母字读 [iɛ] 韵。例如：

蟹摄 来 liɛ^{52} | 改 kie^{24} | 杯 piɛ^{112} | 罪 ɕiɛ^{534}

咸摄 贪 tʰiɛ^{112} | 暗 ie^{33}

山摄 安 ie^{112} | 割 kie^{55} | 短 tiɛ^{24} | 泼 pʰiɛ^{55}

4. 假止咸山臻宕江七摄二三等的知系声母字，今大多数读撮口呼韵母，这些字北京话读开口呼或合口呼韵母。例如：

假开二三　茶 tɕ^{h}yə^{52} ǀ 沙 ɕyə^{112} ǀ 车 tɕ^{h}yə^{112} ǀ 蛇 ɕyə^{52}

止合三　吹 tɕ^{h}yei^{112} ǀ 追 tɕyei^{112} ǀ 锤 tɕ^{h}yei^{52} ǀ 水 ɕyei^{24}

咸开二三　杉 ɕyə^{112} ǀ 插 tɕ^{h}yə^{55} ǀ 搀 tɕ^{h}yə^{112} ǀ 陕 ɕyə^{24}

山开二　铲 tɕ^{h}yə^{24} ǀ 山 ɕyə^{112} ǀ 杀 ɕyə^{55} ǀ 删 ɕyə^{112}

山合二三　闩 ɕyei^{112} ǀ 刷 ɕyei^{55} ǀ 川 tɕ^{h}yei^{112} ǀ 说 ɕyei^{55}

臻合三　准 tɕyã^{24} ǀ 春 tɕ^{h}yã^{112} ǀ 顺 ɕyã^{33} ǀ 出 tɕ^{h}yəʔ^{3}

宕开三　壮 tɕyã^{33} ǀ 疮 tɕ^{h}yã^{112} ǀ 床 tɕ^{h}yã^{52} ǀ 霜 ɕyã^{112}

江开二　桩 tɕyã^{112} ǀ 撞 tɕyã^{33} ǀ 双 ɕyã^{112}

5. 臻摄合口一等端系声母字今读开口呼韵母，无 [u] 介音。例如：遁 t^{h}en^{33} ǀ 村 ts^{h}en^{112} ǀ 存 ts^{h}en^{52} ǀ 孙 sen^{112}。

三、声调的特点

1. 白读调：

（1）平、上声按古声母清浊各分阴阳。

（2）去声不分阴阳，都读 [33]，例如：铺＝步 p^{h}u^{33} ǀ 替＝第 t^{h}i^{33} ǀ 圣＝剩 sen^{33}。

（3）清入字分两类。咸山两摄的清入字自成一类，读 [55]。其他清入字自成一类，读短调 [3]。

（4）咸山两摄的浊入字与清上合，都读 [24]，例如：闸＝闪 ɕyə^{24} ǀ 页＝椅 i^{24} ǀ 折~本＝喜 ɕi^{24} ǀ 活＝哑 uə^{24}。其他浊入字自成一类，读短调 [31]。

2. 文读调：

（1）平、入声按古声母清浊各分阴阳。

（2）清上、次浊上与清去合，都读 [55]。例如：企＝器 tɕ^{h}i^{55} ǀ 所＝诉 su^{55} ǀ 检＝剑 tɕiã^{55}。

（3）全浊上与浊去合，都读 [24]。例如：杜＝度 tu^{24} ǀ 诞＝但 tã^{24}。

古声调与今白读调、文读调之间的对应关系详见下一小节。

肆 文白异读

唐代以后，浙江省境内的交通干道途经杭州—梅城—寿昌—衢州，寿昌是其中一站，想当时也是一个热闹的场所。明清时代，驿路改为杭州—梅城—兰溪—衢州，不再经过寿昌，寿昌成为一个偏僻的小县。在民国23年（1934年）12月3日的《严州民报》上，有一篇署名俗殊、题为《寿昌巡礼》的文章，里面写道：

“完备旅馆的缺如，市面的冷落，电灯光的昏黄，人口的稀少，总之使我感到此地是一个富有乡村气味的小县城。

“全县只有一条大街，也惟有这条大街上有店铺。街道很狭窄，有的地方甚至三个人并行就有发生问题的可能。……自街的这头走到那头顶慢顶慢只须十一分钟。

“县南有浅溪一道，上架长木桥，过了木桥，就有长途汽车站，为杭州、兰溪、建德、淳安等处到寿昌的停车处。从前汽车没有通的时侯，此地和各处的交通，除了轿子以外，就只有跑路了。因为南门的溪滩中，水太浅不能行船的缘故。……全县不见一部人力车，也不见一部脚踏车。”（转引自建德县政协文史资料委员会编《建德文史资料》第八辑，1991年）

由此可见，旧日的寿昌是一片闭塞、冷落、萧条的景象。

然而，令人惊奇的是，在这样一个地方，却具有十分完整的白读和文读两套语音系统。尤其是在声调方面，文白两套之间无一相同。因此，从理论上来说，寿昌话的每一个字都有文白两个读音（至少声调不同）。如此普遍的文白异读现象在汉语方言里还是罕见的。

寿昌人把白读叫作“寿昌说话”，把文读叫作“浙江方言”，也有人叫作“地方方言”。白读系统是寿昌话原有的语音系统，文读系统是在浙江权威方言杭州话和汉语共同语等的影响下形成的一种比较接近杭州话的语音系统，与建德梅城方言的文读系统也很接近。一般来说，白读系统用于寿昌本地人之间平时交流，文读系统用于寿昌人与外地人之间交流，也用于比较正式的、“打官腔”的场合。但在实际使用中，白读与文读也有许多交叉的现象。这主要表现在有相当一部分字词（特别是书面词语、新词语）现在只有文读音没有白读音，例如“老师”一词只能说文读的 [lɑ^{55}sɿ^{33}]，不能说白读的 [lɤ^{534}sɿ^{112}]。也有的字词只有白读音没有文读音。所以在使用白读系统时夹杂了不少文读成分，在使用文读系统时也夹杂了一些白读成分。这使得寿昌话的语音显得十分复杂。

因为上述白读与文读在来源、用途上的不同，同时也因为文读音就个人来讲常常不太稳定，就众人来讲往往颇有差异，所以本节的描写、分析以白读为主。凡是涉及文读的地方，均已注明是文读。

下面介绍寿昌话文白异读的主要规律。请注意这些规律是粗线条的，符合条件的字不一定字字都有这些文白异读。

一、声母方面

1. 古全浊声母字今读清塞音塞擦音声母的：白读绝大部分送气，文读平声送气，上、去、入声不送气。（例见上文）

2. 从邪崇船禅母部分字（主要是平声字）：白读擦音声母，文读塞擦音声母。例如（“/”后为文读，下同）：坐 su^{534}/tsu^{24} | 袖 ɕiəɯ^{33}/tɕiəɯ^{24} | 愁 səɯ^{52}/tsʰəɯ^{112} | 船 ɕyei^{52}/tɕʰyã^{112} | 成 sen^{52}/tsʰen^{112}。

3. 日母：一般白读 [ȵ] 声母，文读 [l] 声母。例如：日 ȵiəʔ^{31}/ləʔ^{13} | 弱 ȵioʔ^{31}/ | 人 /len^{112}。

4. 见晓组开口二等字：白读 [k kʰ ŋ x] 声母，文读 [tɕ tɕʰ ø ɕ] 或零声母。（例见上文）

5. 白读为 [ŋ] 声母的字，文读一般为零声母。例如：衙 ŋuə^{52}/iɑ^{112} | 弯 ŋuə^{112}/uã^{33}。

二、韵母方面

1. 咸山两摄古入声韵字：白读失去塞音韵尾，并入开尾韵和元音尾韵；文读为塞音尾韵 [əʔ iəʔ uəʔ yəʔ]。例如：法 fɤ^{55}/fəʔ^{5} | 叠 tʰie^{24}/tiəʔ^{13} | 活 uə^{24}/uəʔ^{13} | 说 ɕyei^{55}/ɕyəʔ^{5}。

2. 咸山两摄古阳声韵字：白读失去鼻音韵尾，读作开尾韵和元音尾韵；文

读为鼻化韵 [ã iã uã yã]。例如：胆 $tuə^{24}/tã^{55}$ ｜盐 $i^{52}/iã^{112}$ ｜罐 $kuə^{33}/kuã^{55}$ ｜权 $tɕ^hyei^{52}/tɕ^hyã^{112}$。

3. 开口二等的见晓组字：白读开口呼韵母，文读齐齿呼韵母。（例见上文）

4. 假开合二等字：白读 [ɤ uə yə] 韵，文读 [ɑ iɑ uɑ] 韵。例如：马 $mɤ^{534}/mɑ^{55}$ ｜下底~ $xuə^{534}/ɕiɑ^{24}$ ｜瓜 $kuə^{112}/kuɑ^{33}$ ｜查 $tɕ^hyə^{52}/ts^hɑ^{112}$。

5. 蟹开一等字：白读 [iɛ]、[ie] 韵，文读 [ɛ] 韵。例如：待 $t^hiɛ^{534}/tɛ^{24}$ ｜再 $tɕiɛ^{33}/tsɛ^{55}$ ｜爱 $ie^{33}/ɛ^{55}$。

6. 蟹合一等字：白读 [iɛ uɛ] 韵，文读 [ei uei] 韵。例如：赔 $p^hiɛ^{52}/p^hei^{112}$ ｜罪 $ɕiɛ^{534}/tsuei^{24}$ ｜灰 $xuɛ^{112}/xuei^{33}$。

7. 蟹开合二等字：白读 [ɑ uɑ] 韵，文读 [ɛ iɛ uɛ] 韵。例如：柴 $sɑ^{52}/ts^hɛ^{112}$ ｜界 $kɑ^{33}/tɕiɛ^{55}$ ｜快 $k^huɑ^{33}/k^huɛ^{55}$。

8. 止摄日母字：白读 [n] 韵，文读 [əɯ] 韵。例如：儿 $n^{52}/əɯ^{112}$ ｜二 $n^{33}/əɯ^{24}$。

9. 效摄字：白读 [əɯ ɤ iɤ] 韵，文读 [ɑ iɑ] 韵。例如：毛 $məɯ^{52}/mɑ^{112}$ ｜稻 $t^hɤ^{534}/tɑ^{24}$ ｜消 $ɕiɤ^{112}/ɕiɑ^{33}$ ｜姚 $iɤ^{52}/iɑ^{112}$。

10. 梗开二等字：白读 [ã] 韵，文读 [en ien] 韵。例如：生 $sã^{112}/sen^{33}$ ｜争 $tsã^{112}/tsen^{33}$ ｜行动词 $xã^{52}/ɕien^{112}$。

三、声调方面

文白两套声调系统在调类方面的不同有：

1. 古上声：白读按古声母清浊分为阴上、阳上两类。文读清上和次浊上一类，为上声；全浊上归阳去。

2. 古去声：白读一类，为去声。文读清去归上声；浊去同全浊上，为阳去。

3. 古清入：白读分两类，咸山两摄清入字自成一类，为阴入甲；其他摄清入字自成一类，为阴入乙。文读一类，为阴入。

4. 古浊入：白读咸山两摄浊入字归阴上；其他摄浊入字自成一类，为阳入。文读一类，为阳入。

在调值方面，各类音韵地位（清平、浊平等）的字的文白调值均不相同。

详细情况见表 8。

表 8　寿昌话古今文白声调关系表

古声调	古声母	今白读	今文读	例字
平	清	阴平 112	阴平 33	衣 i^{112}/i^{33} ｜深 sen^{112}/sen^{33}
	浊	阳平 52	阳平 112	移 i^{52}/i^{112} ｜余 y^{52}/y^{112}
上	清	阴上 24	上声 55	府 fu^{24}/fu^{55} ｜稳 uen^{24}/uen^{55}
	次浊	阳上 534		米 mi^{534}/mi^{55} ｜女 ȵy^{534}/ȵy^{55}
	全浊		＝阳去	坐 su^{534}/tsu^{24} ｜辫 p^{h}i^{534}/piã^{24}
去	清	去声 33	＝上声	意 i^{33}/i^{55} ｜桂 kuei^{33}/kuei^{55}
	浊		阳去 24	步 p^{h}u^{33}/pu^{24} ｜邓 t^{h}en^{33}/ten^{24}
入	清	阴入甲 55	阴入 5	割 kie^{55}/kəʔ^{5} ｜发 fɤ^{55}/fəʔ^{5}
		阴入乙 3		北 pəʔ^{3}/pəʔ^{5} ｜角 kɔʔ^{3}/kɔʔ^{5}
	浊	＝阴上	阳入 13	罚 fɤ^{24}/fəʔ^{13} ｜辣 luə^{24}/ləʔ^{13}
		阳入 31		突 t^{h}əʔ^{31}/təʔ^{13} ｜六 lɔʔ^{31}/lɔʔ^{13}

伍　连读调

寿昌话白读两字组的连调规律见表 9。文读的连调规律比较简单（一般不变调），在此不讨论。表中各栏的上一行为单字调，下一行为连读调。无下一行的表示连读调与单字调相同。其中阴平、阳上作后字时末尾有时不升，为[11]、[53]。例词请参看词汇部分。

表 9　寿昌话白读两字组连调表

1 \ 2	阴平 112	阳平 52	阴上 24	阳上 534	去声 33	阴入甲 55	阴入乙 3	阳入 31
阴平 112	112　112 11	112　52 11 ——— 112　52 11　55	112　24 11 ——— 112　24 11　55	112　534 11 ——— 112　534 11　55	112　33 11 ——— 112　33 11　55	112　55 11	112　3 11	112　31 11　5

续表

1 \ 2	阴平 112	阳平 52	阴上 24	阳上 534	去声 33	阴入甲 55	阴入乙 3	阳入 31
阳平 52	52 112 11 —— 52 112	52 52 11 33 —— 52 52 33	52 24 11 —— 52 24 0	52 534 11 —— 52 534 33	52 33 11 —— 52 33	52 55 11	52 3 11	52 31 11 —— 52 31
阴上 24	24 112 33 —— 24 112	24 52 33	24 24 33 —— 24 24 —— 24 24 55	24 534 33 —— 24 534	24 33 33 —— 24 33	24 55 33 —— 24 55	24 3 33 —— 24 3	24 31 33 —— 24 31
阳上 534	534 112 33	534 52 33 —— 534 52 53	534 24 33 —— 534 24 33 52	534 534 33	534 33 33 —— 534 33 53	534 55 33	534 3 53	534 31 33
去声 33	33 112 —— 33 112 55	33 52 —— 33 52 55	33 24	33 534	33 33	33 55	33 3	33 31
阴入 甲 55	55 112	55 52 33 —— 55 52 55	55 24 —— 55 24 55	55 534 55	55 33 —— 55 33 55	55 55 33	55 3	55 31 —— 55 31 5
阴入 乙 3	3 112	3 52 —— 3 52 55	3 24	3 534 55	3 33 —— 3 33 55	3 55	3 3	3 31 —— 3 31 5 5
阳入 31	31 112 3	31 52 3	31 24 3	31 534 3 —— 31 534 55	31 33 3	31 55 3 —— 31 55	31 3 3 —— 31 3	31 31 3

寿昌话两字组的连调有以下特点：

1. 一般是前字变，后字不变。

2. 同一调类的前字在不同调类的后字之前往往读为一种或几种共同的调值，例如阴平字在各调类的后字之前均读作 [11]。

3. 不同调类的前字的连读调有归并的趋势。其中，阴平和阳平多采用 [11]，阳上和去声多采用 [33]，阴上和阴入甲也常常采用 [33]，阴入乙和阳入多采用短调 [3]。

4. 跟上述 2、3 两点有关，一些连调模式具有较大的覆盖性，即不管字组的前后字的单字调是什么，均采用同一种连调模式。这种性质的连调模式及其字组主要有：

[11 55]：阴平＋阳平，阴平＋阴上，阴平＋阳上，阴平＋去声，阴平＋阴入甲，阳平＋阴入甲

[11 33]：阴平＋去声，阳平＋阳平，阳平＋去声

[33 33]：阴上＋去声，阳上＋去声，去声＋去声

[33 52]：阴上＋阳平，阳上＋阳平，阳上＋阴上，去声＋阳平，阴入甲＋阳平

[33 55]：阴上＋阴入甲，阳上＋阴入甲，去声＋阴平，去声＋阳平，去声＋阴入甲，阴入甲＋阴入甲

[55 55]：阴入甲＋阳平，阴入甲＋阴上，阴入甲＋阳上，阴入甲＋去声

[3 55]：阴入乙＋阳平，阴入乙＋阳上，阴入乙＋去声，阴入乙＋阴入甲，阳入＋阴入甲

5. 一些在语法结构、词汇意义方面比较特殊的字组的连读调往往不符合表 9 的规律。笔者现已注意到的情况有以下几类：

（1）表示几月的字组，前字不变（但阴平由 [112] 变为 [11]），后字变 [55]。不符合表 9 规律的有：

阳上＋阴上：五月 $n^{534}ȵyei^{24-55}$

去声＋阴上：二月 $n^{33}ȵyei^{24-55}$ ｜四月 $sɿ^{33}ȵyei^{24-55}$

阴入乙＋阴上：一月 iəʔ^{3}ȵyei$^{24-55}$ ｜七月 tɕʰiəʔ^{3}ȵyei$^{24-55}$

阳入＋阴上：六月 lɔʔ^{31}ȵyei$^{24-55}$ ｜十月 səʔ^{31}ȵyei$^{24-55}$

（2）表示几十的字组，前字一般不变，后字或者不变，或者变短调 [5]。不附合表 9 规律的有：

阴上＋阳入：九十 tɕiəɯ^{24}səʔ$^{31-5}$

去声＋阳入：四十 sɿ^{33}səʔ$^{31-5}$

（3）方位名词，不附合表 9 规律的有：

阴平＋阳上：秋里秋天 tɕʰiəɯ$^{112-11}$li$^{534-112}$ ｜冬里冬天 tɔm$^{112-11}$li$^{534-112}$

阴平＋去声：春上春天 tɕʰyɑ̃$^{112-11}$sɑ̃$^{33-24}$

阳上＋阳平：下头 xuə$^{534-11}$təɯ^{52} ｜里头 li$^{534-55}$təɯ$^{52-112}$ ｜后头 xəɯ$^{534-33}$təɯ$^{52-112}$

去声＋阴平：上高上方 sɑ̃$^{33-11}$kɤ$^{112-52}$

去声＋阳平：上头 sɑ̃$^{33-11}$təɯ^{52}

阳入＋去声：日上白天 ȵiəʔ$^{31-3}$sɑ̃$^{33-112}$

（4）人称代词，不附合表 9 规律的有：

阴上＋阳平：别农别人 pʰi$^{24-33}$nɔm$^{52-112}$

阳上＋阳平：我农我 ɑ$^{534-33}$nɔm$^{52-112}$ ｜尔农你 n$^{534-33}$nɔm$^{52-112}$

（5）称谓，不附合表 9 规律的有：

阳平＋阳平：婆婆外祖母 pʰəɯ$^{52-55}$pʰəɯ$^{52-55}$

阳平＋阳上：娘舅舅舅 ȵiɑ̃$^{52-11}$tɕʰiəɯ$^{534-55}$

阳上＋阳上：舅舅 tɕʰiəɯ$^{534-55}$tɕʰiəɯ$^{534-55}$

去声＋去声：爸爸伯父 pɤ^{33}pɤ$^{33-55}$ ｜妹妹婴儿 miɛ$^{33-11}$miɛ$^{33-55}$

阴入甲＋阴入甲：哥哥 kɑ^{55}kɑ^{55}（“哥”单用时音 [kɑ^{55}]）

阴入乙＋阴上：阿姐奶奶 əʔ^{3}tɕie$^{24-55}$

寿昌话的称谓词语的后字不管原来的单字调是什么，连读调往往读作高平调 [55]。（“舅母”等词里的“母”也读 [55]，但本书里做单字调处理）高平调 [55] 在寿昌话里似乎具有小称调的性质（参看下一小节）。值得注意的是，在离寿昌不远，笔者的老家吴语汤溪话里，高平调 [55] 具有小称调的性质。

比如称谓、名字等的后字的连读调往往采用［55］，以表示小称的意味。

其他不符合表 9 连调规律的个别例外词有：

阴平＋阴平：双生双胞胎 ɕyɑ̃$^{112-11}$sɑ̃$^{112-55}$

阴平＋阴上：傻子 sɑ$^{112-33}$tsɿ$^{24-52}$ ｜中指 tɕiɔm$^{112-11}$tsɿ$^{24-52}$

阳平＋阴上：圆子鸦片 uei^{52}tsɿ^{24} ｜轮子 len$^{52-11}$tsɿ$^{24-52}$

阳平＋阳上：源里源头地区 ȵyei^{52}li^{0}

阴上＋去声：几岁 tɕi^{24}ɕi$^{33-55}$

阳上＋阴平：五更第五更 n$^{534-24}$kɑ̃$^{112-55}$

去声＋阳平：细农男孩儿 ɕie^{33}nɔm$^{52-33}$

去声＋阴上：细鬼男孩儿 ɕie^{33}kuei$^{24-52}$

陆 小称音

今天的寿昌话只有少量小称词。寿昌话“儿”单字音［n^{52}］，小称时“儿［n^{52}］”合入前面的音节，使之变成鼻尾韵或鼻化韵（这些韵母亦为单字音韵母系统所有）。小称词的连读调跟一般两字组的连读调不完全相同，最后那个音节多读作高平调［55］。下面列举已记录到的小称词（括号里“←”后面的是单字音）：

麻雀儿 mɤ$^{52-11}$tsɑ̃$^{-55}$（“雀”单字音只有 tɕiəʔ^{3}，指阴茎）

蝴蝶儿 u$^{52-11}$tʰiɑ̃^{24}（←蝶 tʰie^{24}）

蝴蝶儿蝶儿蝴蝶 u$^{52-11}$tʰiɑ̃^{24}tʰiɑ̃$^{24-55}$（←蝶 tʰie^{24}）

鸟儿 tiɑ̃^{52}（←鸟 tiɤ^{52}）

飞鹊儿喜鹊 fi$^{112-11}$tɕʰiɑ̃$^{-55}$（“鹊”无单字音）

子燕儿燕子 tsɿ$^{24-33}$ien^{33}（“燕”无白读单字音）

一点儿 iəʔ^{3}tien$^{24-55}$（←点 ti^{24}）

慢慢儿儿 mɤ$^{33-11}$mɤ$^{33-11}$ȵien$^{52-55}$（←儿 n^{52}）

语儿谜语 ien^{33}（“语”无白读单字音）

叔儿叔儿 ɕiɔm$^{3-55}$ɕiɔm$^{3-55}$（←叔 ɕiɔʔ^{3}）

柒　同音字汇

本字汇以收录寿昌话单字的白读音为主。一个字如果有白读音，就只收白读音；如果没有白读音，则收文读音。但口头词语里的文读音也尽量收入。文白异读规律详见上文肆。

本字汇根据寿昌话韵母、声母、声调的次序排列。声韵调次序见上文贰。韵母基本上按白读系统排列，只用于文读的韵母 [ɛ yɛ ei iã] 分别插入相应的地方。声调先列白读调，在双竖线“‖”后再列文读调。轻声用 [0] 表示。写不出本字的音节用方框“□”表示。释义、举例在字后用括号“( )”表示。例子里用“～”代替原字。又读在字的右下角用数码表示。

ɿ

ts　[112] 猪支枝 [24] 煮鼠紫纸旨子籽止趾址 [534] 是 [33] 智至志痣齒 (～饭：盛饭) □ (～瓦：旧式瓦) ‖ [33] 知蜘肢侈翅资姿咨脂梓之芝 [55] 滞制 (～度) 製祇致指置

tsʰ　[112] 撕雌痴 [52] 池迟 [534] 苎雉痔 [33] 箸刺治 ‖ [33] 赐 [112] 瓷稚兹滋磁辞词持 [55] 此次耻齿

s　[112] 梳筛 (筛子) 施私师狮蛳司丝诗尿 [52] 锄薯脐匙糍慈祠时 □ (～杷：枇杷) □ (饭～：木制饭勺) [24] 死 [534] 荠 (～～菜：荠菜) 仕柿市 [33] 自四肆示视嗜字伺饲事始试侍 [55] □ (家～：器具) ‖ [33] 斯驰师 (老～) 尸矢思 [55] 使驶 [24] 是氏似祀巳寺士史

i

p　[112] 篦鞭编边 [52] 匾□ (鞋～：竹制针线筐) [24] 毙比扁 [33] 闭变遍 (一～) [55] 屄鳖 ‖ [55] 敝蓖陛彼臂鄙秕秘 (～密) 诽 [24] 蔽弊币被 (介词) 庇

pʰ　[112] 批披偏 [52] 皮肥 (洋～皂：肥皂) 便 (～宜) [24] 便 (副词) 别 (～农：别人) [534] 被 (名词) 辫 [33] 避屁骗便 (便宜) 片 [55] 鐾篇 (一～) 撇匹劈□ (量词，层) ‖ [112] 疲脾琵枇 [55] 譬痹

m　[52] 眉棉眠 [24] 灭篾搣 (捻) □₂ (那。本书里写作“末”) □ (□ [tsʰəɯ¹¹²] ～：梁)

[534] 米尾（～巴）[33] 面（脸）麵□（～瓦：砚台）[55] 弥（阿～陀佛）□（夜～：傍晚）‖[112] 迷谜糜弥（～补）[55] 秘（～书）泌闽

f [112] 飞□（用油炸）[52] 肥（～料）[24] 榧 [33] 肺痱费 ‖[33] 非妃 [112] 维惟 [55] 废匪翡

t [112] 低癫 [24] 底抵点典 [33] 帝蒂店 ‖[24] 隶

t^h [112] 添天 [52] 提蹄甜钱（一～）田钿填 [24] 舔 [534] 弟簟□（填使平）[33] 替涕剃第递地掭殿垫 ‖[112] 堤题啼 [55] 体屉

l [52] 驴₁（～狗子：驴）犁黎离篱璃梨狸镰帘连联莲□（红～树：香椿树）[534] 礼李里（一～路）裹理鲤 [33] 滤厉荔泪练楝 [55] 厘（量词）蜊曆（官～：历书）‖[24] 例励丽利痢吏

tɕ [112] 鸡笄飢基箕纪（年～）机饑尖奸（～臣）煎肩 [24] 挤姊几（茶～）幾（～个）剪笕 [33] 祭穄计繫髻寄记（动词）醉估剑箭建见犖□（楔子）[55] 接劫挟（～菜）折（九～）羯（阉）茧趼结（～果）‖[33] 肌讥 [55] 际济剂稽继冀己纪（～律）幾（～乎）既季 [24] 技妓杞忌

$tɕ^h$ [112] 妻溪欺籤签件（一～）千牵□（火～：火铲子）[52] 奇骑棋期旗钳缠□（什么。本书里写作“奇”）[24] 企起浅 [33] 砌契气汽欠 ‖[33] 犀 [112] 岐祁其 [55] 且启器弃岂

ȵ [112] 黏 [52] 泥腻阎（～老王：阎王）严年研 [24] 业热孽 [534] 染碾 [33] 意（只只～：故意）念□（～槽：抽屉）‖[112] 倪仪谊尼疑凝迎（欢～）宁（～波）宁（～愿）[55] 蚁₂议你拟 [24] 艺义毅

ɕ [112] 西嬉仙鲜（新～）先苫（稿～：房子上用的稿荐）□（脚骨～头：膝盖）□（～矮：很矮）□（傻～～：傻乎乎）[52] 齐随前 [24] 社洗喜蟢癣折（～本）绝□（～低：很低）[534] 鳝蟮 [33] 絮荠（地孛～：荸荠）细（粗～）婿世岁戏袖（衫～头：袖子）贱线闪扇现（～宝：炫耀）旋（头上的）鐓（～鸡：阉鸡）[55] 泄髓歇雪 ‖[33] 栖携畦牺熙希稀 [55] 势玺 [24] 誓逝系（～统）係（关～）

k [24] □₂（这。本书里写作“佗”）

ø [112] 医衣依萁（茛～：蕨）焰烟 [52] 宜移姨盐（名词）檐嫌弦 [24] 椅叶页翼厣(鳞)□(痂) [33] 意厌盐(腌)现(～成) [55] 靥 ‖[33] 伊 [112] 夷肄沂遗 [55] 已以忆亿 [24] 易（容～）异

u

p [112] 包（～萝：玉米）□(口～：嘴) [24] 补谱 [33] 布（～鞋）孛□(铺设) ‖[55] 布（～告）怖 [24] 部（干～）

p^h [112] 铺（动词）潽（沸） [52] 蒲葡菩 [534] 簿 [33] 铺（名词）步埠伏（孵）□（～日头：晒太阳取暖） [55] 部（量词） ‖[55] 普浦甫脯（果～）

f [112] 麸 [52] 敷符芙附浮妇(细新～：童养媳) [24] 府斧 [534] 妇(新～：媳妇) [33] 付傅赴负（欺～）富副 ‖[33] 夫肤 [112] 俘孵扶巫辅 [55] 诬腑俯釜腐赋讣仆（前～后继） [24] 父妇（～女）

t [112] 多都（首～） [24] 朵躲都（～是）堵赌肚（猪～） ‖[55] 妒 [24] 惰杜度镀

t^h [52] 驼驮（抱）陀徒涂图 [24] 土吐（～痰）吐（呕～） [534] 舵肚（～皮：肚子） [33] 大（～细：大小）妥椭兔渡 ‖[33] 拖（～拉机） [112] 屠途

n [33] 糯 ‖[112] 奴 [55] 努 [24] 怒

l [52] 罗锣箩骡螺脶炉芦驴$_2$ [534] 卤□（大范围地砍） [33] 路露□（搞～□[sɤ^{33}]：玩儿） ‖[33] 啰 [112] 卢鸬庐 [55] 鲁虏

ts [112] 租 [24] 祖阻 [33] 做 ‖[55] 左佐组

ts^h [112] 搓粗初 [24] 楚 [33] 锉醋错 ‖[55] 措

s [112] 蓑梭唆稣鬚□（翼～：翅膀） [24] 锁 [534] 坐座 [33] 素诉塑助数（名词）漱□（模子）□（塌陷） ‖[33] 苏疏蔬 [55] 琐所

k [112] 歌哥（～弟）姑孤咕（像声词） [52] 咕（卒卒～：卒子）咕（像声词） [24] 果裹馃（本地多写作“粿”）古估牯股鼓 [33] 过故固雇顾 ‖[33] 锅戈枯 [55] 个（～体）

k^h [112] 科窠箍 [24] 苦 [33] 课库裤 ‖[33] 棵颗 [55] 可

ŋ [52] 蛾鹅俄娥吴 [33] 饿 ‖[24] 误悟

x　[112] 呼乎(傻～～)[52] 河何荷(～花)荷(薄～)和(～气)禾 [24] 火伙(～食)虎 [33] 贺货戽 ‖[33] 乎(几～)[112] 乎(之～者也)[55] 浒

ø　[112] 桠乌□(～髻：髻)□(气逼哈～：气喘吁吁)[52] 梧胡(姓)湖壶葫鬍狐 [24] 坞武舞□(丢失)[534] 祸 [33] 和(暖～)涴(屎)糊(～泥：黄色黏土)雾话□(煮)[55] □(三十夜～：除夕)‖[33] 窝污抚 [112] 狐无 [55] 鹉 [24] 卧户沪互护务戊

y

tɕ　[112] 诸居车(～马炮)朱硃珠拘驹 [24] 举主矩□(看守)[33] 注蛀铸句指(动词)□(～家：回去)□(担～：帮助挑担用的棍子)‖[33] 绪(光～)储诛蛛株 [55] 著据 [24] 序绪(情～)巨拒距殊俱具惧驻住骤

tɕʰ　[52] 徐除 [24] 取 [534] 柱 ‖[33] 枢区驱 [112] 渠(～道)厨瞿衢 [55] 处(相～)处(～所)鼠趋娶趣

ȵ　[52] 蜈鱼渔 [24] 女(男～)‖[112] 愚 [55] 语 [24] 遇

ɕ　[112] 书舒输(～赢)[24] 数(动词)[534] 聚竖 [33] 树 ‖[33] 虚嘘须(必～)需输(运～)[55] 暑庶恕署墟许戍乳 [24] 叙绪(～塘：地名)

ø　[52] 如余(姓)馀围(～裙)[534] 雨 [33] 芋佑 ‖[33] 淤郁 [112] 与儒于盂榆逾愉喻 [55] 汝寓宇禹羽 [24] 御誉预豫虞娱吁愈裕欲

ɑ

p　[24] 把(介词)摆 [33] 簸(动词)拜 [55] 爸(阿～：爸爸)[0] 罢(了)‖[33] 芭褒鲍 [55] 霸堡 [24] 罢(～工)爆雹瀑

pʰ　[52] 排牌簰 [33] 破派败 ‖[112] 跑 [55] 怕

m　[52] 埋 [534] 买 [33] 卖没(无～：没有)[55] 妈 ‖[112] 麻(～烦)[55] 卯(子丑寅～)[24] 骂冒貌(礼～)

t　[33] 戴(动词；姓)带 ‖[55] 岛打 [24] 大(～概)大(～夫)导

tʰ　[112] 拖 [33] 大(～家)太 ‖[33] 他滔涛

n　[112] 奶拉₂(尔～：你们)‖[55] 哪那

l　[112] 拉(动词)拉₁(人称代词复数词尾)[33] 赖癞 ‖[112] 涝扰 [55]

老（～师）

ts　[112] 斋□（鸡骨乱～：乱七八糟）[52] □（我。本书里写作“咱”）[33] 债 ‖ [33] 遭昭沼诏眨 [55] 炸（～弹）澡 [24] 赵兆

ts^h　[24] 踩 [534] □（哪）‖ [33] 钗差（出～）超

s　[112] 傻筛（斟）[52] 豺柴 [24] 洒 ‖ [33] 奢 [112] 韶 [24] 绍（介～）

k　[112] 家（自～：自己）街 [24] 解（～开）□（丘疹）[33] 个$_1$（一～）解（押送）□（～橱：碗橱）[55] 哥（～～）‖ [55] 界芥疥戒尬

k^h　[112] 揩 [534] □（衰弱）

ŋ　[112] 蚁$_1$（～～咕：蚂蚁）[52] 捱

x　[52] 鞋 [24] 蟹 [33] 哈 ‖ [112] 豪壕 [24] 浩

ø　[24] 矮 [534] 我 [55] 凹 [0] 啊（语气词）‖ [55] 奥懊澳沃

iɑ

m　‖ [55] 渺妙 [24] 谬

l　‖ [112] 燎聊辽掠 [55] 瞭（～解）[24] 疗略

tɕ　‖ [33] 茄（番～）傢佳$_1$郊狡樵骄 [112] 瘸 [55] 稼佳$_2$较校（上～）矫

$tɕ^h$　‖ [33] 悄 [112] 巢剿乔侨

ȵ　[534] 惹 ‖ [112] 尧 [24] 尿（～素）

ɕ　‖ [33] 梢捎鞘嚣 [112] 霞瑕遐 [55] 侥 [24] 厦（大～）夏（姓）厦（～门）暇效校（学～）

ø　[52] 爷 [24] □（动词，扇）[534] 野 [33] 夜□（知～：知了）‖ [33] 要（～求）[112] 耶涯谣 [55] 雅亚咬肴淆 [24] 邀耀跃

uɑ

k　[24] 拐 [33] 乖怪 ‖ [55] 剐

k^h　[33] 快 ‖ [33] 夸 [55] 垮跨

x　[24] □（～开：张开）‖ [112] 华（中～）华（姓）桦

ø　[112] 坏（形容词）[52] 怀 [33] 外坏（动词）‖ [33] 蛙洼挖

yɑ

tɕ [112] 株（茬儿）抓（～牌）□（钝）[24] □（摔；打）

tɕʰ [52] □（抱）

ȵ [55] □（拿）

ɕ [112] 衰

ø [52] 吆（叫，喊）

ɛ

t ‖ [24] 怠贷

tʰ ‖ [112] 台（～州：地名）[55] 态泰

n ‖ [55] 乃 [24] 奈

ts ‖ [33] 栽 [55] 载（年～）载（满～）寨

tsʰ ‖ [112] 才（人～）纔 [55] 采睬蔡灿

s ‖ [55] 赛

k ‖ [55] 改（劳～）概溉丐

ŋ ‖ [112] 崖

x ‖ [112] 孩

ø ‖ [33] 哀埃挨（～近）

iɛ

p [112] 杯碑叁（撮）[33] 贝辈背（～心）半 [55] 钵拨

pʰ [112] 胚坯 [52] 陪赔搬盘 [534] 倍伴拌 [33] 配背（～书）[55] 泼

m [52] 梅媒煤霉瞒馒□（挌乌～：捉迷藏）[24] 抹 [534] 每满 [33] 妹问 [55] 枚（量词）

t [112] 堆端 [24] 短 [33] 对碓顿（一～饭）[55] □（坛子）

tʰ [112] 胎梯推煺贪吞汆（漂流）[52] 臺抬潭糰（汤～：汤圆）[24] 腿 [534] 待 [33] 代袋退

n [52] 南男 [534] 暖忍 [33] 耐内

l [52] 来 [24] 雷粒 [534] 瘤（疖子）

tɕ　[112] 灾簪钻(动词) [33] 宰再载(~重)钻(名词) [55] □(~□ [nã⁵⁵]: 垃圾)
‖ [33] 皆阶 [55] 者介届解(~放)

tɕʰ　[112] 猜催 [24] 彩 [534] 在₁ [33] 菜蒜 ‖ [33] 楷

ɕ　[112] 腮鳃酸□(阿 ~ : 孙子; 侄子) [52] 材财裁蚕 [24] 些₂碎 [534]
在₂罪錾 [33] 算□(鸡 ~ : 鸡屋) [55] 些₁ ‖ [112] 谐 [55] 懈 [24] 械

ø　[24] 也

uɛ

s　‖ [55] 摔

kʰ　[112] 盔 [33] 块 ‖ [55] 蒯筷

x　[112] 灰 [33] 悔晦 ‖ [33] 歪 [112] 槐淮

ø　[112] 煨 [52] 回茴 [33] 滙(~款)会(开 ~)会(勿 ~ : 不会)

yɛ

ɕ　‖ [55] 帅率(~领)

ei

p　‖ [33] 裴卑婢悲 [24] 佩焙备

pʰ　‖ [112] 培 [55] 沛

m　‖ [55] 美

n　‖ [24] 类

ie

t　[112] 爹 [55] 跌

tʰ　[24] 叠碟蝶 [55] 帖贴铁

l　[52] □(咬) [24] 篾(箅子)□(□ [tɕyə⁵⁵] ~ : 知了)

tɕ　[24] 姐 [33] 借 [55] 节

tɕʰ　[55] 切 [0] □(起来。"起来"的合音) ‖ [112] 茄(~子)斜

ɕ　[52] 含(衔) [24] 写 [33] 谢(多 ~)赦细(小)汉(好 ~)汗焊 [55] 屑(头
皮 ~)□(~着: 知道) ‖ [112] 邪 [55] 泻卸舍(宿 ~)

k　[112] 该甘柑泔肝竿乾(饼 ~) [24] 改敢秆赶 [33] 盖幹(事 ~: 事情) [55]

合（合眼）合（把斗上的米擀平整）蛤鸽割葛嗝□（～子：结巴）

kʰ [112] 开 [24] 搿（挑担）[534] 徛（站立）

ŋ [52] 呆 [33] 碍艾岸

x [52] 寒 [24] 海合（合拢）[33] 害

ø [112] 庵安鞍 [33] 爱暗案

uei

t ‖ [55] 兑 [24] 队

l ‖ [55] 吕旅虑屡儡累（劳～）履累（～积）累（连～）垒 [24] 锐

tsʰ ‖ [33] 崔 [55] 脆翠粹 [24] 睡瑞

s [112] 虽绥 ‖ [112] 谁 [55] 岁（万～）秽 [24] 遂隧穗

k [112] 规龟归 [52] 轨 [24] 癸鬼 [33] 桂贵 ‖ [33] 窥 [55] 会₁（～计）刽桧圭闺诡 [24] 溃绘

kʰ [112] 亏 [52] 葵 [534] 跪 [33] 柜 ‖ [33] 魁奎逵 [55] 傀会₂（～计）愧

x [112] 徽 [24] 毁 ‖ [33] 恢挥辉 [55] 贿

ø [112] 危为（介词）威冤 [52] 桅围（动词）圆（～桌）员缘园 [534] 尾（有头有～）远 [33] 位味魏院怨 ‖ [112] 为（作～）唯违 [55] 惠慧萎委讳伟苇畏慰 [24] 卫伪未纬胃谓猬彙（词～）

yei

tɕ [112] 追专砖□（～锄：一种锄头）[24] 嘴转（～身）捲 [33] 卷（名词）[55] 结（打～）诀

tɕʰ [112] 吹炊川穿圈（圆～）[52] 垂槌锤传（动词）椽拳权 [33] 传（名词）劝郡₂ [55] 串（一～）缺

ȵ [112] □（用手拧、掐）[52] 圆（肉～：大肉丸子）源 [24] 月（一个～）[534] 软 [33] 愿

ɕ [112] 靴闩 [52] 船 [24] 水 [33] 税楦训 [55] 刷说血蟀

uə

t [112] 耽丹（牡～）单（～衣）□（溪～：溪）[24] 胆□（擀）[33] 担（名

词）且［55］答搭

t^h　［112］滩摊［52］谈痰弹（～琴）［24］毯［534］淡［33］炭［55］踏（踢）拓（～本）塔塌獭

n　［112］拿［52］难（形容词）［534］女（～婿）［33］难（名词）

l　［52］蓝篮兰（～花）拦栏［24］腊蜡辣瘌［534］懒［33］滥烂

s　［112］三［24］散（鞋带～）［33］伞散（～会）［55］撒萨煞

k　［112］家（大～）加嘉瓜监间（房～）官棺观（～里娘娘：观音娘娘）冠（鸡～）关［24］假（真～）贾减管馆［33］假（放～）架驾嫁价寡挂卦罐惯□（～蛮：倔）［55］裌甲（指～）胛刮□（紧～：经常）

k^h　［112］宽［52］蛤（～蟆）［24］夹床（窗户）款［33］搭（捉）［55］启（压）阔

ŋ　［112］弯湾［52］牙芽衙华（金～：地名）岩颜还（动词）［24］碗［534］瓦眼［33］换

x　［112］虾花欢［52］鹹［24］盒狭匣［534］下（方位词）下（动词）馅［33］夏（立～）化苋［55］呷（大口喝）瞎豁□（摔；扔）

ø　［112］鸦丫剜［52］划（～船）还（副词）［24］哑活［33］画万［55］鸭押压挖□（别，不要）‖［33］蜗

yə

tɕ　［112］楂渣遮□（剁）［24］盏［33］诈榨乍蔗［55］扎（捆）□（～□［lie²⁴］：知了）

$tɕ^h$　［112］叉杈差（～别）车（汽～）搀餐（量词，指被动物咬一口）［52］茶搽查［24］铲［534］赚［55］插擦

ɕ　［112］沙纱杉衫山删痧（闭～：中暑）［52］蛇［24］捨闸煠（用水煮）陕产（～母：产妇）铡［33］麝舍（隔壁邻～）晒［55］杀

ɤ

p　［112］巴（尾～）疤把（抓）班斑扳□（抓）［24］把（～车）板版［33］坝爸（阿～：大伯子）扮［55］八

p^h　［52］爬琶杷钯［33］耙稗办［55］爿（一～店）

m　［112］卯（大米粥）［52］麻（苎～）痳蟆（蛤～）茅（～铺）猫（三脚～：

三脚架）锚蛮［24］袜［534］马码晚（～娘）［33］慢

f　［112］翻［52］烦矾［24］反罚［534］犯［33］番（～薯：甘薯）贩饭［55］法髮發

t　［112］刀［24］倒（打～）倒（～出去）［33］到

tʰ　［52］桃逃淘陶萄［24］讨［534］道稻［33］套盗

n　［534］脑恼［33］闹

l　［52］劳牢兰（马～头：野菜名）［534］老佬［33］□（稀薄）

ts　［112］糟抓（～痒）朝（今～）召招［24］早枣蚤爪找［33］躁₂灶罩笊照

tsʰ　［112］操抄［52］曹朝（～南）潮［24］草钞炒吵［33］躁₁糙耖

s　［112］骚臊烧［52］槽［24］嫂少（多～）［534］皂造［33］扫（～地）扫（～帚）燥肖绍（～兴）少（老～）邵□（搞□［lu³³］～：玩儿）‖［112］佘

k　［112］高膏篙羔糕交（～界）胶（～水）缴［24］稿绞搞［33］告教（～书）教（～育）校（～表）酵窖觉（困～：睡觉）□（～水：碱）

kʰ　［24］考烤［33］靠犒

ŋ　［52］熬□（大粮柜）［24］拗（折使断）［33］傲

x　［24］好（形容词）［33］好（动词）耗号（～码）孝（做～）［55］毫（一～）

ø　［24］袄［0］诶（语气词，实际音［e］）

iɤ

p　［112］膘标（目～）镖彪［24］标（梢）表（～格）錶

pʰ　［112］飘［52］瓢嫖薸（浮萍）［24］漂（～白）［33］票漂（～亮）

m　［52］苗描［33］庙［55］秒（一～钟）

t　［112］刁貂雕［52］鸟（动物名）屌₂（□［pəʔ³］～：阴茎）［24］屌₁［33］钓吊

tʰ　［112］挑（～刺）［52］条调（～解）笤［33］跳粜掉调（声～）调（～动）

l　［52］撩（捞）髎（～子：阴茎）［24］了（揹～去）［534］了（完）［33］料廖□（～口：吵嘴）

tɕ　［112］交（～关：非常）胶（阿～）姣焦蕉椒娇浇［24］搅饺［33］叫

tɕʰ　[112] 锹缲跷（～子：瘸子）[52] 桥荞 [24] 巧 [33] 筤俏轿窍

ȵ　[52] 饶 [33] 绕

ɕ　[112] 消宵霄硝销萧箫□（掀）□（楔子）[24] 晓 [33] 谢（～～）孝（～顺）小笑 ‖ [33] 稍

ø　[112] 妖腰吆（～牛：放牛）[52] 摇窑姚 [24] □（折叠）[534] 舀 [33] 要（重～）鹞

əɯ

p　[112] 波菠坡玻巴（～勿得：巴不得）包（～子）胞 [24] 把（量词）保宝饱 [33] 报暴 ‖ [33] 豹

pʰ　[112] 泡（形容词）□（柚子）[52] 婆袍刨（木工用具）[33] 炮泡（动词）[55] 雹（冰～）‖ [33] 颇抛

m　[52] 磨（动词）毛茅（～草）[534] 牡 [33] 磨（名词）墓帽貌（相～）‖ [33] 魔摩 [112] 模（～范）摹谋矛 [55] 某母 [24] 暮慕募茂贸幕

f　‖ [55] 否 [24] 负（～责）阜

t　[112] 兜丢 [52] 头（上～，下～）[24] 斗（名词）抖 [33] 鬥 ‖ [55] 逗

tʰ　[112] 偷 [52] 头（脑袋）[24] 敨（～气：喘气）[33] 透豆脰 ‖ [112] 投

l　[112] □（掏）[52] 楼 [534] 娄 [33] 漏

ts　[112] 邹皱绉周舟州洲□（吸）[24] 帚 [33] 奏咒₂ ‖ [55] 走昼

tsʰ　[112] 抽□（～□ [mi²⁴]：梁）[52] 绸筹仇（报～）酬仇（姓）[24] 丑（子～寅卯）醜 [33] 凑臭 ‖ [112] 稠柔

s　[112] 搜馊收 [52] 愁 [24] 手首守 [534] 受 [33] 嗽瘦兽寿授 ‖ [55] 叟

k　[112] 勾钩沟 [52] 渠（他）[24] 狗苟 [33] 锯够构购

kʰ　[112] 抠 [24] 口 [534] 厚 [33] 去扣 ‖ [55] 叩寇

ŋ　[534] 藕偶（配～）‖ [55] 偶（～然）

x　[52] □（思慕）[534] 後后（皇～）[33] 候鲎（虹）‖ [33] 吼 [112] 侯喉猴

ø　‖ [33] 欧瓯呕殴 [112] 儿而 [55] 耳 [24] 二

iəɯ

l [52] 流刘留榴 [534] 柳 [33] 溜馏 ‖ [112] 硫琉 [55] 楼

tɕ [112] 阄 [24] 酒九久韭 [33] 咒 1 灸救究（～竟） ‖ [33] 鸠纠 [55] 宙

咎究（研～） [24] 袖（领～）售

tɕʰ [112] 揪秋（～天）鳅丘 [52] 求球 [24] 就 [534] 臼舅 [33] 旧柩 ‖ [112] 囚

ȵ [112] 扭 [52] 牛 [534] 纽

ɕ [112] 修飕（凉～～：凉快） [33] 秀绣宿（星～）锈袖（衫～：袖子）

‖ [33] 休 [55] 羞朽嗅

ø [52] 由油游 [534] 有友 [33] 釉幼 ‖ [33] 忧优幽 [112] 尤邮犹 [55]

酉 [24 诱又右

ã

p [24] □（～母：夫之嫂） [33] 柄摒（拔） ‖ [33] 颁攀般 [24] 绊

pʰ [52] 挎（拍打）□（溅） ‖ [33] 襻潘 [112] 彭膨 [55] 盼瓣判叛

m [52] 盲猛（很） [534] 猛（旺） [55] □（～～：伯母） ‖ [24] 迈漫

f ‖ [33] 番 [112] 凡帆乏藩繁 [55] 泛 [24] 范（姓）範

t [24] 打 ‖ [33] 担（～心）丹（人～） [55] 旦（元～） [24] 诞但弹（子～）蛋

tʰ ‖ [112] 谭檀壇团（～结） [55] 探坦叹

n [112] □（□ [xã¹¹²] ～：怎么） [52] 囡（女儿） [534] 冷 [33] 呢（语气词）

[55] □（□ [tɕiɛ⁵⁵] ～：垃圾）

l ‖ [112] 鸾 [55] 览揽榄缆

ts [112] 争□（～勿多：差不多） [33] 胀（～农：腹胀） ‖ [33] 沾 [55] 斩

蘸瞻占（～卜）赞展毡战颤 [24] 暂站（车～）栈

tsʰ [112] 撑 [52] □（橙子）□（斜着顶）□（生耳～：患中耳炎） ‖ [33] 参

（～加）惨餐篡 [112] 惭谗馋残蝉禅（～宗） [55] 产（生～）

s [112] 生牲甥 [52] □（～日：昨天） [24] 省（浙江～）省（节～） [534] □（吵

闹） ‖ [33] 珊

k [112] 更（五～）庚羹耕□（钻，挤入） [33] 哽（噎） ‖ [33] 尴干（天～） [55]

感橄杆擀

k^h　[112] 坑 [33] 嵌 ‖[33] 堪刊铅 1 [55] 凯慨坎砍勘看 1

ŋ　[33] 硬

x　[112] □(～□ [nã[112]]：怎么) [52] 行(走)桁 [534] 杏 ‖[33] 憨 [112] 含(包～)函衔韩罕 [55] 喊汉(～族) [24] 憾酣鼾旱翰

ø　‖[33] 按

iã

p　‖[24] 辨辩汴便(方～)

p^h　‖[33] 蝙

m　‖[112] 绵 [55] 免勉娩 [24] 缅

t　‖[33] 颠 [55] 掂□(～子：毽子) [24] 电奠佃

l　‖[112] 廉怜恋 [55] 脸 [24] 链

tɕ　‖[33] 兼艰奸(强～)涧坚 [55] 碱鉴舰检简柬拣谏荐 [24] 渐俭践羡件(文～)键健

$tɕ^h$　‖[33] 歼谦迁遣笺铅 2 [112] 潜钦钱(姓)乾全泉旋 [55] 歉

ȵ　‖[33] 拈 [112] 言研(～究) [24] 验撵

ɕ　‖[33] 鲜(朝～)宣喧 [112] 闲轩贤 [55] 险宪献显选 [24] 限善膳单(姓)县

ø　‖[112] 炎阎(姓)然谚焉延沿 [55] 淹掩艳雁晏演砚燕(～子)宴 [24] 陷

uã

t　‖[24] 断(决～)锻段缎

k　[112] 惊(怕) [24] 梗 ‖[33] 观(参～) [55] 贯灌冠(～军)

x　[24] □(歪) ‖[112] 桓环 [55] 唤焕 [24] 患宦

ø　[52] 横(～直)横(蛮～) ‖[33] 豌 [112] 完丸 [55] 缓皖腕晚挽 [24] 玩顽幻

yã

tɕ　[112] 肫军 [52] 唇 2 [24] 準 1 准(批～) ‖[33] 绢娟鹃捐均钧君 [55] 转(～动)眷券(国库～)準 2(～备)菌 [24] 倦

tɕʰ [112] 春裙 [33] 郡₁ ‖ [112] 颧椿群 [55] 喘串券(金圆~)犬蠢

ɕ [112] 熏勋 [52] 唇₁驯 [33] 顺 ‖ [112] 玄悬循莼弘 [55] 殉舜训

ø [52] 匀雲 [33] 运晕 ‖ [33] 渊 [112] 元原阮袁辕援 [55] 允永泳咏 [24] 韵孕

ɑ̃

p [112] 帮 □(推~：差) [24] 榜 绑 [33] 迸 [55] □(雀~：阴茎) ‖ [33] 邦浜 [55] 谤 [24] 蚌

pʰ [534] 棒 [33] 胖 ‖ [112] 滂旁傍庞

m [52] 忙 [24] □(那样。"末样"的合音) [534] 网 [33] 蟒忘望(指~) ‖ [112] 芒(~种)茫盲虻 [55] 莽

f [112] 方 [52] 房防 [24] 纺 [33] 放 ‖ [33] 芳 [112] 妨彷 [55] 肪仿(~造) 访

t [112] 当(~时) [24] 挡 [33] 当(上~)档□(随~便：随便) ‖ [55] 党

tʰ [112] 汤 [52] 堂唐糖塘 [24] 躺 [534] 荡(~秋千，~街路，涮洗) [33] 烫 [55] 趟(一~) ‖ [112] 棠螳

l [52] 郎廊狼榔莨(~萁：蕨) [33] 浪踉晾 ‖ [112] 螂 [55] 囊壤嚷 [24] 朗

ts [112] 张装(盛饭)章樟 [24] 长(队~)涨掌 [33] 葬帐账胀(泡~)障瘴 ‖ [33] 赃髒 [55] 藏(西~) [24] 仗

tsʰ [112] 仓 昌 菖 [52] 长(~短)肠 常 [24] 厂 [534] 丈 杖 [33] 臟 唱 ‖ [33] 苍 [112] 场 [55] 创倡

s [112] 桑丧(婚~)商伤 [52] 藏(腌)尝偿 [24] 磉裳赏 [534] 上(动词) [33] 尚上(方位) ‖ [55] 嗓丧(~失)畅

k [112] 钢缸江扛豇 [24] 讲港□(这样。"仡样"的合音) [33] 杠降(下~) ‖ [33] 冈岗刚纲江₁

kʰ [112] 糠□(~~：刚，恰) [33] 园(藏放) ‖ [33] 康炕 [55] 慷抗

ŋ [52] 昂

x [52] 降(投~) [33] 夯巷笐(~竿：晒衣竿) [55] 行(一~) ‖ [112]

行(银～)航杭 [24] 项

ø　‖[33] 肮

iɑ̃

l　[52] 凉量(动词)粮梁 [24] 两(二～) [534] 两(～个)辆 [33] 亮 [55] 两(几～) ‖[112] 良粱 [24] 谅量(数～)

tɕ　[112] 将(～来)浆僵薑姜(姓)□(瞪) [24] 奖桨 [33] 酱将(大～) ‖[33] 疆缰江₂ [55] 蒋奖(～状)

$tɕ^h$　[112] 枪腔 [24] 抢 ‖[33] 羌 [112] 详祥强(～盗) [55] 强(勉～)

ȵ　[52] 娘 [534] 仰

ɕ　[112] 相(～信)箱厢湘镶香乡 [52] 墙 [24] 想鲞饷享响 [534] 象像 [33] 匠相(～貌)向 ‖[55] 襄晌 [24] 橡

ø　[112] 央秧 [52] 羊洋烊杨阳 [534] 痒 [33] 让样 ‖[33] 殃 [112] 扬 [55] 疡

uɑ̃

k　[112] 光 ‖[55] 广

k^h　[52] 狂 [33] 圹 ‖[33] 匡筐眶 [112] 逛 [55] 旷矿

x　[112] 荒慌 ‖[33] 谎晃 [55] 况

ø　[52] 黄皇隍王 [534] 往(～年) [33] 旺(火～) ‖[33] 汪 [112] 簧蝗亡 [55] 枉往(来～) [24] 妄望(希～)旺(兴～)

yɑ̃

tɕ　[112] 庄装(做饭菜)桩 [33] 壮

$tɕ^h$　[112] 疮 [52] 重(摞) [33] 闯状撞□(亡狗～：一种棺材) ‖[33] 窗

ɕ　[112] 霜双(量词)双(～生)舂 [52] 床 [24] 爽 ‖[33] 孀

ø　[534] 养

en

p　[112] 崩 [24] 本 ‖[33] 奔

p^h　[112] 喷(～水) [52] 盆 [24] 喷(～香) [534] 笨 [33] 烹 ‖[112] 朋

m　[52] 门明 (~朝：明天) [33] 闷□ (掷) ‖ [24] 孟

f　[112] 分 [52] 坟 [24] 粉 [33] 粪拚 (~斗：簸箕) 份 ‖ [33] 芬纷 [112] 焚 [55] 奋 [24] 愤忿

t　[112] 墩蹲灯瞪 [24] 等 [33] 凳 ‖ [33] 敦登 [24] 顿 (停~) 钝邓 (姓)

t^h　[112] 盾 [52] 饨藤□ (安放) □ (逗；骗) [534] 断 (剪~) [33] 褪 (掉落) 遁邓 (~家：地名) ‖ [112] 屯豚臀腾誊疼

l　[52] 轮稜 [534] 卵 [33] 乱嫩闰 ‖ [33] 扔 [112] 人仁仑伦沦能仍 [55] 纫 [24] 赁壬任 (姓) 任 (责~) 论 (~语) 论 (议~) 润

ts　[112] 针珍真曾 (姓) 蒸筝贞正 (~月) 欉 (揳) [52] □ (你。本书里写作"僣") [24] 枕 (~头) 整 [33] 镇震甑正 (~副) 政 ‖ [33] 臻诊尊遵增憎曾 (~经) 僧₂赠征侦 [55] 镇 (乡~) 疹振证症 [24] 郑 (姓)

ts^h　[112] 村称 (~呼) 逞 [52] 沉陈尘存乘程 [24] 忖 [33] 阵衬 (~托) 寸称 (相~) 秤郑 (~家：地名) ‖ [112] 趁澄惩橙承丞拯诚 [55] 衬 (~衫)

s　[112] 参 (人~) 深身申伸孙狲升声 [52] 神辰臣曾 (勿~：未) 绳塍成城 [24] 婶 [33] 渗剩胜 (~败) 圣□ (帮~：帮助) [55] 层 (一~) □ (耳朵~：耳饰) ‖ [33] 森僧₁生 (医~) 笙 [112] 晨 [55] 沈审损逊胜 (~利) 省 (反~) [24] 甚肾慎盛 (兴~)

k　[112] 今跟根 [33] 更 (~加) ‖ [55] 粳埂耿

k^h　[24] 肯 ‖ [55] 看₂恳垦啃

x　[33] 恨 ‖ [33] 亨 [112] 痕恒衡 [55] 很

ø　[112] 恩□ (埋，葬)

ien

p　[112] 冰兵□ (~芽子：蓖麻) [24] 饼併 [33] 殡鬓柄 ‖ [33] 彬宾槟 [55] 贬禀丙秉並

p^h　[112] 拼 [52] 贫平坪瓶萍 [33] 病聘姘 ‖ [112] 频凭评屏 [55] 品

m　[52] 民蚊明 (清~) 名□ (梁) [534] 抿 [33] 命 ‖ [112] 萌鸣盟铭 [55] 悯敏

t [112] 钉(名词)疔 [24] 顶 [33] 钉(动词)订□(吝惜)□(沉淀) ‖[33] 丁鼎 [24] 锭

t^h [112] 厅 [52] 亭停蜓 [33] 听定 ‖[112] 廷庭 [55] 艇挺

l [112] 拎 [52] 林淋临邻凌菱灵零铃 [534] 领(领子)岭 [33] 领(畦)另 ‖[112] 鳞磷吝陵伶 [24] 令

tɕ [112] 金襟巾斤筋京惊(～险)精晶睛经□(跨) [52] 景(光～) [24] 紧景(时～:时间)井颈□(泅) [33] 浸禁(～勿牢:禁不住)禁(～止)进劲镜 ‖[33] 今津 [55] 锦晋仅谨俊荆擎境景警敬竟竞靖径 [24] 盡

$tɕ^h$ [112] 亲(～戚)亲(～家)清轻青蜻 [52] 琴秦勤 [24] 请 [534] 近 [33] 揿(按)□(～口:忌口) ‖[33] 侵卿 [112] 禽擒芹巡鲸 [55] 寝庆倾顷

ȵ [52] 银迎(～灯:舞龙灯) [33] 认韧 ‖[112] 吟

ɕ [112] 心辛新薪兴(～汪)蝇星腥 [52] 寻情晴□(～糖:饴糖) [24] 笋榫醒 [534] 静净 [33] 信讯兴(高～)性姓 ‖[33] 掀1欣 [112] 旬行(～为) [55] 掀2荀迅 [24] 行(品～)幸

ø [112] 音阴姻殷鹰樱英 [52] 赢营 [24] 引(药～)隐影 [33] 印应(～当)应(答～) ‖[33] 因莺鹦婴缨 [112] 淫寅盈形型刑萤荥莹 [55] 饮引(～进)映颖

uen

k [24] 滚棍

k^h [24] 捆 [33] 睏(睡) ‖[33] 昆(～明, ～仑)坤 [55] 困(～难)

x [112] 昏婚荤

ø [112] 温瘟 [52] 魂馄浑文纹 [24] 稳 [534] 混 ‖[112] 闻 [55] 吻刎 [24] 问

ɔm

p^h [52] 螃棚篷 [24] 捧 [33] 碰 [55] 蓬(一～花) ‖[112] 蓬

m [52] 芒(麦～) [534] 懵 [33] 梦 [55] 猫 ‖[112] 蒙

f [112] 风枫疯封峰蜂锋 [52] 缝(动词) [33] 风缝(名词) ‖[33] 丰讽

[112] 冯逢 [24] 奉俸

t [112] 东冬 [24] 懂 [33] 冻栋□(～争头：肘) [55] □(桑叶～～：桑葚) ‖ [55] 董

t^h [112] 通 [52] 同铜筒潼 [24] 捅统 [534] 桶动 [33] 痛洞 ‖ [112] 桐童瞳

n [52] 农₁(人) [33] 脓 ‖ [112] 农₁(～民)

l [112] 弄(捉弄) [52] 笼聋农₂(人) 窿龙垄(山谷) 咙 [534] 拢 [33] 弄(～堂) ‖ [112] 农₂(～民) 隆 [55] 陇垄(～断)

ts [112] 棕鬃宗 [24] 总 [33] 粽 ‖ [55] 综踪纵怂

ts^h [112] 聪匆葱囱□(火～：烘篮) [52] 从□(谁。"□ [$ts^h a^{534}$] 农"的合音) ‖ [112] 从崇

s [112] 鬆□(～衣：蓑衣) □(弄～：捉弄) [52] 松(～树) 㞞(精液) [33] 送宋 ‖ [33] 嵩 [24] 讼

k [112] 公蚣工功攻弓躬宫 ‖ [33] 恭 [55] 贡汞供(～应) 拱巩供(上～) [24] 共

k^h [112] 空(～话) [24] 孔 [33] 空(有～) ‖ [55] 控恐

x [112] 烘 [24] 哄 ‖ [112] 轰宏鸿虹

ø [52] 红洪虹(转～桥：拱桥) [24] 塕(灰～：灰尘) [33] 瓮 ‖ [33] 翁

iɔm

tɕ [112] 中(～国) 忠中(～状元) 终鐘锺盅供(赡养) [24] 种(名词) 肿 [33] 种(动词) ‖ [55] 众诵颂

$tɕ^h$ [112] 充铳冲 [52] 虫穷 [24] 宠共(同) [534] 重(轻～) ‖ [112] 琼重(～复)

ɕ [112] 胸凶(吉～，～恶) ‖ [33] 兄

ø [52] 蓉绒熊雄浓茸蓉 [534] 勇涌 [33] 用 ‖ [112] 荣融容熔 [55] 雍庸拥甬

m

ø [52] 无 [534] 亩 [55] 母

n

ø　[52] 儿 [534] 五伍午尔耳 [33] 二□(～下：门槛)

əʔ

p　[3] 北百柏伯□(～屌：阴茎) ‖ [5] 不

pʰ　[3] 泊脈(掰，迈) [31] 薄(～荷)白 ‖ [5] 帕迫魄

m　[3] 拇 [31] 墨陌麦□₁(那。本书里写作"末")□(～李：李子) ‖ [13] 昧末沫没默

f　[31] 佛(拜～) ‖ [13] 伐筏彿

t　[3] 得德□(啄) ‖ [13] 踏(脚～车：自行车)特

tʰ　[3] 脱忒(太) [31] 达夺突 ‖ [5] 蜕

n　‖ [13] 纳捺

l　[3] 了(助词) [31] 捋勒 ‖ [13] 入日(～本)诺肋

ts　[3] 汁折(～扣)浙质卒侧织职摘隻 ‖ [5] 摺蛰执扎(挣～)哲蜇猝则责 [13] 杂涉侄秩殖植泽宅

tsʰ　[3] 撮测拆坼(瀌～：裂缝)赤斥尺□(勒) [31] 直值择 ‖ [5] 厕察彻撤绰策册

s　[3] 涩虱失蟋塞色栅 [31] 煠(水～饭：泡饭)十拾入(～死娘)实贼食射(～箭)石 ‖ [5] 些摄湿设室识式饰适释 [13] 蚀

k　[3] 个₂(一～；的)格隔 [31] □₁(这。本书里写作"佮") ‖ [5] 胳革

kʰ　[3] 咳磕瞌刻(时～)刻(动词)克客 ‖ [5] 渴

ŋ　[31] 额□(折使断)□(卡，夹)

x　[3] 吓黑 ‖ [5] 喝郝赫 [13] 亥骇合(～作)辖核(～对)

ø　[3] 阿蔼轭 ‖ [5] 扼

iəʔ

p　[3] 笔滗毕必逼碧壁 ‖ [5] 璧 [13] 别(区～)弼

pʰ　[3] 鼻屄(女阴) ‖ [5] 僻辟

m　[31] 密蜜 ‖ [13] 觅

t　[3] 滴□(眨) ‖ [5] 的(目～)嫡 [13] 谍

t^h　[3] 踢 [31] 笛籴 ‖ [13] 敌狄

l　[31] 猎立裂栗力曆(阴～)□(用棍子打) ‖ [13] 列烈劣律率(效～)歴(～来)曆(农～)

tɕ　[3] 记(动量词，下)急吉雀(阴茎)鲫积迹脊 ‖ [5] 甲(～乙丙丁)袭级给揭洁即绩击激 [13] 捷集(～体)习及(～格)杰截疾极剧(～烈)剧(睦～)籍席(主～)

$tɕ^h$　[3] 缉(～鞋底：纳鞋底)七漆戚吃 [31] 及(来勿～) ‖ [5] 妾缉(通～)辑泣讫乞爵

ȵ　[31] 入(装)日(前～) ‖ [5] 捏 [13] 聂匿逆

ɕ　[3] 吸削惜锡析疲(差) [31] 集(收拾)舌嚼席(草～) ‖ [5] 薛蝎悉膝衅戌恤息熄媳畜昔寂 [13] 峡洽胁协夕

ø　[3] 揖一 ‖ [5] 隘押(～金)压(镇～)乙逸益 [13] 翼译易(贸～)液腋

uəʔ

k　[3] 骨国灖(裂) ‖ [5] 括

k^h　[3] 屈(弯) ‖ [5] 扩

x　‖ [13] 滑或惑获

ø　[3] 頟(淹)□(抓，划) [31] 核(桃～)劃(～洋火：划火柴) ‖ [13] 猾物勿劃(计～)

yəʔ

tɕ　[3] 橘□(吮吸) ‖ [5] 缀厥蕨决

$tɕ^h$　[3] 出 ‖ [5] 屈倔

ȵ　[31] 月(～亮)

ɕ　[3] □(拧，转) ‖ [5] 说 [13] 術述

ø　[31] 穴 ‖ [13] 悦阅越曰粤域疫役

ɔʔ

p　[3] 博膊剥 ‖ [5] 搏驳卜（占～）[13] 拔勃

p^h　[3] 箔拍扑覆1(趴) [31] 薄（厚～）缚鹁菔（萝～：萝卜）‖ [5] 朴仆（～人）

m　[3] 摸 [31] 膜寞木目 ‖ [13] 莫穆牧

f　[3] 福 [31] 幅服伏栿（地～）復（～兴）‖ [5] 蝠 [13] 複腹覆2復（～原）

t　[3] 厾□（砍）‖ [5] 笃督 [13] 独

t^h　[3] 托秃 [31] 读毒

l　[31] 萝落骆鹿六陆绿录 ‖ [13] 赂烙酪洛络乐（快～）禄

ts　[3] 作着（穿）筑（～水库）足 ‖ [5] 捉 [13] 昨族俗续

ts^h　[3] □（看）□（肏）[31] 着（火～）‖ [5] 促

s　[3] 索肃宿（～舍）缩粟 [31] 凿勺芍□（骂）‖ [5] 朔速束 [13] 什（～么）酌

k　[3] 阁搁郭角谷（姓）穀 ‖ [5] 各

k^h　[3] 窟廓确壳哭 ‖ [5] 酷

ŋ　‖ [13] 鄂岳

x　[3] 霍（～闪：闪电）[31] 鹤学 ‖ [13] 忽霍藿

ø　[3] 恶（可～）恶（善～）握屋 [31] 镬

iɔʔ

tɕ　[3] 脚桌竹祝粥菊鞠烛 ‖ [5] 卓琢觉（～悟）筑（建～）[13] 浊逐轴蜀局（～长）

$tɕ^h$　[3] 戳畜（～生）麴触龊（龌～：脏）□（湿）[31] 镯局（邮政～）‖ [5] 拙掘却曲

ȵ　[31] 弱肉褥玉狱□（揉）‖ [13] 虐疟辱

ɕ　[3] 叔 [31] 熟赎属（～牛）‖ [5] 淑畜（～牧）蓄嘱 [13] 属（军～）

ø　[3] 约 [31] 药浴 ‖ [5] 育 [13] 若钥乐（音～）

uɔʔ

ø　[3] 勿（不）龌（～龊：脏）

第六节　严州方言字音对照

1. 本节收录严州方言 4 个代表点方言的字音材料。所收方言点依次为：淳安、遂安、建德、寿昌。

2. 本节共选录汉字 1000 个。字目与《吴语婺州方言研究》第二章第九节“婺州方言字音对照”完全相同。

3. 所有字目按《方言调查字表》里的顺序排列。《方言调查字表》未收的个别字按其音韵地位排在相应的位置。所有字音均可在第二章各地方言的同音字汇里查到。

4. 一律在音节的右上角用代码表示调类：1 阴平、2 阳平、3 阴上、4 阳上、5 阴去、6 阳去、7 阴入、8 阳入、0 轻声。调类与代码的关系依据“第二章　语音”表 2。如果某个调类不分阴阳，就标作相应的单数，例如淳安话上声不分阴阳都读作 [55]，标作“3”。如果几个不同来源的调类发生了合并，就按合并后的调类名称标，例如淳安话清平和清去都读作阴平 [224]，清去字也标作“1”。寿昌话白读系统清入字分为阴入甲 [55] 和阴入乙 [3] 两个调，分别标作“7 甲”“7 乙”。

5. 如果某字有又读、文白异读等一字多音的现象，几个读音按常用或口语化的程度高低依次排列，各音之间用“~”隔开。其中，文读音在后面注“文”字，其他读音一般不加注例（具体情况可参看各同音字汇）。

6. 注释和举例在读音后用小字表示。

7. 方言中不说的字，栏内为空白。

	淳安	遂安	建德	寿昌
果　摄				
001 多	tu^{1}	tə^{1}	tu^{1}	tu^{1}
002 拖	t^{h}u^{1}	t^{h}a^{1}	t^{h}u^{1}~t^{h}ɑ^{1}	t^{h}ɑ^{1}~t^{h}u^{1} 文
003 大~小	t^{h}u^{6}~t^{h}ɑ^{6}	t^{h}ə^{6}~t^{h}a^{6}	t^{h}u^{6}~t^{h}ɑ^{6}~tɑ^{6} 文	t^{h}u^{5}~t^{h}ɑ^{5}~tɑ^{6} 文

续表

	淳安	遂安	建德	寿昌
004 箩	lu^{2}	lə^{2}	lu^{2}	lu^{2}
005 做	tsu^{1}	tsə^{4}	tsu^{2}	tsu^{5}
006 搓	ts^{h}u^{1}	ts^{h}ə^{1}	ts^{h}u^{1}	ts^{h}u^{1}
007 歌	ku^{1}	kuə^{1}	ku^{1}	ku^{1}
008 个一~	kɑ^{1}	kɛ^{4}~ka^{4}	kɑ^{2}~kəʔ^{7}	kɑ^{5}~kəʔ^{7}乙~ku^{3}文
009 我	vu^{3}		ŋo^{3}文	ɑ^{4}
010 饿	vu^{6}	uə^{6}	u^{6}	ŋu^{5}
011 荷~花	xu^{2}	fə^{2}	u^{2}	xu^{2}
012 破	p^{h}ɑ^{1}	p^{h}a^{4}	p^{h}ɑ^{2}	p^{h}ɑ^{5}
013 婆	p^{h}u^{2}	p^{h}ə^{2}	pu^{2}	p^{h}əɯ^{2}
014 磨名	mu^{6}	mə^{6}	m^{6}	məɯ^{5}
015 躲	tu^{3}	tə^{3}	tu^{3}	tu^{3}
016 螺	lu^{2}	lə^{2}	lu^{2}	lu^{2}
017 坐	su^{3}	sə^{4}	su^{3}	su^{4}
018 锁	su^{3}	sə^{3}	su^{3}	su^{3}
019 果	ku^{3}	kuə^{3}	ku^{3}	ku^{3}
020 过	ku^{1}	kuə^{4}	ku^{2}	ku^{5}
021 窠	k^{h}u^{1}	k^{h}uə^{1}	k^{h}u^{1}	k^{h}u^{1}
022 火	xu^{3}	fə^{3}	xu^{3}	xu^{3}
023 货	xu^{1}	fə^{4}	xu^{2}	xu^{5}
假　摄				
024 爬	p^{h}o^{2}	p^{h}ɑ^{2}	po^{2}	p^{h}ɤ^{2}
025 耙犁~	p^{h}o^{6}	p^{h}ɑ^{6}	p^{h}o^{6}	p^{h}ɤ^{5}
026 麻	mo^{2}	mɑ^{2}	mo^{2}~m^{2}	mɤ^{2}~mɑ^{2}文
027 马	mo^{3}	mɑ^{4}	mo^{3}~mɑ^{3}文	mɤ^{4}
028 骂	mo^{6}	mɑ^{6}	mo^{6}	mɑ^{6}文
029 茶	ts^{h}o^{2}	ts^{h}ɑ^{2}	tso^{2}	tɕ^{h}yə^{2}
030 查调~	ts^{h}o^{2}	ts^{h}ɑ^{2}	tso^{2}	tɕ^{h}yə^{2}
031 沙	so^{1}	sɑ^{1}	so^{1}	ɕyə^{1}

续表

	淳安	遂安	建德	寿昌
032 加	ko^{1}	kɑ^{1}	ko^{1}	kuə^{1}
033 假真～	ko^{3}	kɑ^{3}	ko^{3}	kuə^{3}
034 嫁	ko^{1}	kɑ^{4}	ko^{2}	kuə^{5}
035 牙	o^{2}	ɑ^{2}	o^{2}	ŋuə^{2}
036 下方位	xo^{3}	xɑ^{4}	xo^{3}	xuə^{4}
037 哑～巴	o^{3}	ɑ^{3}	o^{3}	uə^{3}
038 借	tɕiɑ^{1}	tɕiɛ^{4}	tɕie^{2}	tɕie^{5}
039 写	ɕiɑ^{3}	ɕiɛ^{3}	ɕie^{3}	ɕie^{3}
040 斜	ɕiɑ^{2}	ɕiɛ^{2}	ɕie^{2}	tɕ^{h}ie^{2} 文
041 蔗甘～	tso^{1}	tɕiei^{7}	tso^{2}	tɕyə^{5}
042 车汽～	ts^{h}o^{1}	tɕ^{h}iɛ^{1}	ts^{h}o^{1}	tɕ^{h}yə^{1}
043 蛇	so^{2}	sɑ^{2}	so^{2}	ɕyə^{2}
044 射	ts^{h}ɑ^{6}～se^{6}	ts^{h}ɑ^{6}～ɕiɛ^{6}	ts^{h}ɑ^{6}～sɑ^{3}	səʔ^{8}
045 爷父亲	iɑ^{2}	iɛ^{2}	iɑ^{2}	iɑ^{2}
046 瓜	ko^{1}	kuɑ^{1}	ko^{1}	kuə^{1}
047 寡	ko^{3}	kuɑ^{3}	ko^{3}	kuə^{5}
048 瓦名	o^{3}	ɑ^{4}	o^{3}	ŋuə^{4}
049 花	xo^{1}	fɑ^{1}	xo^{1}	xuə^{1}
遇　摄				
050 谱	pua^{3}～p^{h}ua^{3}	pu^{3}	pu^{3}	pu^{3}
051 布	pua^{1}	pu^{4}	pu^{2}	pu^{5}
052 铺动	p^{h}ua^{1}	p^{h}u^{1}	p^{h}u^{1}	p^{h}u^{1}
053 簿	p^{h}ua^{3}	p^{h}u^{4}	pu^{3}	p^{h}u^{4}
054 步	p^{h}ua^{6}	p^{h}u^{6}	p^{h}u^{6}	p^{h}u^{5}
055 赌	tua^{3}	tu^{3}	tu^{3}	tu^{3}
056 土	t^{h}ua^{3}	t^{h}u^{3}	t^{h}u^{3}	t^{h}u^{3}
057 涂	t^{h}ua^{2}～t^{h}u^{2}	t^{h}u^{2}	tu^{2}	t^{h}u^{2}
058 路	lua^{6}	lu^{6}	lu^{6}	lu^{5}
059 租	tsua^{1}	tsu^{1}	tsu^{1}	tsu^{1}

续表

	淳安	遂安	建德	寿昌
060 粗	tsʰua^{1}	tsʰu^{1}	tsʰu^{1}	tsʰu^{1}
061 醋	tsʰua^{1}	tsʰu^{4}	tsʰu^{2}	tsʰu^{5}
062 苏	sua^{1}	su^{1}	su^{3}~su^{1}	su^{1} 文
063 箍	kʰua^{1}	kʰu^{1}	kʰu^{1}	kʰu^{1}
064 牯	kua^{3}	ku^{3}	ku^{3}	ku^{3}
065 裤	kʰua^{1}	kʰu^{4}	kʰu^{2}	kʰu^{5}
066 吴	va^{2}	u^{2}	u^{2}	ŋu^{2}
067 五	ŋa^{3}	n^{4}	n^{3}	n^{4}
068 胡姓	va^{2}	u^{2}	u^{2}	u^{2}
069 糊名词	va^{2}	u^{2}	u^{2}	u^{5}
070 乌	va^{1}	u^{1}	u^{1}	u^{1}
071 女女儿	ya^{3}~lo^{3}	lɑ^{1}	no^{3}	nuə^{4}
072 徐	ɕya^{2}	ɕy^{2}	ɕi^{2}	tɕʰy^{2}
073 猪	tɕya^{1}	tɕy^{1}	tsʅ^{1}	tsʅ^{1}
074 苎	tɕʰya^{3}	tɕʰy^{4}	tsʰʅ^{6}	tsʰʅ^{4}
075 箸				tsʰʅ^{5}
076 初	tsʰua^{1}	tsʰu^{1}	tsʰu^{1}	tsʰu^{1}
077 锄	ɕya^{2}	tɕʰy^{2}	su^{2}	sʅ^{2}
078 疏稀疏	sua^{1}	su^{4}	su^{1}	su^{1} 文
079 煮	tɕya^{3}	tɕy^{3}	tɕy^{3} 文	ts^{3}
080 书	ɕya^{1}	ɕy^{1}	ɕy^{1}	ɕy^{1}
081 鼠	tɕʰya^{3}	tɕʰy^{3}	tsʰʅ^{3}	tsʅ^{3}
082 锯	kɯ^{1}	kɯ^{4}	ki^{2}	kəɯ^{5}
083 去来~	kʰɯ^{1}	kʰɯ^{4}~kʰəɯ^{4}	kʰi^{2}	kʰəɯ^{5}
084 渠他	kʰɯ^{2}	kʰɯ^{2}	ki^{2}	kəɯ^{2}
085 鱼	ya^{2}	y^{2}	n^{2}	ȵy^{2}
086 许	ɕya^{3}~ɕy^{3}	ɕy^{3}	ɕy^{3}	ɕy^{3} 文
087 斧	fua^{3}	fu^{3}	fu^{3}	fu^{3}
088 扶	fua^{2}	fu^{2}	fu^{2}	fu^{2} 文

续表

	淳安	遂安	建德	寿昌
089 无	va^{2}	u^{2}	m^{2}~u^{2}	m^{2}
090 舞	va^{3}	u^{4}	u^{3}	u^{3}
091 雾	va^{6}	u^{6}	u^{6}	u^{5}
092 取	tɕ^{h}ya^{3}	tɕ^{h}y^{3}	tɕ^{h}y^{3}	tɕ^{h}y^{3}
093 鬚	su^{1}	su^{1}	ɕy^{1}	su^{1}
094 厨	tɕ^{h}ya^{2}	tɕ^{h}y^{2}	tɕy^{2}	tɕ^{h}y^{2} 文
095 柱	tɕ^{h}ya^{3}	tɕ^{h}y^{4}	tɕy^{3}	tɕ^{h}y^{4}
096 数动		su^{3}	su^{3}	ɕy^{3}
097 数名	sua^{1}	su^{4}	su^{2}	su^{5}
098 珠	tɕya^{1}	tɕy^{1}	tɕy^{1}	tɕy^{1}
099 主	tɕya^{3}	tɕy^{3}	tɕy^{3}	tɕy^{3}
100 输~赢	ɕya^{1}	ɕy^{1}	ɕy^{1}	ɕy^{1}
101 树	ɕya^{6}	su^{6}	ɕy^{6}	ɕy^{5}
102 句	tɕya^{1}	tɕy^{4}	tɕy^{2}	tɕy^{5}
103 区	tɕ^{h}ya^{1}	tɕ^{h}y^{1}	tɕ^{h}y^{1}	tɕ^{h}y^{1} 文
104 雨	ya^{3}	y^{4}	y^{3}	y^{4}
105 芋	ya^{6}	y^{6}	y^{6} 文	y^{5}
蟹　摄				
106 戴动	tɑ^{1}	ta^{4}	tɑ^{2}	tɑ^{5}
107 台戏~	t^{h}e^{2}	t^{h}əɯ^{2}	tɛ^{2}	t^{h}iɛ^{2}
108 袋	t^{h}e^{6}	t^{h}əɯ^{6}	t^{h}ɛ^{6}	t^{h}iɛ^{5}
109 来	le^{2}	ləɯ^{2}	lɛ^{2}	liɛ^{2}
110 灾	tse^{1}	tsəɯ^{1}	tsɛ^{1}	tɕiɛ^{1}
111 菜	ts^{h}e^{1}	ts^{h}əɯ^{4}	ts^{h}ɛ^{2}	tɕ^{h}iɛ^{5}
112 财	ts^{h}e^{2}	səɯ^{2}	sɛ^{2}	ɕiɛ^{2}
113 在	tse^{1}	sa^{4}	tsɛ^{6} 文	tɕ^{h}iɛ^{4}~ɕiɛ^{4}
114 赛	se^{1}	sa^{6}	sɛ^{3} 文	sɛ^{3} 文
115 改	ke^{3}	kəɯ^{3}	kɛ^{3}	kie^{3}~kɛ^{3} 文
116 开	k^{h}e^{1}	k^{h}əɯ^{1i}	k^{h}ɛ^{1}	k^{h}ie^{1}

续表

	淳安	遂安	建德	寿昌
117 海	xe^{3}	xəɯ^{3}	xɛ^{3}	xie^{3}
118 爱	e^{1}	əɯ^{4}	ɛ^{3} 文	ie^{5}
119 带名	tɑ^{1}	ta^{4}	tɑ^{2}	tɑ^{5}
120 蔡	tsʰe^{1}	tsʰəɯ^{4}	tsʰɑ^{2}	tsʰɛ^{3} 文
121 盖	ke^{1}	kɯ^{4}	kɛ^{2}	kie^{5}
122 艾植物	e^{6}	əɯ^{6}	ŋɛ^{6}	ŋie^{5}
123 害	xe^{6}	xəɯ^{6}	xɛ^{6}	xie^{5}
124 拜	pɑ^{1}	pa^{4}	pɑ^{2}	pɑ^{5}
125 排	pʰɑ^{2}	pʰa^{2}	pɑ^{2}	pʰɑ^{2}
126 斋	tsɑ^{1}	tsa^{1}	tsɑ^{1}	tsɑ^{1}
127 戒	kɑ^{1}	ka^{4}	kɑ^{2}	kɑ^{3} 文
128 揩	kʰɑ^{1}	kʰa^{1}	kʰɑ^{1}	kʰɑ^{1}
129 摆	pɑ^{3}	pa^{3}	pɑ^{3}	pɑ^{3}
130 牌	pʰɑ^{2}	pʰa^{2}	pɑ^{2}	pʰɑ^{2}
131 稗	pʰo^{6}	pʰa^{6}	pʰo^{6}	pʰɤ^{5}
132 买	mɑ^{6}	ma^{6}	mɑ^{3}	mɑ^{4}
133 卖	mɑ^{6}	ma^{6}	mɑ^{6}	mɑ^{5}
134 奶乳	lɑ^{1}	la^{1}~la^{4}	nɑ^{1}	nɑ^{1}
135 柴	sɑ^{2}	sa^{2}	sɑ^{2}	sɑ^{2}
136 晒	so^{1}	sɑ^{4}	sɑ^{2}	ɕyə^{5}
137 街	kɑ^{1}	ka^{1}	kɑ^{1}	kɑ^{1}
138 解~开	kɑ^{3}	ka^{3}	kɑ^{3}	kɑ^{3}
139 鞋	xɑ^{2}	xa^{2}	xɑ^{2}	xɑ^{2}
140 矮	ɑ^{3}	a^{3}	ŋɑ^{3}	ɑ^{3}
141 败	pʰɑ^{6}	pʰa^{6}	pʰɑ^{6}	pʰɑ^{5}
142 祭	tɕi^{1}	tɕiei^{4}	tɕi^{2}	tɕi^{5}
143 世	se^{1}	ɕiei^{4}	sɿ^{2}	ɕi^{5}
144 艺	i^{6}	i^{6}	i^{6}	ȵi^{6} 文
145 米名	mi^{3}	mei^{4}	mi^{3}	mi^{4}

续表

	淳安	遂安	建德	寿昌
146 低	tiɑ^{1}	tei^{1}	ti^{1}	ti^{1}
147 梯	tʰe^{1}	tʰəɯ^{1}	tʰe^{1}	tʰiɛ^{1}
148 啼	tʰi^{2}	tʰei^{2}	ti^{2}	tʰi^{2} 文
149 弟	tʰiɑ^{3}	tʰei^{4}	ti^{3}	tʰi^{4}
150 递	tʰi^{6}	tʰi^{6}	tʰi^{6}	tʰi^{5}
151 地天~	tʰi^{6}	tʰi^{6}	tʰi^{6}	tʰi^{5}
152 泥	iɑ^{2}	iei^{2}	i^{2}	ȵi^{2}
153 犁	li^{2}	lei^{2}	li^{2}	li^{2}
154 齐	ɕi^{2}	ɕiei^{2}	ɕi^{2}	ɕi^{2}
155 洗	ɕi^{3}	ɕiei^{3}	ɕi^{3}	ɕi^{3}
156 细小	ɕiɑ^{1}	ɕiɛ^{4}	ɕie^{2}	ɕie^{5}
157 婿	ɕi^{1}	ɕiei^{4}	ɕi^{2}	ɕi^{5}
158 鸡	tɕi^{1}	tɕiei^{1}	tɕi^{1}	tɕi^{1}
159 溪	tɕʰi^{1}	tɕʰiei^{1}	tɕʰi^{1}	tɕʰi^{1}
160 杯	pe^{1}	pəɯ^{1}	pe^{1}	piɛ^{1}
161 配	pʰe^{1}	pʰəɯ^{4}	pʰe^{2}	pʰiɛ^{5}
162 赔	pʰe^{2}	pʰəɯ^{2}	pe^{2}	pʰiɛ^{2}
163 煤	me^{2}	məɯ^{2}	me^{2}	miɛ^{2}
164 妹	me^{6}	məɯ^{6}	me^{6}	miɛ^{5}
165 堆	te^{1}	təɯ^{1}	te^{1}	tiɛ^{1}
166 对	te^{1}	təɯ^{4}	te^{2}	tiɛ^{5}
167 退	tʰe^{1}	tʰəɯ^{4}	tʰe^{2}	tʰiɛ^{5}
168 队	te^{1}	təɯ^{4}	tʰe^{6}	tuei^{6} 文
169 雷	le^{2}	ləɯ^{2}	le^{2}	liɛ^{2}
170 罪	se^{3}	səɯ^{4}	ɕye^{3}	ɕiɛ^{4}
171 碎	se^{3}	ɕiei^{4}	ɕye^{3}	ɕiɛ^{3}
172 块	kʰue^{1}	kʰuəɯ^{4}	kʰue^{2}	kʰuɛ^{5}
173 灰	xue^{1}~fe^{1}	fəɯ^{1}	xue^{1}	xuɛ^{1}
174 回	ue^{2}	uəɯ^{2}	ue^{2}	uɛ^{2}

续表

	淳安	遂安	建德	寿昌
175 外	uɑ^{6}	uəɯ^{6}	uɑ^{6}	uɑ^{5}
176 会开~	ue^{6}	uəɯ^{6}	ue^{6}	uɛ^{5}
177 怪	kuɑ^{1}	kua^{4}	kuɑ^{2}	kuɑ^{5}
178 怀	uɑ^{2}	fa^{2}	uɑ^{2}	uɑ^{2}
179 挂	ko^{1}	kuɑ^{4}	ko^{2}	kuə^{5}
180 歪	uɑ^{1}	ua^{1}	uɑ^{1}	uɛ^{1} 文
181 画	o^{6}	uɑ^{6}	o^{6}	uə^{5}
182 快	k^{h}uɑ^{1}	k^{h}ua^{4}	k^{h}uɑ^{2}	k^{h}uɑ^{5}
183 话	vu^{6}	uɑ^{6}	o^{6}	u^{5}
184 岁	se^{1}	səɯ^{4}	ɕi^{2}	ɕi^{5}~suei^{3} 文
185 税	sue^{1}		ɕye^{2}	ɕyei^{5}
186 肺	fi^{1}	fei^{4}	fi^{2}	fi^{5}
187 桂	kue^{1}	kuəɯ^{4}	kue^{2}	kuei^{5}
止　摄				
188 被名	p^{h}i^{3}	p^{h}i^{4}	pi^{3}	p^{h}i^{4}
189 避	p^{h}i^{6}	p^{h}i^{6}	p^{h}i^{6}	p^{h}i^{5}
190 离	li^{2}	li^{2}	li^{2}	li^{2}
191 紫	tsɿa^{3}	tsɿ^{3}	tsɿ^{3}	tsɿ^{3}
192 雌	ts^{h}ɿa^{1}	ts^{h}ɿ^{1}	tɕ^{h}i^{1}	ts^{h}ɿ^{1}
193 刺	ts^{h}ɿa^{1}	ts^{h4}	ts^{h}ɿ^{2}	ts^{h}ɿ^{5}
194 池	ts^{h}ɿa^{2}	ts^{h2}	tsɿ^{2}	ts^{h}ɿ^{2}
195 筛名	sɿa^{1}	sɿ^{1}	sɿ^{1}	sɿ^{1}
196 纸	tsɿa^{3}	ts^{3}	tsɿ^{3}	tsɿ^{3}
197 是	ts^{h}ɿa^{3}	sɿ^{4}	sɿ^{3}	tsɿ^{4}
198 儿	ɭa^{2}~əɭ^{6} 文	n^{2}~əɯ^{2} 文	n^{2}	n^{2}
199 寄	tɕi^{1}	ts^{4}	tɕi^{2}	tɕi^{5}
200 骑	tɕ^{h}i^{2}	ts^{h2}	tɕi^{2}	tɕ^{h}i^{2}
201 徛站	k^{h}e^{3}	k^{h}əɯ^{4}	kɛ^{3}	k^{h}ie^{4}
202 蚁	ɑ^{3}~i^{6}	i^{4}	i^{3}	ŋɑ^{1}~ȵi^{3} 文

续表

	淳安	遂安	建德	寿昌
203 椅	i^{3}	i^{3}	i^{3}	i^{3}
204 移	i^{2}	i^{2}	i^{2}	i^{2}
205 鼻	pʰeʔ^{8}~pʰi^{6}	pʰi^{3}	piəʔ^{8}	pʰiəʔ^{7} 乙
206 眉	mi^{2}	mi^{2}	mi^{2}	mi^{2}
207 梨	li^{2}	li^{2}	li^{2}	li^{2}
208 姊	tsɿa^{3}	ts^{4}	tɕi^{3}	tɕi^{3}
209 糍	sɿ^{2}	sɿ^{2}	sɿ^{2}	sɿ^{2}
210 死	sɿa^{3}	sɿ^{3}	ɕi^{3}	sɿ^{3}
211 四	sɿa^{1}	sɿ^{4}	ɕi^{2}	sɿ^{5}
212 迟	tsʰɿa^{2}	ts^{h2}	tsɿ^{2}	tsʰɿ^{2}
213 师	sɿa^{1}	sɿ^{1}	sɿ^{1}	sɿ^{1}
214 脂	tsɿa^{1}~tsɿ^{1}	ts^{1}	tsɿ^{1}	tsɿ^{1} 文
215 指	tsɿa^{3}	ts^{3}	tsɿ^{3}	tsɿ^{3} 文
216 二	ɭa^{6}~əɭ^{6}	əɯ^{6}	n^{6}	n^{5}
217 姨	i^{2}	i^{2}	i^{2}	i^{2}
218 李姓	li^{3}	li^{4}	li^{3}	li^{4}
219 子	tsɿa^{3}~tsɿ^{3}	ts^{3}	tsɿ^{3}	tsɿ^{3}
220 字	sɿa^{6}	sɿ^{6}	sɿ^{6}	sɿ^{5}
221 丝	sɿa^{1}	sɿ^{1}	sɿ^{1}	sɿ^{1}
222 祠	sɿa^{2}	sɿ^{2}	sɿ^{2}	sɿ^{2}
223 柿	sɿa^{1}	sɿ^{4}	sɿ^{3}	sɿ^{4}
224 事	sɿa^{6}	sɿ^{6}	sɿ^{6}	sɿ^{5}
225 痣	tsɿa^{1}	ts^{4}	tsɿ^{2}	tsɿ^{5}
226 齿	tsʰɿa^{3}	ts^{h3}	tsʰɿ^{3}	tsʰɿ^{3} 文
227 时	sɿa^{2}	sɿ^{2}	sɿ^{2}	sɿ^{2}
228 市	sɿa^{1}	sɿ^{4}	sɿ^{3}	sɿ^{4}
229 耳~朵	ɭa^{3}~ɭua^{3}	n^{4}~əɯ^{4} 文	n^{3}	n^{4}
230 箕粪~	tɕi^{1}	tsɿ^{1}~tsɿ^{4}	tɕi^{1}	tɕi^{1}
231 记	tɕi^{1}	ts^{4}	tɕi^{2}	tɕi^{5}

续表

	淳安	遂安	建德	寿昌
232 旗	tɕʰi^{2}	tsʰ^{2}	tɕi^{2}	tɕʰi^{2}
233 嬉玩儿	ɕi^{1}	sɿ^{1}	ɕi^{1}	ɕi^{1}
234 医	i^{1}	i^{1}	i^{1}	i^{1}
235 饑饿	tɕi^{1}	tsɿ^{1}	tɕi^{1}	tɕi^{1}
236 几~个	tɕi^{3}	tsɿ^{3}	tɕi^{3}	tɕi^{3}
237 气	tɕʰi^{1}	tsʰ^{4}	tɕʰi^{2}	tɕʰi^{5}
238 依	i^{1}	i^{1}	i^{1}	i^{1}
239 嘴	tɕy^{3}	tɕy^{3}	tɕye^{3}	tɕyei^{3}
240 髓	tsʰue^{2}	sɿ^{3}	ɕi^{3}~ɕye^{3}	ɕi^{7} 甲
241 吹	tɕʰya^{1}	tɕʰy^{1}	tɕʰye^{1}	tɕʰyei^{1}
242 亏	kʰue^{1}	kʰuəμ^{1}	kʰue^{1}	kʰuei^{1}
243 跪	kʰui^{3}	tɕʰy^{4}	kue^{3}	kʰuei^{4}
244 醉	tsɿa^{1}	tɕʰiu^{4}	tɕi^{2}	tɕi^{5}
245 尿名	sɿa^{1}	sɿ^{1}	ɕi^{1}	sɿ^{1}
246 追	tsue^{1}	kyei^{1}	tɕye^{1}	tɕyei^{1}
247 槌	tɕʰya^{2}	tɕʰy^{2}	tɕye^{2}	tɕʰyei^{2}
248 帅	ɕya^{1}	sa^{6}	sɛ^{2}	ɕyɛ^{3} 文
249 水	ɕya^{3}~ɕy^{3}	ɕy^{3}	ɕye^{3}	ɕyei^{3}
250 龟	kue^{1}	tɕy^{1}	kue^{1}	kuei^{1}
251 柜	tɕʰya^{6}~kʰue^{6}	kʰuəɯ^{4}~tɕʰy^{4}	kʰue^{6}	kʰuei^{5}
252 位	ue^{6}	uəɯ^{6}	ue^{6}	uei^{5}
253 飞	fi^{1}	fi^{1}	fi^{1}	fi^{1}
254 痱	fi^{1}	fi^{4}	fi^{2}	fi^{5}
255 尾~巴	mi^{3}	mi^{4}	mi^{3}	mi^{4}
256 未	mi^{6}	ui^{6}	mi^{6}	uei^{6} 文
257 归	kue^{1}	kuəɯ^{1}	kue^{1}	kuei^{1}
258 鬼	kui^{3}	tɕy^{3}~kuəɯ^{3}	kue^{3}	kuei^{3}
259 贵	kue^{1}	tɕy^{4}~kuəɯ^{4}	kue^{2}	kuei^{5}
260 围	ya^{2}~ue^{2}	y^{2}~uəɯ^{2}	y^{2}~ue^{2}	y^{2}~uei^{2}

续表

	淳安	遂安	建德	寿昌
效摄				
261 宝	pə^{3}	pɔ^{3}	pɔ^{3}	pəɯ^{3}
262 报	pə^{1}	pɔ^{4}	pɔ^{2}	pəɯ^{5}
263 抱	pʰə^{3}		pɔ^{3}	
264 毛	mə^{2}	mɔ^{2}	mɔ^{2}	məɯ^{2}
265 帽	mə^{6}	mɔ^{6}	mɔ^{6}	məɯ^{5}
266 刀	tə^{1}	tɔ^{1}	tɔ^{1}	tɤ^{1}
267 到	tə^{1}	tɔ^{4}	tɔ^{2}	tɤ^{5}
268 讨	tʰə^{3}	tʰɔ^{3}	tʰɔ^{3}	tʰɤ^{3}
269 桃	tʰə^{2}	tʰɔ^{2}	tɔ^{2}	tʰɤ^{2}
270 道	tʰə^{3}	tʰɔ^{4}	tɔ^{3}	tʰɤ^{4}
271 脑	lə^{3}	lɔ^{4}	nɔ^{3}	nɤ^{4}
272 牢	lə^{2}	lɔ^{2}	lɔ^{2}	lɤ^{2}
273 老	lə^{3}	lɔ^{4}	lɔ^{3}	lɤ^{4}
274 糟	tsə^{1}	tsɔ^{1}	tsɔ^{1}	tsɤ^{1}
275 早	tsə^{3}	tsɔ^{3}	tsɔ^{3}	tsɤ^{3}
276 灶	tsə^{1}	tsɔ^{4}	tsɔ^{2}	tsɤ^{5}
277 草	tsʰə^{3}	tsʰɔ^{3}	tsʰɔ^{3}	tsʰɤ^{3}
278 造	tsʰə^{1}	tsʰɔ^{4}	sɔ^{3}	sɤ^{4}
279 扫动	sə^{1}	sɔ^{4}	sɔ^{3}	sɤ^{5}
280 高	kə^{1}	kɔ^{1}	kɔ^{1}	kɤ^{1}
281 告	kə^{1}	kɔ^{4}	kɔ^{2}	kɤ^{5}
282 靠	kʰə^{1}	kʰɔ^{4}	kʰɔ^{2}	kʰɤ^{5}
283 熬	ə^{2}	ɔ^{2}	ŋɔ^{2}	ŋɤ^{2}
284 好形	xə^{3}	xɔ^{3}	xɔ^{3}	xɤ^{3}
285 号~码	ə^{6}	ɔ^{6}	xɔ^{6}	xɤ^{5}
286 袄	ə^{3}	ɔ^{4}	ŋɔ^{3}~ɔ^{3}	ɤ^{3}
287 饱	pə^{3}	pɔ^{3}	pɔ^{3}	pəɯ^{3}
288 炮	pʰə^{1}	pʰɔ^{4}	pʰɔ^{2}	pʰəɯ^{5}

续表

	淳安	遂安	建德	寿昌
289 刨名	p^{h}ə^{6}	p^{h}ɔ^{6}	p^{h}ɔ^{6}	p^{h}əɯ^{2}
290 猫	mə^{1}~miə^{2}	mɔ^{1}	mɔ^{1}	mɔm^{7甲}~mɤ^{2}
291 貌	mə^{6}	mɔ^{7}	mɔ^{6}	məɯ^{5}
292 罩	tsə^{1}	tsɔ^{4}	tsɔ^{2}	tsɤ^{5}
293 抓~牌	tso^{1}	tsɑ^{1}	tɕyɑ^{1}	tɕyɑ^{1}
294 炒	ts^{h}ə^{3}	ts^{h}ɔ^{3}	ts^{h}ɔ^{3}	ts^{h}ɤ^{3}
295 交	kə^{1}~tɕiə^{1}	kɔ^{1}	kɔ^{1}~tɕiɔ^{1}	kɤ^{1}~tɕiɤ^{1}
296 窖	kə^{1}	kɔ^{4}		kɤ^{5}
297 敲	k^{h}ə^{1}	k^{h}ɔ^{1}	k^{h}ɔ^{1}	
298 孝	xə^{1}	xɔ^{4}	xɔ^{2}~ɕiɔ^{2}	xɤ^{5}~ɕiɤ^{5}
299 表	piə^{3}	piɑ^{3}	piɔ^{3}	piɤ^{3}
300 票	p^{h}iə^{1}	p^{h}iɑ^{4}	p^{h}iɔ^{2}	p^{h}iɤ^{5}
301 薸浮萍			piɔ^{2}	p^{h}iɤ^{2}
302 苗	miə^{2}	miɑ^{2}	miɔ^{2}	miɤ^{2}
303 庙	miə^{6}	miɑ^{6}	miɔ^{6}	miɤ^{5}
304 焦	tɕiə^{1}	tɕiɑ^{1}	tɕiɔ^{1}	tɕiɤ^{1}
305 消	ɕiə^{1}	ɕiɑ^{1}	ɕiɔ^{1}	ɕiɤ^{1}
306 笑	ɕiə^{1}	ɕiɑ^{4}	ɕiɔ^{2}	ɕiɤ^{5}
307 赵	ts^{h}ə^{3}	tɕ^{h}iɑ^{4}	tsɔ^{3}	tsɑ^{6} 文
308 照	tsə^{1}	tɕiɑ^{4}	tsɔ^{2}	tsɤ^{5}
309 烧	sə^{1}	ɕiɑ^{1}	sɔ^{1}	sɤ^{1}
310 少多~	sə^{3}	ɕiɑ^{3}	sɔ^{3}	sɤ^{3}
311 桥	tɕ^{h}iə^{2}	tɕ^{h}iɑ^{2}	tɕiɔ^{2}	tɕ^{h}iɤ^{2}
312 轿	tɕ^{h}iə^{6}	tɕ^{h}iɑ^{6}	tɕ^{h}iɔ^{6}	tɕ^{h}iɤ^{5}
313 妖	iə^{1}	iɑ^{1}	iɔ^{1}	iɤ^{1}
314 舀	iə^{3}	iɑ^{4}	iɔ^{3}	iɤ^{4}
315 鹞	iə^{6}	iɑ^{6}	iɔ^{2}	iɤ^{5}
316 鸟	iə^{3}	tiɑ^{3}	tiɔ^{3}	tiɤ^{2}
317 钓	tiə^{1}	tiɑ^{4}	tiɔ^{2}	tiɤ^{5}

续表

	淳安	遂安	建德	寿昌
318 粜	tʰiə^{1}	tʰiɑ^{4}	tʰiɔ^{2}	tʰiɤ^{5}
319 条	tʰiə^{2}	tʰiɑ^{2}	tiɔ^{2}	tʰiɤ^{2}
320 料	liə^{6}	liɑ^{6}	liɔ^{6}	liɤ^{5}
321 萧	ɕiə^{1}	ɕiɑ^{1}	ɕiɔ^{1}	ɕiɤ^{1}
322 叫	tɕiə^{1}	tɕiɑ^{4}	tɕiɔ^{2}	tɕiɤ^{5}
流　摄				
323 母	m^{3}~ma^{3}~mu^{3}	m^{4}~mu^{4}	m^{3}~mo^{6}	m^{7甲}~məɯ^{3} 文
324 斗一~	tɯ^{3}	tiu^{3}	təɯ^{3}	təɯ^{3}
325 偷	tʰɯ^{1}	tʰiu^{1}	tʰəɯ^{1}	tʰəɯ^{1}
326 敨展开	tʰɯ^{3}	tʰiu^{3}	tʰəɯ^{3}	tʰəɯ^{3}
327 头脑袋	tʰɯ^{2}	tʰiu^{2}	təɯ^{2}	tʰəɯ^{2}
328 豆	tʰɯ^{6}	tʰiu^{6}	tʰəɯ^{6}	tʰəɯ^{5}
329 漏	lɯ^{6}	liu^{6}	ləɯ^{6}	ləɯ^{5}
330 走	tsɯ^{3}	tɕiu^{3}	tsəɯ^{3}	tsəɯ^{3} 文
331 凑	tsʰɯ^{1}	tɕʰiu^{4}	tsʰəɯ^{2}	tsʰəɯ^{5}
332 钩	kɯ^{1}	kɯ^{1}	kəɯ^{1}	kəɯ^{1}
333 狗	kɯ^{3}	kɯ^{3}	kəɯ^{3}	kəɯ^{3}
334 够	kɯ^{1}	kɯ^{1}	kəɯ^{2}	kəɯ^{5}
335 口	kʰɯ^{3}	kʰɯ^{3}	kʰəɯ^{3}	kʰəɯ^{3}
336 藕	ɯ^{3}	əμ^{4}	ŋəɯ^{3}	ŋəɯ^{4}
337 後	xɯ^{3}	xɯ^{4}	xəɯ^{3}	xəɯ^{4}
338 厚	kʰɯ^{3}~xɯ^{3}	xɯ^{4}	xəɯ^{3}	kʰəɯ^{4}
339 富	fua^{1}	fu^{4}	fu^{2}	fu^{5}
340 浮	fua^{2}	fu^{2}	fu^{2}	fu^{2}
341 纽	iɯ^{3}	iu^{4}	iəɯ^{3}	ȵiəɯ^{4}
342 流	lɯ^{2}	liu^{2}	ləɯ^{2}	liəɯ^{2}
343 留	lɯ^{2}	liu^{2}	ləɯ^{2}	liəɯ^{2}
344 酒	tɕiɯ^{3}	tɕiu^{3}	tɕiəɯ^{3}	tɕiəɯ^{3}
345 秋	tɕʰiɯ^{1}	tɕʰiu^{1}	tɕʰiəɯ^{1}	tɕʰiəɯ^{1}

续表

	淳安	遂安	建德	寿昌
346 修	ɕiɯ^{1}	ɕiu^{1}	ɕiəɯ^{1}	ɕiəɯ^{1}
347 昼	tsɯ^{1}	tɕiu^{4}	tsəɯ^{6} 文	tsəɯ^{3} 文
348 抽	tsʰɯ^{1}	tɕʰiu^{1}	tsʰəɯ^{1}	tsʰəɯ^{1}
349 愁	tsʰɯ^{2}	tɕʰiu^{2}	tsəɯ^{2}	səɯ^{2}
350 馊	sɯ^{1}	ɕiu^{1}	səɯ^{1}	səɯ^{1}
351 瘦	sɯ^{1}	ɕiu^{4}	səɯ^{2}	səɯ^{5}
352 周	tsɯ^{1}	tɕiu^{1}	tsəɯ^{1}	tsəɯ^{1}
353 帚	tsɯ^{3}	tɕiu^{3}	tsəɯ^{3}	tsəɯ^{3}
354 咒	tsɯ^{1}	tɕiu^{4}	tsəɯ^{2}	tɕiəɯ^{5}~tsəɯ^{5}
355 臭	tsʰɯ^{1}	tɕʰiu^{4}	tsʰəɯ^{2}	tsʰəɯ^{5}
356 手	sɯ^{3}	ɕiu^{3}	səɯ^{3}	səɯ^{3}
357 受	sɯ^{1}	ɕiu^{4}	səɯ^{3}	səɯ^{4}
358 阄	kɯ^{1}	kɯ^{1}	kəɯ^{1}	tɕiəɯ^{1}
359 九	tɕiɯ^{3}	tɕiu^{3}	tɕiəɯ^{3}	tɕiəɯ^{3}
360 丘	tɕʰiɯ^{1}	tɕʰiu^{1}	tɕʰiəɯ^{1}	tɕʰiəɯ^{1}
361 舅	tɕʰiɯ^{3}	tɕʰiu^{4}	tɕiəɯ^{3}	tɕʰiəɯ^{4}
362 旧	tɕʰiɯ^{6}	tɕʰiu^{6}	tɕʰiəɯ^{6}	tɕʰiəɯ^{5}
363 牛	iɯ^{2}	iu^{2}	iəɯ^{2}	ȵiəɯ^{2}
364 休	ɕiɯ^{1}	ɕiu^{1}	ɕiəɯ^{1}	ɕiəɯ^{1} 文
365 有	iɯ^{3}	iu^{4}	iəɯ^{3}	iəɯ^{4}
366 油	iɯ^{2}	iu^{2}	iəɯ^{2}	iəɯ^{2}
367 酉	iɯ^{3}	iu^{4}	iəɯ^{3}	iəɯ^{3} 文
368 幽	iɯ^{1}	iu^{1}	iəɯ^{1} 文	iəɯ^{1} 文
咸 摄				
369 贪	tʰã^{1}	tʰɑ̃^{1}	tʰɛ^{1}	tʰiɛ^{1}
370 潭	tʰã^{2}	tʰən^{2}	tɛ^{2}	tʰiɛ^{2}
371 南	lã^{2}	lɑ̃^{2}	nɛ^{2}	niɛ^{2}
372 簪	tsã^{1}	tsən^{1}	tsɛ^{1}	tɕiɛ^{1}
373 蚕	sã^{2}	sən^{2}	sɛ^{2}	ɕiɛ^{2}

续表

	淳安	遂安	建德	寿昌
374 感	kã³	kə̃³	kɛ³	kã³ 文
375 磡	kʰã¹	kʰən¹		
376 含	xã²	xɑ̃²	xɛ²	ɕie²~xã² 文
377 庵	ã¹	n¹	ŋɛ¹	ie¹
378 暗	ã¹	ə̃⁴	ŋɛ²	ie⁵
379 踏	tʰɑʔ⁸	tʰɑ³	to³	tʰuə⁷ 甲 ~təʔ⁸ 文
380 纳	ləʔ⁸	lɑ³	nəʔ⁸ 文	nəʔ⁸ 文
381 杂	səʔ⁸	sɑ³	tsəʔ⁸ 文	tsəʔ⁸ 文
382 鸽	kəʔ⁷	kə⁷		kie⁷ 甲
383 盒	xəʔ⁸	xɑ³	xo³	xuə³
384 胆	tã³	tɑ̃³	tɛ³	tuə³
385 担名	tã¹	tɑ̃⁴	tɛ²	tuə⁵
386 淡	tʰã³	tʰɑ̃⁴	tɛ³	tʰuə⁴
387 篮	lã²	lɑ̃²	nɛ²	luə²
388 三	sã¹	sɑ̃¹	sɛ¹	suə¹
389 甘	kã¹	kə̃¹	kɛ¹	kie¹
390 敢	kã³	kə̃³	kɛ³	kie³
391 塔	tʰɑʔ⁷	tʰɑ⁷	tʰo⁶	tʰuə⁷ 甲
392 蜡	lɑʔ⁸	lɑ³	lo³	luə³
393 磕	kʰəʔ⁷	kʰəɯ⁷	kʰəʔ⁷ 文	kʰəʔ⁷ 乙
394 赚	tsʰã³	tsɑ̃⁴	tsɛ⁶ 文	tɕʰyə⁴
395 杉	sã¹	sɑ̃¹	sɛ¹	ɕyə¹
396 减	kã³	kɑ̃³	kɛ³	kuə³
397 鹹	xã²	xɑ̃²	xɛ²	xuə²
398 插	tsʰɑʔ⁷	tsʰɑ⁷	tsʰo⁶	tɕʰyə⁷ 甲
399 煠煮	səʔ⁸~tso¹	sɑ³	so³	ɕyə³
400 狭	xɑʔ⁸	xɑ³	xo³	xuə³
401 衫	sã¹	sɑ̃¹	sɛ¹	ɕyə¹
402 甲	kɑʔ⁷	kɑ⁷	ko⁶~tɕiəʔ⁷ 文	kuə⁷ 甲

续表

	淳安	遂安	建德	寿昌
403 鸭	ɑʔ^{7}	ɑ^{7}	o^{6}	uə^{7}甲
404 帘	liã^{2}	lɛ̃^{3}	nie^{2}	li^{2}
405 尖	tɕiã^{1}	tɕiɛ̃^{1}	tɕie^{1}	tɕi^{1}
406 染	iã^{3}	iɛ̃^{4}	ȵie^{3}	ȵi^{4}
407 钳	tɕ^{h}iã^{2}	tɕ^{h}iɛ̃^{2}	tɕie^{2}	tɕ^{h}i^{2}
408 验	iã^{6}	iɛ̃^{6}	ȵie^{6}	ȵiã^{6} 文
409 厌	iã^{1}	iɛ̃^{4}	ȵie^{2}	i^{5}
410 盐名	iã^{2}	iɛ̃^{2}	ȵie^{2}	i^{2}
411 聂	iəʔ^{8}	iɛ^{7}	iəʔ^{8} 文	ȵiəʔ^{8} 文
412 猎	liɑʔ^{8}	lɛ^{3}	liəʔ^{8} 文	liəʔ^{8}
413 接	tɕiəʔ^{7}	tɕiɛ^{7}	tɕi^{6}	tɕi^{7}甲
414 涉	ts^{h}əʔ^{7}	tɕ^{h}iɛ^{7}	tsə^{8} 文	tsəʔ^{8} 文
415 叶叶子	iəʔ^{8}	iɛ^{3}	i^{3}	i^{3}
416 欠	tɕ^{h}iã^{1}	tɕ^{h}iɛ̃^{4}	tɕ^{h}ie^{2}	tɕ^{h}i^{5}
417 严	iã^{2}	iɛ̃^{2}	ȵie^{2}	ȵi^{2}
418 劫	tɕiəʔ^{7}	tɕiɛ^{7}	tɕi^{6}	tɕi^{7}甲
419 业	iəʔ^{8}	iɛ^{3}	iəʔ^{8} 文	ȵi^{3}
420 店	tiã^{1}	tɛ̃^{4}	tie^{2}	ti^{5}
421 添	t^{h}iã^{1}	t^{h}ɛ̃^{1}	t^{h}ie^{1}	t^{h}i^{1}
422 甜	t^{h}iã^{2}	t^{h}ɛ̃^{2}	tie^{2}	t^{h}i^{2}
423 念	iã^{6}	iɛ̃^{6}	ȵie^{6}	ȵi^{5}
424 兼	tɕiã^{1}	tɕiɛ̃^{1}	tɕie^{1}	tɕiã^{1} 文
425 跌	tɑʔ^{7}	tɛ^{7}~tɑ^{7}	tie^{6}	tie^{7}甲
426 贴	t^{h}iɑʔ^{7}	t^{h}ɛ^{7}	t^{h}iəʔ^{7} 文	t^{h}ie^{7}甲
427 叠	t^{h}iɑʔ^{8}~t^{h}iəʔ^{8}	t^{h}ɛ^{3}	tie^{3}	t^{h}ie^{3}
428 挟~菜	kɑʔ^{7}	kɑ^{7}	tɕie^{2}	tɕi^{7}甲
429 范姓	fɑ̃^{3}	fɑ̃^{4}	fɑ̃^{6} 文	fɑ̃^{6} 文
430 法	fɑʔ^{7}	fɑ^{7}	fo^{6}	fɤ^{7}甲
深摄				

续表

	淳安	遂安	建德	寿昌
431 品	p^{h}in^{3}	p^{h}en^{3}	p^{h}in^{3}	p^{h}ien^{3} 文
432 林	lin^{2}	len^{2}	nin^{2}	lien^{2}
433 浸	tɕin^{1}	tɕin^{4}	tɕin^{2}	tɕien^{5}
434 蕈	sen^{3}			
435 心	ɕin^{1}	ɕin^{1}	ɕin^{1}	ɕien^{1}
436 寻	ɕin^{2}	ɕin^{2}	ɕin^{2}	ɕien^{2}
437 沉	ts^{h}en^{2}	ɕin^{2}	tsen^{2}	ts^{h}en^{2}
438 参人~	sã^{1}	sã^{1}	sen^{1}	sen^{1}
439 针	tsen^{1}	tɕin^{1}	tsen^{1}	tsen^{1}
440 深	sen^{1}	ɕin^{1}	sen^{1}	sen^{1}
441 任责~	in^{6}	n^{6}	len^{6}	len^{6} 文
442 金	tɕin^{1}	tɕin^{1}	tɕin^{1}	tɕien^{1}
443 琴	tɕ^{h}in^{2}	tɕ^{h}in^{2}	tɕin^{2}	tɕ^{h}ien^{2}
444 音	in^{1}	n^{1}	in^{1}	ien^{1}
445 粒	ləʔ^{8}	ləɯ^{3}	ləʔ^{8}	liɛ^{3}
446 习	ɕiəʔ^{8}	tɕiei^{7}	tɕiəʔ^{8}	tɕiəʔ^{8} 文
447 涩	səʔ^{7}	ɕiei^{7}	səʔ^{7}	səʔ^{7} 乙
448 汁	tsəʔ^{7}	tɕiei^{7}	tsəʔ^{7}	tsəʔ^{7} 乙
449 十	səʔ^{8}	ɕiei^{3}	səʔ^{8}	səʔ^{8}
450 急	tɕiʔ^{7}	tɕiei^{7}	tɕiəʔ^{7}	tɕiəʔ^{7} 乙
451 揖	i^{1}	i^{7}	iəʔ^{7}	iəʔ^{7} 乙
山　摄				
452 单简~	tã^{1}	tã^{1}	tɛ^{1}	tuə^{1}
453 炭	t^{h}ã^{1}	t^{h}ã^{4}	t^{h}ɛ^{2}	t^{h}uə^{5}
454 难形	lã^{2}	lã^{2}	nɛ^{2}	nuə^{2}
455 拦	lã^{2}	lã^{2}	nɛ^{2}	luə^{2}
456 烂	lã^{6}	lã^{6}	nɛ^{6}	luə^{5}
457 伞	sã^{3}	sã^{4}	sɛ^{2}	suə^{3}
458 肝	kã^{1}	kə̃^{1}	kɛ^{1}	kie^{1}

续表

	淳安	遂安	建德	寿昌
459 岸	ã^{6}	ã^{6}	ŋɛ^{6}	ŋie^{5}
460 汉	xã^{1}	xə̃^{4}	xɛ^{2}	ɕie^{5}
461 寒	xã^{2}	xə̃^{2}	xã^{2} 文	xie^{2}
462 汗	xã^{6}	xə̃^{6}	xɛ^{6}	ɕie^{5}
463 安	ã^{1}	ə̃^{1}	ŋɛ^{1}	ie^{1}
464 达	tʰɑʔ^{8}	tʰɑ^{3}	təʔ^{8} 文	tʰəʔ^{8}
465 辣	lɑʔ^{8}	lɑ^{3}	lo^{3}	luə^{3}
466 擦	tsʰɑʔ^{7}	tɕʰiɑ^{4}	tsʰo^{6}	tɕʰyə^{7}甲
467 撒	sɑʔ^{7}	sɑ^{7}	sɑ^{3}	suə^{7}甲
468 割	kəʔ^{7}	kə^{7}	ki^{6}	kie^{7}甲
469 扮	pɑ̃^{1}	pɑ̃^{4}	pɛ^{2}	pɤ^{5}
470 办	pʰɑ̃^{6}	pʰə̃^{6}	pʰɛ^{6}	pʰɤ^{5}
471 盏	tsɑ̃^{3}	tsɑ̃^{3}	tsɛ^{3}	tɕyə^{3}
472 山	sɑ̃^{1}	sɑ̃^{1}	sɛ^{1}	ɕyə^{1}
473 产~母	sɑ̃^{3}	sɑ̃^{3}	tsɛ^{3}	ɕyə^{3}
474 间房~	kɑ̃^{1}	kɑ̃^{1}	kɛ^{1}	kuə^{1}
475 眼	ɑ̃^{1}~ɑ̃^{3}	ɑ̃^{4}	ŋɛ^{3}	ŋuə^{4}
476 限	xɑ̃^{3}	xɑ̃^{4}	xɛ^{3}	ɕiã^{6} 文
477 八	pɔʔ^{7}	pɑ^{7}	po^{6}	pɤ^{7}甲
478 察	tsʰɑʔ^{7}	tsʰɑ^{2}	tsʰəʔ^{7} 文	tsʰəʔ^{7} 文
479 杀	sɑʔ^{7}	sɑ^{7}	so^{6}	ɕyə^{7}甲
480 板	pɑ̃^{3}	pɑ̃^{3}	pɛ^{3}	pɤ^{3}
481 爿	pʰɑ̃^{2}	pʰɑ̃^{2}	pɛ^{3}	pʰɤ^{7}甲
482 慢	mɑ̃^{6}	mɑ̃^{6}	mɛ^{6}	mɤ^{5}
483 栈	tsʰɑ̃^{3}	sɑ̃^{4}	tsʰɛ^{6}	tsã^{6} 文
484 奸	kɑ̃^{1}	tɕiɛ̃^{1}	tɕiã^{1} 文	tɕi^{1}~tɕiã^{1} 文
485 颜	ɑ̃^{2}	ɑ̃^{2}	ŋɛ^{2}	ŋuə^{2}
486 雁	ɑ̃^{6}	ɑ̃^{6}	ȵiã^{3} 文	iã^{3} 文
487 瞎	xɑʔ^{7}	xɑ^{7}	xo^{6}	xuə^{7}甲

续表

	淳安	遂安	建德	寿昌
488 变	piã^{1}	pɛ̃^{4}	pie^{2}	pi^{5}
489 篇	pʰiã^{1}	pʰɛ̃^{4}	pʰie^{1}	pʰi^{7} 甲
490 便方~	pʰiã^{6}	pʰɛ̃^{6}	pʰie^{6}	piã^{6} 文
491 面脸	miã^{6}	mɛ̃^{6}	mie^{6}	mi^{5}
492 连	liã^{2}	lɛ̃^{2}	nie^{2}	li^{2}
493 煎	tɕiã^{1}	tɕiɛ̃^{1}	tɕie^{1}	tɕi^{1}
494 箭	tɕiã^{1}	tɕiɛ̃^{4}	tɕie^{2}	tɕi^{5}
495 浅	tɕʰiã^{3}	tɕʰiɛ̃^{3}	tɕʰie^{3}	tɕʰi^{3}
496 癣	ɕiã^{3}	ɕiɛ̃^{3}	ɕie^{3}	ɕi^{3}
497 线	ɕiã^{1}	ɕiɛ̃^{4}	ɕie^{2}	ɕi^{5}
498 缠盘~	tsʰuã^{2}	tɕʰiɛ̃^{2}	tɕye^{2}	tɕʰi^{2}
499 战	tsã^{1}	tɕiɛ̃^{4}	tsɛ^{2}	tsã^{3} 文
500 扇名	sã^{1}	ɕiɛ̃^{4}	sɛ^{2}	ɕi^{5}
501 鳝	sã^{0} 黄~			ɕi^{4}
502 件	tɕʰiã^{3}	tɕʰiɛ̃^{4}	tɕie^{3}	tɕʰi^{1}~tɕiã^{6} 文
503 延	iã^{2}	iɛ̃^{2}	ȵie^{2}	iã^{2} 文
504 鳖	piəʔ^{7}	pɛ^{7}	pi^{6}	pi^{7} 甲
505 别特~	pʰiəʔ^{8}	pʰɛ^{3}	pi^{3}	pʰi^{3}
506 灭	miəʔ^{8}	mɛ^{3}	miəʔ^{8} 文	mi^{3}
507 薛	ɕiəʔ^{7}	ɕiɛ^{4}	ɕiəʔ^{7} 文	ɕiəʔ^{7} 文
508 撤	tsʰəʔ^{7}	tɕʰiɛ^{7}	tsʰɑ^{6}	tsʰəʔ^{7} 文
509 浙	tsəʔ^{7}	tɕiɛ^{7}	tsəʔ^{7} 文	tsəʔ^{7} 乙
510 舌	ɕiəʔ^{8}~tɕʰiəʔ^{8}~səʔ^{8}	ɕiɛ^{3}	sɿ^{3}	ɕiəʔ^{8}
511 折亏本	səʔ^{8}	ɕiɛ^{3}	sɿ^{3}	ɕi^{3}
512 热	iəʔ^{8}	iɛ^{3}	i^{3}	ȵi^{3}
513 杰	tɕʰiəʔ^{8}	tɕʰiɛ^{3}	tɕiəʔ^{8} 文	tɕiəʔ^{8} 文
514 建	tɕiã^{1}	tɕiɛ̃^{4}	tɕie^{2}	tɕi^{5}
515 言	iã^{2}	iɛ̃^{2}	ȵiã^{2} 文	ȵiã^{2} 文
516 掀	ɕiã^{1}	ɕiɛ̃^{1}		ɕien^{1} 文~ɕien^{3} 文

续表

	淳安	遂安	建德	寿昌
517 献	ɕiã^{3}	ɕiɛ̃^{4}	ɕie^{2}	ɕiã^{3} 文
518 歇	ɕiəʔ^{7}	ɕiɛ^{7}	ɕi^{6}	ɕi^{7} 甲
519 边	piã^{1}	pɛ̃^{1}	pie^{1}	pi^{1}
520 扁	piã^{3}	pɛ̃^{3}	pie^{3}	pi^{3}
521 片	pʰiã^{1}	pʰɛ̃^{4}	pʰie^{2}	pʰi^{5}
522 麵	miã^{6}	mɛ̃^{6}	mie^{6}	mi^{5}
523 典	tiã^{3}	tɛ̃^{3}	tie^{3}	ti^{3}
524 天	tʰiã^{1}	tʰɛ̃^{1}	tʰie^{1}	tʰi^{1}
525 田	tʰiã^{2}	tʰɛ̃^{2}	tie^{2}	tʰi^{2}
526 殿	tʰiã^{6}	tʰɛ̃^{6}	tʰie^{6}	tʰi^{5}
527 年	iã^{2}	iɛ̃^{2}	ȵie^{2}	ȵi^{2}
528 莲	liã^{2}	lɛ̃^{2}	nie^{2}	li^{2}
529 千	tɕʰiã^{1}	tɕʰiɛ̃^{1}	tɕʰie^{1}	tɕʰi^{1}
530 前	ɕiã^{2}	tɕʰiɛ̃^{2}	ɕie^{2}	ɕi^{2}
531 先	ɕiã^{1}	ɕiɛ̃^{1}	ɕie^{1}	ɕi^{1}
532 肩	tɕiã^{1}	tɕiɛ̃^{1}	tɕie^{1}	tɕi^{1}
533 见	tɕiã^{1}	tɕiɛ̃^{4}	tɕie^{2}	tɕi^{5}
534 牵	tɕʰiã^{1}	tɕʰiɛ̃^{1}	tɕʰie^{1}	tɕʰi^{1}
535 弦	ɕiã^{2}	ɕiɛ̃^{2}	ȵie^{2}~ɕie^{2}	i^{2}
536 烟	iã^{1}	iɛ̃^{1}	iã^{1}~ȵie^{1}	i^{1}
537 燕燕子	iã^{1}	iɛ̃^{4}	ȵie^{2}	iã^{3} 文
538 篾	miəʔ^{8}	mɛ^{3}	miəʔ^{8} 文	mi^{3}
539 铁	tʰiɑʔ^{7}	tʰɛ^{7}	tʰie^{6}	tʰie^{7} 甲
540 捏	iɑʔ^{7}	iɛ^{7}	ȵie^{6}	ȵiəʔ^{7} 文
541 节	tɕiəʔ^{7}	tɕiɛ^{7}	tɕie^{6}	tɕie^{7} 甲
542 切	tɕʰiɑʔ^{7}	tɕʰiɛ^{7}	tɕʰie^{6}	tɕʰie^{7} 甲
543 屑	ɕiɑʔ^{7}	ɕiɑ^{2}	ɕie^{6}	ɕie^{7} 甲
544 结	tɕiəʔ^{7}	tɕiɛ^{7}	tɕi^{6}	tɕi^{7} 甲 ~tɕyei^{7} 甲
545 半	pã^{1}	pə̃^{4}	pɛ^{2}	piɛ^{5}

续表

	淳安	遂安	建德	寿昌
546 盘	pʰã^{2}	pʰə̃^{2}	pɛ^{2}~pʰɛ^{2}	pʰiɛ^{2}
547 搬	pʰã^{2}	pə̃^{1}	pɛ^{1}~pen^{1}~pʰã^{2} 文	pʰiɛ^{2}
548 伴	pʰã^{3}	pʰə̃^{4}	pɛ^{3}	pʰiɛ^{4}
549 满	mã^{3}	mə̃^{4}	mɛ^{3}	miɛ^{4}
550 端	tã^{1}	tə̃^{1}	tɛ^{1}	tiɛ^{1}
551 短	tã^{3}	tə̃^{3}	tɛ^{3}	tiɛ^{3}
552 断拗～	tʰen^{6}	tʰə^{4}	tɛ^{3}	tʰen^{4}
553 卵	lã^{3}	lə̃^{4}	nɛ^{3}	len^{4}
554 乱	lã^{6}	lə̃^{6}	nɛ^{6}	len^{5}
555 钻动	tsã^{1}	tsə̃^{1}	tsɛ^{1}	tɕiɛ^{1}
556 酸	sã^{1}	sə̃^{1}	sɛ^{1}	ɕiɛ^{1}
557 算	sã^{1}	sə̃^{4}	sɛ^{2}	ɕiɛ^{5}
558 管	kuã^{3}	kuã^{3}	kuɛ^{3}	kuə^{3}
559 灌	kuã^{1}	kuã^{4}	kuɛ^{2}	kuə^{5}
560 宽	kʰuã^{1}	kʰuã^{1}	kʰuɛ^{1}	kʰuə^{1}
561 欢	xuã^{1}~fã^{1}	fã^{1}	xuɛ^{1}	xuə^{1}
562 换	uã^{6}	uã^{6}	uɛ^{6}	ŋuə^{5}
563 碗	uã^{3}	uã^{3}	uɛ^{3}	ŋuə^{3}
564 拨	pəʔ^{7}	pə^{1}	pu^{6}	piɛ^{7} 甲
565 末	məʔ^{8}	mə^{3}	məʔ^{8}	məʔ^{8} 文
566 脱	tʰeʔ^{7}	tʰ^{7}	tʰi^{6}~tʰəʔ^{7} 文	tʰəʔ^{7} 乙
567 夺	tʰəʔ^{8}	tʰəɯ^{3}	ti^{3}	tʰəʔ^{8}
568 撮	tsʰəʔ^{7}	tsʰə^{7}	tsʰɿ^{6}	tsʰəʔ^{7} 乙
569 阔	kʰuɑʔ^{7}~kʰɑʔ^{7}	kʰuɑ^{7}	kʰo^{6}	kʰuə^{7} 甲
570 活	uɑʔ^{8}	uɑ^{3}	o^{3}	uə^{3}
571 滑	uɑʔ^{8}	uɑ^{3}	uəʔ^{8} 文	xuəʔ^{8} 文
572 挖	o^{1}	uɑ^{1}	o^{1}	uɑ^{1} 文
573 关～门	kuã^{1}	kuã^{1}	kuɛ^{1}	kuə^{1}
574 还动	uã^{2}	uã^{2}	uɛ^{2}	ŋuə^{2}

续表

	淳安	遂安	建德	寿昌
575 弯	uã^{1}	uɑ̃^{1}	uɛ^{1}	ŋuə^{1}
576 刷	suəʔ^{7}	fɛ^{7}	çy^{6}	çyei^{7} 甲
577 刮	kuɑʔ^{7}	kuɑ^{7}	ko^{6}	kuə^{7} 甲
578 泉	çiã^{2}	çiɛ̃^{2}	çie^{2}	tçʰiã^{2} 文
579 旋头旋	çiã^{3}	çiɛ̃^{6}	çie^{6}	çi^{5}
580 转～身	tsuã^{3}	kyɛ̃^{3}	tçye^{3}	tçyei^{3}
581 砖	tsuã^{1}	kyɛ̃^{1}	tçye^{1}	tçyei^{1}
582 穿	tsʰuã^{1}	kʰyɛ̃^{1}	tçʰye^{1}	tçʰyei^{1}
583 船	suã^{2}	fɛ̃^{2}	çye^{2}	çyei^{2}
584 软	vã^{3}	yɛ̃^{4}	ȵye^{3}	ȵyei^{4}
585 捲	tsuã^{3}	kyɛ̃^{3}	tçye^{3}	tçyei^{3}
586 拳	tsʰuã^{2}	kʰyɛ̃^{2}	tçye^{2}	tçʰyei^{2}
587 院	vã^{6}	yɛ̃^{2}	ȵye^{6}	uei^{5}
588 铅～笔	iã^{2}	kʰɑ̃^{1}	kʰɛ^{1}	kʰã^{1} 文～tçʰiã^{1} 文
589 绝	çiəʔ^{8}	çiɛ^{3}	çiəʔ^{8} 文	çi^{3}
590 雪	çiəʔ^{7}	çiɛ^{7}	çi^{6}	çi^{7} 甲
591 说	suəʔ^{7}	fɛ^{7}	çyəʔ^{7} 文	çyei^{7} 甲
592 反	fɑ̃^{3}	fɑ̃^{3}	fɛ^{3}	fɤ^{3}
593 翻	fɑ̃^{1}	fɑ̃^{1}	fɛ^{1}	fɤ^{1}
594 饭	fɑ̃^{6}	fɑ̃^{6}	fɛ^{6}	fɤ^{5}
595 万	uɑ̃^{6}	uɑ̃^{6}	uɛ^{6}	uə^{5}
596 劝	tsʰuã^{1}	kʰyɛ̃^{4}	tçʰye^{2}	tçʰyei^{5}
597 源	vã^{2}	yɛ̃^{2}	ȵye^{2}	ȵyei^{2}
598 楦	suã^{1}	fɛ̃^{6}	çye^{2}	çyei^{5}
599 怨	vã^{1}	yɛ̃^{4}	ȵye^{2}	uei^{5}
600 园	vã^{2}	yɛ̃^{2}	ȵye^{2}	uei^{2}
601 远	vã^{3}	yɛ̃^{4}	ȵye^{3}	uei^{4}
602 發	fɑʔ^{7}	fɑ^{7}	fo^{6}	fɤ^{7} 甲
603 袜	mɑʔ^{8}	mɑ^{3}	mo^{3}	mɤ^{3}

续表

	淳安	遂安	建德	寿昌
604 月	vəʔ^{8}	yɛ^{3}	y^{3}~yəʔ^{8} 文	ȵyəʔ^{8}
605 玄	suã^{2}	ɕyɛ̃^{2}	ɕyã^{2} 文 ~yã^{2} 文	ɕyã^{2} 文
606 县	vã^{6}	ɕyɛ̃^{6}	ȵye^{6}	ɕiã^{6} 文
607 渊		yɛ̃^{2}	ȵyã^{2} 文	yã^{1} 文
608 缺	tsʰuəʔ^{7}	kʰyɛ^{7}	tɕʰy^{6}	tɕʰyei^{7} 甲
609 血	suəʔ^{7}	fɛ^{7}	ɕy^{6}	ɕyei^{7} 甲
臻　摄				
610 吞	tʰã^{1}	tʰən^{1}	tʰen^{1}	tʰiɛ^{1}
611 根	ken^{1}	kən^{1}	ken^{1}	ken^{1}
612 恨	xen^{6}	xən^{6}	xen^{2}	xen^{5}
613 恩	en^{1}	n^{1}	ŋɛ^{1}	en^{1}
614 贫	pʰin^{2}	pʰen^{2}	pin^{2}	pʰien^{2}
615 民	min^{2}	men^{2}	min^{2}	mien^{2}
616 邻	lin^{2}	len^{2}	nin^{2}	lien^{2}
617 津	tɕin^{1}	tɕin^{1}	tɕin^{1}	tɕien^{1} 文
618 进	tɕin^{1}	tɕin^{4}	tɕin^{2}	tɕien^{5}
619 亲~戚	tɕʰin^{1}	tɕʰin^{1}	tɕʰin^{1}	tɕʰien^{1}
620 秦	tɕʰin^{2}	tɕʰin^{2}	tɕʰin^{2} 文	tɕʰien^{2}
621 新	ɕin^{1}	ɕin^{1}	ɕin^{1}	ɕien^{1}
622 镇	tsen^{1}	tɕin^{4}	tsen^{2}	tsen^{5}
623 陈	tsʰen^{2}	tɕʰin^{2}	tsen^{2}	tsʰen^{2}
624 真	tsen^{1}	tɕin^{1}	tsen^{1}	tsen^{1}
625 神	sen^{2}	ɕin^{2}	sen^{2}	sen^{2}
626 身	sen^{1}	ɕin^{1}	sen^{1}	sen^{1}
627 伸	sen^{1}	ɕin^{1}	sen^{1}	sen^{1}
628 认	in^{6}	n^{6}~in^{6}	in^{6}	ȵien^{5}
629 巾	tɕin^{1}	tɕin^{1}	tɕin^{1}	tɕien^{1}
630 紧	tɕin^{3}	tɕin^{3}	tɕin^{3}	tɕien^{3}
631 银	in^{2}	n^{2}	in^{2}	ȵien^{2}

续表

	淳安	遂安	建德	寿昌
632 印	in^{1}	n^{4}		in^{5}
633 引	in^{3}	n^{4}	in^{3}	in^{3}
634 笔	piʔ^{7}	pei^{7}	piəʔ^{7}	piəʔ^{7}乙
635 匹	p^{h}iʔ^{7}	p^{h}i^{7}	p^{h}iəʔ^{7}	p^{h}iəʔ^{7}乙
636 密	miʔ^{8}	mei^{3}	miəʔ^{8}	miəʔ^{8}
637 栗	liʔ^{8}	lei^{3}	liəʔ^{8}	liəʔ^{8}
638 七	tɕ^{h}iʔ^{7}	tɕ^{h}iei^{7}	tɕ^{h}iəʔ^{7}	tɕ^{h}iəʔ^{7}乙
639 侄	ts^{h}əʔ^{8}	tɕ^{h}iei^{3}	tsəʔ^{8}	tsəʔ^{8}文
640 虱	sɿʔ^{7}	ɕiei^{7}	səʔ^{7}	səʔ^{7}乙
641 实	səʔ^{8}	ɕiei^{3}	səʔ^{8}	səʔ^{8}
642 日~头	iʔ^{8}	iei^{3}	iəʔ^{8}~səʔ^{8}	ȵiəʔ^{8}
643 吉	tɕiʔ^{7}	tɕiei^{7}	tɕiəʔ^{7}	tɕiəʔ^{7}乙
644 一	iʔ^{7}	i^{7}	iəʔ^{7}	iəʔ^{7}乙
645 斤~两	tɕin^{1}	tɕin^{4}	tɕin^{1}	tɕien^{1}
646 劲有~	tɕin^{1}	tɕin^{4}	tɕin^{3}	tɕien^{5}
647 勤	tɕ^{h}in^{2}	tɕ^{h}in^{2}	tɕin^{2}	tɕ^{h}ien^{2}
648 近	tɕ^{h}in^{3}	tɕ^{h}in^{4}	tɕin^{3}	tɕ^{h}ien^{4}
649 欣	ɕin^{1}	ɕin^{6}	ɕin^{1}文	ɕien^{1}文
650 隐	in^{3}	n^{3}	in^{3}	ien^{3}
651 本	pen^{3}	pən^{3}	pen^{3}	pen^{3}
652 笨	p^{h}en^{3}	p^{h}ən^{6}	pen^{3}	p^{h}en^{4}
653 门	men^{2}	mən^{2}	men^{2}	men^{2}
654 顿	ten^{3}	tən^{3}	ten^{2}	tiɛ^{5}~ten^{6}文
655 遁	t^{h}en^{6}	t^{h}ən^{6}	t^{h}en^{6}	t^{h}en^{5}
656 嫩	lã^{6}	lən^{6}	nen^{6}	len^{5}
657 村	ts^{h}ã^{1}	ts^{h}ən^{1}	ts^{h}en^{1}	ts^{h}en^{1}
658 存	ts^{h}en^{2}	ts^{h}ən^{2}	tsen^{2}	ts^{h}en^{2}
659 孙孙子	sã^{1}	sən^{1}	sen^{1}	sen^{1}
660 滚	kuen^{3}	kuən^{3}	kuen^{3}	kuen^{3}

续表

	淳安	遂安	建德	寿昌
661 睏睡	k^{h}uen^{1}	k^{h}uən^{4}	k^{h}uen^{2}	k^{h}uen^{5}
662 昏	fen^{1}	fən^{1}	xuen^{1}	xuen^{1}
663 魂	ven^{2}	uən^{2}	uen^{2}	uen^{2}
664 温	ven^{1}	uən^{1}	uen^{1}	uen^{1}
665 稳	ven^{3}	uən^{3}	uen^{3}	uen^{3}
666 突	t^{h}əʔ^{7}	t^{h}əɯ^{3}	təʔ^{8}	t^{h}əʔ^{8}
667 卒	tsəʔ^{7}	tsəɯ^{7}	tsəʔ^{7}	tsəʔ^{7} 乙
668 骨	kueʔ^{7}	kuəɯ^{7}	kuəʔ^{7}	kuəʔ^{7} 乙
669 核桃~	vəʔ^{8}	uəɯ^{3}	uəʔ^{8}	uəʔ^{8}
670 轮	len^{2}	lən^{2}	len^{2}	len^{2}
671 笋	sen^{3}	ɕin^{3}	ɕin^{3}	ɕien^{3}
672 肫	tsuen^{1}	kyen^{1}	tɕyen^{1}	tɕyã^{1}
673 春	ts^{h}uen^{1}	k^{h}yen^{1}	tɕ^{h}yen^{1}	tɕ^{h}yã^{1}
674 唇	ts^{h}uen^{2}	fen^{2}	ɕyen^{2} 文	ɕyã^{2}~tɕyã^{2}
675 顺	suen^{6}	fen^{6}	ɕyen^{6}	ɕyã^{5}
676 闰	ven^{6}	yen^{6}	yen^{6}	len^{5}
677 均	tsuen^{1}	kyen^{4}	tɕyen^{1}	tɕyã^{1} 文
678 匀	ven^{2}	yen^{2}	yen^{2}	yã^{2}
679 律	liʔ^{8}	lei^{6}	liəʔ^{8}	liəʔ^{8} 文
680 术白~	ts^{h}ue^{6}	k^{h}yei^{3}	ɕyəʔ^{8}	
681 出	ts^{h}uəʔ^{7}	k^{h}yei^{7}~tɕ^{h}iei^{7}	tɕ^{h}yəʔ^{7}	tɕ^{h}yəʔ^{7} 乙
682 術	suəʔ^{8}	fei^{3}	ɕyəʔ^{8}	ɕyəʔ^{8} 文
683 橘	tɕyʔ^{7}	kyei^{7}	tɕyəʔ^{7}	tɕyəʔ^{7} 乙
684 粉	fen^{3}	fən^{3}	fen^{3}	fen^{3}
685 粪	fen^{1}	pən^{4}	fen^{3} 文	fen^{5}
686 份	fen^{1}	fən^{6}	fen^{6}	fen^{5}
687 文	fen^{2}	uən^{2}	uen^{2}	uen^{2}
688 蚊	men^{2}	mən^{2}	men^{2}	mien^{2}
689 问	ven^{6}	uən^{6}	men^{6}	uen^{6} 文

续表

	淳安	遂安	建德	寿昌
690 军	tsuen^{1}	kyen^{1}	tɕyen^{1}	tɕyã^{1}
691 裙	ts^{h}uen^{2}	k^{h}yen^{2}	tɕyen^{2}	tɕ^{h}yã^{2}
692 熏	suen^{1}	fen^{1}	ɕyen^{1}	ɕyã^{1}
693 荤	fen^{1}	fən^{1}	xuen^{1}	xuen^{1}
694 雲	ven^{2}	yen^{2}	yen^{2}	yã^{2}
695 运	ven^{6}	yen^{6}	yen^{6}	yã^{5}
696 佛	fəʔ^{8}	fəɯ^{3}	fəʔ^{8}	fəʔ^{8}
697 屈弯	k^{h}ueʔ^{7}	k^{h}uəɯ^{7}		k^{h}uəʔ$^{7\text{乙}}$
宕　摄				
698 帮	pã^{1}	pom^{1}	pɛ^{1}	pã^{1}
699 榜	pã^{3}	pom^{3}	po^{3}	pã^{3}
700 忙	mã^{2}	mom^{2}	mo^{2}	mã^{2}
701 党	tã^{3}	tã^{3}	to^{3}	tã^{3} 文
702 当~铺	tã^{1}	tom^{4}	to^{2}	tã^{5}
703 烫	t^{h}ã^{1}	t^{h}om^{4}	t^{h}o^{2}	t^{h}ã^{5}
704 糖	t^{h}ã^{2}	t^{h}om^{2}	t^{h}o^{2}	t^{h}ã^{2}
705 郎	lã^{2}	lã^{2}	no^{2}	lã^{2}
706 浪	lã^{6}	lã^{6}~lom^{6}	no^{6}	lã^{5}
707 葬	tsã^{1}	tsom^{4}	tso^{2}	tsã^{5}
708 仓	ts^{h}ã^{1}	ts^{h}om^{1}	ts^{h}o^{1}	ts^{h}ã^{1}
709 桑	sã^{1}	som^{1}	so^{1}	sã^{1}
710 缸	kã^{1}	kom^{1}	ko^{1}	kã^{1}
711 囥藏放	k^{h}ɔm^{1}	k^{h}om^{4}	k^{h}o^{2}	k^{h}ã^{5}
712 薄厚~	p^{h}ɔʔ^{8}	p^{h}ɔ^{3}	pu^{3}	p^{h}ɔʔ^{8}
713 托	t^{h}ɑʔ^{7}	t^{h}ɔ^{7}	t^{h}o^{6}	t^{h}ɔʔ$^{7\text{乙}}$
714 落	lɑʔ^{8}	lɔ^{3}	lo^{3}	lɔʔ^{8}
715 作	tsɑʔ^{7}	tsɔ^{7}	tsəʔ^{7}	tsɔʔ$^{7\text{乙}}$
716 凿	sɔʔ^{8}	sɔ^{3}	so^{3}	sɔʔ^{8}
717 索	soʔ^{7}	sɔ^{7}	so^{6}	sɔʔ$^{7\text{乙}}$

续表

	淳安	遂安	建德	寿昌
718 各	koʔ^{7}	kɔ^{7}	ku^{6}	kɔʔ^{7} 文
719 恶形	vuʔ^{7}	ɔ^{7}	u^{6}	ɔʔ^{7} 乙
720 娘	iɑ̃^{2}	iɑ̃^{2}	ȵie^{2}	ȵiɑ̃^{2}
721 量动	liɑ̃^{2}	liɑ̃^{2}	nie^{2}	liɑ̃^{2}
722 两~个	liɑ̃^{3}	liɑ̃^{4}	nie^{3}	liɑ̃^{4}
723 浆	tɕiɑ̃^{1}	tɕiɑ̃^{1}	tɕie^{1}	tɕiɑ̃^{1}
724 酱	tɕiɑ̃^{1}	tɕiɑ̃^{4}	tɕie^{2}	tɕiɑ̃^{5}
725 抢	tɕʰiɑ̃^{3}	tɕʰiɑ̃^{3}	tɕʰie^{3}	tɕʰiɑ̃^{3}
726 墙	ɕiɑ̃^{2}	ɕiɑ̃^{2}	ɕie^{2}	ɕiɑ̃^{2}
727 匠	ɕiɑ̃^{6}	ɕiɑ̃^{6}	ɕie^{6}	ɕiɑ̃^{5}
728 箱	ɕiɑ̃^{1}	ɕiɑ̃^{1}	ɕie^{1}	ɕiɑ̃^{1}
729 像	ɕiɑ̃^{3}	ɕiɑ̃^{4}	ɕie^{3}	ɕiɑ̃^{4}
730 张	tsɑ̃^{1}	tɕiɑ̃^{1}	tsɛ^{1}	tsɑ̃^{1}
731 帐蚊~	tsɑ̃^{1}	tɕiɑ̃^{4}	tsɛ^{2}	tsɑ̃^{5}
732 长~短	tsʰɑ̃^{2}	tɕʰiɑ̃^{2}	tsɛ^{2}	tsʰɑ̃^{2}
733 肠	tsʰɑ̃^{2}	tɕʰiɑ̃^{2}~som^{2}	tsɛ^{2}	tsʰɑ̃^{2}
734 丈	tsʰɑ̃^{3}	tɕʰiɑ̃^{4}	tsɛ^{3}	tsʰɑ̃^{4}
735 装	tsɑ̃^{1}	tsom^{1}	tso^{1}	tɕyɑ̃^{1}~tsɑ̃^{1}
736 壮	tsɑ̃^{1}	tsom^{4}	tso^{2}	tɕyɑ̃^{5}
737 疮	tsʰɔm^{1}	tsʰom^{1}	tsʰo^{1}	tɕʰyɑ̃^{1}
738 床	sɑ̃^{2}~sɔm^{2}	som^{2}	so^{2}	ɕyɑ̃^{2}
739 状	tsʰɑ̃^{6}	tsʰom^{6}	tso^{3}~tsʰo^{3}	tɕʰyɑ̃^{5}
740 霜	sɑ̃^{1}	som^{1}	so^{1}	ɕyɑ̃^{1}
741 掌	tsɑ̃^{3}	tɕiɑ̃^{3}	tsɛ^{3}	tsɑ̃^{3}
742 唱	tsʰɑ̃^{1}	tɕʰiɑ̃^{4}	tsʰo^{2}	tsʰɑ̃^{5}
743 伤	sɑ̃^{1}	ɕiɑ̃^{1}	so^{1}	sɑ̃^{1}
744 尝	sɑ̃^{2}	tɕʰiɑ̃^{2}	so^{2}	sɑ̃^{2}
745 上动	sɑ̃^{6}	ɕiɑ̃^{6}	so^{3}	sɑ̃^{4}
746 让	iɑ̃^{6}	iɑ̃^{6}	iɑ̃^{6}	iɑ̃^{5}

续表

	淳安	遂安	建德	寿昌
747 薑	tɕiã^{1}	tɕiã^{1}	tɕie^{3}	tɕiã^{1}
748 乡	ɕiã^{1}	ɕiã^{1}	ɕie^{1}	ɕiã^{1}
749 向	ɕiã^{1}	ɕiã^{4}	ɕie^{2}	ɕiã^{5}
750 秧	iã^{1}	iã^{1}	iã^{1}	iã^{1}
751 养	iã^{3}	iã^{4}	iã^{3}	yã^{4}
752 痒	iã^{3}	iã^{4}	iã^{3}	iã^{4}
753 样	iã^{6}	iã^{6}	iã^{6}	iã^{5}
754 略	liɑʔ^{8}	liɑ^{3}	liəʔ^{8} 文	liɑ^{6} 文
755 雀麻～	tsɑʔ^{7}	tɕʰiɑ^{7}	tɕiəʔ^{7}	tsã$^{-55}$ 麻～儿（小称）
756 嚼	ɕiɑʔ^{8}	tɕiɑ^{4}	tɕiəʔ^{8} 文	ɕiəʔ^{8}
757 削	ɕiɑʔ^{7}	ɕiɑ^{7}	ɕiɑ^{6}	ɕiəʔ$^{7\text{乙}}$
758 着～衣	tsɑʔ^{7}	tɕiɑ^{7}	tsɑ^{6}	tsɔʔ$^{7\text{乙}}$
759 勺	sɔʔ^{8}	sɔ^{3}	so^{3}	sɔʔ^{8}
760 箬	iɑʔ^{8}	iɑ^{3}		
761 脚	tɕiɑʔ^{7}	tɕiɑ^{7}	tɕiɑ^{6}	tɕiɔʔ$^{7\text{乙}}$
762 药	iɑʔ^{8}	iɑ^{3}	iɑ^{3}	iɔʔ^{8}
763 光	kuã^{1}	kom^{1}	ko^{1}	kuã^{1}
764 慌	xuã^{1}～fã^{1}	xom^{1}	xo^{1}	xuã^{1}
765 黄	uã^{2}～ɔm^{2}	om^{2}	o^{2}	uã^{2}
766 郭	koʔ^{7}	kɔ^{7}	kuəʔ^{7} 文	kɔʔ$^{7\text{乙}}$
767 镬锅	vuʔ^{8}	ɔ^{3}	u^{3}	ɔʔ^{8}
768 方	fã^{1}	xom^{1}	fo^{1}	fã^{1}
769 放	fɔm^{1}～xɔm^{1}～fã^{1}	fən^{4}～fã^{4}	fo^{2}	fã^{5}
770 纺	fã^{3}	fã^{3}	fo^{2}	fã^{3}
771 房	fã^{2}	xom^{2}～fã^{2}	fo^{2}	fã^{2}
772 网	mɔm^{3}	mom^{4}	mo^{3}	mã^{4}
773 望	uã^{3}	mom^{6}～uã^{6}	uɑŋ^{6} 文	mã^{5}～uã^{6} 文
774 狂	kʰuã^{2}	kʰuã^{2}	ko^{2}	kʰuã^{2}
775 王	uã^{2}	uã^{2}	o^{2}	uã^{2}

续表

	淳安	遂安	建德	寿昌
776 缚	pʰɔʔ^{8}	pʰɔ^{3}	fu^{3}	pʰɔʔ^{8}
江　摄				
777 绑	pɔm^{3}	pom^{3}	po^{3}	pɑ̃^{3}
778 棒	pʰɔm^{3}	pʰom^{4}	po^{3}	pʰɑ̃^{4}
779 桩	tsɔm^{1}	tsom^{1}	tso^{1}	tɕyɑ̃^{1}
780 撞	tsʰɔm^{6}	tsʰom^{6}	tsʰo^{6}	tɕʰyɑ̃^{5}
781 双	sɔm^{1}	som^{1}	so^{1}	ɕyɑ̃^{1}
782 江	kɑ̃^{1}	kom^{1}	ko^{1}	kɑ̃^{1}
783 讲	kɔm^{3}	kom^{3}	ko^{3}	kɑ̃^{3}
784 腔	tɕʰiɑ̃^{1}	tɕʰiɑ̃^{1}	tɕʰie^{1}	tɕʰiɑ̃^{1}
785 降投~	xɑ̃^{2}	xɑ̃^{2}	xo^{2}	xɑ̃^{2}
786 剥	poʔ^{7}	pɔ^{7}	pu^{6}	pɔʔ^{7}乙
787 雹	pʰɑʔ^{8}	pʰɔ^{3}	pu^{3}	pɑ^{6} 文
788 桌	tsoʔ^{7}	tsɔ^{7}	tsu^{6}	tɕiɔʔ^{7}乙
789 戳	tsʰoʔ^{7}	tsʰɔ^{7}	tsʰu^{6}	tɕʰiɔʔ^{7}乙
790 镯	tsʰɔʔ^{8}	tsʰɔ^{3}	tsu^{3}	tɕʰiɔʔ^{8}
791 角	koʔ^{7}	kɔ^{7}	ku^{6}	kɔʔ^{7}乙
792 壳	kʰoʔ^{7}	kʰɔ^{7}	kʰu^{6}	kʰɔʔ^{7}乙
793 学	xɑʔ^{8}	xɔ^{3}	xu^{3}	xɔʔ^{8}
曾　摄				
794 朋	pʰen^{2}	pʰã^{2}~pʰɔ̃^{2}	pɑom^{2}	pʰen^{2} 文
795 灯	ten^{1}	tən^{1}	ten^{1}	ten^{1}
796 藤	tʰen^{2}	tʰən^{2}	ten^{2}	tʰen^{2}
797 邓	ten^{1}	tən^{4}	tʰen^{6}	tʰen^{5}
798 能	len^{2}	lən^{2}	len^{2}	len^{2} 文
799 层	sen^{2}	ɕin^{2}	sen^{2}	sen^{7}甲
800 肯	kʰen^{3}	kʰən^{3}	kʰen^{3}	kʰen^{3}
801 北	pəʔ^{7}	pəɯ^{7}	pəʔ^{7}	pəʔ^{7}乙
802 墨	məʔ^{8}	məɯ^{3}	məʔ^{8}	məʔ^{8}

续表

	淳安	遂安	建德	寿昌
803 得	tiʔ^{7}~təʔ^{7}	təɯ^{7}	təʔ^{7}	təʔ^{7} 乙
804 特	t^{h}iʔ^{8}~t^{h}əʔ^{8}	t^{h}əɯ^{3}	təʔ^{8}	təʔ^{8} 文
805 贼	səʔ^{8}	səɯ^{3}	səʔ^{8}	səʔ^{8}
806 塞	səʔ^{7}	səɯ^{7}	səʔ^{7}	səʔ^{7} 乙
807 刻	k^{h}əʔ^{7}	k^{h}əɯ^{7}	k^{h}əʔ^{7}	k^{h}əʔ^{7} 乙
808 冰	pin^{1}	pen^{1}	pin^{1}	pien^{1}
809 甑	tsen^{1}	tɕin^{0} 饭~	tsen^{2}	tsen^{5}
810 蒸	tsen^{1}	tɕin^{1}	tsen^{1}	tsen^{1}
811 秤	ts^{h}en^{1}	tɕ^{h}in^{4}	ts^{h}en^{2}	ts^{h}en^{5}
812 塍	sen^{2}	ɕin^{2}	sen^{2}	sen^{2}
813 升一~	sen^{1}	ɕin^{1}	sen^{1}	sen^{1}
814 承	sen^{2}	tɕ^{h}in^{1}	tsen^{2}	ts^{h}en^{2} 文
815 兴振~	ɕin^{1}	ɕin^{4}	ɕin^{1}	ɕien^{1}
816 鹰	in^{1}	n^{1}	in^{1}	ien^{1}
817 应答~	in^{1}	n^{6}	in^{2}	ien^{5}
818 蝇苍~	sen^{2}	ɕin^{2}	in^{2}	ɕien^{1}
819 逼	piʔ^{7}	pi^{7}	piəʔ^{7}	piəʔ^{7} 乙
820 力	liʔ^{8}	li^{3}	liəʔ^{8}	liəʔ^{8}
821 息	ɕiʔ^{7}	ɕiei^{7}	ɕiəʔ^{7}	ɕiəʔ^{7} 文
822 直	ts^{h}əʔ^{8}	tɕ^{h}iei^{3}	tsəʔ^{8}	ts^{h}əʔ^{8}
823 值	ts^{h}əʔ^{8}	tɕ^{h}iei^{3}	tsəʔ^{8}	ts^{h}əʔ^{8}
824 侧	ts^{h}əʔ^{7}	ts^{h}əɯ^{7}	ts^{h}əʔ^{7}	tsəʔ^{7} 乙
825 色	səʔ^{7}	səɯ^{7}	səʔ^{7}	səʔ^{7} 乙
826 食	səʔ^{8}	ɕiei^{3}	səʔ^{8}	səʔ^{8}
827 识	səʔ^{7}	ɕiei^{7}	səʔ^{7}	səʔ^{7} 文
828 极	tɕ^{h}iəʔ^{8}	tɕ^{h}iei^{3}	tɕiəʔ^{8}	tɕiəʔ^{8} 文
829 翼	iəʔ^{8}	i^{3}	i^{3}	iəʔ^{8} 文
830 国	kueʔ^{7}	kuəɯ^{7}	kuəʔ^{7}	kuəʔ^{7} 乙
831 或	fəʔ^{7}	fəɯ^{7}	xuəʔ^{8}	xuəʔ^{8} 文

续表

	淳安	遂安	建德	寿昌
832 域	vəʔ^{8}	yei^{3}	yəʔ^{8}	yəʔ^{8} 文
梗　摄				
833 彭	pʰen^{2}	pʰã^{1}	pen^{2}	pʰã^{2} 文
834 猛	mɔm^{3}	mã^{4}	mɑom^{3}	mã^{4}~mã^{2}
835 孟	men^{6}	mã^{6}	mɑom^{6}	men^{6} 文
836 打	tɑ̃^{3}	tã^{3}	tɛ^{3}	tã^{3}
837 撑	tsʰɑ̃^{1}	tsʰã^{1}	tsʰɛ^{1}	tsʰã^{1}
838 生	sɑ̃^{1}	sã^{1}	sɛ^{1}	sã^{1}
839 更三～	kɑ̃^{1}	kã^{1}	kɛ^{1}	kã^{1}
840 梗	kuɑ̃^{3}	kuã^{3}	kuɛ^{3}	kuã^{3}
841 坑	kʰɑ̃^{1}	kʰã^{1}	kʰɛ^{1}	kʰã^{1}
842 硬	ɑ̃^{6}	ã^{6}	ŋɛ^{6}	ŋã^{5}
843 行～头	xɑ̃^{2}	xã^{2}	ɕin^{2}	xã^{2}
844 百	pɑʔ^{7}	pa^{7}	pɑ^{6}	pəʔ^{7}乙
845 白	pʰɑʔ^{8}	pʰa^{3}	pɑ^{3}	pʰəʔ^{8}
846 拆	tsʰɑʔ^{7}	tsʰa^{7}	tsʰɑ^{6}	tsʰəʔ^{7}乙
847 宅	tsʰɑʔ^{8}	tsʰa^{3}	tsəʔ^{8} 文	tsəʔ^{8} 文
848 格	kɑʔ^{7}	ka^{7}	kɑ^{6}	kəʔ^{7}乙
849 客	kʰɑʔ^{7}	kʰa^{7}	kʰɑ^{6}	kʰəʔ^{7}乙
850 额	ɑʔ^{8}	a^{3}	ŋɑ^{3}	ŋəʔ^{8}
851 棚	pʰɔm^{2}	pʰən^{2}	pen^{2}	pʰɔm^{2}
852 争	tsɑ̃^{1}	tsã^{1}	tsɛ^{1}	tsã^{1}
853 耕	kɑ̃^{1}	kã^{1}	kɛ^{1}	kã^{1}
854 麦	mɑʔ^{8}	ma^{3}	mɑ^{3}	məʔ^{8}
855 责	tsɑʔ^{7}	tsa^{7}	tsəʔ^{7} 文	tsəʔ^{7} 文
856 册	tsʰɑʔ^{7}	tsʰa^{7}	tsʰɑ^{6}	tsʰəʔ^{7} 文
857 隔	kɑʔ^{7}	ka^{7}	kɑ^{6}	kəʔ^{7}乙
858 轭	ɑʔ^{7}	a^{7}	ŋɑ^{6}	əʔ^{7}乙
859 兵	pin^{1}	pen^{1}	pin^{1}	pien^{1}

续表

	淳安	遂安	建德	寿昌
860 柄	pin^{1}	pen^{4}	pin^{2}	pien^{5}
861 平	p^{h}in^{2}	p^{h}en^{2}	pin^{2}	p^{h}ien^{2}
862 病	p^{h}in^{6}	p^{h}en^{6}	p^{h}in^{6}	p^{h}ien^{5}
863 惊怕	tɕin^{1}	tɕin^{3}	tɕin^{1}	kuã^{1}
864 庆	tɕ^{h}in^{3}	tɕ^{h}in^{6}	tɕ^{h}in^{2}	tɕ^{h}ien^{3} 文
865 迎	in^{2}	n^{6}	in^{2}	ȵien^{2}~ȵi^{2} 文
866 影	in^{3}	n^{3}	in^{3}	ien^{3}
867 碧	piʔ^{7}	pi^{7}	piəʔ^{7} 文	piəʔ^{7} 乙
868 剧	tɕ^{h}iʔ^{7}		tɕiəʔ^{8} 文	tɕiəʔ^{8} 文
869 饼	pin^{3}	pen^{3}	pin^{3}	pien^{3}
870 名	min^{2}	men^{2}	min^{2}	mien^{2}
871 岭	lin^{3}	len^{4}	lin^{3}	lien^{4}
872 井	tɕin^{3}	tɕin^{3}	tɕin^{3}	tɕien^{3}
873 清	tɕ^{h}in^{1}	tɕ^{h}in^{1}	tɕ^{h}in^{1}	tɕ^{h}ien^{1}
874 请	tɕ^{h}in^{3}	tɕ^{h}in^{3}	tɕ^{h}in^{3}	tɕ^{h}ien^{3}
875 晴	ɕin^{2}	ɕin^{2}	ɕin^{2}	ɕien^{2}
876 静	ɕin^{3}	ɕin^{4}	ɕin^{3}	ɕien^{4}
877 姓	ɕin^{1}	ɕin^{4}	ɕin^{2}	ɕien^{5}
878 郑	ts^{h}en^{6}	tɕ^{h}in^{6}	ts^{h}en^{6}	ts^{h}en^{5}~tsen^{6} 文
879 正~反	tsen^{1}	tɕin^{4}	tsen^{2}	tsen^{5}
880 声	sen^{1}	ɕin^{1}	sen^{1}	sen^{1}
881 城	sen^{2}~ts^{h}en^{2}	ɕin^{2}~tɕ^{h}in^{2}	sen^{2}	sen^{2}
882 颈	tɕin^{3}	tɕin^{4}	tɕin^{3}	tɕien^{3}
883 轻	tɕ^{h}in^{3}~tɕ^{h}in^{1}	tɕ^{h}in^{1}	tɕ^{h}in^{1}	tɕ^{h}ien^{1}
884 羸	in^{2}	n^{2}	yen^{2}	ien^{2}
885 僻	p^{h}iʔ^{7}	p^{h}i^{6}	p^{h}iəʔ^{7} 文	p^{h}iəʔ^{7} 文
886 脊	tɕiʔ^{7}	tsɿ^{7}	tɕiəʔ^{7} 文	tɕiəʔ^{7} 乙
887 惜	ɕiʔ^{7}	sɿ^{7}	ɕiəʔ^{7} 文	ɕiəʔ^{7} 乙
888 席	ɕiʔ^{8}	ɕiei^{3}	ɕiəʔ^{8} 文	ɕiəʔ^{8}~tɕiəʔ^{8} 文

续表

	淳安	遂安	建德	寿昌
889 隻	tsɑʔ^{7}	tsa^{7}	tsɑ^{6}	tsəʔ^{7}乙
890 尺	tsʰɑʔ^{7}	tsʰa^{7}	tsʰɑ^{6}	tsʰəʔ^{7}乙
891 石	sɑʔ^{8}	sa^{3}	sɑ^{3}	səʔ^{8}
892 益	iʔ^{7}	i^{7}	iəʔ^{7}文	iəʔ^{7}文
893 瓶	pʰin^{2}	pʰen^{2}	pin^{2}	pʰien^{2}
894 铭	min^{2}	men^{2}	min^{2}文	mien^{2}文
895 钉名	tin^{1}	ten^{1}	tin^{1}	tien^{1}
896 顶	tin^{3}	ten^{3}	tin^{3}	tien^{3}
897 听	tʰin^{1}	tʰen^{4}	tʰin^{1}	tʰien^{5}
898 定	tʰin^{6}	tʰen^{6}	tʰin^{6}	tʰien^{5}
899 灵	lin^{2}	len^{2}	nin^{2}	lien^{2}
900 青	tɕʰin^{1}	tɕʰin^{1}	tɕʰin^{1}	tɕʰien^{1}
901 醒	ɕin^{3}	ɕin^{3}	ɕin^{3}	ɕien^{3}
902 经	tɕin^{1}	tɕin^{1}	tɕin^{1}	tɕien^{1}
903 壁	piʔ^{7}	pi^{7}	piəʔ^{7}	piəʔ^{7}乙
904 滴	tiʔ^{7}	ti^{7}	tiəʔ^{7}	tiəʔ^{7}乙
905 踢	tʰiʔ^{7}	tʰi^{7}	tʰiəʔ^{7}	tʰiəʔ^{7}乙
906 敌	tʰiʔ^{8}	tʰi^{3}	tiəʔ^{8}	tʰiəʔ^{8}文
907 曆	liʔ^{8}	lei^{6}	liəʔ^{8}	liəʔ^{8}~liəʔ^{8}文
908 戚	tɕʰiʔ^{7}	tɕʰiei^{7}	tɕʰiəʔ^{7}	tɕʰiəʔ^{7}乙
909 锡	ɕiʔ^{7}	sɿ^{7}	ɕiəʔ^{7}	ɕiəʔ^{7}乙
910 击	tɕiʔ^{7}	tɕiei^{7}	tɕiəʔ^{7}	tɕiəʔ^{7}文
911 横	uɑ̃^{2}	uã^{2}	uɛ^{2}	uã^{2}
912 获	vu^{3}	fəɯ^{7}	uəʔ^{8}	xuəʔ^{8}文
913 劃	uɑʔ^{8}	ua^{3}	uəʔ^{8}	uəʔ^{8}文
914 兄	sɔm^{1}~ɕiɔm^{1}	sən^{1}~fen^{2}	sɑom^{1}	ɕiɔm^{1}文
915 荣	iɔm^{2}	yen^{2}	iɑom^{2}	iɔm^{2}
916 永	ven^{3}	yen^{6}	yen^{3}文	yã^{3}文
917 琼	tsʰuen^{2}	kʰyen^{4}	tsʰɑom^{2}文	tɕʰiɔm^{2}文

续表

	淳安	遂安	建德	寿昌
918 营	in^{2}	n^{2}~in^{2}	in^{2}	ien^{2}
919 役	$vəʔ^{8}$	yei^{7}	$yəʔ^{8}$	$yəʔ^{8}$ 文
通　摄				
920 篷	$p^{h}om^{2}$	$p^{h}ən^{2}$	$paom^{2}$	$p^{h}om^{2}$
921 东	tom^{1}	$tən^{1}$	$taom^{1}$	tom^{1}
922 懂	tom^{3}	$tən^{3}$	$taom^{3}$	tom^{3}
923 通	$t^{h}om^{1}$	$t^{h}ən^{1}$	$t^{h}aom^{1}$	$t^{h}om^{1}$
924 桶	$t^{h}om^{3}$	$t^{h}ən^{4}$	$t^{h}aoom^{3}$	$t^{h}om^{4}$
925 动	$t^{h}om^{3}$	$t^{h}ən^{4}$	$taom^{3}$	$t^{h}om^{4}$
926 洞	$t^{h}om^{6}$	$t^{h}ən^{6}$	$t^{h}aom^{6}$	$t^{h}om^{5}$
927 聋	lom^{2}	$lən^{2}$	$laom^{2}$	lom^{2}
928 弄名	lom^{1}	$lən^{4}$	$laom^{6}$	lom^{5}
929 棕	$tsom^{1}$	$tsən^{1}$	$tsaom^{1}$	$tsom^{1}$
930 粽	$tsom^{1}$	$tsən^{4}$	$tsaom^{2}$	$tsom^{5}$
931 葱	$ts^{h}om^{1}$	$ts^{h}ən^{1}$	$ts^{h}aom^{1}$	$ts^{h}om^{1}$
932 送	som^{1}	$sən^{4}$	$saom^{2}$	som^{5}
933 工	kom^{1}	$kən^{1}$	$kaom^{1}$	kom^{1}
934 空有～	$k^{h}om^{1}$	$k^{h}ən^{4}$	$k^{h}aom^{2}$	$k^{h}om^{5}$
935 烘	xom^{1}	$xən^{1}$	$xaom^{1}$	xom^{1}
936 红	om^{2}	n^{2}	aom^{2}	om^{2}
937 瓮	om^{1}	om^{4}	aom^{2}	om^{5}
938 木	$moʔ^{8}$	mu^{3}	$məʔ^{8}$	$moʔ^{8}$
939 秃	$t^{h}oʔ^{7}$	$t^{h}u^{7}$	$t^{h}əʔ^{7}$	$t^{h}oʔ^{7}$ 乙
940 读	$t^{h}oʔ^{8}$	$t^{h}u^{3}$	$təʔ^{8}$	$t^{h}oʔ^{8}$
941 鹿	$loʔ^{8}$	lu^{3}	$ləʔ^{8}$	$loʔ^{8}$
942 族	$soʔ^{8}$	su^{3}	$tɕyəʔ^{8}$	$tsoʔ^{8}$ 文
943 榖	$koʔ^{7}$	ku^{7}	$kuəʔ^{7}$	$koʔ^{7}$ 乙
944 屋	$vuʔ^{7}$	u^{7}	$uəʔ^{7}$	$oʔ^{7}$ 乙
945 冬	tom^{1}	$tən^{1}$	$taom^{1}$	tom^{1}

续表

	淳安	遂安	建德	寿昌
946 农人	lɔm^{2}	lən^{2}	lɑom^{2} 务~	nɔm^{2}~lɔm^{2}
947 脓	lɔm^{2}	lən^{4}	lɑom^{6}	nɔm^{5}
948 宋	sɔm^{1}	sən^{4}	sɑom^{2}	sɔm^{5}
949 督	toʔ^{7}	tu^{7}	təʔ^{7}	tɔʔ^{7} 文
950 毒	tʰɔʔ^{8}	tʰu^{3}	təʔ^{8}	tʰɔʔ^{8}
951 风	fɔm^{1}~xɔm^{1}	fən^{1}	fɑom^{1}	fɔm^{1}
952 冯	xɔm^{2}	fən^{2}	fɑom^{2} 文	fɔm^{2} 文
953 梦	mɔm^{6}	mom^{6}	mɑom^{6}	mɔm^{5}
954 中~秋	tsɔm^{1}	tsən^{1}	tsɑom^{1}	tɕiɔm^{1}
955 虫	tsʰɔm^{2}	tsʰən^{2}	tsɑom^{2}	tɕʰiɔm^{2}
956 众	tsɔm^{1}	tsən^{4}	tsɑom^{2}	tɕiɔm^{3} 文
957 铳	tsʰɔm^{1}	tsʰən^{4}	tsʰɑom^{2}	tɕʰiɔm^{1}
958 绒	iɔm^{2}	lən^{2}	iɑom^{2}	iɔm^{2}
959 弓	kɔm^{1}	kən^{1}	kɑom^{1}	kɔm^{1}
960 穷	tsʰɔm^{2}~tɕʰiɔm^{2}	tsʰən^{2}	tsɑom^{2}	tɕʰiɔm^{2}
961 雄	iɔm^{2}~sɔm^{2}~ɕiɔm^{2}	lən^{2}~sən^{2}	iɑom^{2}	iɔm^{2}
962 覆趴	pʰoʔ^{7}~foʔ^{7}	pʰu^{7}~fu^{7}	pʰəʔ^{7}~fəʔ^{7}	pʰɔʔ^{7} 乙~fɔʔ^{8} 文
963 服	fɔʔ^{8}	fu^{3}	fəʔ^{8}	fɔʔ^{8}
964 目	mɔʔ^{8}	mu^{3}	məʔ^{8}	mɔʔ^{8}
965 六	lɔʔ^{8}	lu^{3}	ləʔ^{8}	lɔʔ^{8}
966 竹	tsoʔ^{7}	tsu^{7}	tɕyəʔ^{7}	tɕiɔʔ^{7} 乙
967 畜~生	tsʰoʔ^{7}	tsʰu^{7}	tɕʰyəʔ^{7}	tɕʰiɔʔ^{7} 乙
968 缩	soʔ^{7}	sɔ^{7}	ɕyəʔ^{7}	sɔʔ^{7} 乙
969 粥	tsoʔ^{7}	tsu^{7}	tɕyəʔ^{7}	tɕiɔʔ^{7} 乙
970 叔	soʔ^{7}	su^{7}	ɕyəʔ^{7}	ɕiɔʔ^{7} 乙
971 熟	sɔʔ^{8}	su^{3}	ɕyəʔ^{8}	ɕiɔʔ^{8}
972 肉	iɔʔ^{8}	lu^{3}	yəʔ^{8}	ȵiɔʔ^{8}
973 麴	tsʰoʔ^{7}	tsʰu^{7}	tɕʰyəʔ^{7}	tɕʰiɔʔ^{7} 乙
974 育	ioʔ^{7}	lu^{3}	yəʔ^{7}	iɔʔ^{7} 文

续表

	淳安	遂安	建德	寿昌
975 蜂	fɔm^{1}	fən^{1}	fɑom^{1}	fɔm^{1}
976 缝动	fɔm^{2}	fən^{2}	fɑom^{2}	fɔm^{2}
977 浓	lɔm^{2}	lən^{2}	iɑom^{2}	iɔm^{2}
978 龙	lɔm^{2}	lən^{2}	lɑom^{2}	lɔm^{2}
979 从介	ts^{h}ɔm^{2}	ts^{h}ən^{1}	tsɑom^{2}	ts^{h}ɔm^{2}
980 㞞精液	sɔm^{2}	sən^{2}	sɑom^{2}	sɔm^{2}
981 松～树	sɔm^{2}	sən^{2}	sɑom^{1}	sɔm^{2}
982 重形	ts^{h}ɔm^{3}	ts^{h}ən^{3}	tsɑom^{3}	tɕ^{h}iɔm^{4}
983 肿	tsɔm^{3}	tsən^{3}	tsɑom^{3}	tɕiɔm^{3}
984 种动	tsɔm^{1}	tsən^{4}	tsɑom^{2}	tɕiɔm^{5}
985 舂		k^{h}yen^{4}	so^{1}	ɕyɑ̃^{1}
986 供供养	kɔm^{3}	k^{h}ən^{6}	kɑom^{2}	kɔm^{3} 文
987 共	ts^{h}ɔm^{2}~k^{h}ɔm^{3}	ts^{h}ən^{1}~k^{h}ən^{6}	ts^{h}ɑom^{6}~kɑom^{6} 文	tɕ^{h}iɔm^{3}~kɔm^{6} 文
988 胸	sɔm^{1}~ɕiɔm^{1}	sən^{1}	sɑom^{1}	ɕiɔm^{1}
989 容	iɔm^{2}	lən^{2}~lən^{1}	iɑom^{2}	iɔm^{2} 文
990 用	iɔm^{6}	lən^{6}	iɑom^{6}	iɔm^{5}
991 绿	lɔʔ^{8}	lu^{3}	ləʔ^{8}	lɔʔ^{8}
992 足	tsoʔ^{7}	tsu^{7}	tɕyəʔ^{7}	tsɔʔ^{7} 乙
993 粟	soʔ^{7}	su^{7}	ɕyəʔ^{7}	sɔʔ^{7} 乙
994 俗	sɔʔ^{8}	su^{3}	tɕyəʔ^{8}	tsɔʔ^{8} 文
995 烛	tsoʔ^{7}	tsu^{7}	tɕyəʔ^{7}	tɕiɔʔ^{7} 乙
996 褥	iɔʔ^{8}~ioʔ^{7}	lu^{3}	yəʔ^{8}	ȵiɔʔ^{8}
997 曲	ts^{h}oʔ^{7}	ts^{h}u^{7}	tɕ^{h}yəʔ^{7}	tɕ^{h}iɔʔ^{7} 文
998 局	ts^{h}ɔʔ^{8}	ts^{h}u^{3}	tɕyəʔ^{8}	tɕ^{h}iɔʔ^{8}~tɕiɔʔ^{8} 文
999 玉	iɔʔ^{8}	lu^{3}	y^{6}	ȵiɔʔ^{8}
1000 浴	iɔʔ^{8}	lu^{3}	yəʔ^{8}	iɔʔ^{8}

第三章　词汇

1. 本章收词汇条目 454 个，以对照表的形式排列。所收条目包括：

（1）中国社会科学院语言研究所 1955 年编印的《方言调查词汇手册》第 1 ～ 17 部分的词条。原来共约 320 条，为了适应严州方言的具体情况，这里对个别词条做了删改。

（2）丁声树、李荣先生 1956 年编的《汉语方言调查简表》贰“词汇语法部分”有，而《方言调查词汇手册》未收的词条，共 6 条。

（3）由笔者执笔拟订的，“新安江流域语言文化调查计划”用于调查乡镇方言的调查表里的词条。原表共 184 条，其中有 50 多条是跟《方言调查词汇手册》相同的。

所有条目大致按《方言调查词汇手册》的顺序排列。

2. 一个条目如果有好几个对应的方言词，大致按常用程度的高低逐个排列。这几个方言词在使用特点上如有不同，就在右下角用小字注明。其中：

多　表示该说法常用

少　表示该说法不常用

旧　表示是旧说法

新　表示是新说法

孩　表示是小孩的说法

婉　表示是委婉的说法

贬　表示是含贬义的说法

3. 方言词如有其他意义和用法，因版式所限一般不再说明，少量必要的说明也用小字写在方言词的右下角。

4. 一个条目在方言里如果没有对应的词语，就用“（无）”注明。

5. 音标注在方言词的下面。为简明起见，有又读、异读的字只注实际口语里常见的一读。声调只在音标的右上角标实际调值，而不管它是单字调还是连读调。有关的单字调和连调规律可参看“第二章　语音”，但有些词语尤其是三音节以上词语的连读调超出了一般的连调规律。

其他体例参看本书“前言”部分。

	淳安	遂安	建德	寿昌
001　太阳				
	日头 iʔ^{31}t^{h}ɯ^{445}	日头 iei^{21}t^{h}iu^{33}	日头 iəʔ^{2}təɯ^{334}	日头 ȵiəʔ^{3}t^{h}əɯ^{52}
	日头公孩 iʔ^{31}t^{h}ɯ^{445}kɔm^{55}	日头公 iei^{21}t^{h}iu^{33}kən^{534}	太阳 t^{h}ɑ^{33}iã^{55}	
	日头公公孩 iʔ^{31}t^{h}ɯ^{445}kɔm^{33}kɔm^{55}	日头公公孩 iei^{21}t^{h}iu^{33}kən^{55}kən^{213}		
002　月亮				
	月亮 vəʔ^{13}liɑ̃^{535}	月亮 yɛ^{21}liɑ̃^{52}	月亮 y^{21}nie^{55}	月亮 ȵyəʔ^{31}iɑ̃^{33}
	月亮娘娘孩 vəʔ^{13}liɑ̃^{535}iɑ̃^{31}iɑ̃^{445}	月亮婆婆孩 yɛ^{21}liɑ̃^{52}p^{h}ə^{33}p^{h}ə^{33}		
003　打雷				
	响天亮 ɕiɑ̃^{55}t^{h}iã^{24}liɑ̃^{0}	打雷 tã^{24}ləɯ^{33}	响雷 ɕie^{21}le^{334}	响天雷 ɕiɑ̃^{24}t^{h}i^{11}liɛ^{24}
			打雷 tɛ^{21}le^{334}	

	淳安	遂安	建德	寿昌
			打天雷	
			tɛ^{213}t^{h}ie^{21}le^{55}	
004 闪电（名词）				
	霍闪	霍闪	霍闪	霍闪
	foʔ^{5}sã^{0}	xɔ^{21}ɕiɛ̃^{33}	xuəʔ^{5}sɛ^{0}	xɔʔ^{3}ɕi^{33}
005 下雨				
	落雨	落雨	落雨	落雨
	lɑʔ^{31}ya^{55}	lɔ^{21}y^{422}	lo^{21}y^{213}	lɔʔ^{3}y^{534}
006 出龙，山洪暴发				
	出龙	出老龙	出蛟	出龙
	ts^{h}uəʔ^{5}lɔm^{445}	k^{h}yei^{55}lɔ^{55}lən^{33}	tɕ^{h}yəʔ^{5}tɕiɔ^{423}	tɕ^{h}yəʔ^{3}lɔm^{52}
	出蛟	出蛟		
	ts^{h}uəʔ^{5}tɕiə^{224}	k^{h}yei^{24}tɕiɑ^{534}		
007 下雪				
	落雪	落雪	落雪	落雪
	lɑʔ^{31}ɕiəʔ^{5}	lɔ^{21}ɕiɛ^{24}	lo^{21}ɕi^{55}	lɔʔ^{31}ɕi^{55}
008 雪化了				
	雪烊去罢	雪烊了	雪烊罢	雪烊罢
	ɕiəʔ^{5}iɑ̃^{31}k^{h}ə^{24}pɑ^{0}	ɕiɛ^{24}iɑ̃^{33}lɛ^{213}	ɕi^{55}iɑ̃^{33}pəʔ^{5}	ɕi^{55}iɑ̃^{52}pɑ^{0}
009 冻冰				
	冻冰	冻冰	冻冰多	冻冰
	tɔm^{24}pin^{224}	tən^{422}pen^{534}	tɑom^{33}pin^{42}	tɔm^{33}pien^{112}
			结冰	
			tɕi^{55}pin^{42}	

	淳安	遂安	建德	寿昌
010 雹				
	雹露多	雹涝=	雹子	风雹多
	pʰɑʔ^{31}lu^{535}	pʰɔ^{21}lɔ^{24}	pu^{213}tsɿ^{213}	fɔm^{11}pʰəɯ^{55}
	冰雹新			冰雹
	pin^{24}pʰɑʔ^{13}			pien^{11}pʰəɯ^{55}
011 刮风				
	发风	刮风	起风	起风
	fɑʔ^{5}fɔm^{224}	kuɑ^{24}fən^{534}	tɕʰi^{213}fɑom^{42}	tɕʰi^{24}fɔm^{112}
	起风			
	tɕʰi^{55}fɔm^{224}			
	刮风			
	kuɑʔ^{5}fɔm^{224}			
012 端午				
	端午	端午	端午	端午
	tã^{24}ŋa^{55}	tɔ̃^{55}n^{213}	tɛ^{42}n^{213}	tiɛ^{11}n^{55}
			端午节	
			tɛ^{42}n^{21}tɕie^{55}	
013 中秋				
	中秋	中秋	中秋	中秋
	tɔm^{33}tɕʰiɯ^{55}	tsən^{55}tɕʰiu^{213}	tsɑom^{21}tɕʰiəɯ^{55}	tɕiɔm^{11}tɕʰiəɯ^{112}
			中秋节	
			tsɑom^{21}tɕʰiəɯ^{55}tɕie^{55}	
014 阴历除夕				
	三十日	三十夜	三十夜	三十夜□
	sã^{24}səʔ^{0}iʔ^{13}	sã^{55}ɕiei^{21}iɛ^{52}	sɛ^{42}səʔ^{2}iɑ^{55}	suə^{11}səʔ^{5}iɑ^{33}u^{55}
	三十夜专指夜晚			

	淳安	遂安	建德	寿昌
	sɑ̃^{24}səʔ^{0}iɑ^{535}			
015 正月初一				
	初一早	正月初一	年初一	正月初一
	tsʰua^{33}iʔ^{5}tsə^{55}	tɕin^{55}yɛ^{213}tsʰu^{52}i^{24}	ȵie^{33}tsʰu^{42}iəʔ^{5}	tsen^{11}ȵyei^{55}tsʰu^{11}iəʔ^{3}
	正月初一			
	tsen^{24}vəʔ^{0}tsʰua^{33}iʔ^{5}			
016 过年之前在房子里掸尘				
	掸烟尘	打蓬尘	掸尘	刷烟尘
	tɑ̃^{55}iɑ̃^{24}tsʰen^{0}	tɑ̃^{24}pʰən^{33}tɕʰin^{33}	tɛ^{213}tsen^{334}	ɕyei^{55}i^{11}tsʰen^{55}
017 吃年夜饭				
	消夜	吃年夜饭	算$^{=}$年饭多	吃年饭
	ɕiə^{24}iɑ^{535}	tsʰɿ^{24}iɛ̃^{33}iɛ^{55}fɑ̃^{52}	sɛ^{33}ȵie^{33}fɛ^{55}	tɕʰiəʔ^{3}ȵi^{11}fɤ^{33}
			吃年饭	
			tɕʰiəʔ^{5}ȵie^{33}fɛ^{55}	
018 谢年（过年之前摆设福礼祭祀神佛祖先）				
	请祖宗	请天地	还福	还福
	tɕʰin^{55}tsua^{55}tsɔm^{55}	tɕʰin^{21}tʰɛ̃^{52}tʰi^{52}	uɛ^{33}fəʔ^{5}	ŋuə^{11}fəʔ^{3}
		请大农家		
		tɕʰin^{21}tʰə^{55}lən^{33}kɑ^{534}		
019 大年初一早晨的开门仪式				
	开门	开门	开门	开门
	kʰe^{24}men^{445}	kʰəɯ^{534}mən^{33}	kʰɛ^{42}men^{334}	kʰie^{11}men^{52}
020 灰尘				
	灰堬	灰堬	灰堬	灰堬
	xue^{24}ɔm^{0}	fəɯ^{55}n^{213}	xue^{42}ɑom^{213}	xuɛ^{11}ɔm^{24}

	淳安	遂安	建德	寿昌
021 石灰				
	石灰	石灰	石灰	石灰
	sɑʔ^{31}xue^{224}	sa^{21}fəɯ^{33}	sɑ^{213}xue^{42}	səʔ^{3}xuɛ^{112}
022 泥土				
	泥	泥	黄泥	泥
	iɑ^{445}	iei^{33}	o^{33}i^{334}	ȵi^{52}
	泥土		泥土	
	iɑ^{445}tʰua^{55}		i^{33}tʰu^{213}	
023 凉水				
	冷水	冷水	冷水	冷水
	lã^{55}ɕya^{0}	lã^{55}ɕy^{33}	nɛ^{213}ɕye^{213}	nã^{33}ɕyei^{24}
024 热水				
	热水	热水	热水	热水
	iəʔ^{31}ɕya^{55}	iɛ^{21}ɕy^{33}	i^{213}ɕye^{213}	ȵi^{33}ɕyei^{24}
025 煤				
	煤	煤	煤	煤
	me^{445}	məɯ^{33}	me^{334}	miɛ^{52}
026 煤油				
	洋油旧	洋油旧	洋油旧	洋油
	iã^{31}iɯ^{445}	iã^{33}iu^{33}	iã^{33}iəɯ^{334}	iã^{11}iəɯ^{33}
	煤油	煤油	煤油	
	me^{31}iɯ^{445}	məɯ^{33}iu^{33}	me^{33}iəɯ^{334}	
027 锡				
	锡	锡	锡	锡
	ɕiʔ^{5}	sʅ^{24}	ɕiəʔ^{5}	ɕiəʔ^{3}

	淳安	遂安	建德	寿昌
028 磁铁				
	吸铁石	吸铁石	吸铁石	吸铁石
	ɕiʔ^{5}t^{h}iɑʔ^{5}sɑʔ^{13}	ɕiei^{55}t^{h}ɛ^{55}sa^{213}	ɕiəʔ^{5}t^{h}ie^{55}sɑ^{213}	ɕiəʔ^{5}t^{h}iəʔ^{5}səʔ^{13}
029 乡村，乡下				
	乡下	乡下	乡里	乡下
	ɕiɑ̃^{24}xo^{55}	ɕiɑ̃^{55}xɑ^{213}	ɕie^{42}li^{213}	ɕiɑ̃^{11}xuə^{55}
			乡里头	
			ɕie^{42}li^{21}təɯ^{334}	
030 胡同				
	弄堂	弄堂	弄堂	弄堂
	lɔm^{24}t^{h}ɑ̃^{0}	lən^{55}t^{h}om^{33}	lɑom^{21}to^{55}	lɔm^{33}t^{h}ɑ̃^{52}
031 房子（全所的）				
	屋	屋	屋	屋
	vuʔ^{5}	u^{24}	uəʔ^{5}	ɔʔ^{3}
032 屋子，房间				
	间	房间	房间	房
	kɑ̃^{224}	fɑ̃^{33}kɑ̃^{33}	fo^{33}kɛ^{42}	fɑ̃^{52}
033 正房				
	（无）	正屋	正间	正房
		tɕin^{422}u^{0}	tsen^{33}kɛ^{42}	tsen^{33}fɑ̃^{52}
034 厢房				
	边房	（无）	偏间	搭厢
	piɑ̃^{24}fɑ̃^{0}		p^{h}ie^{21}kɛ^{55}	tuə^{55}ɕiɑ̃^{112}
035 堂屋（正房里放八仙桌的那间）				
	堂前	堂前	堂前	堂前
	t^{h}ɑ̃^{31}ɕiɑ̃^{445}	t^{h}om^{33}ɕiɛ̃^{33}	to^{33}ɕie^{334}	t^{h}ɑ̃^{11}ɕi^{33}

	淳安	遂安	建德	寿昌
			前堂	
			ɕie^{33}to^{334}	
036 上座（面对大门的座位）				
	上横头多	上横头	上横头	上横头
	sɑ̃^{53}uɑ̃^{0}t^{h}ɯ^{0}	ɕiɑ̃^{55}uɑ̃^{0}t^{h}iu^{33}	so^{21}uɛ^{55}təɯ^{0}	sɑ̃^{33}uɑ̃^{11}t^{h}əɯ^{33}
	上横	上横多	上横	上横
	sɑ̃^{53}uɑ̃^{0}	ɕiɑ̃^{55}uɑ̃^{0}	so^{21}uɛ^{55}	sɑ̃^{33}uɑ̃^{52}
037 马头（防火墙的头）				
	戗角	瘦$^{=}$头	山头	马头
	tɕ^{h}iɑ̃^{33}koʔ^{5}	ɕiu^{55}t^{h}iu^{33}	sɛ^{21}təɯ^{55}	mɤ^{33}t^{h}əɯ^{52}
038 门楼（大门上方的建筑）				
	门楼	门披	（无）	（无）
	men^{445}lɯ^{445}	mən^{33}p^{h}i^{534}		
039 窗户				
	床	床	窗床	床
	k^{h}ɑ̃^{55}	k^{h}ɑ̃^{213}	ts^{h}o^{42}k^{h}ɛ^{213}	k^{h}uə^{24}
	床门	床门	床门	床门多
	k^{h}ɑ̃^{55}men^{0}	k^{h}ɑ̃^{21}mən^{33}	k^{h}ɛ^{55}men^{334}	k^{h}uə^{33}men^{52}
040 门坎儿				
	门床	户承$^{=}$	门床	二$^{=}$下
	men^{445}k^{h}ɑ̃^{55}	u^{55}tɕ^{h}in^{0}	men^{33}k^{h}ɛ^{213}	n^{33}xuə^{534}
041 厨房				
	灶下	灶下	灶下	灶下
	tsə^{24}xo^{55}	tsɔ^{55}xɑ^{33}	tsɔ^{33}xo^{55}	tsɤ^{33}xuə^{534}
			厨房	
			tɕy^{33}fo^{334}	

	淳安	遂安	建德	寿昌
042 灶				
	灶头 tsə^{33}tʰɯ^{445}	灶 tsɔ^{422} 灶头 tsɔ^{55}tʰiu^{33}	灶 tsɔ^{334} 灶头 tsɔ^{33}təɯ^{55} 镬灶 u^{213}tsɔ^{334}	镬上头 ɔʔ^{3}sã^{33}tʰəɯ^{33}
043 灶王爷				
	灶司菩萨 tsə^{33}sɿa^{55}pʰua^{31}soʔ^{5} 灶司娘娘 tsə^{33}sɿa^{55}iã^{445}iã^{0}	灶司菩萨 tsɔ^{55}sɿ^{33}pʰu^{33}sɑ^{33}	灶司菩萨 tsɔ^{33}sɿ^{42}pu^{33}so^{55} 灶司爷 tsɔ^{33}sɿ^{42}iɑ^{334}	灶司菩萨 tsɤ^{33}sɿ^{11}pʰu^{11}suə^{55} 灶司老爷 tsɤ^{33}sɿ^{11}lɤ^{33}ia^{52}
044 烟囱				
	烟囱 iã^{33}tsʰɔm^{55}	烟囱 iɛ̃^{55}tsʰom^{213}	烟囱 ȵie^{21}tsʰɑom^{55}	烟囱 i^{11}tsʰɔm^{112}
045 厕所				
	茅司 mə^{31}sɿ^{224}	茅司多 mɔ^{33}sɿ^{33} 东司 tən^{55}sɿ^{213}	东司 tɑom^{42}sɿ^{213}	东司 tɔm^{11}sɿ^{112}
046 粪池，粪坑				
	露天茅司 lua^{53}tʰiã^{55}mə^{31}sɿ^{224}	上天茅司 ɕiã^{55}tʰɛ̃^{534}mɔ^{33}sɿ^{33}	露天东司 lu^{55}tʰie^{42}tɑom^{42}sɿ^{213} 露天茅坑多 lu^{55}tʰie^{42}mɔ^{33}kʰɛ^{42}	仰天东司 ȵiã^{33}tʰi^{112}tɔm^{11}sɿ^{112}

	淳安	遂安	建德	寿昌
047 室外蓄粪便的缸或桶				
	粪缸多 fen^{33}kɔm^{55}	黄桶 om^{33}t^{h}ən^{33}	涴缸 u^{33}ko^{42}	尿缸 sɿ^{11}kã^{112}
	茅司缸 mə^{31}sɿ^{24}kɔm^{224}			
048 马桶（有盖的，较小）				
	马桶 mo^{55}t^{h}ɔm^{0}	马桶 mɑ^{55}t^{h}ən^{33}	马桶 mo^{55}t^{h}ɑom^{0}	细尿桶 ɕie^{33}sɿ^{11}t^{h}ɔm^{55}
049 便桶（无盖的，较大）				
	便桶 p^{h}iã^{53}t^{h}ɔm^{0}	告$^{=}$桶 kɔ^{55}t^{h}ən^{33}	尿桶 ɕi^{42}t^{h}ɑom^{213}	尿桶 sɿ^{11}t^{h}ɔm^{55}
	粪桶 fen^{24}t^{h}ɔm^{0}		肥桶 fi^{33}t^{h}ɑom^{213}	
050 棚子，茅棚（野外的）				
	茅棚 mə^{31}p^{h}ɔm^{224}	茅棚 mɔ^{33}p^{h}ən^{33}	茅棚 mɔ^{33}pɑom^{334}	棚 p^{h}ɔm^{52}
	茅草棚 mə^{445}ts^{h}ə^{55}p^{h}ɔm^{445}		棚 pɑom^{334}	
	茅草窠 mə^{445}ts^{h}ə^{55}k^{h}u^{224}			
051 凉亭				
	凉亭 liã^{31}t^{h}in^{445}	亭子多 t^{h}en^{33}tsɿ^{33}	凉亭 nie^{33}tin^{334}	凉亭 liã^{11}t^{h}ien^{33}
		凉亭 liã^{33}t^{h}en^{33}		

	淳安	遂安	建德	寿昌
052 祠堂				
	祠堂	祠堂	祠堂	祠堂
	sɿa^{31}tʰɑ̃^{445}	sɿ^{33}tʰom^{33}	sɿ^{33}to^{334}	sɿ^{11}tʰɑ̃^{33}
053 庙				
	庙多	庙多	庙多	庙
	miə^{535}	miɑ^{52}	miɔ^{55}	miɤ^{33}
	殿	殿	殿	殿
	tʰiã^{535}	tʰɛ̃^{52}	tʰie^{55}	tʰi^{33}
				菩萨殿多
				pʰu^{11}suə^{55}tʰi^{33}
054 人				
	农	农	人	农
	lɔm^{445}	lən^{33}	in^{334}	nɔm^{52}
	农家			
	lɔm^{445}ko^{55}			
055 男人				
	男子家	男子家	男人家	男子农
	lã^{445}tsɿ^{0}ko^{0}	lã^{33}tsɿ^{33}kɑ^{534}	nɛ^{33}in^{33}ko^{42}	niɛ^{52}tsɿ^{0}nɔm^{0}
	男客家		男子汉	男子
	lã^{31}kʰɑʔ^{5}ko^{55}		nɛ^{33}tsɿ^{21}xɛ^{55}	niɛ^{52}tsɿ^{0}
	男农		男个	男个
	lã^{445}lɔm^{0}		nɛ^{33}kəʔ^{5}	niɛ^{52}kəʔ^{3}
056 女人				
	女子家多	女子家	女人家	内客农
	ya^{55}tsɿ^{0}ko^{0}	y^{55}tsɿ^{33}kɑ^{534}	y^{55}in^{33}ko^{42}	niɛ^{33}kʰəʔ^{3}nɔm^{55}
	女客家	朋⁼母家	孺子	内客

	淳安	遂安	建德	寿昌
	ya^{55}kʰɑʔ^{5}ko^{55}	pʰã^{33}m^{33}kɑ^{33}	ɕy^{33}tsɿ^{55}	niɛ^{33}kʰəʔ^{3}
	女农	朋$^{=}$母	女个	女个
	ya^{55}lɔm^{0}	pʰã^{33}m^{33}	y^{21}kəʔ^{5}	ȵy^{53}kəʔ^{3}
057 小孩儿				
	细农	细农家	细人家	细农
	ɕiɑ^{24}lɔm^{445}	ɕiɛ^{55}lən^{33}kɑ^{33}	ɕie^{21}in^{55}ko^{42}	ɕie^{33}nɔm^{55}
		大细	细个	
		tʰə^{55}ɕiɛ^{422}	ɕie^{33}kəʔ^{5}	
058 男孩儿				
	细农家	细农家	鬼儿家	细农
	ɕiɑ^{24}lɔm^{445}ko^{55}	ɕiɛ^{55}lən^{33}kɑ^{33}	kue^{55}n^{0}ko^{42}	ɕie^{33}nɔm^{33}
		大细	鬼儿	细鬼
		tʰə^{55}ɕiɛ^{422}	kue^{55}n^{0}	ɕie^{33}kuei^{52}
			细鬼	
			ɕie^{33}kue^{213}	
059 女孩儿				
	囡人家	囡人家多	女儿家	细娘
	lã^{24}in^{0}ko^{55}	lə̃^{55}n^{21}kɑ^{33}	no^{55}n^{0}ko^{42}	ɕie^{33}ȵiã^{52}
		囡人	女儿	
		lə̃^{55}n^{213}	no^{55}n^{0}	
060 老头儿，老头子				
	老头子	老农家	老头儿多	老鬼
	lə^{55}tʰɯ^{0}tsɿ^{0}	lɔ^{55}lən^{33}kɑ^{534}	lɔ^{55}təɯ^{0}n^{0}	lɤ^{33}kuei^{24}
	老苍头贬	老头	老头子	
	lə^{55}tsʰɑ̃^{33}tʰɯ^{445}	lɔ^{55}təɯ^{334}	lɤ^{33}tʰəɯ^{11}tsɿ^{55}	

	淳安	遂安	建德	寿昌
			老人家 lɔ^{21}in^{33}ko^{42} 老个 lɔ^{21}kəʔ^{5}	
061 单身汉				
	光棍 kɔm^{33}kuen^{55} 光棍头 kɔm^{33}kuen^{55}tʰɯ^{0}	光棍 kom^{52}kuən^{422} 光棍头 kom^{52}kuən^{55}tʰiu^{33}	光棍 ko^{42}kuen^{213}	光棍 kuã^{11}kuen^{24}
062 老姑娘，老处女				
	老囡人 lə^{55}lã^{24}in^{445}	老女姑 lɔ^{55}lɑ^{55}ku^{0}	老处女 lɔ^{21}tɕʰy^{55}y^{55}	（无）
063 农民				
	务农个 va^{53}lɔm^{445}kɑ^{0}	务农个 u^{55}lən^{33}kə^{0}	务农个 u^{21}lɑom^{33}kəʔ^{5}	种田农 tɕiɔm^{33}tʰi^{52}nɔm^{33}
064 工匠，匠人（统称）				
	手工师父 sɯ^{55}kɔm^{55}sɿa^{24}fu^{0}	做手艺个 tsə^{422}ɕiu^{21}i^{21}kə^{0} 匠人 ɕiã^{55}n^{0}	做手艺个 tsu^{33}səɯ^{21}i^{55}kəʔ^{5}	做手艺个 tsu^{33}səɯ^{33}ȵi^{33}kəʔ^{3} 做手艺农多 su^{33}səɯ^{33}ȵi^{33}nom^{55}
065 医生				
	先生旧 ɕiã^{33}sã^{55} 医师 i^{33}sɿa^{55}	先生旧 ɕiɛ̃^{55}sã^{213} 医师 i^{55}sɿ^{213} 医生背称 i^{55}sã^{213}	先生旧 ɕie^{42}sɛ^{213} 医师 i^{21}sɿ^{55} 医生 i^{21}sen^{55}	先生旧 ɕi^{11}sã^{112} 医师 i^{33}sɿ^{33}

	淳安	遂安	建德	寿昌
066 厨师				
	厨师父	厨师	厨师父多	伙头师父
	tɕ^{h}ya^{31}sɿ^{24}fu^{0}	tɕ^{h}y^{33}sɿ^{33}	tɕy^{33}sɿ^{42}fu^{213}	xu^{33}t^{h}əɯ^{11}sɿ^{11}fu^{55}
		伙头	灶头师父	伙头
		fə^{21}t^{h}iu^{33}	tsɔ^{33}təɯ^{55}sɿ^{42}fu^{213}	xu^{33}t^{h}əɯ^{52}
067 乞丐				
	讨饭个	讨饭	讨饭个	讨饭农
	t^{h}ə^{55}fã^{53}kɑ^{0}	t^{h}ɔ^{21}fã^{52}	t^{h}ɔ^{21}fɛ^{55}kəʔ^{0}	t^{h}ɤ^{33}fɤ^{33}nɔm^{55}
		告化子	要饭个	
		kɔ^{55}fɑ^{33}tsɿ^{33}	iɔ^{33}fɛ^{55}kəʔ^{0}	
			讨饭子	
			t^{h}ɔ^{21}fɛ^{55}tsɿ^{213}	
068 父亲（面称）				
	伯伯多	伯伯多	爸爸多	阿爸多
	pɑʔ^{5}pɑʔ^{5}	pɑ^{21}pɑ^{33}	pɑ^{21}pɑ^{55}	əʔ^{3}pɑ^{55}
	伯	伯	爸	爸爸
	pɑʔ^{5}	pɑ^{422}	pɑ^{55}	pɑ^{55}pɑ^{0}
	爹爹	爹爹	爹爹	爹爹少
	tiɑ^{55}tiɑ^{0}	tɛ^{55}tɛ^{213}	ti^{55}ti^{0}	tie^{11}tie^{112}
	带$^{=}$带$^{=}$	爹	爹	
	tɑ^{31}tɑ^{224}	tɛ^{534}	ti^{55}	
	爸爸多	爸爸		
	pɑ^{31}pɑ^{224}	pɑ^{55}pɑ^{33}		
		爸		
		pɑ^{422}		

	淳安	遂安	建德	寿昌
069 父亲（背称）				
	老子	伯多	爷	阿爹
	lə^{55}tsɿ^{0}	pa^{422}	iɑ^{334}	əʔ^{3}tie^{112}
		爹		爹
		tɛ^{534}		tie^{112}
		老子		爸
		lɔ^{55}tsɿ^{33}		pɑ^{55}
070 母亲（面称）				
	妈蒙⁼	姆妈	姆妈多	妈多
	mɑ^{55}mɔm^{0}	m^{33}ma^{0}	m^{21}mɑ^{55}	mɑ^{55}
	姆妈		妈	阿妈
	m^{55}ma^{0}		mɑ^{55}	əʔ^{3}mɑ^{55}
	妈少			
	ma^{55}			
071 母亲（背称）				
	娘母	姆妈	娘	阿母
	iɑ̃^{445}m^{0}	m^{33}ma^{0}	ȵie^{334}	əʔ^{3}m^{55}
072 爹妈（合称）				
	老子娘母	爹姆妈	爷娘	爹娘
	lə^{55}tsɿ^{0}iɑ̃^{445}m^{0}	tɛ^{534}m^{33}ma^{0}	iɑ^{33}ȵie^{334}	tie^{11}ȵiɑ̃^{55}
073 祖父（面称）				
	爷爷	朝⁼朝⁼	爷爷	爷爷
	iɑ^{31}iɑ^{445}	tɕʰiɑ^{33}tɕʰiɑ^{33}	iɑ^{21}iɑ^{55}	iɑ^{24}iɑ^{55}
074 祖母（面称）				
	娘娘	任⁼娘	娘娘	姐姐
	iɑ̃^{445}iɑ̃^{0}	n^{55}iɑ̃^{0}	ȵie^{21}ȵie^{55}	tɕie^{24}tɕie^{55}

	淳安	遂安	建德	寿昌
			奶奶	阿姐
			nɑ21nɑ55	əʔ3tɕie55
075 曾祖父（面称）				
	太公	太朝=朝=	太公	太公
	tʰɑ33kɔm55	tʰa55tɕʰiɑ33tɕʰiɑ33	tʰɑ33kɑom42	tʰɑ33kɔm55
076 曾祖母（面称）				
	太娘	太任=娘	太婆	太婆
	tʰɑ24iɑ̃0	tʰa55n55iɑ̃0	tʰɑ21pu55	tʰɑ33pʰəɯ52
			太太	
			tʰɑ33tʰɑ55	
077 哥（面称）				
	哥哥	姐姐	大哥	哥哥多
	ku24ku224	tsa21tsa33	tɑ21ku55	kɑ55kɑ55
			哥	哥
			ku423	kɑ55
078 弟（背称）				
	弟弟	弟弟	弟弟	阿弟
	tʰiɑ55tʰiɑ0	tʰei42tʰei422	ti21ti213	əʔ3tʰi534
			弟	
			ti213	
079 姐（面称）				
	姊姊	姊阿	大姊	阿姊
	tsʅa55tsʅ0	tsʅ422a0	tɑ21tɕi55	əʔ3tɕi55
080 妹（背称）				
	妹妹	辣妹	妹	阿妹
	me53me535	lɑ21məɯ52	me55	əʔ3miɛ33

	淳安	遂安	建德	寿昌
081 **伯父**（面称）				
	伯伯	伯伯	老伯	爸爸
	paʔ^{5}paʔ^{5}	pa^{21}pa^{33}	lɔ^{21}pa^{55}	pɤ^{33}pɤ^{55}
082 **伯母**（面称）				
	巴$^{=}$巴$^{=}$	妈妈	老母	□□
	po^{31}po^{224}	ma^{55}ma^{0}	lɔ^{21}m^{55}	mã^{55}mã^{55}
083 **叔父**（面称）				
	叔叔	爸爸多	叔叔	叔儿叔儿
	soʔ^{5}soʔ^{5}	pa^{55}pa^{33}	ɕyəʔ^{5}ɕyəʔ^{5}	ɕiɔm^{55}ɕiɔm^{55}
		叔叔		
		su^{21}su^{33}		
084 **叔母**（面称）				
	婶婶	婶婶	婶婶	婶婶
	sen^{55}sen^{0}	ɕin^{21}ɕin^{33}	sen^{55}sen^{213}	sen^{33}sen^{24}
085 **外祖父**（面称）				
	外公	外公	外公	外公
	uɑ^{53}kɔm^{55}	uəɯ^{55}kən^{0}	uɑ^{55}kɑom^{42}	uɑ^{33}kɔm^{55}
086 **外祖母**（面称）				
	外外	婆婆	外婆	婆婆
	uɑ^{53}uɑ^{535}	pʰə^{33}pʰə^{33}	uɑ^{33}pu^{55}	pʰəɯ^{55}pʰəɯ^{55}
087 **儿子**				
	儿子	儿子	鬼儿多	儿
	ɭa^{445}	tsɿa^{0}əɯ^{33}	tsɿ^{33}kue^{5}	n^{0}n^{52}
			细鬼	
			ɕie^{33}kue^{213}	
			儿	

	淳安	遂安	建德	寿昌
			n^{334}	
088 儿媳妇				
	新妇	新妇	新妇	新妇
	çin^{24}fu^{0}	çin^{55}fu^{213}	çin^{42}fu^{213}	çien^{11}fu^{55}
089 女儿				
	囡人	女多	女儿多	细娘
	lã^{24}in^{445}	lɑ^{534}	no^{55}n^{0}	çie^{33}ȵiã^{52}
		囡人	女	
		lə̃^{55}n^{213}	no^{213}	
090 女婿				
	女婿	女婿	女婿	女婿
	lo^{55}çi^{0}	lɑ^{21}çiei^{422}	no^{21}çi^{334}	nuə^{33}çi^{33}
	囡人女婿			
	lã^{24}in^{445}lo^{55}çi^{0}			
091 舅（面称）				
	舅舅	舅舅	舅舅	娘舅
	tɕʰiɯ^{55}tɕʰiɯ^{0}	tɕʰiu^{55}tɕʰiu^{33}	tɕiəɯ^{21}tɕiəɯ^{334}	ȵiã^{11}tɕʰiəɯ^{55}
092 舅母（面称）				
	舅母	舅母	舅母	舅母
	tɕʰiɯ^{55}m^{0}	tɕʰiu^{55}m^{33}	tɕiəɯ^{21}m^{334}	tɕʰiəɯ^{33}m^{55}
	舅妈			
	tɕʰiɯ^{55}ma^{0}			
093 姑（面称）				
	姑姑	姑阿	二娘	娘娘
	kua^{31}ku^{224}	ku^{52}a^{0}	n^{55}ȵie^{0}	ȵiã^{55}ȵiã^{55}

	淳安	遂安	建德	寿昌
094 姨（面称）				
	大姨妈无总称	大姨无总称	细姨总称	阿姨总称
	$t^{h}u^{53}i^{445}ma^{0}$	$t^{h}ə^{55}i^{0}$	$ɕie^{21}i^{55}$	$əʔ^{3}i^{55}$
	细姨妈	细姨		
	$ɕiɑ^{24}i^{445}ma^{0}$	$ɕiɛ^{55}i^{33}$		
095 弟兄（总称）				
	兄弟	弟兄	哥弟	哥弟
	$səm^{24}t^{h}iɑ^{55}$	$t^{h}ei^{55}fen^{33}$	$ku^{42}ti^{213}$	$ku^{11}t^{h}i^{55}$
096 姊妹（总称）				
	姊妹	姊妹	姊妹	姊妹
	$tsɿa^{55}me^{0}$	$tsɿ^{21}məɯ^{24}$	$tɕi^{21}me^{55}$	$tɕi^{33}miɛ^{33}$
097 夫				
	老公	老公	老公	老公
	$lə^{55}kɔm^{55}$	$lɔ^{55}kən^{33}$	$lɔ^{55}kɑom^{42}$	$lɤ^{33}kɔm^{112}$
	男客			
	$lã^{31}k^{h}ɑʔ^{5}$			
098 妻				
	老女	老女	老妈	老庵
	$lə^{55}ya^{0}$	$lɔ^{55}y^{33}$	$lɔ^{21}mo^{334}$	$lɤ^{33}ie^{112}$
	女客			内里含尊敬意
	$ya^{55}k^{h}ɑʔ^{5}$			$niɛ^{33}li^{534}$
	老婆少			
	$lə^{55}p^{h}u^{0}$			
099 定婚				
	压帖	启聘	传红	定亲
	$ɑʔ^{5}t^{h}iɑʔ^{5}$	$k^{h}ɑ^{24}p^{h}en^{422}$	$tɕye^{33}ɑom^{334}$	$t^{h}ien^{33}tɕ^{h}ien^{112}$

淳安	遂安	建德	寿昌
定婚新	启定	定婚	
tʰin^{53}fen^{224}	kʰɑ^{24}tʰen^{52}	tʰin^{55}xuen^{42}	
	订婚	定亲	
	ten^{55}fən^{534}	tʰin^{55}tɕʰin^{42}	

100 （男子）**娶媳妇**

讨老女	讨老女	讨老妈	讨老庵
tʰə^{55}lə^{55}ya^{0}	tʰɔ^{213}lɔ^{55}y^{33}	tʰɔ^{213}lɔ^{21}mo^{334}	tʰɤ^{24}lɤ^{33}ie^{112}
			讨新娘子
			tʰɤ^{24}ɕien^{11}ȵiɑ̃^{24}tsɿ^{55}

101 （女子）**嫁人**

嫁老公	嫁老公	嫁老公	嫁老公
ko^{33}lə^{55}kɔm^{55}	kɑ^{42}lɔ^{55}kən^{33}	ko^{33}lɔ^{55}kɑom^{42}	kuə^{33}lɤ^{33}kɔm^{112}
嫁农	嫁农	嫁人	嫁农
ko^{33}lɔm^{445}	kɑ^{55}lən^{33}	ko^{33}in^{334}	kuə^{33}nɔm^{52}

102 **新娘**

新新娘	新新娘多	新娘子	新娘子
ɕin^{24}ɕin^{55}iɑ̃^{0}	ɕin^{52}ɕin^{55}iɑ̃^{0}	ɕin^{42}ȵie^{55}tsɿ^{0}	ɕien^{11}ȵiɑ̃^{24}tsɿ^{55}
	新娘子		
	ɕin^{55}iɑ̃^{21}tsɿ^{33}		

103 **传袋**（婚礼上新郎新娘从传递的麻袋上步入洞房）

传袋	传袋	传袋	（无）
tsʰuɑ̃^{445}tʰe^{535}	kʰyɛ̃^{33}tʰəɯ^{52}	tɕye^{33}tʰɛ^{55}	

104 **招男子来家结婚落户**

招亲姑娘招	招附马	招女婿家里招	招亲
tsə^{24}tɕʰin^{224}	tɕiɑ^{534}fu^{55}mɑ^{0}	tsɔ^{42}no^{21}ɕi^{334}	tsɤ^{11}tɕʰien^{112}

	淳安	遂安	建德	寿昌
	招夫寡妇招		招夫养子寡妇招	
	tsə^{24}fua^{224}		tsɔ^{42}fu^{42}iã^{213}tsɿ^{213}	
105 生小孩儿				
	生嫩满演⁼	生大细	生细人家	生细农
	sã^{224}lã^{53}mã^{55}iã^{55}	sã^{52}tʰə^{55}ɕiɛ^{422}	sɛ^{42}ɕie^{21}in^{55}ko^{42}	sã^{11}ɕie^{33}nɔm^{55}
			生细鬼	生儿
			sɛ^{42}ɕie^{33}kue^{213}	sã^{11}n^{52}
				生妹妹
				sã^{11}miɛ^{11}miɛ^{55}
106 头				
	头	头	头	头
	tʰɯ^{445}	tʰiu^{33}	təɯ^{334}	tʰəɯ^{52}
107 脸				
	面	面	面	面
	miã^{535}	mɛ̃^{52}	mie^{55}	mi^{33}
108 额				
	额头	额头	额头	额头
	ɑʔ^{31}tʰɯ^{445}	a^{21}tʰiu^{33}	ŋɑ^{21}təɯ^{334}	ŋəʔ^{3}tʰəɯ^{52}
			额	
			ŋɑ^{213}	
109 鼻子				
	鼻头	鼻头	鼻头	鼻头
	pʰeʔ^{31}tʰɯ^{445}	pʰi^{21}tʰiu^{33}	piəʔ^{2}təɯ^{334}	pʰiəʔ^{3}tʰəɯ^{52}
110 眼				
	眼睛	眼睛	眼睛	眼睛
	ɑ̃^{24}tɕin^{55}	ɑ̃^{55}tɕin^{0}	ŋɛ^{55}tɕin^{42}	ŋuə^{33}tɕien^{112}

	淳安	遂安	建德	寿昌
111 眼珠儿				
	眼睛珠 ã^{24}tɕin^{55}tɕya^{224}	眼睛珠 ã^{55}tɕin^{0}tɕy^{534}	眼珠 ŋɛ^{55}tɕy^{42} 眼珠子 ŋɛ^{55}tɕy^{42}tsɿ^{213}	眼睛珠 ŋuə^{33}tɕien^{11}tɕy^{112}
112 耳朵				
	耳朵 ɭa^{55}tu^{0}	耳朵 n^{55}ta^{33}	耳朵 n^{55}tu^{0}	耳朵 n^{33}tu^{24}
113 嘴唇				
	口唇 kʰɯ^{55}suen^{0}	口子皮 kʰɯ^{21}tsɿ^{33}pʰi^{33}	嘴唇 tɕye^{55}sen^{334}	口唇皮 kʰəɯ^{33}tɕyã^{11}pʰi^{33}
114 舌头				
	舌头 ɕiəʔ^{31}tʰɯ^{445}	舌头 ɕiɛ^{21}tʰiu^{33}	舌头 sɿ^{21}təɯ^{334}	舌头 ɕiəʔ^{3}tʰəɯ^{52}
115 脖子				
	头颈 tʰɯ^{445}tɕin^{55}	脰颈 tʰiu^{55}tɕin^{0}	头颈 təɯ^{33}tɕin^{213}	脰颈 tʰəɯ^{33}tɕien^{24}
116 胳膊				
	手臂 sɯ^{55}piʔ^{5} 手包括手 sɯ^{55}	手筒骨 ɕiu^{21}tʰən^{33}kuəɯ^{24} 手包括手 ɕiu^{213}	手筒拐 səɯ^{55}tɑom^{33}kuɛ^{213} 手包括手 səɯ^{213}	手筒骨 səɯ^{33}tʰəm^{11}kuəʔ^{3} 手包括手 səɯ^{24}
117 左手				
	反手 fã^{55}sɯ^{0}	反手 fã^{21}ɕiu^{33}	反手 fɛ^{55}səɯ^{0}	反手 fɤ^{33}səɯ^{24}

	淳安	遂安	建德	寿昌
118 右手				
	顺手	顺手	顺手	顺手
	suen^{53}sɯ^{0}	fen^{55}ɕiu^{0}	ɕyen^{55}səɯ^{0}	ɕyã^{33}səɯ^{24}
119 手指				
	手指头	指头	手指头	塞拇头
	sɯ^{55}tsɿ^{55}t^{h}ɯ^{445}	tsɿ^{21}t^{h}iu^{33}	səɯ^{55}tsɿ^{21}təɯ^{334}	səʔ^{3}məʔ^{3}t^{h}əɯ^{55}
120 大拇指				
	大拇指头	大拇指头	大拇指头	大塞拇头多
	t^{h}u^{53}mu^{0}tsɿ^{55}t^{h}ɯ^{445}	t^{h}ə^{55}m^{0}tsɿ^{21}t^{h}iu^{33}	t^{h}u^{55}m^{55}tsɿ^{0}təɯ^{0}	t^{h}u^{33}səʔ^{3}məʔ^{3}t^{h}əɯ^{55}
		大拇指甲	大拇指	大拇执头
		t^{h}ə^{55}m^{0}tsɿ^{21}kɑ^{24}	t^{h}u^{55}m^{55}tsɿ^{213}	t^{h}u^{33}məʔ^{3}tsəʔ^{3}t^{h}əɯ^{55}
		大拇指		
		t^{h}ə^{55}m^{0}tsɿ^{0}		
121 食指				
	二拇指头	（无）	食指	食指
	ɭa^{53}mu^{0}tsɿ^{55}t^{h}ɯ^{445}		səʔ^{2}tsɿ^{213}	səʔ^{11}tsɿ^{55}
122 中指				
	三拇指头	中指甲	中指	中指
	sã^{24}mu^{0}tsɿ^{55}t^{h}ɯ^{445}	tsən^{55}tsɿ^{21}kɑ^{24}	tsɑom^{42}tsɿ^{213}	tɕiom^{11}tsɿ^{52}
		中指		
		tsən^{55}tsɿ^{213}		
123 无名指				
	四拇指头	（无）	无名指	（无）
	sɿa^{24}mu^{0}tsɿ^{55}t^{h}ɯ^{445}		u^{33}min^{33}tsɿ^{213}	

	淳安	遂安	建德	寿昌
124 小拇指				
	细拇指头	细拇指头	细拇指头	细塞拇头 多
	ɕiɑ^{24}mu^{0}tsɿ^{55}tʰɯ^{445}	ɕiɛ^{55}m^{0}tsɿ^{21}tʰiu^{33}	ɕie^{33}m^{55}tsɿ^{0}təɯ^{0}	ɕie^{33}səʔ^{3}məʔ^{3}tʰəɯ^{55}
		细拇指甲	细拇指	细拇执头
		ɕiɛ^{55}m^{0}tsɿ^{21}kɑ^{24}	ɕie^{33}m^{55}tsɿ^{213}	ɕie^{33}məʔ^{3}tsəʔ^{3}tʰəɯ^{55}
		细拇指		
		ɕiɛ^{55}m^{0}tsɿ^{33}		
125 指甲				
	指甲	指甲木=	指阔=	指甲
	tsɿ^{55}kɑʔ^{5}	tsɿ^{21}kɑ^{55}mu^{213}	tsɿ^{55}kʰo^{55}	tsɿ^{33}kuə^{55}
126 斗，圆形的指纹				
	脶	脶	脶	脶
	lu^{445}	lə^{33}	lu^{334}	lu^{52}
127 箕，簸箕形的指纹				
	箕	箕	箕	拚箕
	tɕi^{224}	tsɿ^{422}	tɕi^{423}	fen^{33}tɕi^{112}
128 腿				
	腿	脚 包括脚	腿	脚 包括脚
	tʰe^{55}	tɕiɑ^{24}	tʰe^{213}	tɕiɔʔ^{3}
	脚 包括脚		脚 包括脚	
	tɕiɑʔ^{5}		tɕiɑ^{55}	
129 膝盖（指部位）				
	膝头	膝头脑	脚膝髁	汤瓶盖
	ɕiʔ^{5}tʰɯ^{445}	ɕiei^{21}tʰiu^{33}lɔ^{33}	tɕiɑ^{55}ɕiəʔ^{5}kʰu^{42}	tʰɑ̃^{11}pʰien^{11}kie^{33}
				脚骨先=头
				tɕiɔʔ^{3}kuəʔ^{3}ɕi^{11}tʰəɯ^{55}

	淳安	遂安	建德	寿昌
130 乳房				
	奶	奶儿	奶奶	奶
	lɑ^{224}	lɑ^{24}n^{33}	nɑ^{33}nɑ^{55}	nɑ^{112}
	奶奶	囡儿		
	lɑ^{33}lɑ^{55}	lə̃^{24}n^{33}		
131 肛门				
	屁股洞	屁股洞	屁股洞	屁股洞
	pʰi^{24}ku^{0}tʰɔm^{535}	pʰi^{55}ku^{33}tʰən^{52}	pʰi^{33}ku^{55}tʰɑom^{55}	pʰi^{33}ku^{33}tʰɔm^{33}
				屁股孔多
				pʰi^{33}ku^{33}kʰɔm^{24}
132 阴茎				
	屌八⁼多	屌多	髎子多	雀多
	tiə^{55}pɔʔ^{5}	tiɑ^{213}	liɔ^{33}tsɿ^{213}	tɕiəʔ^{3}
	屌	髎子多	北⁼屌多指小孩的	屌多
	tiə^{55}	liɑ^{33}tsɿ^{33}	pəʔ^{5}tiɔ^{55}	tiɤ^{24}
	髎子	蒂	屌儿只指小孩的	北⁼屌
	liə^{445}tsɿ^{0}	tei^{422}	tiɔ^{55}n^{0}	pəʔ^{3}tiɤ^{52}
	麻雀多指小孩的	麻雀多指小孩的	麻雀只指小孩的	麻屌
	mo^{31}tsɑʔ^{5}	mɑ^{33}tɕʰiɑ^{24}	mo^{33}tɕiəʔ^{5}	mɤ^{11}tiɤ^{24}
				雀□
				tɕiəʔ^{3}pɑ̃^{55}
				髎子
				liɤ^{11}tsɿ^{24}
133 阴囊				
	卵泡	卵脬	卵袋	卵袋
	lã^{55}pʰə^{55}	lə̃^{55}pʰu^{33}	nɛ^{21}tʰɛ^{55}	len^{33}tʰiɛ^{33}

	淳安	遂安	建德	寿昌
		卵袋	卵泡	
		lə̃^{55}t^{h}əɯ^{33}	nɛ^{55}p^{h}ɔ^{42}	
134 睾丸				
	卵子	卵子	卵子	卵子
	lã^{55}tsɿa^{0}	lə̃^{55}tsɿ^{33}	nɛ^{213}tsɿ^{213}	len^{33}tsɿ^{24}
135 女阴				
	⿰月匹	⿰月匹	⿰月匹多	⿰月匹多
	p^{h}iʔ^{5}	p^{h}ei^{24}	p^{h}iəʔ^{5}	p^{h}iəʔ^{3}
			屄	屄
			pi^{423}	pi^{55}
				屄屄只指小孩的
				pi^{55}pi^{55}
136 性交（动宾）				
	插⿰月匹	插⿰月匹	插⿰月匹	弄⿰月匹多
	ts^{h}ɑʔ^{5}p^{h}iʔ^{5}	ts^{h}ɑ^{55}p^{h}ei^{24}	ts^{h}ɑ^{55}p^{h}iəʔ^{5}	lɔm^{24}p^{h}iəʔ^{3}
			入⿰月匹	□⿰月匹
			səʔ^{2}p^{h}iəʔ^{5}	ts^{h}ɔʔ^{3}p^{h}iəʔ^{3}
			入屄	
			səʔ^{2}pi^{423}	
137 精液				
	⿸尸⿱从疋	⿸尸⿱从疋	⿸尸⿱从疋	⿸尸⿱从疋
	sɔm^{445}	sən^{33}	sɑom^{334}	sɔm^{52}
138 拉屎				
	射涴	射涴	射涴	放涴
	ts^{h}ɑ^{53}vu^{224}	ts^{h}a^{55}uə^{422}	ts^{h}ɑ^{55}u^{334}	fɑ̃^{33}u^{33}

		淳安	遂安	建德	寿昌
139	撒尿				
		射尿	射尿	射尿	放尿
		tsʰɑ^{53}sɿa^{224}	tsʰa^{55}sɿ^{422}	tsʰɑ^{55}ɕi^{423}	fɑ̃^{33}sɿ^{112}
140	放屁				
		放屁	放屁	射屁	放屁
		fɔm^{24}pʰi^{224}	fən^{42}pʰi^{422}	tsʰɑ^{55}pʰi^{334}	fɑ̃^{33}pʰi^{33}
141	相当于“他妈的”的口头禅				
		插尔娘母	插杀耶姆妈	尔个姆妈	雀入
		tsʰɑʔ^{5}n^{0}iɑ̃^{445}m^{0}	tsʰɑ^{24}sɑ^{24}iɛ^{33}m^{33}ma^{0}	n^{21}kəʔ^{5}m^{21}mɑ^{55}	tɕiəʔ^{3}səʔ^{31}
		娘母插⿰月匹			卖⿰月匹生
		iɑ̃^{445}m^{0}tsʰɑʔ^{5}pʰiʔ^{5}			mɑ^{33}pʰiəʔ^{3}sɑ̃^{112}
142	病了				
		生病罢	生病了	生病罢	生病罢
		sɑ̃^{24}pʰin^{55}pɑ^{0}	sɑ̃^{52}pʰen^{52}lɛ^{0}	sɛ^{42}pʰin^{55}pəʔ^{0}	sɑ̃^{11}pʰien^{33}pɑ^{0}
143	拉肚子				
		肚里射	射痢□	肚皮射	肚里放
		tʰua^{55}li^{0}tsʰɑ^{535}	tsʰa^{24}li^{55}pʰɑ^{0}	tʰu^{55}pi^{33}tsʰɑ^{55}	tʰu^{33}li^{33}fɑ̃^{33}
144	发疟子				
		打半工	打半工	打半工头	打半工
		tɑ̃^{55}pɑ̃^{24}kɔm^{55}	tɑ̃^{21}pə̃^{55}kən^{33}	tɛ^{213}pɛ^{33}kɑom^{21}təɯ^{55}	tɑ̃^{24}piɛ^{33}kɔm^{112}
145	蚊子叮出的疙瘩				
		囡$^{=}$	块	鼻	块
		lɑ̃^{224}	kʰuəɯ^{422}	piəʔ^{12}	kʰuɛ^{33}
146	疖子				
		卒$^{=}$	疖	瘤	瘤
		tsəʔ^{5}	tɕiɛ^{24}	lɛ^{213}	liɛ^{534}

	淳安	遂安	建德	寿昌
147 吃中药				
	吃水药多 tɕʰiʔ^{5}ɕya^{55}iɑʔ^{13} 吃苦药 tɕʰiʔ^{5}kʰua^{55}iɑʔ^{13} 吃果子婉 tɕʰiʔ^{5}ku^{55}tsɿa^{0}	吃中药多 tsʰɿ^{24}tsən^{55}iɑ^{213} 吃果子婉 tsʰɿ^{24}kuə^{21}tsɿ^{33}	吃中药多 tɕʰiəʔ^{5}tsɑom^{42}iɑ^{213} 吃水药 tɕʰiəʔ^{5}ɕye^{213}iɑ^{213} 吃果子婉 tɕʰiəʔ^{5}ku^{55}tsɿ^{0}	吃水茶 tɕʰiəʔ^{3}ɕyei^{33}tɕʰyə^{52} 吃中药新 tɕʰiəʔ^{3}tɕiɔm^{11}iɔʔ^{5}
148 瘸子				
	跷子 tɕʰiə^{24}tsɿ^{0}	跷子 tɕʰiɑ^{55}tsɿ^{213}	跷子 tɕʰiɔ^{42}tsɿ^{213} 拐子 kuɑ^{21}tsɿ^{55} 跷拐儿 tɕʰiɔ^{42}kuɑ^{55}n^{0}	跷子 tɕʰiɤ^{11}tsɿ^{24} 拐子 kuɑ^{24}tsɿ^{55}
149 驼子				
	驼子 tʰu^{445}tsɿ^{0}	驼背子 tʰə^{33}pəɯ^{55}tsɿ^{33}	驼子 tu^{33}tsɿ^{213} 驼背 tu^{33}pe^{334}	驼子 tʰu^{52}tsɿ^{0} 驼背 tʰu^{11}piɛ^{33}
150 死了				
	死去罢 sɿa^{55}kʰə^{55}pɑ^{0}	死了 sɿ^{21}lɛ^{24}	死罢 ɕi^{213}pəʔ^{5}	死罢 sɿ^{24}pɑ^{0}
151 报丧				
	报丧 pə^{24}sã^{224}	报信 pɔ^{42}ɕin^{422}	报丧 pɔ^{33}so^{42}	报孝 pəɯ^{33}xɤ^{33}

	淳安	遂安	建德	寿昌
		送信 sən^{42}ɕin^{422}	报信 pɔ^{33}ɕin^{334}	
152 吃丧宴				
	吃老米饭 tɕʰiʔ^{5}lə^{55}mi^{0}fɑ̃^{0}	吃斋饭 tsʰɿ^{24}tsa^{52}fɑ̃^{52} 吃利市饭 tsʰɿ^{24}li^{55}sɿ^{0}fɑ̃^{52}	吃老龄饭 tɕʰiəʔ^{5}lɔ^{21}nin^{33}fɛ^{55} 吃回汤斋 tɕʰiəʔ^{5}ue^{33}tʰo^{21}tsɑ^{55}	吃斋饭 tɕʰiəʔ^{3}tsɑ^{11}fɤ^{33} 吃老农饭 tɕʰiəʔ^{3}lɤ^{33}nɔm^{11}fɤ^{33}
153 葬				
	葬 tsɑ̃^{224}	葬 tsom^{422}	葬 tso^{334}	恩＝ en^{112}
154 坟墓				
	坟 fen^{445}	坟墓 fən^{33}mu^{33}	坟头 fen^{33}təɯ^{334} 坟 fen^{33}	坟 fen^{52}
155 用竹篾和纸扎制的灵屋				
	灵屋 lin^{31}vuʔ^{5}	灵屋 lin^{33}u^{24}	灵屋 nin^{33}uəʔ^{5}	灵屋 lien^{11}ɔʔ^{3}
156 在坟上挂纸				
	挂纸 ko^{24}tsɿa^{55} 挂红纸 ko^{24}ɔm^{31}tsɿa^{55}	挂纸 kuɑ^{55}tsɿ^{213}	挂纸 ko^{33}tsɿ^{213}	标挂正月 piɤ^{11}kuə^{33} 挂纸其他时间 kuə^{33}tsɿ^{24}
157 问巫婆（一种迷信活动）				
	问阴角 ven^{53}in^{33}koʔ^{5}	问灵姑 mən^{55}lin^{33}ku^{33}	问灵姑 men^{55}nin^{33}ku^{42}	问仙姑 miɛ^{33}ɕi^{11}ku^{112}

	淳安	遂安	建德	寿昌
158 为受惊吓的小孩招魂				
	讴魂	叫魂	讴吓	收魂
	ə^{33}ven^{445}	tɕiɑ^{55}uən^{33}	ŋəɯ^{42}xɑ^{55}	səɯ^{11}uen^{52}
	收吓			吆魂
	sɯ^{33}xɑʔ^{5}			yɑ^{11}uen^{52}
159 看病				
	促$^{=}$病	促$^{=}$病	看病	□病
	ts^{h}oʔ^{5}p^{h}in^{535}	ts^{h}u^{24}p^{h}en^{52}	k^{h}ɛ^{33}p^{h}in^{55}	ts^{h}ɔʔ^{3}p^{h}ien^{33}
				□先生
				ts^{h}ɔʔ^{3}ɕi^{11}sã^{112}
160 （病）轻了				
	好醒$^{=}$罢	好些了	好掇$^{=}$罢	好点儿罢
	xə^{55}ɕin^{55}pɑ^{0}	xɔ^{21}səɯ^{33}lɛ^{55}	xɔ^{21}ti^{55}pəʔ^{5}	xɤ^{24}tien^{55}pɑ^{0}
161 斗笠（竹篾夹箬或油纸制成）				
	箬帽	箬帽箬制	凉帽	凉帽
	iɑʔ^{13}mə^{535}	iɑ^{21}mɔ^{52}	nie^{21}mɔ^{55}	liã^{11}məɯ^{33}
		草帽油纸制		
		ts^{h}ɔ^{21}mɔ^{52}		
162 衣服				
	衣服	衣裳	衣裳	衣裳
	i^{24}fu^{0}	i^{55}sã^{213}	i^{42}so^{213}	i^{11}sã^{24}
		衣服		
		i^{55}fu^{213}		
163 围裙				
	围裙	围裙	围裙	围裙
	ya^{31}ts^{h}uen^{445}	y^{33}k^{h}yen^{33}	y^{33}tɕyen^{334}	y^{11}tɕ^{h}yã^{33}

	淳安	遂安	建德	寿昌
		围裙布 y^{33}kʰyen^{33}pu^{422}		
164 涎布，围嘴儿				
	围裙布 ya^{31}tsʰuen^{445}pua^{0}	柴⁼围 sa^{33}y^{33}	围口儿 y^{33}kʰəɯ^{55}n^{0}	口嘴 kʰəɯ^{33}tɕyei^{24}
165 尿布				
	尿片 sɿa^{24}pʰiã^{0}	尿片 sɿ^{52}pʰiɛ̃^{422}	尿片 ɕi^{21}pʰie^{55}	尿片 sɿ^{11}pʰi^{33}
166 汤布（男人劳动时擦汗等用的长布条）				
	脚布 tɕiɑʔ^{5}pua^{224}	□肩布 pʰə^{55}tɕiɛ̃^{52}pu^{422}	汗脚布 xɛ^{55}tɕiɑ^{55}pu^{334}	汤布 tʰɑ̃^{11}pu^{33}
167 手巾，毛巾				
	面布 miã^{53}pua^{0}	面布 mɛ̃^{55}pu^{422}	面布 mie^{55}pu^{334}	面布 mi^{33}pu^{33}
168 肥皂				
	洋肥皂 iã^{31}pʰi^{445}sə^{0}	肥皂 pʰi^{33}sɔ^{33}	肥皂 fi^{33}sɔ^{334}	肥皂统称 pʰi^{11}sɤ^{534}
	肥皂新 pʰi^{445}sə^{0}			洋肥皂洗衣的 iɑ̃^{11}pʰi^{33}sɤ^{534}
169 脸盆				
	面桶多 miã^{53}tʰɔm^{0}	面桶 mɛ̃^{55}tʰən^{0}	面盆 mie^{33}pen^{55}	面桶 mi^{33}tʰɔm^{534}
	面盆 miã^{53}pʰã^{0}	面盆多 mɛ̃^{55}pʰə̃^{0}		
170 洗脸水				
	面水多	洗面水	面水	洗面水

	淳安	遂安	建德	寿昌
	miã^{53}ɕy^{0}	ɕiei^{21}mɛ̃^{55}ɕy^{213}	mie^{55}ɕye^{213}	ɕi^{24}mi^{33}ɕyei^{24}
	洗面水			
	ɕi^{55}miã^{53}ɕya^{55}			
171 凳子				
	凳	凳	凳	凳
	ten^{224}	tən^{422}	ten^{334}	ten^{33}
172 放在床前的长条形矮凳				
	踏脚板	（无）	踏凳	踏凳
	tʰɑʔ^{31}tɕiɑʔ^{5}pɑ̃^{55}		to^{33}ten^{334}	tʰuə^{55}ten^{33}
173 桌子				
	桌	桌	桌儿	桌
	tsoʔ^{5}	tsɔ^{24}	tsu^{55}n^{0}	tɕiɔʔ^{3}
174 抽屉				
	暗室	抽桶	抽斗多	念$^{=}$槽
	ã^{33}səʔ^{5}	tɕʰiu^{55}tʰən^{213}	tsʰəɯ^{42}təɯ^{213}	ȵi^{33}sɤ^{52}
	抽屉新		抽屉	
	tsʰɯ^{24}tʰe^{535}		tsʰəɯ^{33}tʰi^{55}	
175 图章（统称）				
	图章	图书	章	印
	tʰua^{31}tsã^{224}	tʰu^{33}ɕy^{33}	tsɛ^{423}	ien^{33}
176 糨糊				
	糊	面糊	浆糊	面糊自制的
	va^{445}	mɛ̃^{55}u^{0}	tɕie^{21}u^{55}	mi^{33}u^{33}
				浆糊店里卖的
				tɕiã^{11}u^{55}

	淳安	遂安	建德	寿昌
177 火柴				
	洋火	洋火	洋火	洋火
	iɑ̃^{445}xu^{55}	iɑ̃^{33}fə^{33}	iã^{33}xu^{213}	iɑ̃^{11}xu^{24}
	火柴新	火柴新	火柴新	
	xu^{55}sɑ^{0}	fə^{24}sa^{33}	xu^{55}sɑ^{0}	
178 抹布				
	揩布	抹桌布	揩桌布	抹桌布
	kʰɑ^{24}pua^{0}	mə^{21}tsɔ^{24}pu^{422}	kʰɑ^{42}tsu^{55}pu^{334}	miɛ^{33}tɕiɔʔ^{3}pu^{33}
179 羹匙，匙子				
	瓢羹	瓢羹	瓢羹	瓢
	pʰiə^{31}kɑ̃^{224}	pʰiɑ^{33}kən^{33}	piɔ^{33}ken^{42}	pʰiɤ^{52}
	瓢匙			
	pʰiə^{31}sɿ^{445}			
180 箸，筷子				
	筷多	筷	筷儿	箸
	kʰuɑ^{224}	kʰua^{422}	kʰuɑ^{33}n^{55}	tsʰɿ^{33}
	筷子			
	kʰuɑ^{24}tsɿ^{0}			
181 撮或簸东西用的簸箕				
	坌箕撮或簸粮食	坌箕	拚斗撮或簸粮食	拚斗
	pɑ̃^{33}tɕi^{55}	pən^{55}tsɿ^{213}	fen^{33}təɯ^{213}	fen^{33}təɯ^{24}
	填撮撮垃圾		拚撮撮垃圾	
	tʰiɑ̃^{31}tsʰəʔ^{5}		fen^{33}tsʰɿ^{55}	
182 挑东西用的簸箕，有梁				
	拚箕	坌箕	拚箕	拚箕
	fen^{33}tɕi^{55}	pən^{55}tsɿ^{422}	fen^{33}tɕi^{42}	fen^{33}tɕi^{112}

	淳安	遂安	建德	寿昌
183　笤帚				
	笤帚	笤子	笤帚	笤帚
	t^{h}iə^{445}tsɯ^{0}	t^{h}iɑ^{33}tsɿ^{33}	tiɔ^{33}tsəɯ^{213}	t^{h}iɤ^{11}tsəɯ^{24}
184　烤火取暖用的火盆（外架内盆）				
	火炉	火炉	火炉	火炉
	xu^{55}lu^{0}	fə^{21}lu^{33}	xu^{55}lu^{334}	xu^{33}lu^{52}
			火盆	
			xu^{55}pen^{334}	
			踏炉较大	
			to^{21}lu^{213}	
185　烘篮（篮形）				
	火囱$^{=}$	火囱$^{=}$	火囱$^{=}$	火囱$^{=}$
	xu^{55}ts^{h}ɔm^{55}	fə^{21}ts^{h}ən^{33}	xu^{55}ts^{h}ɑom^{42}	xu^{33}ts^{h}ɔm^{112}
				火钵
				xu^{33}piɛ^{55}
186　水碓				
	水碓	水碓	水斗	水碓
	ɕya^{55}te^{0}	ɕy^{21}təɯ^{422}	ɕye^{21}təɯ^{55}	ɕyei^{33}tiɛ^{33}
187　油坊				
	油车	油车	油车	麻车
	iɯ^{31}ts^{h}o^{224}	iu^{33}ts^{h}ɑ^{33}	iəɯ^{33}ts^{h}o^{42}	mɤ^{11}tɕ^{h}yə^{112}
			油坊	
			iəɯ^{33}fo^{42}	
188　锤子，钉锤				
	铁锤	钉锤	铁锤	铁锤
	t^{h}iɑʔ^{5}tɕ^{h}ya^{0}	ten^{55}tɕ^{h}y^{213}	t^{h}ie^{55}tɕye^{334}	t^{h}ie^{55}tɕ^{h}yei^{55}

		淳安	遂安	建德	寿昌
189	绳子				
		绳	绳	绳	绳
		sen^{445}	ɕin^{33}	sen^{334}	sen^{52}
190	晒衣服用的竹竿				
		笐竿	笐竿	笐竿	笐竿
		xɔm^{53}kɑ̃^{55}	xom^{55}kə̃^{0}	xo^{55}kɛ^{0}	xɑ̃^{33}kie^{112}
191	自行车				
		脚踏车多	脚踏车	脚踏车	脚踏车
		tɕiɑʔ^{5}tʰɑʔ^{31}tsʰo^{224}	tɕiɑ^{21}tʰɑ^{33}tsʰɑ^{534}	tɕiɑ^{55}to^{213}tsʰo^{42}	tɕiɔʔ^{3}təʔ^{3}tɕʰyə^{112}
		踏脚车		自行车新	自行车新
		tʰɑʔ^{31}tɕiɑʔ^{5}tsʰo^{224}		tsɿ^{213}ɕin^{211}tsʰo^{42}	tsɿ^{24}ɕien^{11}tɕʰyə^{112}
192	轮子				
		轮盘多	轮胎	轮盘	轮子
		len^{31}pʰɑ̃^{445}	lən^{33}tʰəɯ^{33}	len^{33}pɛ^{334}	len^{11}tsɿ^{52}
		车轮			车轮子
		tsʰo^{24}len^{0}			tɕʰyə^{11}len^{11}tsɿ^{52}
193	雨伞				
		雨伞	雨伞	雨伞	雨伞
		ya^{55}sɑ̃^{0}	y^{21}sɑ̃^{42}	y^{213}sɛ^{334}	y^{33}suə^{33}
			伞		
			sɑ̃^{422}		
194	犁				
		犁	犁	犁	犁
		li^{445}	lei^{33}	li^{334}	li^{52}
195	连枷				
		掉车	掉车	掉车	铁车
		tʰiə^{53}tsʰo^{55}	tʰiɑ^{55}tsʰɑ^{0}	tʰiɔ^{55}tsʰo^{0}	tʰie^{55}tɕʰyə^{112}

	淳安	遂安	建德	寿昌
196 收割稻子等时脱粒用的木桶				
	箩柜多	箩柜	稻桶	跌斗
	lu^{445}tɕ^{h}ya^{0}	lə^{52}tɕ^{h}y^{52}	tɔ^{213}t^{h}ɑom^{213}	tie^{55}təɯ^{24}
	稻桶		稻筒	
	t^{h}ə^{55}t^{h}ɔm^{0}		tɔ^{213}tɑom^{334}	
197 晒粮食用的大竹席				
	簟皮多	簟皮	垫皮	簟皮
	t^{h}iã^{55}p^{h}i^{0}	t^{h}ɛ̃^{55}p^{h}i^{33}	t^{h}ie^{55}pi^{334}	t^{h}i^{33}p^{h}i^{52}
	篾簟			
	miəʔ^{31}t^{h}iã^{55}			
198 箩				
	箩	箩	勃⁼箩	箩
	lu^{445}	lə^{33}	pəʔ^{2}lu^{334}	lu^{52}
		年⁼篓较小		
		iɛ̃^{33}liu^{33}		
199 帮助挑担用的棍子				
	□柱	组⁼头	党⁼柱	担注⁼
	to^{55}tɕ^{h}ya^{0}	tsu^{21}t^{h}iu^{33}	to^{21}tɕy^{55}	tuə^{33}tɕy^{33}
200 粮柜				
	柜	柜	谷柜多	柜小型
	tɕ^{h}ya^{535}	tɕ^{h}y^{52}	kuəʔ^{5}k^{h}ue^{55}	k^{h}uei^{33}
	稻柜		稻柜	仓中型
	t^{h}ə^{55}tɕ^{h}ya^{0}		tɔ^{21}k^{h}ue^{55}	ts^{h}ɑ̃^{112}
				敖⁼大型
				ŋɤ^{52}

		淳安	遂安	建德	寿昌
201	**甑子**				
		饭甑	饭甑	饭甑	饭甑
		fɑ̃^{53}tsen^{0}	fɑ̃^{55}tɕin^{0}	fε^{55}tsen^{334}	fɤ^{33}tsen^{33}
202	**捞饭用的笊篱**				
		笊漏	笊撩	笊篱	笊篱
		tsə^{24}lɯ^{535}	tsɔ^{55}liɑ^{33}	tsɔ^{55}li^{334}	tsɤ^{33}li^{52}
203	**早饭**				
		早饭	朝饭	五更饭	卯
		tsə^{55}fɑ̃^{0}	tɕiɑ^{52}fɑ̃^{52}	n^{55}kε^{42}fε^{55}	mɤ^{112}
				五更粥	五更
				n^{55}kε^{42}tɕyəʔ^{5}	n^{33}kã^{112}
				粥	
				tɕyəʔ^{5}	
204	**午饭**				
		午饭	午饭	午时饭	午饭
		ŋa^{55}fɑ̃^{0}	n^{55}fɑ̃^{52}	n^{213}sɿ^{33}fε^{55}	n^{33}fɤ^{33}
				午饭	
				n^{21}fε^{55}	
205	**点心**（中、晚饭之间的一顿饭）				
		点心	点心	点心	点心
		tiã^{55}ɕin^{55}	tẽ^{21}ɕin^{33}	tie^{55}ɕin^{42}	ti^{33}ɕien^{112}
206	**晚饭**				
		夜饭	夜饭	夜饭	夜卯
		iɑ^{53}fɑ̃^{0}	iε^{55}fɑ̃^{0}	iɑ^{55}fε^{0}	iɑ^{33}mɤ^{112}
207	**大米饭**				
		饭	饭	饭	饭

	淳安	遂安	建德	寿昌
	fɑ̃^{535}	fɑ̃^{52}	fɛ^{55}	fɤ^{33}
208 泡饭				
	泡饭	水煠饭	泡饭	水煠饭
	pʰə^{24}fɑ̃^{0}	ɕy^{213}sɑ^{21}fɑ̃^{52}	pʰɔ^{33}fɛ^{55}	ɕyei^{33}səʔ^{3}fɤ^{33}
	水煠饭			
	ɕya^{55}sɔʔ^{31}fɑ̃^{535}			
209 面条儿				
	面	面	面	面
	miɑ̃^{535}	mɛ̃^{52}	mie^{55}	mi^{33}
	麦面			
	mɑʔ^{31}miɑ̃^{535}			
210 粉条儿				
	粉丝	粉丝	粉丝	粉丝
	fen^{55}sɿ^{224}	fən^{24}sɿ^{534}	fen^{55}sɿ^{42}	fen^{33}sɿ^{112}
211 面粉				
	麦粉	细麦粉多	麦粉多	麦粉
	mɑʔ^{31}fen^{55}	ɕiɛ^{55}ma^{33}fən^{213}	mɑ^{213}fen^{213}	məʔ^{3}fen^{24}
		麦粉	面粉	
		ma^{21}fən^{33}	mie^{55}fen^{213}	
212 馒头				
	馒头	馒头	馒头	馒头
	mɑ̃^{31}tʰɯ^{445}	mɔ̃^{33}tʰiu^{33}	mɛ^{33}təɯ^{334}	miɛ^{11}tʰəɯ^{33}
213 包子				
	包子	包子	包子	包子
	pə^{24}tsɿ^{55}	pɔ^{55}tsɿ^{213}	pɔ^{42}tsɿ^{213}	pəɯ^{11}tsɿ^{24}

	淳安	遂安	建德	寿昌
214 馄饨				
	馄饨	馄饨	馄饨	馄饨
	ven^{31}t^{h}en^{445}	uən^{33}t^{h}ən^{33}	uen^{33}ten^{334}	uen^{11}t^{h}en^{33}
215 饺子				
	饺子	饺子	水饺儿	饺子
	tɕiə^{55}tsɿ^{0}	tɕiɑ^{21}tsɿ^{33}	ɕye^{213}tɕiɔ^{55}n^{0}	tɕiɤ^{24}tsɿ^{55}
216 馃（一种圆饼形的面食，当地常吃）				
	馃	馃	馃儿	馃
	ku^{55}	kuə^{213}	ku^{55}n^{0}	ku^{24}
217 油条				
	丝瓜匏	油索	油煠鬼旧	丝瓜筋
	sɿɑ^{33}ko^{55}p^{h}u^{445}	iu^{33}sɔ^{24}	iəɯ^{33}tsəʔ^{2}kue^{213}	sɿ^{11}kuə^{33}tɕien^{112}
			油条	油条新
			iəɯ^{33}tiɔ^{334}	iəɯ^{11}t^{h}iɤ^{33}
218 炒米（名词）				
	米胖	米胖	米胖	米胖
	mi^{55}p^{h}ɔm^{0}	mei^{42}p^{h}ɑ̃^{422}	mi^{21}p^{h}o^{334}	mi^{33}p^{h}ɑ̃^{33}
219 糍粑				
	麻糍	麻糍	麻糍	麻糍
	mo^{31}sɿ^{445}	mɑ^{33}sɿ^{33}	mo^{33}sɿ^{334}	mɤ^{11}sɿ^{33}
220 菜（饭菜的菜）				
	菜	菜	菜	菜
	ts^{h}e^{224}	ts^{h}əɯ^{422}	ts^{h}ɛ^{334}	tɕ^{h}iɛ^{33}
			菜蔬	
			ts^{h}ɛ^{33}su^{42}	

	淳安	遂安	建德	寿昌
221 干菜				
	咸菜	咸菜	干菜	干菜
	xɑ̃^{445}tsʰe^{0}	xɑ̃^{52}tsʰəɯ^{42}	kɛ^{21}tsʰɛ^{55}	kie^{11}tɕʰiɛ^{33}
222 醋				
	醋	醋	醋	醋
	tsʰua^{224}	tsʰu^{422}	tsʰu^{334}	tsʰu^{33}
223 酱油				
	酱油	酱油	酱油	酱油
	tɕiɑ̃^{24}iɯ^{445}	tɕiɑ̃^{55}iu^{33}	tɕie^{21}iəɯ^{55}	tɕiɑ̃^{33}iəɯ^{52}
224 芝麻油				
	麻油	麻油	麻油	麻油
	mo^{31}iɯ^{445}	mɑ^{33}iu^{33}	mo^{33}iəɯ^{334}	mɤ^{11}iəɯ^{33}
	香油			
	ɕiɑ̃^{24}iɯ^{0}			
225 猪油				
	猪油	猪油未熬的	猪油	猪油
	tɕya^{24}iɯ^{0}	tɕy^{55}iu^{213}	tsɿ^{21}iəɯ^{55}	tsɿ^{11}iəɯ^{55}
		油敬$^{=}$熬过的		
		iu^{52}tɕin^{42}		
		猪油敬$^{=}$熬过的		
		tɕy^{55}iu^{52}tɕin^{42}		
226 盐				
	盐	盐	盐	盐
	iɑ̃^{445}	iɛ̃^{33}	ȵie^{334}	i^{52}
			咸盐	
			xɛ^{33}ȵie^{334}	

	淳安	遂安	建德	寿昌
227 酱（统称）				
	酱 tɕiã^{224}	酱 tɕiã^{422}	酱 tɕie^{334}	酱 tɕiã^{33}
228 白酒				
	烧酒 sə^{24}tɕiɯ^{55}	烧酒 ɕiɑ^{55}tɕiu^{213}	烧酒 sɔ^{42}tɕiəɯ^{213} 白酒 pɑ^{213}tɕiəɯ^{213}	烧酒 sɤ^{11}tɕiəɯ^{24} 白酒 pʰəʔ^{3}tɕiəɯ^{24}
229 黄酒				
	水酒 ɕya^{55}tɕiɯ^{0}	水酒 ɕy^{21}tɕiu^{33} 黄酒新 om^{33}tɕiu^{33}	水酒 ɕye^{55}tɕiəɯ^{213} 黄酒 o^{33}tɕiəɯ^{213}	水酒 ɕyei^{33}tɕiəɯ^{24} 米酒 mi^{33}tɕiəɯ^{24} 黄酒 uɑ̃^{11}tɕiəɯ^{24}
230 江米酒				
	甜酒 tʰiã^{445}tɕiɯ^{0}	甜酒 tʰɛ̃^{33}tɕiu^{33}	酒娘 tɕiəɯ^{55}ȵie^{334}	酒娘 tɕiəɯ^{33}ȵiã^{52}
231 开水（喝的）				
	滚水 kuen^{55}ɕya^{0}	茶 tsʰɑ^{33}	滚汤 kuen^{55}tʰo^{42} 开水 kʰɛ^{42}ɕye^{213}	茶 tɕʰyə^{52}
232 泔水				
	猪食水 tɕya^{24}səʔ^{31}ɕya^{55}	洗碗水 ɕiei^{21}uã^{33}ɕy^{213}	汏碗水 tʰɑ^{55}uɛ^{213}ɕye^{213}	洗镬水 ɕi^{33}ɔʔ^{31}ɕyei^{24}

		淳安	遂安	建德	寿昌
233	公猪	雄猪统称 iɔm^{31}tɕya^{224}	雄猪阉过的 lən^{33}tɕy^{33}	雄猪统称 iɑom^{33}tsɿ^{42}	雄猪统称 iɔm^{11}tsɿ^{112}
234	配种用的公猪	猪牯 tɕya^{33}kua^{55}	猪牯 tɕy^{55}ku^{213}	猪牯 tsɿ^{42}ku^{213}	猪牯 tsɿ^{11}ku^{24}
235	母猪	雌猪统称 tsʰɿa^{33}tɕy^{55} 母猪生育的 ma^{55}tɕya^{55}	秋⁼猪统称 tɕʰiu^{55}tɕy^{213} 母猪生育的 m^{55}tɕy^{33}	雌猪统称 tɕʰi^{42}tsɿ^{42} 母猪生育的 m^{55}tsɿ^{42} 猪婆生育的 tsɿ^{42}pu^{213}	雌猪统称 tsʰɿ^{11}tsɿ^{112} 猪娘生育的 tsɿ^{11}ȵiɑ̃^{55}
236	公牛	雄牛统称 iɔm^{445}iɯ^{0} 牯牛未阉的，多 kua^{55}iɯ^{445} 牛牯未阉的 iɯ^{31}kua^{55}	牯牛未阉的 ku^{21}iu^{33} 驐牛阉过的 tən^{55}iu^{213}	牯牛 ku^{55}iəɯ^{334}	牛牯 ȵiəɯ^{11}ku^{24}
237	母牛	母牛 ma^{55}iɯ^{0}	母牛 m^{55}iu^{33}	母牛 m^{55}iəɯ^{334}	牛娘 ȵiəɯ^{11}ȵiɑ̃^{33}
238	马	马 mo^{55}	马 mɑ^{422}	马 mo^{213}	马 mɤ^{534}

	淳安	遂安	建德	寿昌
239 驴				
	驴狗子 li^{445}kɯ^{55}tsɿ^{0}	驴狗子 lu^{33}kɯ^{21}tsɿ^{33} 驴子 lu^{33}tsɿ^{33}	驴狗子多 li^{33}kəɯ^{55}tsɿ^{213} 驴狗儿 li^{33}kəɯ^{55}n^{0}	驴狗子 li^{11}kəɯ^{24}tsɿ^{55} 驴 lu^{52}
240 公狗				
	雄狗 iɔm^{445}kɯ^{55}	雄狗 lən^{33}kɯ^{33}	雄狗 iɑom^{33}kəɯ^{213}	狗牯 kəɯ^{33}ku^{24}
241 母狗				
	母狗 ma^{55}kɯ^{0}	母狗 m^{55}kɯ^{33}	雌狗统称 tɕʰi^{42}kəɯ^{213} 母狗生育的 m^{55}kəɯ^{213}	狗娘 kəɯ^{33}ȵiɑ̃^{52}
242 猫				
	猫 mə^{224}	猫 mɔ^{534}	猫 mɔ^{423}	猫 mɔm^{55}
243 公鸡				
	雄鸡统称 iɔm^{31}tɕi^{224} 雄鸡头未阉的 iɔm^{31}tɕi^{24}tʰɯ^{445} 雄鸡公未阉的 iɔm^{31}tɕi^{33}kɔm^{55}	鸡公统称 tɕiei^{55}kən^{213} 騬鸡阉过的 tən^{55}tɕiei^{213}	雄鸡统称 iɑom^{33}tɕi^{42} 雄鸡头统称 iɑom^{33}tɕi^{42}təɯ^{334} 騬鸡阉过的 ten^{21}tɕi^{55}	雄鸡统称 iɔm^{11}tɕi^{112} 雄鸡头未阉的 iɔm^{11}tɕi^{11}tʰəɯ^{55} 镦鸡阉过的 ɕi^{33}tɕi^{112}
244 母鸡				
	母鸡 ma^{55}tɕi^{55}	母鸡 m^{55}tɕiei^{33}	母鸡 m^{55}tɕi^{42}	鸡娘 tɕi^{11}ȵiɑ̃^{55}

	淳安	遂安	建德	寿昌
245 鸟儿（总称）				
	麻雀	鸟	鸟儿	鸟儿
	mo^{31}tsɑʔ^{5}	tiɑ^{213}	tiɔ^{55}n^{0}	tiɑ̃^{52}
				鸟
				tiɤ^{52}
246 麻雀				
	积窠麻雀	麻雀	麻雀	麻雀儿
	tɕiʔ^{5}k^{h}u^{55}mo^{31}tsɑʔ^{5}	mɑ^{33}tɕ^{h}iɑ^{24}	mo^{33}tɕiəʔ^{5}	mɤ^{11}tsɑ̃^{55}
				麻鸟
				mɤ^{11}tiɤ^{52}
247 蝉，知了				
	知了	知了	知舀$^{=}$儿	知夜$^{=}$
	tsʅa^{24}lɯ^{55}	tsʅ^{55}li^{33}	tsʅ^{33}iɔ^{33}n^{55}	tsʅ^{33}iɑ^{33}
248 蝴蝶				
	蝴蛾千千	蝴蝶	蝴蝶儿多	蝴蝶儿蝶儿
	va^{31}vu^{445}tɕ^{h}iɑ̃^{33}tɕ^{h}iɑ̃^{55}	u^{33}t^{h}ɛ^{33}	u^{33}tie^{33}n^{55}	u^{11}t^{h}iɑ̃^{24}t^{h}iɑ̃^{55}
			蝴蝶	蝴蝶儿
			u^{33}tie^{334}	u^{11}t^{h}iɑ̃^{24}
249 蝙蝠				
	鼻$^{=}$燕	皮哩	壁蝠	老鼠皮翼
	p^{h}eʔ^{13}iɑ̃^{0}	p^{h}i^{21}li^{24}	piəʔ^{5}fəʔ^{5}	lɤ^{33}tsʅ^{24}p^{h}i^{33}i^{24}
			偷油老鼠	
			t^{h}əɯ^{42}iəɯ^{334}lɔ^{55}ts^{h}ʅ^{0}	
250 雁				
	雁	（无）	野鹅	野鹅
	ɑ̃^{535}		iɑ^{55}u^{334}	iɑ^{33}ŋu^{52}

	淳安	遂安	建德	寿昌
251 燕子				
	燕	燕子	燕儿	燕子
	iã^{224}	iɛ̃^{55}tsɿ^{33}	ȵie^{33}n^{55}	iã^{55}tsɿ^{55}
			子燕较小	子燕儿旧
			tsɿ^{55}ȵie^{334}	tsɿ^{33}ien^{33}
252 乌鸦				
	乌老鸦多	老鸦	乌老鸦	老鸦
	va^{24}lə^{0}ɑʔ^{0}	lɔ^{21}uɑ^{42}	u^{42}lɔ^{21}o^{55}	lɤ^{33}uə^{112}
	老鸦			
	lə^{55}ɑʔ^{5}			
253 老虎				
	老虎	老虎	老虎	老虎
	lə^{55}fu^{0}	lɔ^{21}fu^{33}	lɔ^{55}xu^{213}	lɤ^{33}xu^{24}
254 狼				
	狼	狼	狼	狼
	lã^{445}	lã^{33}	no^{334}	lã^{52}
255 猴子				
	猴狲	猴狲	猴儿	猴狲
	xɯ^{31}sã^{224}	xɯ^{33}sə̃^{33}	xəɯ^{33}n^{213}	xəɯ^{11}sen^{112}
			猴狲	
			xəɯ^{33}sen^{42}	
256 蛇				
	蛇	蛇	蛇	蛇
	so^{445}	sɑ^{33}	so^{334}	çyə^{52}
257 蜥蜴				
	显⁼田⁼	叶⁼田⁼	蟮田⁼儿	溜蟮

	淳安	遂安	建德	寿昌
	ɕiã^{55}tʰiã^{0}	iɛ^{21}tʰɛ̃^{33}	sɛ^{213}tie^{55}n^{0}	liəɯ^{33}ɕi^{534}
			四脚蛇	
			ɕi^{33}tɕiɑ^{55}so^{334}	
			观音脚片	
			kuɛ^{42}in^{42}tɕiɑ^{55}pʰie^{334}	
258 老鼠				
	老鼠	老鼠	老鼠	老鼠
	lə^{55}tɕʰy^{0}	lɔ^{55}tɕʰy^{33}	lɔ^{55}tsʰɿ^{213}	lɤ^{33}tsɿ^{24}
259 蚯蚓				
	河篾=	蟮儿	蛐蟮	壳蟮
	xu^{445}miəʔ^{0}	ɕiɛ̃^{55}n^{33}	tɕʰyəʔ^{5}sɛ^{55}	kʰɔʔ^{3}ɕi^{55}
260 蚂蚁				
	蚁公公	蚂蚁	蚂蚁	蚁蚁咕
	ɑ^{55}kəm^{53}kəm^{55}	mɑ^{55}i^{33}	mo^{55}i^{0}	ŋɑ^{11}ŋɑ^{24}ku^{55}
261 蚂蜂				
	九里插	九尾拆蜂	九里蜂	九里蜂
	tɕiɯ^{55}li^{0}tsʰɑʔ^{5}	tɕiu^{21}mi^{24}tsʰa^{24}fən^{534}	tɕiəɯ^{55}li^{0}fɑom^{42}	tɕiəɯ^{33}li^{33}fəm^{11}
	九里插蜂			
	tɕiɯ^{55}li^{0}tsʰɑʔ^{5}fəm^{224}			
262 苍蝇				
	苍蝇	苍蝇	苍蝇	苍蝇
	tsʰã^{33}sen^{445}	tsʰom^{55}ɕin^{213}	tsʰo^{42}in^{213}	tsʰã^{11}ɕien^{112}
263 蚊子				
	蚊虫	蚊虫	蚊虫	蚊虫
	men^{31}tsʰəm^{445}	mən^{33}tsʰən^{33}	men^{33}tsɑom^{334}	mien^{11}tɕʰiəm^{33}

	淳安	遂安	建德	寿昌
264 **孑孓**				
	滚头虫	打滚虫	跟头虫	瘟斗虫
	kuen^{55}tʰɯ^{445}tsʰɔm^{0}	tã^{21}kuən^{33}tsʰən^{33}	ken^{21}təɯ^{55}tsɑom^{334}	uen^{11}təɯ^{33}tɕʰiɔm^{52}
265 **蝌蚪**				
	木勺头	蛤蟆鱼	蛤蟆子	蛤蟆卵袋
	mɔʔ^{31}sɔʔ^{5}tʰɯ^{0}	kʰɑ^{33}mɑ^{33}y^{33}	ko^{33}mo^{33}tsɿ^{213}	kʰuə^{11}mɤ^{33}len^{33}tʰiɛ^{33}
266 **蟾蜍**				
	癞蛤覆	癞狗蛤蟆	癞蛤蟆多	瘌蛤宝
	lɑ^{53}kɑʔ^{5}pʰoʔ^{5}	la^{55}kɯ^{0}kʰɑ^{33}mɑ^{33}	nɛ^{55}ko^{33}mo^{334}	luə^{33}kie^{55}pəɯ^{24}
			癞不狗	
			lɑ^{55}pəʔ^{5}kɔ^{213}	
267 **蜘蛛**（结网的那种）				
	蛛蛛	蜘蛛	蜘蛛	飞丝虫
	tɕya^{33}tɕy^{55}	tsɿ^{55}tɕy^{213}	tsɿ^{42}tɕy^{213}	fi^{11}sɿ^{11}tɕʰiɔm^{55}
268 **麦**				
	麦	麦	麦	麦
	mɑʔ^{13}	ma^{213}	mɑ^{213}	məʔ^{31}
269 **稻**				
	稻	稻	稻	稻
	tʰə^{55}	tʰɔ^{422}	tɔ^{213}	tʰɤ^{534}
270 **稻谷**				
	谷	谷	谷	谷
	koʔ^{5}	ku^{24}	kuəʔ^{5}	kɔʔ^{3}
271 **大米**				
	米	米	米	米
	mi^{55}	mei^{422}	mi^{213}	mi^{534}

	淳安	遂安	建德	寿昌
272 小米儿				
	粟米	粟米	粟米	黄粟米
	soʔ^{5}mi^{0}	su^{24}mei^{422}	ɕyəʔ^{5}mi^{213}	uã^{11}sɔʔ^{3}mi^{534}
273 玉米				
	包萝	包萝	包萝	包萝
	pə^{24}lu^{0}	pɔ^{55}lu^{213}	pɔ^{21}lu^{55}	pu^{11}lu^{55}
274 高粱				
	芦穄	芦穄	芦穄	芦穄
	lua^{445}tɕi^{0}	lu^{52}tɕiei^{42}	lu^{33}tɕi^{334}	lu^{11}tɕi^{33}
275 大豆				
	黄豆	黄豆	黄豆	豆
	ɔm^{445}tʰɯ^{0}	om^{52}tʰiu^{52}	o^{33}tʰəɯ^{55}	tʰəɯ^{33}
276 豌豆				
	蚕豆	圆圆豆多	蚕豆	蚕豆
	sã^{445}tʰɯ^{535}	yɛ̃^{33}yɛ̃^{33}tʰiu^{52}	sɛ^{33}tʰəɯ^{55}	ɕiɛ^{11}tʰəɯ^{33}
		蚕豆		
		sən^{52}tʰiu^{52}		
277 蚕豆				
	佛豆	佛豆	北豆	福豆
	fəʔ^{31}tʰɯ^{535}	fəɯ^{21}tʰiu^{52}	pəʔ^{5}tʰəɯ^{55}	fɔʔ^{3}tʰəɯ^{33}
278 向日葵				
	葵花	葵花	葵花	葵花
	kʰue^{31}xo^{224}	kʰuəɯ^{33}fɑ^{33}	kue^{33}xo^{42}	kʰuei^{11}xuə^{112}
279 洋葱				
	洋葱	洋葱	洋葱	洋葱
	iã^{31}tsʰɔm^{224}	iã^{33}tsʰən^{33}	iã^{33}tsʰɑom^{42}	iã^{11}tsʰɔm^{112}

	淳安	遂安	建德	寿昌
	红葱新 ɔm^{31}tsʰɔm^{224}			
280 蒜	大蒜 tʰɑ^{53}sã^{0}	大蒜 tʰa^{55}sə̃^{0}	大蒜 tʰɑ^{55}sɛ^{334}	大蒜 tʰɑ^{33}tɕʰiɛ^{33}
281 菠菜	菠菜 pu^{24}tsʰe^{0}	菠菜 pə^{52}tsʰəɯ^{422}	菠菜 pu^{21}tsʰɛ^{55}	菠薐菜 pəɯ^{11}len^{11}tɕʰiɛ^{33}
282 洋白菜	包心菜 pə^{33}ɕin^{55}tsʰe^{0}	包心菜 pə^{55}ɕin^{21}tsʰəɯ^{422}	包心菜 pɔ^{21}ɕin^{55}tsʰɛ^{0}	包心菜 pəɯ^{11}ɕien^{11}tɕʰiɛ^{33}
283 西红柿	番茄 fɑ̃^{33}ko^{55}	番茄 fɑ̃^{55}kɑ^{213}	番茄 fɑ̃^{33}kɑ^{334}	洋老虎 iɑ̃^{11}lɤ^{33}xu^{24} 番茄新 fɑ̃^{33}tɕiɑ^{33}
284 茄子	落苏 lɑʔ^{31}su^{224}	落丝 lɔ^{21}sɿ^{33}	落苏 lo^{213}su^{42}	落苏 lɔʔ^{3}su^{112}
285 白薯	番芋 fɑ̃^{24}y^{0}	番薯 fɑ̃^{55}sɿ^{0}	番芋 fɛ^{42}y^{213}	番薯 fɤ^{33}sɿ^{52}
286 马铃薯	洋芋 iɑ̃^{445}y^{0}	马铃芋 mɑ^{55}lin^{33}y^{52}	洋芋头 iɑ̃^{33}y^{21}təɯ^{55}	洋芋 iɑ̃^{33}y^{33}
287 辣椒				

	淳安	遂安	建德	寿昌
	辣婆子多 lɑʔ^{31}pʰu^{445}tsɿ^{0} 辣子 lɑʔ^{31}tsɿ^{55}	辣节 lɑ^{21}tɕiɛ^{24}	番椒 fɛ^{42}tɕiɔ^{213}	老虎 lɤ^{33}xu^{24}
288 橄榄	青梅 tɕʰin^{24}me^{0}	青果 tɕʰin^{55}kuə^{213}	青果 tɕʰin^{42}ku^{213} 橄榄 kɛ^{55}nɛ^{0}	青果 tɕʰien^{11}ku^{24}
289 荸荠	荸荠 pʰəʔ^{31}ɕi^{445}	荸荠 pʰa^{33}ɕiei^{33}	荸荠 piəʔ^{2}ɕi^{334}	地荸荠 tʰi^{33}pu^{33}ɕi^{33}
290 核桃	核桃 xəʔ^{31}tʰə^{445}	核桃 xə^{21}tʰɔ^{33}	核桃 xəʔ^{2}tɔ^{334}	核桃 xəʔ^{3}tʰɤ^{52}
291 栗子	栗 liʔ^{13}	栗 lei^{213}	栗 liəʔ^{12} 栗子 liəʔ^{2}tsɿ^{213}	大栗 tʰu^{33}liəʔ^{31}
292 藕	藕 ɯ^{55}	藕 əɯ^{422}	藕 ŋəɯ^{213}	藕 ŋəɯ^{534}
293 乌桕树	逞⁼子树 tsʰen^{55}tsɿ^{0}ɕya^{535}	柏子树 tɕʰiu^{55}tsɿ^{33}su^{52}	忖⁼子树 tsʰen^{55}tsɿ^{21}ɕy^{55}	皂子树 sɤ^{33}tsɿ^{33}ɕy^{33}

	淳安	遂安	建德	寿昌
294 杜鹃花				
	杜鹃花	稻⁼鸡⁼花	满山红	杜鹃花
	tʰua^{55}tsuã^{55}xo^{0}	tʰɔ^{55}tɕiei^{0}fɑ^{534}	mɛ^{55}sɛ^{42}ɑom^{334}	tu^{24}tɕyã^{33}xuə^{112}
			樟剥柴	
			tso^{42}pu^{55}sɑ^{334}	
			鼻头红	
			piəʔ^{2}təɯ^{33}ɑom^{334}	
295 事情				
	事体	事务经	事干	事干
	sɿa^{53}tʰi^{0}	sɿ^{55}u^{0}tɕin^{534}	sɿ^{55}kɛ^{334}	sɿ^{33}kie^{33}
		事		
		sɿ^{52}		
296 东西				
	东西	东西	东西	东西
	tɔm^{33}ɕi^{55}	tu^{55}sɿ^{213}	tɑom^{42}ɕi^{213}	tɔm^{11}ɕi^{112}
297 地方				
	位置	位置多	地方	堂子
	ue^{53}tsɿa^{55}	uəɯ^{55}tsɿ^{0}	tʰi^{55}fo^{42}	tʰɑ̃^{11}tsɿ^{24}
	地方新	地方		
	tʰi^{53}fɑ̃^{55}	tʰi^{55}fɑ̃^{0}		
298 时候				
	时候	时候	时候	时景
	sɿa^{445}xɯ^{0}	sɿ^{33}xɯ^{33}	sɿ^{33}xəɯ^{334}	sɿ^{11}tɕien^{24}
299 原因				
	缘故	缘故	缘故	缘故
	vã^{445}ku^{224}	yɛ̃^{52}ku^{42}	ȵye^{33}ku^{334}	uei^{11}ku^{33}

	淳安	遂安	建德	寿昌
			原因	
			ȵye^{33}in^{42}	
300 声音				
	声音	声音	声音	声音
	sen^{33}in^{55}	ɕin^{55}in^{534}	sen^{42}in^{213}	sen^{11}ien^{112}
301 味道，滋味				
	味道多	味道	味道	味道
	vi^{53}tʰə^{0}	ui^{55}tʰɔ^{0}	fi^{21}tɔ^{55}	uei^{33}tʰɤ^{534}
	滋味			
	tsɿa^{24}vi^{0}			
302 气味				
	气味	气息	气息	气息
	tɕʰi^{24}vi^{0}	tsʰɿ^{422}ɕiei^{0}	tɕʰi^{33}ɕiəʔ^{5}	tɕʰi^{33}ɕiəʔ^{3}
303 颜色				
	颜色	颜色	颜色	颜色
	ɑ̃^{31}səʔ^{5}	ɑ̃^{33}sə^{33}	ŋɛ^{33}səʔ^{5}	ŋuə^{11}səʔ^{3}
304 相貌				
	相貌	相目	相貌	相貌
	ɕiɑ̃^{24}mə^{535}	ɕiɑ̃^{55}mu^{33}	ɕie^{21}mɔ^{55}	ɕiɑ̃^{33}məɯ^{33}
	面相			
	miɑ̃^{53}ɕiɑ̃^{224}			
305 年龄				
	年纪	年纪	年纪	年纪
	iɑ̃^{31}tɕi^{224}	iɛ̃^{33}tsɿ^{33}	ȵie^{33}tɕi^{334}	ȵi^{11}tɕi^{112}
306 工作				
	事体	（无）	事干	工作

	淳安	遂安	建德	寿昌
	sɿa^{53}tʰi^{0}		sɿ^{55}kɛ^{334}	kɔm^{11}tsɔʔ^{3}
	工作新			
	kɔm^{33}tsoʔ^{5}			
307	我			
	我	尬多	党$^{=}$多	咱多
	vu^{55}	kɑ^{52}	tɑŋ^{213}	tsɑ^{52}
	我农多	尬农	印	咱农
	vu^{55}lɔm^{445}	kɑ^{55}lən^{0}	ɑŋ^{213}	tsɑ^{52}nɔm^{33}
				我
				ɑ^{534}
				我农
				ɑ^{33}nɔm^{112}
308	你			
	尔	义$^{=}$多	尔	潛多
	n^{55}	i^{52}	n^{213}	tsen^{52}
	尔农多	义$^{=}$农		潛农
	n^{55}lɔm^{445}	i^{55}lən^{0}		tsen^{52}nɔm^{33}
				尔
				n^{534}
				尔农
				n^{33}nɔm^{112}
309	他			
	渠	渠多	渠	渠多
	kʰɯ^{445}	kʰɯ^{33}	ki^{334}	kəɯ^{52}
	渠农多	渠农		渠农
	kʰɯ^{31}lɔm^{224}	kʰɯ^{33}lən^{33}		kəɯ^{52}nɔm^{33}

	淳安	遂安	建德	寿昌
310 我们				
	哇拉	嘎拉	印党$^{=}$多	我拉多
	ua^{24}la^{55}	ka^{33}la^{33}	aŋ^{213}taŋ^{0}	a^{55}la^{112}
			党$^{=}$党$^{=}$	咱拉
			taŋ^{213}taŋ^{0}	tsa^{52}la^{112}
				阿拉
				əʔ^{3}la^{112}
311 咱们				
	哇搭	嘎嘀	尔夏$^{=}$	（无）
	ua^{33}taʔ^{5}	ka^{33}ti^{33}	n^{213}xo^{55}	
312 你们				
	喃拉	耶拉	尔奄	尔拉
	lã^{24}la^{55}	iɛ^{33}la^{33}	n^{213}ta^{0}	n^{55}na^{112}
	喃喃			潛拉
	lã^{24}lã^{55}			tsen^{52}la^{112}
	安$^{=}$拉			
	ã^{24}la^{55}			
313 他们				
	渠拉	渠拉	渠奄	渠拉
	kʰɯ^{31}la^{224}	kʰɯ^{33}la^{33}	ki^{55}ta^{0}	kəɯ^{52}la^{112}
	渠拉多			
	kʰa^{31}la^{224}			
	渠			
	kʰa^{445}			
314 大家				
	大家	大家	大家	大家

	淳安	遂安	建德	寿昌
	t^{h}ɑ^{53}ko^{55}	t^{h}a^{55}kɑ^{0}	t^{h}ɑ^{55}ko^{42}	t^{h}ɑ^{33}kuə^{112}
315 自己				
	自家 sɿa^{53}ko^{55}	自家 sɿ^{55}kɑ^{0}	自□ ɕi^{55}kɛ^{0}	自家 sɿ^{33}kɑ^{112}
316 这个				
	乙个 iʔ^{5}kɑ^{0}	阿个 ɑ^{33}kɛ^{422}	仡个 kəʔ^{2}kəʔ^{5}	仡个 ki^{24}kɑ^{33}
317 那个				
	愣个 len^{24}kɑ^{0}	伊个远指 i^{33}kɛ^{422} 耶个远指的旁指 iɛ^{33}kɛ^{422}	末个 məʔ^{2}kəʔ^{5}	末个 mi^{24}kɑ^{33}
318 哪个				
	哪个 lɑ^{24}kɑ^{0} 哪一个 lɑ^{24}iʔ^{5}kɑ^{0}	哪个 lɑ^{42}kɛ^{422}	哪个 lɑ^{55}kɑ^{0}	□个 ts^{h}ɑ^{53}kɑ^{24}
319 谁				
	哪个 lɑ^{24}kɑ^{0} 哪一个 lɑ^{24}iʔ^{5}kɑ^{0}	哪个 lɑ^{42}kɑ^{422}	哪个 lɑ^{55}kɑ^{0} 哪一个 lɑ^{55}iəʔ^{0}kɑ^{0}	从$^{=}$ ts^{h}ɔm^{52}
320 这里				
	里里 li^{24}li^{55} 里嘀	阿里 ɑ^{33}li^{33} 阿奃	仡里 kəʔ^{2}li^{55}	仡里 kəʔ^{3}li^{534}

	淳安	遂安	建德	寿昌
	li^{24}ti^{55}	ɑ^{33}tɑ^{33}		
321 那里				
	愣愣	伊里远指	末里	末里
	len^{24}len^{55}	i^{33}li^{33}	məʔ^{2}li^{55}	məʔ^{3}li^{534}
		伊奄远指		
		i^{33}tɑ^{33}		
		耶里远指的旁指		
		iɛ^{33}li^{213}		
		耶奄远指的旁指		
		iɛ^{33}tɑ^{213}		
322 哪里				
	哪里	哪里	哪里	□里
	lɑ^{31}liʔ^{13}~lɑ^{31}li^{55}	lɑ^{55}li^{0}	lɑ^{55}li^{0}	ts^{h}ɑ^{33}li^{534}
323 什么				
	大$^{=}$累$^{=}$多	大$^{=}$拉	啥哩	奇
	t^{h}ɑ^{53}le^{55}	t^{h}a^{55}la^{0}	so^{55}li^{0}	tɕ^{h}i^{52}
	大$^{=}$			
	t^{h}ɑ^{535}			
324 为什么				
	为大$^{=}$累$^{=}$	为大$^{=}$拉	为啥哩	做奇
	ue^{535}t^{h}ɑ^{53}le^{55}	uəɯ^{52}t^{h}a^{55}la^{0}	ue^{33}so^{55}li^{0}	tsu^{33}tɕ^{h}i^{52}
325 做什么，干什么				
	做大$^{=}$累$^{=}$	做大$^{=}$拉	做啥哩	做奇
	tsu^{224}t^{h}ɑ^{53}le^{55}	tsə^{422}t^{h}a^{55}la^{0}	tsu^{33}so^{55}li^{0}	tsu^{33}tɕ^{h}i^{52}
		做大$^{=}$拉东西		
		tsə^{422}t^{h}a^{55}la^{0}tu^{55}sɿ^{213}		

	淳安	遂安	建德	寿昌
326 怎么				
	吓$^{=}$亦$^{=}$	□儿	核$^{=}$件$^{=}$	□□
	xɑʔ^{5}iʔ^{5}	xã^{55}n^{213}	xəʔ^{2}tɕie^{213}	xã^{11}nã^{112}
327 怎么办				
	吓$^{=}$亦$^{=}$弄	□儿法	核$^{=}$件$^{=}$弄	□□奇
	xɑʔ^{5}iʔ^{5}lɔm^{535}	xã^{55}n^{21}fɑ^{24}	xəʔ^{2}tɕie^{213}lɑom^{423}	xã^{11}nã^{11}tɕ^{h}i^{52}
	吓$^{=}$亦$^{=}$弄法		核$^{=}$件$^{=}$弄法	□□奇个法
	xɑʔ^{5}iʔ^{5}lɔm^{53}fɑʔ^{5}		xəʔ^{2}tɕie^{213}lɑom^{42}fo^{55}	xã^{11}nã^{11}tɕ^{h}i^{52}ku^{11}fɤ^{24}
328 多少				
	多少	多少	多少	多少
	tu^{24}sə^{55}	tə^{55}ɕiɑ^{213}	tu^{42}sɔ^{213}	tu^{11}sɤ^{24}
329 一位客人				
	个	个	个	个
	kɑ^{224}	kɛ^{422}	kɑ^{334}	kɑ^{33}
330 一双鞋				
	双	双	双	双
	sɔm^{224}	som^{33}	so^{423}	ɕyɑ̃^{112}
331 一张席				
	根	条	领	领
	ken^{224}	t^{h}iɑ^{33}	lin^{213}	lien^{534}
332 一床被				
	床	条	条	领
	sɔm^{445}	t^{h}iɑ^{33}	tiɔ^{334}	lien^{534}
333 一辆车				
	把	部	部	张
	po^{55}	p^{h}u^{422}	pu^{213}	tsɑ̃^{112}

		淳安	遂安	建德	寿昌
334	一把刀				
		把	把	把	把
		po^{55}	pɑ^{213}	po^{213}	pəɯ^{24}
335	一管笔				
		支	支	支	支
		tsɿ^{224}	tsɿ^{534}	tsɿ^{423}	tsɿ^{112}
336	一块墨				
		块	块	块	块
		kʰue^{224}	kʰuəɯ^{422}	kʰue^{334}	kʰuɛ^{33}
337	一头牛				
		只	只	只	只
		tsɑʔ^{5}	tsa^{24}	tsɑ^{55}	tsəʔ^{3}
338	一口猪				
		只	只	只	只
		tsɑʔ^{5}	tsa^{24}	tsɑ^{55}	tsəʔ^{3}
339	一只鸡				
		只	只	只	只
		tsɑʔ^{5}	tsa^{24}	tsɑ^{55}	tsəʔ^{3}
340	一条鱼				
		只	只	条	只
		tsɑʔ^{5}	tsa^{24}	tiɔ^{334}	tsəʔ^{3}
341	去一趟				
		趟	次	大$^{=}$	趟
		tʰɑ̃^{55}	tsʰɿ^{422}	tʰɑ^{55}	tʰɑ̃^{55}
342	打一下				
		下	下	下	记

		淳安	遂安	建德	寿昌
		xo^{55}	xɑ^{422}	xo^{213}	tɕiəʔ^{3}
343	**今年**				
		今年 ken^{24}iã^{445}	今年 kɯ^{55}iɛ̃^{213}	今年 tɕin^{42}ȵie^{213}	今年 ken^{11}ȵi^{55}
344	**明年**				
		明年 men^{31}iã^{445}	明年 men^{33}iɛ̃^{33}	明年 men^{33}ȵie^{334}	明年 men^{11}ȵi^{33}
345	**去年**				
		旧年 tɕʰiɯ^{53}iã^{445}	旧年 tɕʰiu^{55}iɛ̃^{0}	旧年 tɕʰiəɯ^{33}ȵie^{55}	旧年 tɕʰiəɯ^{33}ȵi^{52}
346	**往年**（过去的几年）				
		往年 uɑ̃^{55}iã^{0}	前几年 ɕiɛ̃^{33}tsɿ^{55}iɛ̃^{0}	往年 o^{55}ȵie^{334}	往年 uɑ̃^{33}ȵi^{52}
347	**今日**				
		今阴 ken^{33}in^{55}	今日 kɯ^{55}iei^{213}	今朝多 tɕin^{42}tsɔ^{213} 今日 tɕin^{42}iəʔ^{12}	今朝 ken^{11}tsɤ^{112} 今日 ken^{11}ȵiəʔ^{13}
348	**明日**				
		明阴 men^{31}in^{224} 明日 men^{31}iʔ^{13}	明日 men^{33}iei^{33}	明朝 men^{33}tsɔ^{42}	明朝 men^{11}tsɤ^{112}
349	**后日**				
		后阴 xɯ^{55}in^{0}	后日 xɯ^{55}iei^{33}	后日 xəɯ^{213}iəʔ^{12}	后日 xəɯ^{33}ȵiəʔ^{31}

	淳安	遂安	建德	寿昌
350 **大后日**				
	大后阴 tʰu^{53}xɯ^{0}in^{0}	大后日 tʰə^{55}xɯ^{55}iei^{33}	大后日 tʰu^{55}xəɯ^{213}iəʔ^{12}	大后日 tʰu^{33}xəɯ^{33}ȵiəʔ^{31}
351 **昨日**				
	昨阴 sɑʔ^{3}lin^{224}	昨日 sɔ^{55}iei^{33}	昨日 so^{213}iəʔ^{12}	□日 sã^{52}ȵiəʔ^{31}
352 **前日**				
	前阴 ɕiã^{31}in^{224}	前日 ɕiɛ̃^{33}iei^{33}	前日 ɕie^{33}iəʔ^{12}	前日 ɕi^{52}ȵiəʔ^{31}
353 **大前日**				
	大前阴 tʰu^{53}ɕiã^{0}in^{0}	大前日 tʰə^{55}ɕiɛ̃^{33}iei^{33}	大前日 tʰu^{55}ɕie^{33}iəʔ^{12}	大前日 tʰu^{33}ɕi^{52}ȵiəʔ^{31}
354 **上午**				
	午前 ŋa^{55}ɕiã^{445} 上午 sɑ̃^{53}ŋa^{0} 早上 tsə^{55}sɑ̃^{0}	上午 ɕiã^{55}n^{0}	午前 n^{55}ɕie^{334}	午前 n^{33}ɕi^{52}
355 **下午**				
	午后 ŋa^{55}xɯ^{535} 下午 xo^{55}ŋa^{0}	下午 xɑ^{55}n^{33}	午后 n^{55}xəɯ^{213}	午后 n^{33}xəɯ^{534}
356 **中午**				
	午时	午时	午时	午饭

	淳安	遂安	建德	寿昌
	ŋa^{55}sɿ^{0}	n^{55}sɿ^{33}	n^{213}sɿ^{334}	n^{33}fɤ^{33}
	中午			
	tsɔm^{24}ŋa^{0}			
357 清晨				
	清早	朝头	五更头	五更头
	tɕʰin^{24}tsə^{55}	tɕiɑ^{55}tʰiu^{213}	n^{55}kɛ^{21}təɯ^{55}	n^{33}kã^{11}tʰəɯ^{55}
358 白天				
	日里	日里	日上	日上
	iʔ^{13}li^{55}	iei^{21}li^{24}	iəʔ^{2}so^{55}	ȵiəʔ^{3}sã^{112}
	日里家			
	iʔ^{13}li^{55}ko^{0}			
359 黄昏，傍晚				
	杀麻	（无）	夜饭边	夜弥=
	saʔ^{5}mo^{445}		iɑ^{55}fɛ^{0}pie^{42}	iɑ^{33}mi^{55}
			夜边	
			iɑ^{55}pie^{42}	
360 晚上				
	夜里	夜里	夜里	夜里
	iɑ^{53}li^{55}	iɛ^{55}li^{0}	iɑ^{55}li^{0}	iɑ^{33}li^{534}
	夜家多			
	iɑ^{53}ko^{55}			
	夜里家			
	iɑ^{53}li^{55}ko^{55}			
361 什么时候				
	大=时	大=拉时侯	啥哩时侯	奇时景
	tʰɑ^{53}sɿ^{0}	tʰa^{55}la^{0}sɿ^{33}xɯ^{33}	so^{55}li^{0}sɿ^{33}xəɯ^{334}	tɕʰi^{52}sɿ^{11}tɕien^{24}

	淳安	遂安	建德	寿昌
362 上头				
	上头	上头多	上头	上头
	sɑ̃^{53}t^{h}ɯ^{445}	ɕiɑ̃^{55}t^{h}iu^{0}	so^{33}təɯ^{334}	sɑ̃^{11}təɯ^{52}
		上面		上高
		ɕiɑ̃^{55}mɛ̃^{0}		sɑ̃^{11}kɤ^{52}
		上边		
		ɕiɑ̃^{55}pɛ̃^{0}		
363 下头				
	下头	下头多	底下	下头
	xo^{55}t^{h}ɯ^{445}	xɑ^{55}t^{h}iu^{33}	ti^{55}xo^{0}	xuə^{11}təɯ^{52}
		下面		
		xɑ^{55}mɛ̃^{52}		
		下边		
		xɑ^{55}pɛ̃^{0}		
364 左边				
	反手多	反手面	反手边	反末面
	fɑ̃^{55}sɯ^{0}	fɑ̃^{21}ɕiu^{33}mɛ̃^{52}	fɛ^{55}səɯ^{0}pie^{42}	fɤ^{24}məʔ^{3}mi^{33}
	反手边		细手边	反手末厢
	fɑ̃^{55}sɯ^{0}piɑ̃^{224}		ɕie^{33}səɯ^{213}pie^{42}	fɤ^{33}səɯ^{24}məʔ^{31}ɕiɑ̃^{24}
			细边	
			ɕie^{33}pie^{42}	
365 右边				
	顺手多	顺手面	顺手边	顺末面
	suen^{53}sɯ^{0}	fen^{55}ɕiu^{0}mɛ̃^{52}	ɕyen^{55}səɯ^{0}pie^{42}	ɕyɑ̃^{33}məʔ^{3}mi^{33}
	顺手边		大手边	顺手末厢
	suen^{53}sɯ^{0}piɑ̃^{224}		t^{h}u^{55}səɯ^{213}pie^{42}	ɕyɑ̃^{33}səɯ^{24}məʔ^{31}ɕiɑ̃^{24}

	淳安	遂安	建德	寿昌
			大边	
			tʰu^{55}pie^{42}	
366 中间				
	中央	中央	中央	中央
	tsɔm^{33}iɑ̃^{55}	tsən^{52}iɑ̃^{52}	tsɑom^{42}iɑ̃^{213}	tɕiɔm^{11}iɑ̃^{112}
		中间		
		tsən^{55}kɑ̃^{534}		
367 里面				
	里头	里头	里头	里头
	li^{55}tʰɯ^{445}	li^{55}tʰiu^{33}	li^{55}təɯ^{0}	li^{55}təɯ^{112}
		里厢		
		li^{55}ɕiɑ̃^{0}		
368 外面				
	外头	外头	外头	外头
	uɑ^{53}tʰɯ^{445}	uəɯ^{55}tʰiu^{0}	uɑ^{55}təɯ^{0}	uɑ^{33}təɯ^{52}
		外厢		
		uəɯ^{55}ɕiɑ̃^{0}		
369 前边				
	前头	前头多	前头	头前
	ɕiã^{31}tʰɯ^{445}	ɕiẽ^{33}tʰiu^{33}	ɕie^{33}təɯ^{334}	tʰəɯ^{11}ɕi^{33}
		前面		
		ɕiẽ^{52}mẽ^{52}		
		前边		
		ɕiẽ^{33}pẽ^{33}		
370 后边				
	后头	后头多	后头	后头

	淳安	遂安	建德	寿昌
	xɯ^{55}tʰɯ^{445}	xɯ^{55}tʰiu^{33} 后面 xɯ^{55}mɛ̃^{52} 后边 xɯ^{422}pɛ̃^{534}	xəɯ^{55}təɯ^{334}	xəɯ^{33}təɯ^{112}
371 旁边				
	沿边	边上	旁边	横边
	iã^{31}piã^{224}	pɛ̃^{52}ɕiɑ̃^{52}	pɛ^{33}pie^{42}	uã^{11}pi^{112}
372 附近				
	沿边	边上	邻近	邻近
	iã^{31}piã^{224}	pɛ̃^{52}ɕiɑ̃^{52}	nin^{33}tɕin^{213}	lien^{33}tɕʰien^{534}
373 什么地方				
	大$^{=}$累$^{=}$位置	大$^{=}$拉位置	啥哩地方	□堂子
	tʰɑ^{53}le^{55}ue^{53}tsɿa^{55}	tʰa^{55}la^{0}uəɯ^{55}tsɿ^{0}	so^{55}li^{0}tʰi^{55}fo^{42}	tsʰɑ^{33}tʰɑ̃^{11}tsɿ^{24} 奇堂子 tɕʰi^{52}tʰɑ̃^{11}tsɿ^{24}
374 插秧				
	种田	种田	插秧	种田
	tsəm^{24}tʰiã^{445}	tsən^{55}tʰɛ̃^{33}	tsʰo^{55}iã^{42}	tɕiəm^{33}tʰi^{52}
375 车水（一种农事）				
	车水	车水	车水	车水
	tsʰo^{24}ɕya^{55}	tsʰɑ^{55}ɕy^{213}	tsʰo^{42}ɕye^{213}	tɕʰyə^{11}ɕyei^{24}
376 吃饭				
	吃饭	吃饭	吃饭	吃饭
	tɕʰiʔ^{5}fɑ̃^{535}	tsʰɿ^{24}fɑ̃^{52}	tɕʰiəʔ^{5}fɛ^{55}	tɕʰiəʔ^{3}fɤ^{33}

	淳安	遂安	建德	寿昌
377 喝茶				
	吃茶	吃茶	吃茶	吃茶
	tɕʰiʔ5tsʰo445	tsʰɿ55tsʰɑ33	tɕʰiəʔ5tsʰo334	tɕʰiəʔ3tɕʰyə52
378 洗脸				
	洗面	洗面	汏面	洗面
	ɕi55miã535	ɕiei21mẽ52	tʰɑ55mie55	ɕi24mi33
379 洗澡				
	洗浴	洗浴	汏浴	洗浴
	ɕi55ioʔ13	ɕiei24lu213	tʰɑ55yəʔ12	ɕi24iɔʔ31
380 谈天儿				
	谈空天	谈天	谈天	谈天
	tʰã445kʰɔm33tʰiã55	tʰɑ̃33tʰɛ̃534	tɛ33tʰie42	tʰuə11tʰi112
381 不说话，不言语				
	不响	不做声	弗响	勿讲说话
	pəʔ5ɕiɑ̃55	pə24tsə422ɕin534	fəʔ5ɕie213	uɔʔ3kɑ̃24ɕyei55u55
	不做声			
	pəʔ5tsu24sen224			
382 没关系，不要紧				
	不要紧	不要紧	弗要紧	无要紧
	pəʔ5iə0tɕin55	pə24iɔ55tɕin213	fəʔ5iɔ33tɕin213	m52iɤ33tɕien24
	没有事体		弗有关系	
	məʔ31iɯ55sɿa53tʰi0		fəʔ5iəɯ0kuɛ21ɕi55	
383 看				
	促=	促=	看	□
	tsʰoʔ5	tsʰu24	kʰɛ334	tsʰɔʔ3

	淳安	遂安	建德	寿昌
384 **遇见**	蓬$^{=}$着 pʰɔm^{53}tsʰɑʔ^{0}	□着 pʰã^{55}tɕʰiɑ^{0}	蓬$^{=}$着 pʰɑom^{55}tsɑ^{0}	碰着 pʰɔm^{33}tsʰɔʔ^{31}
385 **遗失，丢**	□ liʔ^{5}	跌 tɛ^{24}	脱 tʰəʔ^{5}	坞$^{=}$ u^{24} 脱 tʰəʔ^{3} 褪 tʰen^{33}
386 **找着了**	寻着罢 ɕin^{445}tsʰɑʔ^{0}pɑ^{0}	寻着了 ɕin^{33}tɕʰiɑ^{33}liɑ^{33}	寻着罢 ɕin^{33}tsɑ^{21}pəʔ^{5}	寻着罢 ɕien^{33}tsʰɔʔ^{31}pɑ^{0}
387 **擦掉**	揩去 kʰɑ^{33}kʰə^{55}	揩出去 kʰa^{52}tɕʰiei^{21}kʰɯ^{422}	揩掉 kʰɑ^{42}tiɔ^{213}	揩了去 kʰɑ^{11}liɤ^{24}kʰəɯ^{33}
388 **捡起来**	摭起来 tɕiɑʔ^{5}tɕʰi^{0}le^{0}	约$^{=}$起来 iɑ^{33}tsʰɿ^{55}ləɯ^{0}	捉□来$_{多}$ tsu^{55}tɕʰiɛ^{0}lɛ^{0} 捉□ tsu^{55}tɕʰiɛ^{0}	撮□ tsʰəʔ^{3}tɕʰie^{55}
389 **提起**（用手）	拎起来 len^{24}tɕʰi^{0}le^{0}	乞$^{=}$起来 tɕʰiei^{24}tsʰɿ^{55}ləɯ^{0}	拎□来$_{多}$ nin^{42}tɕʰiɛ^{21}lɛ^{0} 拎□ nin^{42}tɕʰiɛ^{213}	拎□ lien^{11}tɕʰie^{24}

	淳安	遂安	建德	寿昌
390 **选择，挑选**				
	挑	挑多	择	择
	tʰiə^{535}	tʰiɑ^{213}	tsɑ^{213}	tsʰəʔ^{31}
	择	择		
	tsʰɑʔ^{13}	tsʰa^{213}		
	拣			
	kã^{55}			
391 **欠**（如欠他十块钱）				
	欠	欠	欠	欠
	tɕʰiã^{224}	tɕʰiɛ̃^{422}	tɕʰie^{334}	tɕʰi^{33}
392 **做买卖**				
	做生意	做生意	做生意	做生意
	tsu^{224}sã^{24}i^{0}	tsə^{55}sã^{52}i^{422}	tsu^{33}sɛ^{42}i^{213}	tsu^{33}sã^{11}i^{33}
393 （用秤）**称**				
	称	称	称	称
	tsʰen^{224}	tɕʰin^{534}	tsʰen^{423}	tsʰen^{11}
394 **收拾**（东西）				
	收拾	收拾	收拾	收拾
	sɯ^{24}səʔ^{0}	ɕiu^{55}ɕiei^{213}	səɯ^{42}səʔ^{12}	səɯ^{11}səʔ^{5}
	集		集	集
	ɕiəʔ^{13}		ɕiəʔ^{12}	ɕiəʔ^{31}
395 **对**（如往酒里对水）				
	冲	冲	冲	冲搀进
	tsʰɔm^{224}	tsʰən^{534}	tsʰɑom^{423}	tɕʰiɔm^{112}
				对搀和
				tiɛ^{33}

	淳安	遂安	建德	寿昌
396 放（如放桌子上）				
	园	园	园	园
	kʰɔm^{224}	kʰom^{422}	kʰo^{334}	kʰɑ̃^{33}
		放		
		fən^{422}		
397 休息				
	歇力	歇力	歇力	嬉
	ɕiəʔ^{5}liʔ^{13}	ɕiɛ^{55}li^{213}	ɕi^{55}liəʔ^{12}	ɕi^{112}
		休息	休息	
		ɕiu^{52}ɕiei^{24}	ɕiəɯ^{42}ɕiəʔ^{5}	
398 打盹儿				
	状$^{=}$要困	困下来	打瞌铳	打瞌铳
	tsʰɑ̃^{535}iə^{24}kʰuen^{224}	kʰuən^{42}xɑ^{422}ləɯ^{0}	tɛ^{213}kʰəʔ^{5}tsʰɑom^{55}	tɑ̃^{24}kʰəʔ^{3}tɕʰiɔm^{33}
	打瞌铳			
	tɑ̃^{55}kʰəʔ^{5}tsʰɔm^{224}			
399 摔，跌				
	跌	跌	合$^{=}$	跌
	tɑʔ^{5}	tɑ^{24}	xəʔ^{12}	tie^{55}
				□
				tɕyɑ^{24}
400 玩儿				
	嬉	嬉	嬉	嬉
	ɕi^{224}	sɿ^{534}	ɕi^{423}	ɕi^{112}
401 捉迷藏（一人蒙眼逮人）				
	瞎子摸鱼	拉瞎矇矇	猫揢老鼠	揢乌煤$^{=}$
	xɑʔ^{5}tsɿ^{0}moʔ^{5}ya^{445}	la^{24}xɑ^{24}mom^{33}mom^{33}	mɔ^{42}kʰo^{33}lɔ^{55}tsʰɿ^{0}	kʰuə^{33}u^{11}miɛ^{55}

	淳安	遂安	建德	寿昌
402 一些人先躲藏起来，再由一个人去寻找（儿童游戏）				
	寻农	猫拉老鼠	躲猫儿	躲相躲
	ɕin^{445}lɔm^{445}	mɔ^{534}la^{24}lɔ^{55}tɕʰy^{33}	tu^{213}mɔ^{42}n^{213}	tu^{24}ɕiɑ̃^{11}tu^{24}
	寻农家	躲来寻		
	ɕin^{31}lɔm^{445}ko^{55}	tə^{213}ləɯ^{33}ɕin^{33}		
403 老鹰捉小鸡（儿童游戏）				
	老虎吃羊	老虎追羊	老鹰搉细鸡	搉羊
	lə^{55}fu^{0}tɕʰiʔ^{5}iɑ̃^{445}	lɔ^{55}fu^{33}kyei^{534}iɑ̃^{33}	lɔ^{55}in^{42}kʰo^{33}ɕie^{33}tɕi^{42}	kʰuə^{33}iɑ̃^{52}
		儿鹰拉鸡		老虎搉羊
		əɯ^{33}n^{534}la^{24}tɕiei^{534}		lɤ^{33}xu^{24}kʰuə^{33}iɑ̃^{52}
404 跳房子（儿童游戏）				
	跳箍	跳箍	跷屋	跳屋
	tʰiə^{31}kʰua^{224}	tʰiɑ^{422}kʰu^{534}	tɕʰiɔ^{42}uəʔ^{5}	tʰiɤ^{33}ɔʔ^{3}
	跳箍做屋			跳箍浪圈
	tʰiə^{31}kʰua^{224}tsu^{33}vuʔ^{5}			tʰiɤ^{33}kʰu^{11}lɑ̃^{33}tɕʰyei^{112}
405 拾子儿（儿童游戏）				
	脚$^{=}$子	啄子	吃子儿	把子
	tɕiɑʔ^{5}tsɿa^{55}	tsɔ^{55}tsɿ^{213}	tɕʰiəʔ^{5}tsɿ^{55}n^{0}	pɤ^{11}tsɿ^{52}
406 翻绳变花样（儿童游戏）				
	挑花线	拆绳	挑菱	解网
	tʰiə^{224}xo^{24}ɕiɑ̃^{0}	tsʰa^{55}ɕin^{33}	tʰiɔ^{42}nin^{334}	kɑ^{24}mɑ̃^{534}
		拆七结	挑菱角	
		tsʰa^{24}tɕʰiei^{21}tɕiei^{33}	tʰiɔ^{42}nin^{33}ku^{55}	
407 划拳				
	发拳	发拳	豁拳	豁拳
	fɑʔ^{5}tsʰuɑ̃^{445}	fɑ^{55}kʰyẽ^{33}	xuɑ^{55}tɕye^{334}	xuə^{55}tɕʰyei^{52}

	淳安	遂安	建德	寿昌
408 舞龙灯				
	舞龙灯纸的	迎月半板的	舞龙灯纸的	跌灯多，统称
	va^{55}lɔm^{31}ten^{224}	n^{33}yɛ^{21}pə̃^{422}	u^{213}lɑom^{33}ten^{42}	tie^{55}ten^{112}
	嬉龙灯纸的		迎桥灯板的	迎灯统称
	ɕi^{24}lɔm^{31}ten^{224}		in^{334}tɕiɔ^{33}ten^{42}	ȵien^{52}ten^{112}
	嬉板灯板的			跌龙灯纸的
	ɕi^{24}pã^{55}ten^{224}			tie^{55}lɔm^{11}ten^{112}
				跌桥灯板的
				tie^{55}tɕʰiɤ^{11}ten^{112}
409 阁（抬着游行的演戏的台子）				
	露台	抬扛	露台	阁
	lua^{53}tʰe^{445}	tʰəɯ^{33}kom^{33}	lu^{21}tɛ^{55}	kɔʔ^{3}
410 演唱莲花落				
	唱莲花落	唱莲花	唱莲花	敲莲花板
	tsʰɑ̃^{224}liã^{31}xo^{224}lɑʔ^{13}	tɕʰiɑ̃^{422}lɛ̃^{33}fɑ^{33}	tsʰo^{33}nie^{33}xo^{42}	kʰɤ^{11}li^{11}xuə^{112}pɤ^{24}
				唱莲花调
				tsʰɑ̃^{33}li^{11}xuə^{112}tʰiɤ^{33}
411 猜谜				
	猜白话	猜白话	猜语	猜语儿
	tsʰe^{224}pʰɑʔ^{13}vu^{0}	tsʰəɯ^{534}pʰa^{21}uɑ^{52}	tsʰɛ^{42}i^{55}	tɕʰiɛ^{11}ien^{33}
412 民间故事				
	白话	白话	白话	故底
	pʰɑʔ^{13}vu^{0}	pʰa^{21}uɑ^{52}	pɑ^{21}o^{55}	ku^{33}ti^{24}
413 画儿				
	画	菩萨	画	画
	o^{535}	pʰu^{33}sɑ^{33}	o^{55}	uə^{33}

	淳安	遂安	建德	寿昌
	菩萨画指人物画			花纸
	p^{h}ua^{31}soʔ^{5}o^{535}			xuə^{11}tsɿ^{24}
				菩萨指人物画
				p^{h}u^{11}suə^{55}
414 知道				
	析$^{=}$得	识得	晓得	屑$^{=}$着
	ɕiʔ^{5}tiʔ^{5}	ɕiei^{21}ti^{33}	ɕiɔ^{21}təʔ^{5}	ɕie^{55}ts^{h}ɔʔ^{31}
415 懂了				
	析$^{=}$得罢	识得了	懂罢	懂罢
	ɕiʔ^{5}tiʔ^{5}pɑ^{0}	ɕiei^{21}ti^{33}lɛ^{0}	tɑom^{21}pəʔ^{5}	tɔm^{24}pɑ^{0}
416 留神，小心				
	当心	当心	小心	留心
	tã^{24}ɕin^{224}	tom^{55}ɕin^{534}	ɕiɔ^{55}ɕin^{42}	liəɯ^{11}ɕien^{12}
417 挂念				
	忖	挂念	记挂	挂意
	ts^{h}ã^{55}	kuɑ^{42}iɛ̃^{52}	tɕi^{33}ko^{55}	kuə^{33}i^{33}
	想	牵挂		
	ɕiã^{55}	tɕ^{h}iɛ̃^{52}kuɑ^{422}		
418 有				
	有	有	有	有
	iɯ^{55}	iu^{422}	iəɯ^{213}	iəɯ^{534}
419 没有，无（动词）				
	没有	无	弗有	无
	məʔ^{31}iɯ^{55}	m^{33}	fəʔ^{5}iəɯ^{213}	m^{52}
		无没		无没
		m^{33}mɑ^{33}		m^{52}mɑ^{33}

	淳安	遂安	建德	寿昌
		无有		
		m^{33}iu^{422}		
420 没有，未（副词）				
	不曾	不恒 =	未多	勿曾
	pəʔ^{5}xɔm^{445}	pə^{55}xən^{33}	mi^{55}	uəʔ^{3}sen^{52}
			份 =	
			fen^{55}	
421 美，漂亮				
	客气	客气	客气	客气
	kʰɑʔ^{5}tɕʰi^{0}	kʰa^{21}tsʰɿ^{422}	kʰɑ^{55}tɕʰi^{0}	kʰəʔ^{3}tɕʰi^{33}
	好促 =		好看	
	xə^{55}tsʰoʔ^{5}		xɔ^{55}kʰɛ^{334}	
			漂亮	
			pʰiɔ^{21}nie^{55}	
422 丑				
	丑	丑	丑	⿸尸疋
	tsʰɯ^{55}	tɕʰiu^{213}	tsʰəɯ^{213}	sɔm^{52}
	不好促 =	难促 =	难看	难□
	pəʔ^{5}xə^{55}tsʰoʔ^{5}	lã^{33}tsʰu^{24}	nɛ^{33}kʰɛ^{334}	nuə^{11}tsʰɔʔ^{3}
		不好促 =	贼相	
		pə^{24}xɔ^{21}tsʰu^{24}	səʔ^{2}ɕie^{334}	
423 差，不好				
	不好	呸 =	⿸疒及	⿸疒及
	pəʔ^{5}xə^{55}	pʰei^{52}	ɕiəʔ^{5}	ɕiəʔ^{3}
		推板 =		勿好
		tʰəɯ^{55}pã^{213}		uəʔ^{3}xɤ^{24}

	淳安	遂安	建德	寿昌
				推帮$^{=}$
				tʰiɛ^{11}pɑ̃^{112}
424 要紧				
	要紧	要紧	要紧	要紧
	iə^{24}tɕin^{55}	iɑ^{55}tɕin^{213}	iɔ^{33}tɕin^{213}	iɤ^{33}tɕien^{24}
425 热闹				
	闹然	浪$^{=}$热	闹	闹热
	lə^{53}iã^{0}	lom^{55}iɛ̃^{0}	nɔ^{55}	nɤ^{33}ȵi^{24}
426 坚固，牢固				
	牢	牢	牢	牢
	lə^{445}	lɔ^{33}	lɔ^{334}	lɤ^{52}
		牢固		
		lɔ^{52}ku^{42}		
427 肮脏				
	歪糟	龌龊	龌龊	龌龊
	uɑ^{33}tsə^{55}	ɔ^{33}tsʰɔ^{33}	u^{55}tsʰu^{0}	ɔʔ^{3}tɕʰiɔʔ^{3}
428 咸				
	咸	咸	咸	咸
	xɑ̃^{445}	xɑ̃^{33}	xɛ^{334}	xuə^{52}
429 淡（不咸）				
	淡	淡	淡	淡
	tʰɑ̃^{55}	tʰɑ̃^{422}	tɛ^{213}	tʰuə^{534}
430 稀（如粥太稀了）				
	薄	薄	薄	□
	pʰoʔ^{13}	pʰɔ^{213}	pu^{213}	lɤ^{33}

	淳安	遂安	建德	寿昌
431 **稠**（如粥太稠了）	厚 kʰɯ^{55}	硬 ã^{52}	厚 xəɯ^{213}	硬 ŋã^{33}
432 **肥**（指动物，如鸡很肥）	壮 tsɑ̃^{224}	壮 tsom^{422}	壮 tso^{334}	壮 tɕyɑ̃^{33}
433 **胖**（指人）	胖 pʰɔm^{224}	壮 tsom^{422}	胖 pʰo^{334}	壮 tɕyɑ̃^{33}
434 **瘦**（不肥，不胖）	瘦 sɯ^{224}	瘦 ɕiu^{422}	瘦 səɯ^{334}	瘦 səɯ^{33}
435 **舒服**	舒服 ɕya^{24}foʔ^{0}	味道 ui^{55}tʰɔ^{0}	舒服 ɕy^{42}fəʔ^{12}	味道 uei^{33}tʰɤ^{534} 敨气 tʰəɯ^{33}tɕʰi^{33} 舒服 ɕy^{11}fɔʔ^{5}
436 **晚**（来晚了）	迟多 tsʰɿa^{445} 晏 ɑ̃^{224}	晏 ɑ̃^{422}	迟 tsɿ^{334}	迟 tsʰɿ^{52}
437 **乖**（如小孩儿真乖，不闹）	乖 kuɑ^{224}	乖 kua^{534}	乖 kuɑ^{423}	作乖 tsɔʔ^{3}kuɑ^{33}

	淳安	遂安	建德	寿昌
438 顽皮				
	顽皮	蛮皮	皮	皮厚
	uã^{31}p^{h}i^{445}	mã^{33}p^{h}i^{33}	pi^{334}	p^{h}i^{33}k^{h}əɯ^{534}
		顽皮		
		uã^{33}p^{h}i^{33}		
		厌		
		iɛ̃^{422}		
439 凸				
	突	突	突	突
	t^{h}əʔ^{13}	t^{h}ə^{213}	təʔ^{12}	t^{h}əʔ^{31}
440 凹				
	窨	凹	凹	凹
	iəʔ^{5}	ɔ^{534}	ɔ^{423}	ɑ^{55}
441 和（连词，我和他）				
	搭	搭	□	跟
	tɑʔ^{5}	tɑ^{24}	te^{55}	ken^{112}
	拿			
	lɑ^{535}			
442 被（被贼偷走了）				
	要	犯	把	让
	iə^{224}	fã^{422}	po^{55}	iã^{33}
	遭			
	ts^{h}ə^{445}			
443 从（从哪儿来，从今天起）				
	从	从	从	从
	ts^{h}ɔm^{445}	ts^{h}ən^{33}	tsɑom^{334}	ts^{h}ɔm^{52}
444 替（替我写封信）				
	代	引	把	帮

	淳安	遂安	建德	寿昌
	t^{h}e^{535} 拿 la^{535}	n^{422}	po^{55}	pã^{112}
445 拿（拿毛笔写字）	用 iɔm^{535}	用 lən^{52}	用 iɑom^{55}	用 iɔm^{33}
446 故意（故意捣乱）	特为 t^{h}iʔ^{13}ue^{0}	特为 t^{h}əɯ^{21}uəɯ^{52} 故意 ku^{55}i^{0}	故意 ku^{55}i^{0}	只只意 tsəʔ^{3}tsəʔ^{3}ȵi^{55}
447 刚（刚来）	才得 se^{31}tiʔ^{5}	恰恰 k^{h}ɑ^{33}k^{h}ɑ^{33}	刚蛰= tɕie^{42}tsɿ^{55}	刚刚 kã^{11}kã^{112}
448 刚（刚合适）	肮=抢= ã^{24}tɕ^{h}iã^{55}	恰恰 k^{h}ɑ^{33}k^{h}ɑ^{33}	刚蛰= tɕie^{42}tsɿ^{55} 慨=慨= k^{h}ɛ^{21}k^{h}ɛ^{213}	糠=糠= k^{h}ã^{11}k^{h}ã^{24}
449 幸亏	亏得 k^{h}ue^{33}tiʔ^{5}	好得 xɔ^{21}ti^{24}	还好 uɑ^{33}xɔ^{213}	还好 uə^{52}xɤ^{24}
450 净（净吃米，不吃面）	得 tiʔ^{5} 仅光 tɕin^{55}kuã^{0}	得 ti^{24}	只 tsəʔ^{5} 光 ko^{423}	光 kuã^{112}

	淳安	遂安	建德	寿昌
451	**（三千）上下，（三千）左右**			
	（无）	上下	上下	上下
		ɕiã^{52}xɑ^{422}	so^{213}xo^{213}	sã^{33}xuə^{534}
			左右	
			tsu^{55}iəɯ^{213}	
452	**不**			
	不	不	弗	勿
	pəʔ^{5}	pə^{24}	fəʔ^{5}	uɔʔ^{3}
453	**别，不要**（副词）			
	不要	不要	弗要	勿要
	pəʔ^{5}iə^{0}	pə^{24}iɑ^{422}	fəʔ^{5}iɔ^{55}	uɔʔ^{3}iɤ^{33}
	□	不多		鸭$^{=}$
	piə$^{-53}$	pə^{24}		uə^{55}
454	**的**			
	个	个	个	个
	kɑ^{0}	kə^{0}	kəʔ^{5}	kəʔ^{3}

第四章　语法

第一节　语法特点

本节分词法和句法两部分，介绍严州方言中比较特殊的、与普通话差别较大的语法现象。由于对严州方言语法的调查还不够深入细致，这里的介绍还是比较粗略的。

壹　词法特点

一、词缀

在严州方言里，词缀的用途比较有限。普通话、北方话许多带词缀的词，在严州方言里对应的往往是单音节词或不带词缀的多音节词。

严州方言的词缀主要有：前缀“阿、老、第、初”，后缀“儿、子、头”，以及生动形式形容词里的一些中缀和后缀。其中“老、第、初”的用法跟普通话一样，“阿、儿、子、头”需要做些说明，生动形式形容词的词缀见下文第三部分。

1. 阿

淳安、遂安、建德没有前缀“阿”。寿昌有前缀“阿”，读入声的[əʔ^3]，一般只用于某些亲属称谓的前面，例如：

阿爸爸爸｜阿妈妈妈｜阿姐奶奶｜阿姊姐姐｜阿妹妹妹｜阿弟弟弟｜阿酸$^=$孙子；侄子｜阿拉我们

2. 儿

淳安没有后缀“儿”，遂安有个别“儿”尾词，建德有较多的“儿”尾词（现已记录到的有80个左右），寿昌有少量的“儿”尾词。遂安、建德、寿昌三地后缀“儿”的音变规律见“第二章 语音”。

“儿”的作用主要是加在名词性以及个别动词性的成分后构成名词，有时也可加在个别量词、形容词后。跟普通话一样，后缀“儿”具有指小、喜爱等意义和色彩，有时还具有辨义作用。例如：

遂安 奶儿乳房；乳汁｜蟮儿蚯蚓｜靴儿

建德 鬼儿男孩儿｜女儿女孩儿｜老头儿｜虾儿｜兔儿｜辫儿｜镯儿镯子｜筷儿｜盒儿｜算盘子儿｜歌儿｜刷儿｜塞儿｜盖儿｜扣儿

寿昌 鸟儿｜麻雀儿｜飞鹊儿喜鹊｜子燕儿燕子｜蝴蝶儿｜一点儿

3. 子

严州各地方言均有较多的“子”尾词。后缀“子”的作用是加在名词性、动词性、形容词性的成分后构成名词。“子”尾词中有相当一部分是指人名词。例如：

淳安 老子父亲｜儿子｜老头子｜驼子｜瞎子｜麻子｜胖子｜辣婆子辣椒｜样子

遂安 老子父亲｜儿子｜新娘子｜驼背子｜告化子乞丐｜亭子｜笤子笤帚｜鼻糊子鼻涕

建德 侄子｜孺子妇女｜新娘子｜驼子｜癫子疯子｜讨饭子乞丐｜雹子

寿昌 老头子｜新娘子｜驼子｜缺子豁嘴的人｜长子长得特别高的人｜贩子｜堂子地方｜销⁼子楔子

4. 头

严州各地方言均有较多的“头”尾词。后缀“头”的作用是加在名词性、动词性、形容词性的成分后构成名词。“头”尾词中有一部分是方位名词，有些则含有球状、头上、顶端等意义，说明在这些词里“头”的本义尚未完全虚化。例如：

淳安　日头｜鼻头鼻子｜上头｜灶头灶｜光棍头光棍儿｜拳头

遂安　日头｜鼻头鼻子｜上头｜灶头灶｜朝头清晨｜光棍头光棍儿｜木头

建德　日头｜鼻头鼻子｜上头｜灶头灶｜五更头清晨｜老头｜坟头坟｜钵头钵

寿昌　日头｜鼻头鼻子｜上头｜镬上头灶｜五更头清晨｜木头｜钵头钵｜结头结子

二、重叠

从总体上看，严州方言的重叠现象十分有限。除了一部分名词、动词有重叠现象外，其他词语一般不能重叠，例如没有像普通话“高高的”“个个”那样的形容词、量词的重叠用法。生动形式形容词有重叠现象，见下文“三、形容词的生动形式”。

1. 名词

在严州方言里，以重叠的方式构成的名词很少，主要限于部分称谓词语，此外也有个别身体部位名称、动物名称等。这些词都含有一定的亲昵色彩，或者说都具有一定的昵称性质。例如：

淳安　伯伯爸爸｜爷爷｜哥哥｜外外外祖母｜奶奶乳房｜蛛蛛蜘蛛｜蚁公公蚂蚁｜火烟虫虫萤火虫

遂安　伯伯爸爸｜朝⁼朝⁼爷爷｜婆婆外祖母｜姐姐哥哥｜蝴蜻蜻蜻蜓

建德　爸爸｜爷爷｜奶奶乳房

寿昌　爷爷｜哥哥｜婆婆外祖母｜夜夜虫萤火虫

2. 动词

严州方言的双音节动词不能重叠，例如没有像普通话“商量商量”“学习学习”那样的说法。

部分单音节动词可以重叠。重叠的方式有两种，一是直接重叠，表示：

（1）尝试，例如：遂安“来碰碰阿朵花香不香来闻一闻这朵花香不香”。

（2）动作时间短暂（短时），例如：淳安“等我饭吃吃就去我吃了饭就去”，建德“医生讴尔多困困医生叫你多睡一会儿”。

（3）动作完成，例如：淳安“吃吃饱再去吃饱了再去”“尔讲讲灵清！你说清楚了！”“门关关好把门关好”“铅笔拿渠削削尖把铅笔削尖”，寿昌“渠勿小心跌跌下去他不小心跌了下去”“潸把衣裳洗洗干净你把衣服洗干净”。

二是在建德、寿昌方言里，重叠后带上“看”，表示尝试。这个“看”字建德念白读的［k^{h}ɛ^{334}］，寿昌念文读的［k^{h}ã^{55}］或［k^{h}en^{55}］。在表示同样意思的时候，淳安、遂安不用动词重叠形式，而是在“动词＋下”的结构后带上一个意思相当于“看”的词，这个词跟“促”同音，淳安读［ts^{h}oʔ^{5}］，遂安读［ts^{h}u^{24}］。例如：

淳安 试下促$^{=}$试一试｜碰下促$^{=}$闻一闻｜称下促$^{=}$称一称｜摸下促$^{=}$摸一摸｜尝下促$^{=}$尝一尝｜促$^{=}$下促$^{=}$看一看｜尔想下促$^{=}$啊！你想一想吧！｜我去问下促$^{=}$我去问一下

遂安 试下促$^{=}$试一试｜称下促$^{=}$称一称｜义$^{=}$猜下促$^{=}$啊！你猜一猜吧！

建德 试试看｜闻闻看｜称称看

寿昌 试试看｜碰碰看闻一闻｜称称看

看的意思，淳安、遂安说“促$^{=}$”，建德说“看”，寿昌说“□［ts^{h}ɔʔ^{3}］”。寿昌跟淳安、遂安一样，也是清母通摄入声字。奇怪的是，寿昌在动叠式后面不用口语中的“□［ts^{h}ɔʔ^{3}］”，而用文读的“看”。

3. 其他

表示很短的时间、很少的数目等的量词，重叠后可以表示更短的时间、更少的数目。例如淳安、遂安的“一下”表示时间时意为一会儿，重叠成“一下下”后指比一会儿更短暂的时间。遂安话的“一滴”“滴”，寿昌话的“一点儿”“点儿”意为一点儿，重叠成“一滴滴”“滴滴”“一点儿点儿”“点儿点儿”后指一点儿点儿、一丁点儿的意思。

代词里也有一些重叠的形式。例如，建德话第一人称复数“党$^{=}$党$^{=}$”是由第一人称单数“党$^{=}$”重叠而成的。淳安话表示这里的“里里”，表示那里的“愣愣”也都是重叠式。详见下文“四、代词系统”。

三、形容词的生动形式

严州方言形容词的生动形式主要有以下三种类型：

1. “AABB”型

“A”“B”是两个不同的形容词词根，分别重叠后构成一个生动形式的形容词。例如：

淳安　密密足足密密匝匝｜稀稀懒懒稀稀拉拉

2. “b＋A”型

“b”是修饰性成分，“A”是形容词词根。例如：

淳安　雪白｜绯红｜漆黑｜冰冷｜休⁼薄很薄；很稀｜笔直｜线直笔直

寿昌　漆黑｜绝⁼甜很甜｜绝⁼扁很扁｜绝⁼低很低

在严州方言里，没有发现“bb＋A”型（如“雪雪白”）的形容词。

3. “A＋bb”型

“A”是形容词词根，可以是多音节的。“bb”是叠音后缀，本字难定，这里用表音字，起表音作用。例如：

淳安　痴胚吸吸傻不愣登｜癞痢吸吸形容头上长满黄癣的样子

寿昌　傻乎乎｜傻西西傻乎乎｜呆西西傻乎乎｜冷西西冷飕飕｜凉飕飕

此外，如建德的“啰里啰唆啰啰唆唆”，寿昌的“啰里八唆啰啰唆唆”等，因例词有限，此不详述。

四、代词系统

严州方言的代词系统甚为特殊和复杂。就拿第一人称单数代词来说，淳安、建德分别有两个形式，遂安有三个，寿昌甚至有四个。各县第一人称单数代词的基本形式自成一体，淳安的“我”，遂安的“尬”，建德的“党⁼”“卬”，寿昌的“咱”，相互之间看不出有什么联系。在这么小的一个区域内，除了“我”以外，还出现了以［k］、［t］、［ts］等为声母的第一人称单数，应该说是很引人注目的。而这尚且不包括各县乡下的情况。在对乡镇方言进行全面调查之后，可能会发现严州方言的代词系统比这还要复杂。

下面介绍严州方言主要代词的基本情况。表 10、11、12 因版式所限，声调只在音标的右上角标实际调值，而不管它是单字调还是连读调。有关的单字调和连调规律可参看“第二章　语音”。“～”表示又读。

1. 人称代词

严州各地方言的三身人称代词系统见表 10。表中方言词右下角的“多”表示该说法比较常用。第一人称复数右下角注“包括式”的表示该词专门用作包括式（即相当于普通话的“咱们”）。注“领格”的表示该词专门用作领格。

表 10　严州方言人称代词表

	第一人称		第二人称		第三人称	
	单数	复数	单数	复数	单数	复数
淳安	我 vu^{55}	哇拉 uɑ^{24}lɑ^{55}	尔 n^{55}	喃拉 lã^{24}lɑ^{55}	渠 kʰɯ^{445}	渠拉 kʰɯ^{31}lɑ^{224}
	我农$_{多}$ vu^{55}lɔm^{445}	哇搭$_{包括式}$ uɑ^{33}tɑʔ^{5}	尔农$_{多}$ n^{55}lɔm^{445}	喃喃 lã^{24}lã^{55}	渠农$_{多}$ kʰɯ^{31}lɔm^{224}	渠拉$_{多}$ kʰɑ^{31}lɑ^{224}
			喃$_{领格}$ lã^{224}	安$^{=}$拉 ã^{24}lɑ^{55}		渠 kʰɑ^{445}
遂安	尬$_{多}$ kɑ^{52}	嘎拉 kɑ^{33}lɑ^{33}	义$^{=}$$_{多}$ i^{52}	耶拉 iɛ^{33}lɑ^{33}	渠$_{多}$ kʰɯ^{33}	渠拉 kʰɯ^{33}lɑ^{33}
	尬农 kɑ^{55}lən^{0}	嘎嘀$_{包括式}$ kɑ^{33}ti^{33}	义$^{=}$农 i^{55}lən^{0}		渠农 kʰɯ^{33}lən^{33}	
	嘎$_{领格}$ kɑ^{24}		耶$_{领格}$ iɛ^{33}			
建德	党$^{=}$$_{多}$ tɑŋ^{213}	印党$^{=}$$_{多}$ ɑŋ^{213}tɑŋ^{0}	尔 n^{213}	尔奔 n^{213}tɑ^{0}	渠 ki^{334}	渠奔 ki^{55}tɑ^{0}
	印 ɑŋ^{213}	党$^{=}$党$^{=}$ tɑŋ^{213}tɑŋ^{0}				
		尔夏$^{=}$$_{包括式}$ n^{213}xo^{55}				
寿昌	咱$_{多}$ tsɑ^{52}	我拉$_{多}$ ɑ^{55}lɑ^{112}	谮$_{多}$ tsen^{52}	尔拉 n^{55}nɑ^{112}	渠$_{多}$ kəɯ^{52}	渠拉 kəɯ^{52}lɑ^{112}
	咱农 tsɑ^{52}nom^{33}	咱拉 tsɑ^{52}lɑ^{112}	谮农 tsen^{52}nom^{33}	谮拉 tsen^{52}lɑ^{112}	渠农 kəɯ^{52}nom^{33}	
	我 ɑ^{534}	阿拉 əʔ^{3}lɑ^{112}	尔 n^{534}			
	我农 ɑ^{33}nom^{112}		尔农 n^{33}nom^{112}			

说明：

（1）在严州各地方言里，同一个代词概念而有两个以上形式的，除了常用程度上的区别以外，有的还有一些其他方面的区别。在建德梅城，第一人称单数代词“党$^{=}$”通行于全城，而“卬”主要限于“下半城”和乡下使用。在寿昌，第一人称单数代词“我”、第二人称单数代词“谮农”一般不用作宾格。

（2）淳安、遂安、寿昌三地的单数人称代词，除了单音节的基本形式以外，均还有一套以基本形式加“农”构成的双音节形式。建德没有。该现象与这些方言里的“人”一词的说法有关。人的意思，淳安说“农”或“农家”，遂安、寿昌说“农”，建德说“人”。可见，“我农”“尔农”“渠农”等代词就是从“我人”“你人”“他人”的意思变来的。但建德没有发展出一套以基本形式加“人”的双音节单数人称代词来。

（3）除了第一人称的包括式以外，复数代词一般由相应的单数形式加上词尾 [lɑ] 或与之相近的音节构成。具体地说，充当复数词尾的，淳安、寿昌是 [lɑ]，遂安是 [la]，建德第二、三人称是 [tɑ]，第一人称“卬党$^{=}$”“党$^{=}$党$^{=}$”则像是由单数形式叠加而成的。

不完全符合上述规律的复数代词大多跟音变有关。不过，音变的具体过程有的比较明显，有的则已较难看出。例如，淳安第一、三人称复数“哇拉 [uɑ^{24}lɑ^{55}]”“渠拉 [k^{h}ɑ^{31}lɑ^{224}]”，前字的主要元音 [ɑ] 是受后字韵母同化的结果。淳安的另一个第三人称复数“渠 [k^{h}ɑ^{445}]”（注意跟单数的“渠 [k^{h}ɯ^{445}]”不同音），则是“渠拉 [k^{h}ɯ^{31}lɑ^{224}]”的合音，或“渠拉 [k^{h}ɑ^{31}lɑ^{224}]”丢失词尾的结果。寿昌第二人称复数“尔拉 [n^{55}nɑ^{112}]”中词尾的声母 [n] 则显然受到前一音节“尔 [n^{55}]”的同化。

（4）淳安、遂安、建德有相当于普通话“咱们”的第一人称复数包括式，寿昌没有。寿昌话表示“咱们”的意思时，仍使用表示“我们”的词“我拉”，不过一般要在后面带上“两农两人”或“两个农两个人”，比较：

谮勿去，我拉去。你不去，我们去。

渠勿去，我拉两农去。他不去，咱们两人去。

谮姓王，咱也姓王，我拉两农都姓王。你姓王，我也姓王，咱们两人都姓王。

不少方言的包括式是由“我你”“我和你”之类的说法组合而成的。在淳安和遂安话里，可以看到同样的情况：

	我	和	你		咱们
淳安	我 vu^{55}	搭 $tɑʔ^{5}$	尔 n^{55}	→	哇搭 $uɑ^{33}tɑʔ^{5}$
遂安	尬 $kɑ^{52}$	搭 $tɑ^{24}$	义$^{=}i^{52}$	→	嘎嘀 $ka^{33}ti^{33}$

淳安话的包括式可以看成是丢掉了“尔”，遂安话包括式里的“嘀”可以看成是由“搭”和“义$^{=}$”合音而成的。

建德话“和”字白读 [u^{334}]，文读 [xo^{211}]，口语中相当于“和”的连词是“□ [te^{55}]”。其包括式“尔夏$^{=}$[$n^{213}xo^{55}$]”，是不是由第二人称“尔”加上文读的“和”，同时省掉了第一人称的“党$^{=}$”或者“印”构成的呢？尚是一个疑问。

（5）第二人称均无敬称形式。

（6）遂安话第一、二人称单数有专用的领格“嘎 [ka^{24}]”“耶 [$iɛ^{33}$]”，例如“嘎伯伯我爸爸”，“耶姆妈你妈妈”。从读音上看，领格“嘎”“耶”显然是在其相应的单数代词“尬 [$kɑ^{52}$]”“义$^{=}$[i^{52}]”的基础上发展起来的。不过，它们是不是由“尬”“义$^{=}$”加上助词“个的 [$kə^{0}$]”合音而来的，至少从今天的语音形式上看不出什么线索来。淳安话第二人称单数也有专用的领格“喃 [$l\tilde{a}^{224}$]”，此外未发现其他领格专用形式。

（7）严州方言的人称代词在读音上明显超出现行语音系统的例外现象有两处：

一是遂安话的第一人称单数的“尬 [$kɑ^{52}$]”以及第一人称复数里的“嘎 [ka^{33}]”。遂安话古全浊塞音声母今读送气清音，今阳去、阳平调只来源于古浊去、古浊平。但是，“尬 [$kɑ^{52}$]”今读不送气清音阳去，“嘎 [ka^{33}]”今读不送气清音阳平。

二是寿昌话的三个单数人称代词“咱 [$tsɑ^{52}$]”“谮 [$tsen^{52}$]”“渠 [$kəɯ^{52}$]”。寿昌话古全浊塞音声母今读送气清音，今阳平调只来源于古浊平。

但是，“咱 [tsɑ^{52}]”“潛 [tscn^{52}]”“渠 [kəɯ^{52}]”今均读不送气清音阳平。

遂安、寿昌的上述代词从读音上看似属于另一个层次或系统。

2. 指示代词

严州各地方言的主要指示代词见表 11。表中方言词右下角注“旁指”的参看表下说明（3）。

表 11　严州方言指示代词表

	近指			远指		
	这个	这里	这么	那个	那里	那么
淳安	乙个 iʔ^{5}kɑ^{0}	里里 li^{24}li^{55}	乙式 iʔ^{5}səʔ^{5}	愣个 len^{24}kɑ^{0}	愣愣 len^{24}len^{55}	愣式 len^{224}səʔ^{5}
淳安		里嘀 li^{24}ti^{55}				
遂安	阿个 ɑ^{33}kɛ^{422}	阿里 ɑ^{33}li^{33}	阿样 ɑ^{33}iã^{52}	伊个 i^{33}kɛ^{422}	伊里 i^{33}li^{33}	伊样 i^{33}iã^{52}
遂安		阿奆 ɑ^{33}tɑ^{33}			伊奆 i^{33}tɑ^{33}	
遂安				耶个旁指 iɛ^{33}kɛ^{422}	耶里旁指 iɛ^{33}li^{213}	
遂安					耶奆旁指 iɛ^{33}tɑ^{213}	
建德	仡个 kəʔ^{2}kəʔ^{5}	仡里 kəʔ^{2}li^{55}	仡样 kəʔ^{2}iã^{55}	末个 məʔ^{2}kəʔ^{5}	末里 məʔ^{2}li^{55}	末样 məʔ^{2}iã^{55}
建德			仡□ kəʔ^{2}tɕiã^{55}			末□ məʔ^{2}tɕiã^{55}
寿昌	仡个 kəʔ^{31}kəʔ^{13} ~ kəʔ^{31}kɑ^{24} ~ ki^{24}kəʔ^{3} ~ ki^{24}kɑ^{33}	仡里 kəʔ^{3}li^{534}	港 ⁼kã^{24}	末个 məʔ^{31}kəʔ^{13} ~ məʔ^{31}kɑ^{24} ~ mi^{24}kəʔ^{3} ~ mi^{24}kɑ^{33}	末里 məʔ^{3}li^{534}	□ mã^{24}

说明：

（1）从表 11 可见，严州方言近、远指示代词的基本形式有三套。淳安是“乙”“愣”，遂安是“阿”“伊”，建德和寿昌是“仡”“末”。其中建德、寿昌的指示代词跟浙江某些吴语方言（如金华话）情况基本一致。

（2）在南方的一些方言里，近指代词的基本形式往往跟量词“个”有关。建德、寿昌的近指代词“仡”跟量词“个”的声韵母完全相同，遂安的近指代词“阿 [ɑ^{33}]”也有可能是量词“个 [kɛ^{422}]”失去声母的结果，比较淳安“个”字读 [ɑ] 韵母。

（3）遂安的远指代词除了基本形式“伊 [i^{33}]”以外，还有一个“耶 [iɛ^{33}]”。一般地说，“伊”是跟近指相对而言的远指，“耶”是跟远指相对而言的“旁指”，确切地说是远指的“旁指”。当提及一个跟近指事物相对应和并列的远指事物时，要用“伊”；而当提及位于这个远指事物旁边、周围的另一个或几个事物时，要用“耶”。

从理论上说，近指、远指都可以有“旁指”。“旁指”是属于近指或远指范畴里面的概念，是近指、远指代词的进一步发展。从遂安话远指的旁指“耶 [iɛ^{33}]”的语音形式来看，显然是在其远指“伊 [i^{33}]”的基础上发展出来的。不过，“旁指”并不是不可缺少的，遂安话的近指就没有“旁指”，严州地区的其他方言也没有发现有“旁指”。

（4）寿昌话表示“这么”的“港$^{=}$[kɑ̃^{24}]”是“仡 [kəʔ^{31} ~ ki^{24}]”和“样 [iɑ̃^{33}]”的合音，表示“那么”的“□ [mɑ̃^{24}]”是“末 [məʔ^{31} ~ mi^{24}]”和“样 [iɑ̃^{33}]”的合音。

3. 疑问代词

严州各地方言的主要疑问代词见表 12。表中方言词右下角注“定语”的表示该词专门用作定语。

表 12　严州方言疑问代词表

	哪	谁	什么	怎么	多少
淳安	哪 lɑ^{224} ~ lɑ^{445}	哪个 lɑ^{24}kɑ^{0}	大$^{=}$累$^{=}$ tʰɑ^{531}e^{55}	吓$^{=}$亦$^{=}$ xɑʔ^{5}iʔ^{5}	多少 tu^{24}sə^{55}
		哪一个 lɑ^{24}iʔ^{5}kɑ^{0}	大$^{=}$$_{定语}$ tʰɑ^{535}		

续表

	哪	谁	什么	怎么	多少
遂安	哪 lɑ^{422}	哪个 la^{42}ka^{422}	大$^{=}$拉 t^{h}a^{55}la^{0}	□儿 xã^{55}n^{213}	多少 tə^{55}ɕiɑ^{213}
建德	哪 lɑ^{55} ~ nɑ^{55}	哪个 lɑ^{55}kɑ^{0}	啥哩 so^{55}li^{0}	核$^{=}$件$^{=}$ xəʔ^{2}tɕie^{213}	多少 tu^{42}sɔ^{213}
		哪一个 lɑ^{55}iəʔ^{0}kɑ^{0}			
寿昌	□ ts^{h}ɑ^{534}	从$^{=}$ts^{h}ɔm^{52}	奇 tɕ^{h}i^{52}	□□ xã^{11}nã^{112}	多少 tu^{11}sɤ^{24}

说明：

（1）表示“哪”“谁”的疑问代词，淳安、遂安、建德三地均以“哪”为基本形式。寿昌表示“哪”用“□ [ts^{h}ɑ^{534}]”，表示“谁”的“从$^{=}$[ts^{h}ɔm^{52}]”是“□哪 [ts^{h}ɑ^{534}]”和“农人 [nɔm^{52}]”的合音。

（2）严州方言表示“什么”的疑问代词有三套。淳安、遂安以“大$^{=}$”为基本形式，建德用“啥哩”，寿昌用“奇”。

普通话的“什么”可用作宾语，如“为什么？”，也可用作定语，如“什么字？”。淳安的“大$^{=}$累$^{=}$”以及遂安、建德、寿昌的词均有这两个功能。但淳安的“大$^{=}$”只能用作定语，不能用作宾语，例如只能说“大$^{=}$字？”，不能说“为大$^{=}$？”。

（3）严州各地方言表示“怎么”的疑问代词，均以 [x] 作为第一音节的声母，其来源也许跟“何”字有关。

五、程度表示法

1. 严州方言里意思相当于普通话“很”的程度副词，淳安、遂安、建德用上声的“好”，寿昌用“猛”。例如“今天很热”这句话：

淳安　今阴好热。

遂安　今日好热。

建德　今朝好热。

寿昌　今朝猛热。

在建德话里，较新的形式用“蛮”代替“好”，例如说“今朝蛮热”。在寿昌话里，“猛”有时还可以用在所修饰词语的后面，例如说“今朝热猛”。但“猛”这种后置用法所表示的程度比前置时略低。

2. 在普通话里，表示比“很”更高的程度时，程度词有前置和后置两种方式。前置的如“非常好”，后置的如“好得很”“好极了”。严州方言也有类似的用法，例如：

	今天非常热。	今天热得很。/ 今天热极了。
淳安	今阴交关热。	今阴热得紧。
遂安		今日热来糊了。
建德	今朝交关热。	今朝热得很。
寿昌	今朝吓农热。	今朝热猛热猛。
	今朝交关热。	

其中遂安话没有前置式。其他三地的前置词通用“交关”，但寿昌以“吓农吓人”更为常用。淳安、遂安、建德的后置式均采用加程度补语的方式，不过三地的程度补语各不相同。寿昌则将程度副词“猛”后置，再加以重叠，又如“甜猛甜猛”“好猛好猛”“多猛多猛”等。寿昌的这种用法跟金华等地吴语方言相同。

六、否定副词

严州方言中的主要否定副词见表13。动词“没有，无”列在最后，以资比较。

表13　严州方言主要否定副词表

	不~去	别，不要~去	没有，未~去	没有，无~钱
淳安	不 pəʔ^{5}	不要 pəʔ^{5}iə^{0}	不曾 pəʔ^{5}xɔm^{445} ~ pəʔ^{5}sɔm^{445}	没有 məʔ$^{13\text{-}31}$iɯ^{55}
淳安		□ piə$^{-53}$		
遂安	不 pə^{24}	不要 pə^{24}iɑ^{422}	不恒 $^{=}$pə$^{24\text{-}55}$xən^{33}	无 m^{33}
遂安		不 pə^{24}		无没 m^{33}ma^{33}
遂安				无有 m^{33}iu^{422}

续表

	不~去	别，不要~去	没有，未~去	没有，无~钱
建德	弗 fəʔ^{5}	弗要 fəʔ^{5}iɔ$^{334\text{-}55}$	未 mi^{55}	弗有 fəʔ^{5}iəɯ^{213}
			份$^{=}$fen^{55}	
寿昌	勿 uɔʔ^{3}	勿要 uɔʔ^{3}iɤ^{33}	勿曾 uɔʔ^{3}sen^{52}	无 m^{52}
		鸭$^{=}$uə^{55}		无没 m^{52}mɑ^{33}

从表 13 可见，否定副词的基本形式，淳安、遂安是“不”，建德是“弗”，寿昌是“勿”。副词“别”“没有”大都跟“不”的说法有关。其中，淳安表示“别”的“□ [piə$^{-53}$]”是“不要”的合音，该词没有单字调，[53] 是个连读调。遂安表示“别”的“不”可能是“不要”的省略形式。寿昌表示“别”的“鸭$^{=}$”是“勿要”的合音。建德表示副词“没有”的“份$^{=}$”可认为是“弗”和“曾”的合音，不过“曾”字今天没有白读的单字音，只有文读音 [tsʰen^{211}]。

在反复问句里，副词“没有”的说法跟平时有所不同。以“他去没去？”及其否定回答“没去”为例：

	他去没去？	**没去。**
淳安	渠去未啊？	不曾去。
	渠去不添？	（同上）
遂安	渠去不恒$^{=}$去？	不恒$^{=}$。
建德	渠有弗有去？	未去。/ 份$^{=}$去。
	渠去未？	（同上）
	渠去份$^{=}$？	（同上）
寿昌	渠去曾去？	勿曾去。
	渠去曾啊？	（同上）

造成这种差异的原因可能是多方面的。淳安话的“未 [mi^{0}]”在读音上听上去好像是“没有 [məʔ^{31}iɯ^{55}]”的合音，可能是由动词“没有”变来的。至于它的“渠去不添？”这种说法则不明其由，同样地，淳安话还可以说“尔饭吃不添？你吃饭没吃饭？”等等。需要指出的是，淳安话也有“尔吃饭不曾？你吃

了饭没有？”的说法。建德话的反复问句除了用“未”“份⁼”外，还可以说“渠有弗有去？”。“有”和“弗有”都是动词，这里的用法已像是副词。但对“渠有弗有去？”的否定回答不能说“弗有去”，而仍然要用“未去”或“份⁼去”。寿昌话反复问句里的副词“曾”是个肯定形式，可能是由“勿曾”省略而来。吴语汤溪话在表示同样的意思时，除了“渠去未？”以外，也有“渠去曾？”的说法。寿昌话也好，汤溪话也好，对以肯定式表达的反复问句的否定回答，只能用否定形式，而不能用肯定形式（汤溪话的否定回答是“未去”）。

七、结构助词

1. 的

严州各地方言相当于“的”的结构助词都用“个”，淳安读［$\mathrm{k\alpha^0}$］，遂安读［$\mathrm{k\partial^0}$］，建德读［$\mathrm{k\partial ʔ^5}$］，寿昌读［$\mathrm{k\partial ʔ^3}$］。

“个”除了用作结构助词以外，像普通话的“的”一样，还可以在句末充当语气词。跟普通话相比，严州方言更喜欢在句末带上语气词“个”。例如淳安话：

尔大⁼时来个？你什么时候来的？

不管尔去不去，我总是要去个。不管你去不去，我是要去的。

2. 地

在普通话里，“地”用在状语和动词之间，如“高兴地说”“认真地做”。在严州方言里，很少有这种“状语＋结构助词＋动词”的说法。只是在祈使句里，状语由单音形容词重叠而成，表达一种比较轻松的语气时，才有类似的用法。例如：

	好好地走，不要跑！	慢慢地吃，不要急！
淳安	好好地行，不要跑！	慢慢地吃，不要心急！
遂安	好好样行，不要跑！	慢慢头吃，不慌！
建德	好好端⁼走，弗要跑！	慢慢吃，弗要慌！
寿昌	好好儿儿行，勿要跳！	慢慢儿儿吃，勿要慌！

从以上例子可见，严州四地方言所用的助词各不相同。淳安是“地［$\mathrm{t^hi^0}$］”，但有时也可不用，例如“慢慢行，不要跑！慢慢地走，不要跑！”。遂安

有时用“样 [iã^{52}]”，有时用“头 [t^{h}iu^{33}]”。建德有时用“端$^{=}$[tɛ^{423}]”，有时可不用。寿昌是“[n̥ien^{55}]”，这个音节可能是“儿 [n^{52}]”字再度“儿化”的结果。在吴语汤溪话里，结构助词“地”也是用近似寿昌话的“[n̥iŋ^{24}]”。

3. 得

相当于“得”的结构助词，淳安、遂安、建德都用“得”，淳安读 [tiʔ^{5}]，遂安读 [ti^{24}]，建德读 [təʔ^{5}]。建德有时还用助词“个的 [kəʔ^{5}]”，或者不用。寿昌用“了 [ləʔ^{3}]”。例如：

	你说得很好。	**我爬得上去。**
淳安	尔讲得真好。	我爬得起去。
遂安	义$^{=}$讲得很好。	尬爬得起去。
建德	尔讲得交关好。	印爬得上去。/ 印爬个上去。/ 印爬上去。
寿昌	谮讲了真好诶。	我农爬了上去。

在严州方言里，这个“得”或“了”有时又有表完成的作用。寿昌话的“了 [ləʔ^{3}]”既是结构助词，又是表完成的体助词，例如“咱买了一只碗我买了一个碗”。建德话表完成除了用“了 [ləʔ^{5}]”以外，有时也可用“得 [təʔ^{5}]”，例如“吃了饭再去”的意思既可以说成“吃了饭再去”，也可以说成“吃得饭再去”。淳安话“乙个东西重了得连我都带$^{=}$不动这个东西重得连我都拿不动”这句话中“了 [liə^{55}]”“得”并用，说不定跟完成体也有瓜葛。不过，淳安话表完成一般用“去 [k^{h}ə^{224}]”，不用“得”或“了”。

动补结构中的结构助词和完成体助词之间的关系是容易理解的。结果补语（如“说得很好”）是动作完成、结束后出现的结果，肯定式可能补语（如“爬得上去”）是对动作完成的一种预言，都跟完成有关。而“得”“了”原来都有完成、完了的意思。“了”的完了义至今仍然保留在很多方言包括严州方言里，不必多说。“得”字在今天的北京话里也还有完成的意思。可以断言，作为完成体助词的“得”“了”是“得”“了”完成、完了义虚化的结果。同样的，作为动补结构中结构助词的“得”“了”也应该是“得”“了”完成、完了义虚化的结果。

贰　句法特点

一、完成体

表示动作的完成，淳安话在动词后面加助词“去［kʰə²²⁴］”，遂安、建德、寿昌均在动词后面加助词“了”。表完成的“了”字，遂安多读［liɑ⁴²²］，有时又读［lɛ⁰］，建德读［ləʔ⁵］，寿昌读［ləʔ³］。例如：

	我买了一个碗。	他吃了饭了。
淳安	我买去一只碗。	渠吃去饭罢。
遂安	尬买了一只碗。	渠吃过饭了。
建德	卬买了一只碗。	渠吃过饭罢。
寿昌	咱买了一只碗。	渠吃了饭罢。
		渠吃过饭罢。

淳安话趋向动词“去”读［kʰɯ²²⁴］。“去”可以做谓语，如“渠去罢他去了”，也可以做趋向补语，如“寄去一封信”。当“去”充当完成体助词时，读作［kʰə²²⁴］，跟动词“去［kʰɯ²²⁴］”略有不同。例如“等我把信寄去我再来等我把信寄了再来”“我家里今阴来去几个客农我家今天来了几位客人”，其中的“去”字读［kʰə²²⁴］，是完成体助词。又如“我到杭州去去三回我到杭州去了三次”，第一个“去”字读［kʰɯ²²⁴］，是谓语动词，第二个“去”字读［kʰə²²⁴］，是完成体助词。“去［kʰə²²⁴］”除了表完成以外，在某些场合仍兼有表趋向、做补语的作用，例如“我农个手表□［liʔ⁵］去罢我的手表丢了”“雪烊去罢雪化掉了”。

遂安话表完成与表已然、将然都用“了”，但在读音上略有区别。“了”表完成时多读［liɑ⁴²²］，有时读［lɛ⁰］，表已然和将然时多读［lɛ⁰］，有时读［liɑ⁴²²］。

除了加体助词以外，本节壹“二、重叠”部分已经提到，严州方言的“动叠＋补语”结构也可以表示动作完成。例如：淳安“吃吃饱再去吃饱了再去”“门关关好把门关好”，寿昌“渠勿小心跌跌下去他不小心跌了下去”“谮把衣裳洗洗干净你把衣服洗干净”。

总的来看，严州方言的完成体尚处于发展之中，没有十分成熟。除了淳安话的体助词“去［k^{h}ə^{224}］”可兼表趋向意思以外，如上所述，寿昌话的体助词“了”还兼做结构助词。此外，在某些场合，严州方言往往喜欢用动词加补语的方式来代替动词完成体的说法。例如“吃了饭再去”，淳安说“吃好饭再去”。“他吃了饭了”，遂安说“渠吃过饭了”，建德说“渠吃过饭罢”，寿昌除了说“渠吃了饭罢”，也可说“渠吃过饭罢”。

二、已然体和将然体

普通话表示已然和将然都用“了”，例如“他来了”“天要下雨了”。严州方言的已然体助词和将然体助词也没有区别，淳安、建德、寿昌用“罢”，遂安用“了”。“罢”字淳安读［pɑ^{0}］，建德读［pəʔ^{5}］，寿昌读［pɑ^{0}］。遂安的“了”字多读［lɛ^{0}］，有时读［liɑ^{422}］。例如：

	他来了。（已然）	**天要下雨了。（将然）**
淳安	渠来罢。	天公要落雨罢。
遂安	渠来了。	天快落雨了。
建德	渠来罢。	天要落雨罢。
寿昌	渠来罢。	天公要落雨罢。

表示将然时，为了跟已然相区别，主要的办法是在动词前面加上“要”“快”等副词。除了以上例句以外，又如淳安“我要去做事体罢我要去干活儿了”。此外只有依靠语境的帮助了。

这里顺便说明一下，下一节“例句对照”第 04 句“大约再有一会儿就说完了”，淳安说“大概还有一下下就讲了”。淳安话的这个“了［liə^{55}］”，是表示完了义的补语，不是表示将然体的语气词。这个“了”的后面也可以跟语气词“罢”，例如“讲了罢说完了”。

三、进行体

普通话表示动作进行的方式是在动词前面加上时间副词“在”，在动词后面加上“呢”或“着呢”。例如：

他在吃饭。

他吃饭呢。

他在吃饭呢。

他玩儿着呢，没在吃饭。

在严州方言里，均采用前加式，所加的词语都跟“在”的意思有关。先看三个例句，其中第一句是进行体，第二句里的“在”是动词，第三句里的“在”是介词。

	他在吃饭。	**他在那里。**	**他在 ×× 工作。**
淳安	渠是里吃饭。	渠是愣愣。	渠是千岛湖做事体。
遂安	渠纠$^{=}$是里吃饭。	渠纠$^{=}$是伊耷。 渠在伊耷。	渠纠$^{=}$是狮城工作。
建德	渠□ [te^{213}] 吃饭。	渠□ [te^{213}] 末里。	渠□ [te^{213}] 梅城工作。
寿昌	渠蹲仡里吃饭。 渠蹲末里吃饭。	渠在末里。	渠在寿昌工作。

淳安话的“是 [tsʰɿa^{55}]”既做判断动词，又在以上例句里做表处所的动词和介词，并和方位词“里”组成“是里 [tsʰɿa^{55}li^{0}]”表示动作进行。后者的例句又如“尔是里做大$^{=}$累$^{=}$啊你在干什么？”

遂安话的“纠$^{=}$是 [tɕiu$^{534-52}$sɿ^{422}]”相当于普通话的“在”。在表示进行体时，“纠$^{=}$是”和方位词“里”组成“纠$^{=}$是里 [tɕiu$^{534-52}$sɿ$^{422-55}$li^{0}]”。值得注意的是，进行体句式里如果还有副词“正”时，可以省去“纠$^{=}$”，说成“是里 [sɿ$^{422-55}$li^{0}]”，例如“渠正是里掇$^{=}$一个朋友讲话他正在跟一个朋友说话”。

建德话的“□ [te^{213}]”跟普通话的“在”一样，不仅用作动词、介词，而且还能单独用在动词前面充当进行体标记，后面无须再加方位、处所词语。在表示“正在”进行某个动作时，建德话也可以像普通话那样在动词前面加“正在”一词。

寿昌话的“蹲 [ten^{112}]”除蹲义外，还有“在”的意思。例如除了说“渠在寿昌工作”以外，也可以说“今朝蹲家里嬉今天在家里玩儿”。表示动作的进行时，要在“蹲”的后面加上表处所的指示代词“仡里”“末里”，组成“蹲仡里 [ten^{112}kəʔ$^{31-3}$li^{534}]”“蹲末里 [ten^{112}məʔ$^{31-3}$li^{534}]”。这时，句子所强调的并不是在“这里”或在“那里”做什么，而是强调“在”做什么。因而，在这种句子里，“仡里”和“末里”的区分并不十分严格，在一定程度上是可以互换的。在强调“正在”做什么时，寿昌话也有“渠正在吃饭”的说法，但不能说“渠在吃饭”。

四、持续体

普通话用助词“着”构成持续体。在严州方言里，尚无严格的持续体表示法。如要表示动作、状态处于持续之中，只好借助其他办法。以下三个例句基本上反映了严州方言表示持续的“权宜之计”：

1. 坐着吃比站着吃好些。

淳安　坐到里吃比徛到里吃好些。

遂安　坐掇⁼里吃比徛掇⁼里吃好些。

坐拉里吃比徛拉里吃好些。

建德　坐得末里吃比徛得末里吃好些。

寿昌　坐仡里吃比徛仡里吃好些。

这类说法跟进行体一样，都带有方位、处所词语。不同的是，进行体是加在动词之前，持续体是加在动词之后。此外，动词和方位、处所词语之间的成分也有所不同。

淳安、遂安、建德三地均在动词后面用一个 [t] 或 [l] 声母的音节加上一个表示方位、处所的词。淳安是“到里 [$tə^{0}li^{0}$]”，遂安是“掇⁼里 [$tə^{-55}li^{0}$]”或“拉里 [$la^{-55}li^{0}$]”，建德是“得末里 [$təʔ^{5}məʔ^{12-2}li^{213-55}$]”。这里的“到、掇⁼、拉、得”从语音形式上看似有共同来源，但它们究竟是前面动词的后续成分，还是后面名词的介引成分，尚难以确定。从它们所处的位置（动词与方位、处所词语之间）来看，非常像普通话的介词“在”。但如上文“三、进行体”所述，严州方言里相当于介词“在”的词跟这里的“到”等没有关系。在吴语汤溪话里，表持续的方式之一是在动词后面加上“得＋达”，例如“渠坐得达他正坐着”。其中的“得 [tei^{0}]”是肯定动作已经发生的助词，是动词的附加成分，“达”是处所词。“得”跟前后成分的关系是“V 得—”，而不是“—得 N”。严州方言的“到”等很可能跟汤溪话的“得”具有共同的性质。值得注意的是，如上文“一、完成体”所述，建德话表示动作完成时可以用“得”，例如“吃得饭再去吃了饭再去”。这个“得”跟该方言持续体句子里的“得”完全一样。

寿昌话是在动词的后面直接跟上表处所的指示代词，动词与处所词之间无需介词“蹲”“在”等连接。这也是说明淳安等地的“到”等词不是介词的一个旁证。

在上述句式里，方位、处所词语的意思比较虚化。在建德、寿昌方言里，处所词是用“佗里这里”还是用“末里那里”也不是十分严格。

2. 他今天穿着一身新衣服。

淳安 渠今阴着去一套新衣服。

遂安 渠今日着了一身新衣裳。

建德 渠今朝穿一身新衣裳。

寿昌 渠今朝着了一身新衣裳。

这是一个带宾语的例句。很显然，淳安、遂安、寿昌是采用了完成体的说法。建德在动词和宾语之间未用任何助词而直接结合。不过，在其他带宾句中，建德话一般通过在动词后面加补语“住 [$tɕ^hy^{55}$]”来达到表示持续的目的。例如“渠挑住一副担他挑着一副担子”“渠头上戴住一顶帽他头上戴着一顶帽子”。

3. 他家门锁着，窗户也关着，一个人都没有。

淳安 渠家里门锁住着个，床门关住着个，一个农都没有个。

遂安 渠家里门锁住个，床门也关住个，一个农都无没。

建德 渠家里门锁掉罢，床门也关掉罢，一个人都弗有。

渠家里门锁罢，床门也关罢，一个人都弗有。

寿昌 渠家里门锁个，床门也关个，一个农都无没。

这个例句跟第一句一样，也是无宾句。不同的是，第一句的主语是人，本句的主语是物，且含有被动的意味。本句淳安、遂安、建德三地均采用在动词后面加补语的方式来表示持续。淳安是“住着 [$tɕ^hy^0tsɑʔ^0$]”，遂安是“住 [ts^hu^{52}]”，建德是“掉 [$t^hiɔ^{55}$]”。如上所述，建德也可用补语“住 [$tɕ^hy^{55}$]”

表示持续。由此可见，淳安、遂安、建德都可以用“住”作为表示持续的补语。但建德也可以不用补语，动词跟表已然的语气词“罢了”直接连接。寿昌没有用补语，在动词后直接加上了语气词“个的”。

淳安话“住着”里的“着［tsɑʔ⁰］”是一个什么性质的成分还不是很清楚。淳安话也有单用补语“住”表示持续的，例如“渠手里捏住一把刀他手里拿着一把刀”。淳安话的发音人之一邵继康先生在不是十分自然的情况下，还可以说“渠农挑着一副担子”“头上戴着一个帽”“墙上贴着一张画”等句子，但不能说“尔坐着”（要说“你坐到里”）。这些句子里的“着”邵继康读［tsʰɑʔ⁰］，声母送气。

五、处置句

总的来看，严州方言跟普通话一样，是通过在动词前面加介词短语的方式来表示处置的。但遂安话有时不用介词，直接就把受事放在动词前面，例如“义⁼钞票园好你把钱放好”。淳安话“把门关好”的意思，既可以说“把门关关好”，也可以说成“门关关好”。

介引受事的介词，严州各地方言均可用“把”。“把”字淳安读［pɑ²²⁴］，遂安读［pɑ⁴²²］，建德读［po⁵⁵］，寿昌读［pɑ²⁴］。但淳安更常用的是“拿［lɑ⁵³⁵］”。遂安除了“把”以外，有时还使用“引⁼［n⁴²²］”。例如：

	有些地方把太阳叫日头。	你把门关上。	你把钱放好。
淳安	有些位置拿太阳讴做日头。	尔拿门关住。 尔把门关住。	尔把铜钱园好来。
遂安	有些位置把太阳叫日头。	义⁼把门关去。 义⁼引⁼门关去。	义⁼钞票园好。
建德	有些地方把太阳讴做日头。	尔把门关上去。	尔把钞票园好。
寿昌	有些堂子把太阳呅日头。	谮把门关上。	谮把钞票园好。

淳安的“拿”、遂安的“引⁼”、建德的“把”除了用作介引受事的介词以外，均还有相当于普通话动词和介词“给”的意义。这似乎表明淳安、遂安、建德三地的这个介词虽然形式各异，但都是从表示“给”的那个词演变而来的。寿昌的“把”没有相当于普通话动词和介词“给”的意义，寿昌话表示动词“给”

的词是“拿”，没有相当于介词“给”的词。例如：

	他给我一个桃子。	把那个东西拿给我。
淳安	渠农拿我一个桃。	拿愣个东西带⁼拿我。
遂安	渠引⁼尬一个桃了。	把伊个东西担引⁼尬。
建德	渠把卬一个桃。	把末个东西担把党⁼。
寿昌	渠拿咱一个桃。	把末个东西拿了咱。

六、被动句

严州方言的被动句是通过在动词前面加介词短语的方式构成的。介词后面一定跟有施事，还没有发现像普通话“车被偷了”那种只出现介词不出现施事的被动句式。

介引施事的介词，严州各地形式各异。淳安话用“要［$iə^{224}$］”或“遭［$ts^hə^{445}$］”，遂安话用“犯［$fã^{422}$］”，建德话用“把［po^{55}］”，寿昌话用“让［$iã^{33}$］”。例如：

	那个碗被他打破了。
淳安	愣个碗要渠跌破罢。
	愣个碗遭渠跌破罢。
遂安	伊个碗犯渠跌破了。
建德	末只碗把渠敲破罢。
寿昌	末个碗让渠敲破罢。

淳安话的“遭［$ts^hə^{445}$］”读送气声母阳平调，例句又如“渠遭狗吆去一口他被狗咬了一口”“遭贼骨头偷去罢被贼偷走了”。建德话被动句里介引施事的介词，跟处置句里介引受事的介词，以及动词和介词“给”的意思均用“把”字。

七、双宾句

在陈述句里，严州方言双宾语的顺序跟普通话一样，都是间接宾语在前，直接宾语在后。在祈使句里，淳安、遂安、建德三地也跟普通话一样，间接宾语在前，直接宾语在后。唯有寿昌话的祈使句并存两种语序，而且以直接宾语先于间接宾语的语序更为常用。例如：

	他给我一个桃子。	你给我一把剪刀。
淳安	渠农拿我一个桃。	尔拿我一把剪刀。
遂安	渠引=尬一个桃了。	义=引=尬把剪刀。
建德	渠把卬一个桃。	尔把党=一把剪刀。
寿昌	渠拿咱一个桃。	谮拿把剪刀咱。 谮拿咱一把剪刀。

寿昌话的例句又如“给我一本书！”的意思一般说“拿一本书咱！”，也可以说“拿咱一本书！”。

八、反复问句

先看例句：

	是不是？	你去不去？	他去没去？	你吃了饭没有？
淳安	是不是？	尔去不去啊？	渠去未啊？ 渠去不添？	尔吃饭不曾？ 尔饭吃去不添？
遂安	是不是？	义=去不去？	渠去不恒=去？	义=吃过饭不恒=？
建德	是弗是？	尔去弗去？	渠有弗有去？ 渠去未？ 渠去份=？	尔吃过份=？
寿昌	是勿是？	谮去勿去？ 谮去勿？	渠去曾去？ 渠去曾啊？	谮吃饭曾？

非过去时的反复问句，严州方言一般采用“V＋否定副词＋V”（“V”也包括非动词，下同）的格式。淳安、寿昌方言除此之外，还可以省掉后一个动词，说成“V＋否定副词”。淳安话例如“乙朵花香不？这朵花香不香？”“尔还记得不？你还记得不记得？”“尔认得着渠不？你认得他不认得他？”，等等。寿昌话除了上举“谮去勿？”例以外，又如“拿了动勿？拿得动拿不动？”

过去时的反复问句，严州方言多采用“V＋否定副词”的格式。但遂安、建德是“V＋否定副词”与“V＋否定副词＋V”两种格式并用。寿昌话也可以看成是上述两种格式并用，但其中的“曾”是个肯定形式，可能由“勿曾”

省略而来，参看本节壹“六、否定副词”，此不赘述。

当“V＋否定副词＋V”格式里的“V”是个多音节词语时，前一个“V”一般要采用省略形式，例如淳安“尔农有没有铜钱？你有钱没有钱？”“乙个菜好不好吃？这个菜好吃不好吃？”。

九、可能补语

普通话有两种可能补语。第一种是在动词后加上“得”或“不得”，第二种是在动词与结果补语或趋向补语之间加上“得”或“不”。严州方言里也有这两种形式的可能补语，只是所用词语有所不同。例如：

	这个吃得，那个吃不得。	我拿得动，他拿不动。
淳安	乙个吃得，愣个吃不得。	我带⁼得动，渠带⁼不动。
遂安	阿个吃得，伊个吃不得。	尬□ [k^ha^{422}] 得住，渠□ [k^ha^{422}] 不住。
建德	仡个吃得，末个吃弗得。	卬担得动，渠担弗动。
寿昌	仡个吃得，末个吃勿得。	我农拿了动，渠农拿勿动。

在以上例句里，淳安“得”读 [$tiʔ^5$]，“不”读 [$pəʔ^5$]。遂安“得”读 [ti^{24}]，“不”读 [$pə^{24}$]。建德“得”读 [$təʔ^5$]，“弗”读 [$fəʔ^5$]。寿昌“得”读 [$təʔ^3$]，“了”读 [$ləʔ^3$]，“勿”读 [$uɔʔ^3$]。

严州方言的可能补语有两点值得注意。一是在建德话里，相当于普通话“V＋得＋可能补语”的这种短语除了跟普通话一样的说法（如“担得动”）以外，有时还可以省掉“得”，或把“得”换成“个的 [$kəʔ^5$]”。例如在“这座山我爬得上去”这句话里，除了说“爬得上去”以外，还可以说“爬上去”“爬个上去”。

二是在寿昌话里，相当于普通话“得”的那个成分，在第一种可能补语里用“得”，在第二种可能补语里用“了”。后者例又如“仡袋东西咱拎了动，渠拎勿动这袋东西我提得动，他提不动”“仡个山头我农爬了上去，渠农爬勿上去这座山我爬得上，他爬不上”“讲了入说得进，说得听”。如本节壹“七、结构助词”所指出，寿昌话可能补语里的这个“了”是由完了、完成义虚化而来的。进一步说，严州其他方言第二种可能补语里的“得”应当也是这样来的。

十、宾语与补语的顺序

当动词后面既有宾语，又有补语的时候，在宾语与补语的顺序上面，严州方言与普通话有以下两点不同。

1. 数量补语可在代词宾语前

普通话数量补语只能放在代词宾语后，如“喊他一声”。在严州方言里，数量补语除了经常放在代词宾语后面外，也可以放在代词宾语前面。例如“喊他一声”，淳安、建德方言既可以说“讴渠一声”，也可以说“讴声渠”。

2. 宾语常在可能补语前

要在“单音动词＋得（或不）＋可能补语”的短语中加进宾语，普通话一般是把宾语加在可能补语后，例如“打得过他”“打不过他”。

在严州方言里，也有普通话那样的结构，例如淳安“我打得过渠”“我打不过渠”。但更常用的是把宾语放在可能补语前，最常用的是放在“得（或不）”与可能补语之间。以“我说不过他”为例：

淳安	我讲不拿渠过。	我讲渠不过。	我讲不过渠。
	我讲不渠过。		
遂安	尬讲无渠吓。	尬讲渠不过。	尬讲不过渠。
	尬讲无渠过。		
	尬讲不渠过。		
建德	党⁼讲弗渠过。	党⁼讲渠弗过。	党⁼讲弗过渠。
寿昌	咱讲勿渠过。	咱讲渠勿过。	咱讲勿过渠。

值得注意的是，淳安、遂安“我说不他过”这种语序有两种甚至三种说法。淳安话“我讲不拿渠过”（相应的肯定句为“我讲得拿渠过”）里的“拿”，如上文“五、处置句”所述，有动词和介词“给”、介词“把”等意思，此外还有连词和介词“和”的意思，此处的作用尚不清楚。遂安话的“无”一般是做动词“没有”用的（参看上文表13），但在“尬讲无渠吓”“尬讲无渠过”里却用在否定副词“不”的位置上。

十一、动词的后置成分

在普通话里，限定、修饰动词的词语要放在动词之前，如“你先走”的“先”。有些方言则把限定、修饰动词的词语置于动词之后，如广州话“你行先”的“先”。为了称述方便，这里暂且把这种置于动词之后的词语叫作动词的“后置成分”。

在严州方言里，动词有以下三类后置成分。

1. 表继续的后置成分“添”

严州方言的“添”除了做动词以外，还可用在动词性词语后，表示将动作继续进行下去，有“再”“还”的意思。动词前可不加“再”，也可加“再”。如果前面有了“再”，后面的“添”可以省掉。“添”做后置成分时跟做动词时一样，读本调，不读轻声。以“你再吃一碗”为例：

淳安　尔吃碗添。　　尔再吃碗添。　　尔再吃碗。

遂安　义⁼吃碗添。　　义⁼再吃碗添。

建德　尔吃碗添。　　尔再吃碗添。　　尔再吃碗。

寿昌　谮吃碗添。　　谮再吃碗添。

淳安、建德各有三种格式。遂安、寿昌缺少第三种格式，即像普通话那样的有“再”无“添”的格式，大概因为这是一种新兴格式。不过，在另外的例句里，遂安、寿昌也有这种说法。例如“请你再说一遍！”这句话，遂安说“请义⁼再讲一遍！”，寿昌也说“请谮再讲一遍！”。

2. 表重复的后置成分“过”

淳安、建德、寿昌的后置成分“过”用在动词性词语后，表示出于上文提及的理由（这个理由往往含有否定意义），另外进行一次该动作，以便改换现有的状态。动词前面可不加“再”，也可加“再”。如果前面有了“再”，后面的“过”可以省掉。“过”做后置成分时跟做动词时一样，读本调，不读轻声。遂安没有这种用法。以“我没听清，你重说一遍”为例（第二、三种说法省去重复的前半句）：

淳安　我农不曾听灵清，尔讲遍过。　　尔再讲遍过。　　尔再讲遍。

遂安　尬不恒⁼听清楚，义⁼再讲遍添。

建德 卬未听清楚，尔讲遍过。 尔再讲遍过。 尔再讲遍。

寿昌 咱勿曾听清楚，谮讲遍过。 谮再讲遍过。

在淳安等地用后置成分“过”的场合，遂安用的是另一个后置成分“添”。但如上所述，“添”的作用是表示将动作继续进行下去，跟表示重复动作并改变现状的“过”虽然比较接近，但还是有所区别的。寿昌缺少像普通话那样的有“再”无“过”的格式，这同样表明在严州方言里这种格式是新起的。

3. 表领先的后置成分“起”

严州方言的“起”可用在动词性词语后，作用跟普通话里放在动词前修饰动词的“先”基本相同，即表示“起”字之前的事件在动作的时间次序上具有领先性。动词前面可不加“先”，也可加“先”（寿昌是“前”）。如果前面有了“先”或“前”，后面的“起”可以省掉。“起”做后置成分时跟做动词时一样，读本调，不读轻声。以“你先去，我等一会儿再去”为例（第二、三种说法省去重复的后半句）：

淳安 尔去起，我等一下再去。 尔先去起， 尔先去，

遂安 义⁼去过先，尬等一下再去。 义⁼先去起， 义⁼先去，

建德 尔去起，卬等一下再去。 尔先去起， 尔先去，

寿昌 谮去起，咱等记添再去。 谮前去起， 谮前去，

遂安第一种格式里的后置成分是“过先”，跟它的第二种格式所用的“起”不一致。

寿昌第一种格式里的“记 [tɕiəʔ³]”是动量词“下”的意思，“添”是表继续的后置成分。在寿昌话里，当前半句不用“起”时，这句话也可以说成“谮前去，咱等记起再去”。“起”用在两个动作之间，仍然表示“起”字之前的事件在动作的时间次序上具有领先性。

在淳安话里，“添”除了用作表继续的后置成分以外，还有以下用法：

不要急添！先别急！

先吃口茶添。先喝口水。

渠去不添？他去没去？

尔饭吃去不添？你吃饭了没有？

前两个例句里的“添”像是表领先的后置成分，后两个例句里的“添”是否语气词很难断言。淳安话“添”字的功能和用法尚待进一步调查，附此备考。

第二节　例句对照

1. 本节收语法例句 79 个，以对照表的形式排列。所收例句包括：

（1）中国社会科学院语言研究所 1955 年编印的《方言调查词汇手册》第 18 部分共 53 个例句。为了适应严州方言的具体情况，这里对个别例句做了小的改动。

（2）丁声树、李荣先生 1956 年编的《汉语方言调查简表》贰“词汇语法部分”有而《方言调查词汇手册》未收的例句，共 4 个。

（3）由笔者执笔拟订的，“新安江流域语言文化调查计划”用于调查乡镇方言的调查表里的语法例句，共 22 个。

以上三部分依次先后排列。为求语料自然真实，有的方言句子的意思与例句略有出入，这种情况一般可以自明，所以不再一一说明。

2. 一个例句在某个方言里如果有好几种说法，这几种说法大致按常用程度的高低逐个排列。为了节省篇幅和便于阅读，后面几句里跟第一句完全相同的部分用省略号“……”代表（参看第 22 句）。

3. 音标集中注在方言句子的后面。为简明起见，有又读、异读的字只注口语里常用的一读。声调只在音标的右上角标实际调值，而不管它是单字调还是连读调。有关的单字调和连调规律可参看“第二章　语音”，但有些字在句子里的连读调超出了一般的连调规律。

其他体例参看本书“前言”部分。

01　谁呀？我是老三。

【淳安】哪一个？我农是老三。lɑ^{24}iʔ^{5}kɑ^{0}？　vu^{55}lɔm^{445}tsʰʅa^{55}lə^{55}sɑ̃^{224}。

【遂安】哪个啦？尬老三啊。la^{55}ka^{0}la^{0}？　kɑ^{55}lɔ^{55}sɑ̃^{52}a^{24}。

【建德】哪个？卬是老三。lɑ^{55}kɑ^{0}？　ɑŋ^{213}tsʅ^{213}lɔ^{55}sɛ^{42}。

【寿昌】从 $^{=}$？咱是老三。tsʰɔm^{52}？　tsɑ^{52}tsʅ^{534}lɤ^{33}suə^{112}。

02 老四呢？他正在跟一个朋友说着话呢。

【淳安】老四呢？渠正是里搭一个朋友讲说话。

lə^{55}sɿa^{224}lã^{55}？ k^{h}ɯ^{445}tsen^{224}ts^{h}ɿa^{55}li^{0}tɑʔ^{5}iʔ^{5}kɑ^{0}p^{h}en^{445}iɯ^{0}kɔm^{55}suəʔ^{5}vu^{0}。

【遂安】老四呢？渠正是里掇$^{=}$一个朋友讲话。

lɔ^{42}sɿ^{422}lɛ^{33}？ k^{h}ɯ^{33}tɕin^{422}sɿ^{55}li^{0}tə^{24}i^{24}kɛ^{422}p^{h}ã^{33}iu^{33}kom^{21}uɑ^{52}。

【建德】老四嘞？渠正在□一个朋友讲白话。

lɔ^{21}ɕi^{334}le^{0}？ ki^{334}tsen^{55}tsɛ^{213}te^{55}iəʔ^{5}kɑ^{334}pɑom^{33}iəɯ^{334}ko^{21}pɑ^{21}o^{55}。

【寿昌】老四呢？渠正跟一个朋友蹲末里讲说话。

lɤ^{33}sɿ^{33}nã^{33}？ kəɯ^{52}tsen^{24}ken^{112}iəʔ^{3}kɑ^{33}p^{h}en^{11}iəɯ^{534}ten^{112}məʔ^{3}li^{534}kã^{24}ɕyei^{55}u^{55}。

03 他还没有说完吗？

【淳安】渠还不曾讲好啊？ k^{h}ɯ^{445}ɑ^{445}pəʔ^{5}xɔm^{445}kɔm^{55}xə^{55}a^{0}？

【遂安】渠还不恒$^{=}$讲好啊？ k^{h}ɯ^{33}uɑ^{33}pə^{55}xən^{33}kom^{21}xɔ^{33}a^{0}？

【建德】渠还未讲好？ ki^{334}ɑ^{33}mi^{55}ko^{213}xɔ^{213}？

【寿昌】渠还勿曾讲了啊？ kəɯ^{52}uə^{52}uɔʔ^{3}sen^{52}kã^{24}liɤ^{53}ɑ^{0}？

04 还没有。大约再有一会儿就说完了。

【淳安】还不曾。大概还有一下下就讲了。

ɑ^{445}pəʔ^{5}xɔm^{445}。t^{h}ɑ^{53}ke^{55}ɑ^{445}iɯ^{55}iʔ^{5}xo^{55}xo^{55}ɕiɯ^{53}kɔm^{55}liə^{55}。

【遂安】还不恒$^{=}$。还有一下下工夫就讲好了。

uɑ^{33}pə^{55}xən^{33}。uɑ^{33}iu^{33}i^{24}xɑ^{55}xɑ^{33}kən^{55}fu^{213}ɕiu^{52}kom^{21}xɔ^{33}liɑ^{0}。

【建德】还未嘞。大概再讲一下就讲好罢。

ɑ^{33}mi^{55}le^{0}。tɑ^{213}kɛ^{55}tsɛ^{334}ko^{21}iəʔ^{5}xo^{55}ɕiəɯ^{55}ko^{213}xɔ^{213}pəʔ^{5}。

【寿昌】还勿曾。大概还有一记添讲好罢。

uə^{52}uɔʔ^{3}sen^{52}。tɑ^{24}kɛ^{55}uə^{52}iəɯ^{534}iəʔ^{3}tɕiəʔ^{3}t^{h}i^{112}kã^{24}xɤ^{24}pɑ^{0}。

05 他说马上就走，怎么这半天了还在家里呢？

【淳安】渠讲马上就去，吓$^{=}$亦$^{=}$乙式半日还是家里？

k^{h}ɯ^{445}kɔm^{55}mo^{55}sã^{0}ɕiɯ^{53}k^{h}ɯ^{224}，xɑʔ^{5}iʔ^{5}iʔ^{5}səʔ^{5}pã^{24}iʔ^{0}ɑ^{445}ts^{h}ɿa^{55}ko^{24}li^{55}？

【遂安】渠讲马上就行，□儿阿半日了还纠$^{=}$是家里啦？

k^{h}ɯ^{33}kom^{213}mɑ^{21}ɕiɑ̃^{52}ɕiu^{52}xã^{33}，xã^{55}n^{213}ɑ^{33}pɔ̃^{55}iei^{21}lɛ^{33}uɑ^{33}tɕiu^{52}sɿ^{422}kɑ^{55}li^{21}la^{33} ？

【建德】渠讲马上就走，为啥哩好半日还□家里？

ki^{334}ko^{213}mo^{21}so^{55}ɕiəɯ^{55}tsəɯ^{213}，ue^{33}so^{55}li^{0}xɔ^{213}pɛ^{33}iəʔ^{12}uɑ^{33}te^{213}ko^{42}li^{213} ？

【寿昌】渠讲马上便行，港 ⁼ 半日□里还蹲家里个啊？

kəɯ^{52}kã^{24}mɤ^{33}sã^{33}p^{h}i^{33}xã^{52}, kã^{24}piɛ^{33}ȵiəʔ^{31}ts^{h}ɑ^{33}li^{534}uə^{52}ten^{112}kuə^{11} li^{55}kəʔ^{3}ɑ^{0} ？

06 你到哪儿去？我到城里去。

【淳安】尔到哪里去？我到城里去。

n^{55}tə^{24}lɑ^{31}liʔ^{13}k^{h}ɯ^{224} ？ vu^{55}tə^{24}sen^{445}li^{0}k^{h}ɯ^{0}。

【遂安】义 ⁼ 到哪里去？尬到城里去。

i^{52}tɔ^{422}lɑ^{55}li^{0}k^{h}ɯ ？ kɑ^{52}tɔ^{422}ɕin^{33}li^{33}k^{h}ɯ^{422}。

【建德】尔到哪里去？卬到城里去。

n^{213}tɔ^{33}lɑ^{55}li^{0}k^{h}i^{334} ？ ɑŋ^{213}tɔ^{33}sen^{55}li^{0}k^{h}i^{334}。

【寿昌】谮到□里去？咱到城里去。

tsen^{52}tɤ^{33}ts^{h}ɑ^{33}li^{534}k^{h}əɯ^{33} ？ tsɑ^{52}tɤ^{33}sen^{33}li^{534}k^{h}əɯ^{33}。

07 在那儿，不在这儿。

【淳安】是愣愣，不是里里。ts^{h}ʅa^{55}len^{24}len^{55}，pəʔ^{5}ts^{h}ʅa^{55}li^{24}li^{55}。

【遂安】纠 ⁼ 是伊奅，不纠 ⁼ 是阿奅。

tɕiu^{52}sɿ^{422}i^{33}tɑ^{33}，pə^{24}tɕiu^{52}sɿ^{422}ɑ^{33}tɑ^{33}。

在伊奅，不在阿奅。sa^{422}i^{33}tɑ^{33}，pə^{24}sa^{422}ɑ^{33}tɑ^{33}。

【建德】□末里，弗□仡里。te^{213}məʔ^{2}li^{55}，fəʔ^{5}te^{213}kəʔ^{2}li^{55}。

【寿昌】在末里，勿在仡里。tɕ^{h}iɛ^{534}məʔ^{3}li^{534}，uɔʔ^{3}tɕ^{h}iɛ^{534}kəʔ^{3}li^{534}。

08 不是那么做，是要这么做的。

【淳安】不是愣式做，是乙式做个。

pəʔ^{5}ts^{h}ʅa^{55}len^{224}səʔ^{5}tsu^{224}，ts^{h}ʅa^{55}iʔ^{5}səʔ^{5}tsu^{24}kɑ^{0}。

【遂安】不是伊样做，是阿样做。pə^{24}sɿ^{422}i^{33}iɑ̃^{52}tsə^{422}，sɿ^{422}ɑ^{33}iɑ̃^{52}tsə^{422}。

【建德】弗是末样做个，要仡样做个。

fəʔ^{5}tsɿ^{213}məʔ^{2}iã^{55}tsu^{33}kəʔ^{5}，iɔ^{334}kəʔ^{2}iã^{55}tsu^{33}kəʔ^{5}。

【寿昌】勿是□子做，是要港$^{=}$子做。

uɔʔ^{3}tsɿ^{534}mã^{33}tsɿ^{24}tsu^{33}，tsɿ^{534}iɤ^{33}kã^{33}tsɿ^{24}tsu^{33}。

09　太多了，用不着那么多，只要这么多就够了。

【淳安】太多罢，不消得愣式多，得要乙式就够罢。

tʰɑ^{224}tu^{24}pɑ^{0}，pəʔ^{5}ɕiə^{33}tiʔ^{5}len^{224}səʔ^{5}tu^{224}，tiʔ^{5}iə^{0}iʔ^{5}səʔ^{5}ɕiɯ^{535}kɯ^{24}pɑ^{0}。

【遂安】忒多了，不消伊样多得，得消阿些就够了。

tʰəɯ^{24}tə^{52}liɑ^{213}，pə^{24}ɕiɑ^{534}i^{33}iã^{52}tə^{52}ti^{213}，ti^{24}ɕiɑ^{534}ɑ^{33}səɯ^{33}ɕiu^{52}kɯ^{55}lɛ^{0}。

【建德】忒多罢，用弗着末样多，只要仡样多就够罢。

tʰɛ^{55}tu^{42}pəʔ^{5}，iɑom^{55}fəʔ^{5}tsɑ^{213}məʔ^{2}iã^{55}tu^{42}，tsəʔ^{5}iɔ^{334}kəʔ^{2}iã^{55}tu^{42}ɕiəɯ^{55}kəɯ^{33}pəʔ^{5}。

【寿昌】忒多罢，用勿着港$^{=}$多，只要港$^{=}$多便有罢。

tʰəʔ^{3}tu^{11}pɑ^{0}，iɔm^{33}uɔʔ^{3}tsʰɔʔ^{31}kã^{24}tu^{112}，tsɿ^{55}iɤ^{33}kã^{24}tu^{112}pʰi^{24}iəɯ^{534}pɑ^{0}。

10　这个大，那个小，这两个哪一个好一点儿呢？

【淳安】乙个大，愣个细，乙两个哪一个好醒$^{=}$？

iʔ^{5}kɑ^{0}tʰu^{535}，len^{24}kɑ^{0}ɕiɑ^{224}，iʔ^{5}liã^{55}kɑ^{0}lɑ^{24}iʔ^{5}kɑ^{0}xə^{55}ɕin^{55}？

【遂安】阿个大，伊个细，阿两个哪一个好些啦？

ɑ^{33}kɛ^{422}tʰə^{52}，i^{33}kɛ^{422}ɕiɛ^{422}，ɑ^{33}liã^{21}kɛ^{42}lɑ^{422}i^{0}kɛ^{422}xɔ^{21}səɯ^{33}la^{0}？

【建德】仡个大，末个细，仡个两个哪个好些？

kəʔ^{2}kəʔ^{5}tʰu^{55}，məʔ^{2}kəʔ^{5}ɕie^{334}，kəʔ^{2}kəʔ^{5}nie^{213}kɑ^{334}lɑ^{55}kɑ^{0}xɔ^{21}səʔ^{5}？

【寿昌】仡个大，末个细，仡两个□个好点儿？

ki^{24}kɑ^{33}tʰu^{33}，mi^{24}kɑ^{33}ɕie^{33}，ki^{24}liã^{53}kɑ^{33}tsʰɑ^{53}kɑ^{33}xɤ^{24}tien^{55}？

11　这个比那个好。

【淳安】乙个比愣个好。iʔ^{5}kɑ^{0}pi^{55}len^{24}kɑ^{0}xə^{55}。

【遂安】阿个比伊个好。ɑ^{33}kɛ^{422}pi^{213}i^{33}kɛ^{422}xɔ^{213}。

【建德】仡个比末个好些。kəʔ^{2}kəʔ^{5}pi^{213}məʔ^{2}kəʔ^{5}xɔ^{21}səʔ^{5}。

【寿昌】仡个比末个好。ki^{24}kɑ^{33}pi^{24}mi^{24}kɑ^{33}xɤ^{24}。

12　这些房子不如那些房子好。

【淳安】乙些屋不如愣些屋好。iʔ^{5}səʔ^{5}vuʔ^{5}pəʔ^{5}ya^{445}len^{33}səʔ^{5}vuʔ^{5}xə^{55}。

【遂安】阿些屋不如伊些屋好。ɑ^{33}səɯ^{33}u^{24}pə^{55}y^{33}i^{33}səɯ^{33}u^{24}xɔ^{213}。

【建德】佗些屋弗如末些屋好。kəʔ^{2}səʔ^{5}uəʔ^{5}fəʔ^{5}y^{334}məʔ^{2}səʔ^{5}uəʔ^{5}xɔ^{213}。

【寿昌】佗些屋还勿如末些屋好。ki^{24}ɕiɛ^{55}ɔʔ^{3}uə^{52}uɔʔ^{3}y^{52}mi^{24}ɕiɛ^{55}ɔʔ^{3}xɤ^{24}。

13　这句话用××（本地地名）话怎么说?

【淳安】乙句说话用淳安说话吓⁼亦⁼讲?

iʔ^{5}tɕya^{224}suəʔ^{5}o^{0}iɔm^{535}suen^{31}ã^{224}suəʔ^{5}o^{0}xɑʔ^{5}iʔ^{5}kɔm^{55}？

【遂安】阿句话用遂安话□儿讲?

ɑ^{33}tɕy^{422}uɑ^{52}lən^{52}səɯ^{55}ə̃^{33}uɑ^{52}xã^{55}n^{213}kom^{213}？

【建德】佗句白话用梅城白话核⁼件⁼讲?

kəʔ^{2}tɕy^{55}pɑ^{21}o^{55}iɑom^{55}me^{33}sen^{334}pɑ^{21}o^{55}xəʔ^{2}tɕie^{213}ko^{213}？

【寿昌】佗句说话用寿昌说话□□讲?

ki^{24}tɕy^{33}ɕyei^{55}u^{55}iɔm^{33}səɯ^{33}tsʰã^{11}ɕyei^{55}u^{55}xã^{11}nã^{11}kã^{24}？

14　他今年多大岁数?

【淳安】渠今年多少年纪?　kʰɯ^{445}ken^{24}iã^{445}tu^{24}sə^{55}iã^{31}tɕi^{224}？

【遂安】渠今年几岁?　kʰɯ^{33}kɯ^{55}iɛ̃^{213}tsɿ^{21}ɕiei^{42}？

【建德】渠今年几岁罢?　ki^{334}tɕin^{42}ȵie^{213}tɕi^{213}ɕi^{213}pəʔ^{5}？

【寿昌】渠今年有多少年纪罢?　kəɯ^{52}ken^{11}ȵi^{55}iəɯ^{534}tu^{11}sɤ^{24}ȵi^{11}tɕi^{112}pɑ^{0}？

渠今年有几岁罢?　kəɯ^{52}ken^{11}ȵi^{55}iəɯ^{534}tɕi^{24}ɕi^{55}pɑ^{0}？

15　大概有三十来岁吧。

【淳安】大概有三十来岁吧。tʰɑ^{53}ke^{55}iɯ^{55}sã^{24}səʔ^{0}ləʔ^{31}se^{224}pɑ^{0}。

【遂安】大光景三十来岁啊。tʰa^{55}kuã^{55}tɕin^{213}sã^{55}ɕiei^{21}la^{21}ɕiei^{422}a^{0}。

【建德】大概三十来岁吧。tɑ^{213}kɛ^{55}sɛ^{42}səʔ^{12}lɛ^{33}ɕi^{334}pɑ^{0}。

【寿昌】大概有三十来岁啵。tɑ^{24}kɛ^{55}iəɯ^{534}suə^{11}səʔ^{5}liɛ^{55}ɕi^{55}pɔ^{0}。

16　这个东西有多重呢?

【淳安】乙个东西有多少重?　iʔ^{5}kɑ^{0}tɔm^{33}ɕi^{55}iɯ^{55}tu^{24}sə^{55}tsʰɔm^{55}？

【遂安】阿个东西有多少重啊？ ɑ^{33}kɛ^{422}tu^{55}sɿ^{213}iu^{422}tə^{55}ɕiɑ^{213}tsʰən^{422}a^{0}？

【建德】佗个东西有多少重？ kəʔ^{2}kəʔ^{5}tɑom^{42}ɕi^{213}iəɯ^{213}tu^{42}sɔ^{213}tsɑom^{213}？

【寿昌】佗个东西有多少重？ ki^{24}kɑ^{33}tɔm^{11}ɕi^{112}iəɯ^{534}tu^{11}sɤ^{24}tɕʰiɔm^{534}？

17　有五十斤重呢。

【淳安】有五十斤重。iɯ^{55}ŋa^{55}səʔ^{13}tɕin^{224}tsʰɔm^{55}。

【遂安】有五十斤重。iu^{422}n^{55}ɕiei^{0}tɕin^{422}tsʰən^{422}。

【建德】有五十斤重。iəɯ^{213}n^{213}səʔ^{12}tɕin^{42}tsɑom^{213}。

【寿昌】有五十斤重。iəɯ^{534}n^{33}səʔ^{31}tɕien^{112}tɕʰiɔm^{534}。

18　拿得动吗？

【淳安】带⁼得动不？ tɑ^{224}tiʔ^{5}tʰɔm^{55}pəʔ^{5}？

【遂安】□得住哇？ kʰɑ^{55}ti^{0}tsʰu^{55}ua^{0}？

【建德】担得动吧？ tɛ^{42}təʔ^{5}tɑom^{213}pɑ^{0}？

【寿昌】拿了动勿？ nuə^{11}ləʔ^{3}tʰɔm^{53}uəʔ^{3}？

19　我拿得动，他拿不动。

【淳安】我带⁼得动，渠带⁼不动。

vu^{55}tɑ^{224}tiʔ^{5}tʰɔm^{55}，kʰɯ^{445}tɑ^{224}pəʔ^{5}tʰɔm^{55}。

【遂安】尬□得住，渠□不住。kɑ^{52}kʰɑ^{55}ti^{0}tsʰu^{55}，kʰɯ^{33}kʰɑ^{55}pə^{0}tsʰu^{52}。

【建德】卬担得动，渠担弗动。ɑŋ^{213}tɛ^{42}təʔ^{5}tɑom^{213}，ki^{334}tɛ^{42}fəʔ^{5}tɑom^{213}。

【寿昌】我农拿了动，渠农拿勿动。

ɑ^{33}nɔm^{112}nuə^{11}ləʔ^{3}tʰɔm^{534}，kəɯ^{52}nɔm^{33}nuə^{11}uəʔ^{3}tʰɔm^{534}。

20　真不轻，连我都拿不动了。

【淳安】好不轻诶，连我都带⁼不动。

xə^{55}pəʔ^{5}tɕʰin^{24}e^{0}，liã^{445}vu^{55}tu^{224}tɑ^{224}pəʔ^{5}tʰɔm^{55}。

【遂安】好重啊，连尬都□不住。xɔ^{21}tsʰən^{422}a^{0}，lɛ̃^{33}kɑ^{52}tu^{52}kʰɑ^{55}pə^{0}tsʰu^{52}。

【建德】好重个嘞，连卬都担弗动。

xɔ^{213}tsɑom^{213}kəʔ^{5}le^{0}，nie^{33}ɑŋ^{213}tu^{213}tɛ^{42}fəʔ^{5}tɑom^{213}。

【寿昌】真勿轻诶，连咱都拿勿动罢。

tsen^{11}uɔʔ^{3}tɕʰien^{11}e^{0}，li^{52}tsɑ^{52}tu^{112}nuə^{11}uɔʔ^{3}tʰɔm^{53}pɑ^{0}。

21 你说得很好，你还会说点儿什么呢？

【淳安】尔讲得真好，尔还会讲醒$^{=}$大$^{=}$累$^{=}$？

n^{55}kɔm^{55}tiʔ^{5}tsen^{24}xə^{55}，n^{55}ɑ^{445}ue^{535}kɔm^{55}ɕin^{55}tʰɑ^{53}le^{55}？

【遂安】义$^{=}$讲得很好，义$^{=}$还能讲滴大$^{=}$拉？

i^{52}kom^{21}ti^{24}xən^{24}xɔ^{213}，i^{52}uɑ^{33}lən^{33}kom^{21}ti^{33}tʰa^{55}la^{0}？

【建德】尔讲得交关好，尔还能够讲些啥哩？

n^{213}ko^{21}təʔ^{5}tɕiɔ^{21}kuɛ^{55}xɔ^{213}，n^{213}uɑ^{334}len^{33}kəɯ^{334}ko^{213}səʔ^{5}so^{55}li^{0}？

【寿昌】谮讲了真好诶，谮还会讲点儿奇？

tsen^{52}kã^{24}ləʔ^{3}tsen^{112}xɤ^{24}e^{0}，tsen^{52}uə^{52}uɛ^{33}kã^{24}tien^{55}tɕʰi^{52}？

22 我嘴笨，我说不过他。

【淳安】我农口呆，我讲不拿渠过。

vu^{55}lɔm^{445}kʰɯ^{55}e^{445}，vu^{55}kɔm^{55}pəʔ^{5}lɑ^{53}kʰɯ^{0}ku^{224}。

……，我讲不渠过。……，vu^{55}kɔm^{55}pəʔ^{5}kʰɯ^{445}ku^{224}。

……，我讲渠不过。……，vu^{55}kɔm^{55}kʰɯ^{445}pəʔ^{5}ku^{224}。

……，我讲不过渠。……，vu^{55}kɔm^{55}pəʔ^{5}ku^{224}kʰɯ^{445}。

【遂安】尬口才不行，尬讲无渠吓。

kɑ^{52}kʰɯ^{24}səɯ^{33}pə^{55}ɕin^{33}，kɑ^{52}kom^{21}m^{33}kʰɯ^{33}xa^{33}。

……，尬讲无渠过。……，kɑ^{52}kom^{21}m^{33}kʰɯ^{33}kuə^{422}。

……，尬讲不渠过。……，kɑ^{52}kom^{21}pə^{24}kʰɯ^{33}kuə^{422}。

……，尬讲渠不过。……，kɑ^{52}kom^{21}kʰɯ^{33}pə^{24}kuə^{422}。

……，尬讲不过渠。……，kɑ^{52}kom^{21}pə^{24}kuə^{422}kʰɯ^{33}。

【建德】党$^{=}$个嘴笨，党$^{=}$讲弗渠过。

taŋ^{21}kəʔ^{5}tɕye^{213}pen^{213}，taŋ^{213}ko^{21}fəʔ^{5}ki^{33}ku^{334}。

……，党$^{=}$讲渠弗过。……，taŋ^{213}ko^{21}ki^{33}fəʔ^{5}ku^{334}。

……，党$^{=}$讲弗过渠。……，taŋ^{213}ko^{21}fəʔ^{5}ku^{33}ki^{334}。

【寿昌】我农口笨，咱讲勿渠过。

ɑ^{33}nɔm^{112}kʰəɯ^{24}pʰen^{534}，tsɑ^{52}kɑ̃^{24}uɔʔ^{3}kəɯ^{52}ku^{33}。

……，咱讲渠勿过。……，tsɑ^{52}kɑ̃^{24}kəɯ^{52}uɔʔ^{3}ku^{33}。

……，咱讲勿过渠。……，tsɑ^{52}kɑ̃^{24}uɔʔ^{3}ku^{33}kəɯ^{52}。

23　说了一遍，又说了一遍。

【淳安】讲去一遍，又讲一遍。kɔm^{55}kʰə^{55}iʔ^{5}piã^{224}，iɯ^{535}kɔm^{55}iʔ^{5}piã^{224}。

【遂安】讲了一遍，又讲一遍。kom^{21}lɛ^{33}i^{24}pɛ̃^{422}，iu^{52}kom^{21}i^{24}pɛ̃^{422}。

【建德】讲一遍，又讲一遍。ko^{21}iəʔ^{5}pie^{334}，iəɯ^{55}ko^{21}iəʔ^{5}pie^{334}。

【寿昌】讲了一遍，又讲了一遍。kɑ̃^{24}ləʔ^{3}iəʔ^{3}pi^{33}，iəɯ^{24}kɑ̃^{24}ləʔ^{3}iəʔ^{3}pi^{33}。

24　请你再说一遍！（参看第 74 句）

【淳安】请尔再讲一遍！tɕʰin^{55}n^{0}tse^{224}kɔm^{55}iʔ^{5}piã^{224}！

【遂安】请义⁼再讲一遍！tɕʰin^{21}i^{52}tsəɯ^{422}kom^{21}i^{24}pɛ̃^{422}！

【建德】请尔再讲一遍添！tɕʰin^{213}n^{213}tsɛ^{334}ko^{21}iəʔ^{5}pie^{334}tʰie^{42}！

【寿昌】请潛再讲一遍！tɕʰien^{24}tsen^{52}tɕiɛ^{33}kɑ̃^{24}iəʔ^{3}pi^{33}！

请潛再讲遍添！tɕʰien^{24}tsen^{52}tɕiɛ^{33}kɑ̃^{24}pi^{33}tʰi^{112}！

25　不早了，快去吧！

【淳安】不早罢，快去吧！pəʔ^{5}tsə^{55}pɑ^{0}，kʰuɑ^{224}kʰɯ^{24}pɑ^{0}！

【遂安】不早了，快去啊！pə^{24}tsɔ^{21}lɛ^{33}，kʰua^{422}kʰɯ^{422}a^{0}！

【建德】弗早罢，快一掇⁼去！fəʔ^{5}tsɔ^{21}pəʔ^{5}，kʰuɑ^{33}iəʔ^{5}ti^{55}kʰi^{334}！

【寿昌】勿早罢，快点儿去罢！uɔʔ^{3}tsɤ^{24}pɑ^{0}，kʰuɑ^{33}tien^{55}kʰəɯ^{33}pɑ^{0}！

26　现在还很早呢。等一会儿再去吧。

【淳安】乙拉还好早。等一下再去吧。

iʔ^{5}lɑ^{0}ɑ^{445}xə^{55}tsə^{55}。ten^{55}iʔ^{5}xo^{0}tse^{224}kʰɯ^{24}pɑ^{0}。

【遂安】俄⁼牢⁼还好早。等一下再去吧。

ɔ^{33}lɔ^{33}uɑ^{33}xɔ^{24}tsɔ^{213}。tən^{21}i^{24}xɑ^{422}tsəɯ^{422}kʰɯ^{55}pa^{0}。

【建德】佗下还很早。等一下再去。

kəʔ^{2}xo^{55}uɑ^{33}xen^{55}tsɔ^{213}。ten^{213}iəʔ^{5}xo^{55}tsɛ^{33}kʰi^{334}。

【寿昌】佗记还猛早。等记再去。

kəʔ^{31}tɕiəʔ^{3}uə^{52}mã^{52}tsɤ^{24}。ten^{24}tɕiəʔ^{3}tɕiɛ^{33}kʰəɯ^{33}。

27　吃了饭再去好吧？

【淳安】吃好饭再去好不？ tɕʰiʔ^{5}xə^{55}fã^{535}tse^{224}kʰɯ^{224}xə^{55}pəʔ^{5}？

【遂安】吃了饭再去啊？ tsʰɿ^{24}liɑ^{422}fã^{52}tsəɯ^{422}kʰɯ^{55}a^{0}？

【建德】吃得饭再去好弗？ tɕʰiəʔ^{5}təʔ^{5}fɛ^{55}tsɛ^{33}kʰi^{334}xɔ^{21}fəʔ^{5}？

吃了饭再去好弗？ tɕʰiəʔ^{5}ləʔ^{5}fɛ^{55}tsɛ^{33}kʰi^{334}xɔ^{21}fəʔ^{5}？

【寿昌】吃了饭再去好勿？ tɕʰiəʔ^{3}ləʔ^{3}fɤ^{33}tɕiɛ^{33}kʰəɯ^{33}xɤ^{24}uɔʔ^{3}？

28　慢慢儿地吃啊！不要急煞！

【淳安】慢慢地吃！不要心急！ mã^{53}mã^{535}tʰi^{0}tɕʰiʔ^{5}！ pəʔ^{5}iə^{0}ɕin^{33}tɕiʔ^{5}！

【遂安】慢慢头吃！不慌！ mã^{55}mã^{0}tʰiu^{33}tsʰɿ^{24}！ pə^{24}xom^{534}！

【建德】慢慢吃！弗要慌！ mɛ^{55}mɛ^{0}tɕʰiəʔ^{5}！ fəʔ^{5}iɔ^{55}xo^{423}！

【寿昌】慢慢儿儿吃！勿要慌！ mɤ^{33}mɤ^{33}ȵien^{55}tɕʰiəʔ^{3}！ uɔʔ^{3}iɤ^{33}xuã^{112}！

29　坐着吃比站着吃好些。

【淳安】坐到里吃比徛到里吃好些。su^{55}tə^{0}li^{0}tɕʰiʔ^{5}pi^{55}kʰe^{55}tə^{0}li^{0}tɕʰiʔ^{5}xə^{55}səʔ^{5}。

【遂安】坐掇=里吃比徛掇=里吃好些。

sə^{55}tə^{55}li^{0}tsʰɿ^{24}pi^{213}kʰəɯ^{55}tə^{55}li^{0}tsʰɿ^{24}xɔ^{21}səɯ^{33}。

坐拉里吃比徛拉里吃好些。sə^{55}la^{55}li^{0}tsʰɿ^{24}pi^{213}kʰəɯ^{55}la^{55}li^{0}tsʰɿ^{24}xɔ^{21}səɯ^{33}。

【建德】坐得末里吃比徛得末里吃好些。

su^{21}təʔ^{5}məʔ^{2}li^{55}tɕʰiəʔ^{5}pi^{213}kɛ^{21}təʔ^{5}məʔ^{2}li^{55}tɕʰiəʔ^{5}xɔ^{21}səʔ^{5}。

【寿昌】坐仡里吃比徛仡里吃好些。

su^{53}kəʔ^{3}li^{534}tɕʰiəʔ^{3}pi^{24}kʰie^{53}kəʔ^{3}li^{534}tɕʰiəʔ^{3}xɤ^{24}ɕiɛ^{55}。

30　他吃了饭了，你吃了饭没有呢？

【淳安】渠吃去饭罢，尔吃饭不曾？

kʰɯ^{445}tɕʰiʔ^{5}kʰə^{224}fã^{53}pɑ^{0}，n^{55}tɕʰiʔ^{5}fã^{535}pəʔ^{5}səm^{445}？

【遂安】渠吃过饭了，义=吃过饭不恒=啊？

kʰɯ^{33}tsʰɿ^{24}kuə^{422}fã^{52}liɑ^{0}，i^{52}tsʰɿ^{24}kuə^{422}fã^{52}pə^{55}xən^{33}a^{0}？

【建德】渠吃过饭罢，尔吃过份=？

ki^{334}tɕʰiəʔ^{5}ku^{55}fɛ^{55}pəʔ^{5}，n^{213}tɕʰiəʔ^{5}ku^{55}fen^{55}？

【寿昌】渠吃了饭罢，赠吃饭曾？

kəɯ^{52}tɕʰiəʔ^{3}liɤ^{55}fɤ^{33}pɑ^{0}，tsen^{52}tɕʰiəʔ^{3}fɤ^{33}sen^{52}？

渠吃过饭罢，赠吃饭曾？

kəɯ^{52}tɕʰiəʔ^{3}ku^{33}fɤ^{33}pɑ^{0}，tsen^{52}tɕʰiəʔ^{3}fɤ^{33}sen^{52}？

31　他去过上海，我没有去过。

【淳安】渠去过上海，我不曾去过。

kʰɯ^{445}kʰɯ^{24}ku^{0}sã^{53}xe^{0}，vu^{55}pəʔ^{5}xɔm^{445}kʰɯ^{24}ku^{0}。

【遂安】渠到过上海，尬不恒⁼到过。

kʰɯ^{33}tɔ^{42}kuə^{422}ɕiã^{55}xəɯ^{0}，kɑ^{52}pə^{55}xən^{33}tɔ^{42}kuə^{422}。

渠到着上海，尬不恒⁼到着。

kʰɯ^{33}tɔ^{55}tɕʰiɑ^{0}ɕiã^{55}xəɯ^{0}，kɑ^{52}pə^{55}xən^{33}tɔ^{55}tɕʰiɑ^{0}。

【建德】渠到上海去过，党⁼未去过。

ki^{334}tɔ^{334}so^{21}xɛ^{213}kʰi^{33}ku^{55}，taŋ^{213}mi^{55}kʰi^{33}ku^{55}。

【寿昌】渠去过上海，咱勿曾去过。

kəɯ^{52}kʰəɯ^{33}ku^{33}sã^{33}xie^{24}，tsɑ^{52}uɔʔ^{3}sen^{52}kʰəɯ^{33}ku^{33}。

32　来闻闻这朵花香不香。

【淳安】来碰下促⁼乙朵花香不。le^{445}pʰɔm^{24}xo^{0}tsʰoʔ^{0}iʔ^{5}tu^{55}xo^{224}ɕiã^{224}pəʔ^{5}。

【遂安】来碰碰阿朵花香不香。ləɯ^{33}pʰən^{42}pʰən^{422}ɑ^{33}tɔ^{33}fɑ^{534}ɕiã^{534}pə^{24}ɕiã^{534}。

【建德】来闻闻看仡朵花香弗香。lɛ^{33}men^{33}men^{33}kʰɛ^{334}kəʔ^{2}tu^{55}xo^{42}ɕie^{42}fəʔ^{5}ɕie^{42}。

【寿昌】来碰碰看仡朵花香勿香。

liɛ^{33}pʰɔm^{33}pʰɔm^{33}kʰen^{55}ki^{24}tu^{55}xuə^{112}ɕiã^{1}luɔʔ^{3}ɕiã^{112}。

33　给我一本书！

【淳安】拿我一本书！ lɑ^{53}vu^{0}iʔ^{5}pen^{55}ɕya^{0}！

【遂安】引⁼尬一本书！ n^{422}kɑ^{52}i^{55}pən^{213}ɕy^{534}！

【建德】把印一本书！ po^{55}ɑŋ^{213}iəʔ^{5}pen^{213}ɕy^{42}！

【寿昌】拿咱一本书！ nuə^{11}tsɑ^{52}iəʔ^{3}pen^{24}ɕy^{112}！

拿一本书咱！ nuə^{112}iəʔ^{3}pen^{24}ɕy^{112}tsɑ^{52}！

34　我实在没有书嘛！

【淳安】我真个没有书！ vu^{55}tsen^{24}kɑ^{0}məʔ^{31}iɯ^{55}ɕya^{224}！

【遂安】尬实在无有书！ kɑ^{52}ɕiei^{21}sa^{422}m^{33}iu^{33}ɕy^{534}！

【建德】印实在弗有书！ ɑŋ^{213}səʔ^{2}tsɛ^{213}fəʔ^{5}iəɯ^{0}ɕy^{42}！

【寿昌】我农实在无书罢嘞！ ɑ^{33}nɔm^{112}səʔ^{31}tsɛ^{24}m^{52}ɕy^{112}pɑ^{0}le^{0}！

35　你告诉他。

【淳安】尔告诉渠。n^{55}kə^{24}su^{535}kʰɯ^{0}。

【遂安】义$^{=}$对渠讲。i^{52}təɯ^{55}kʰɯ^{33}kom^{213}。

【建德】尔告诉渠。n^{213}kɔ^{33}su^{55}ki^{334}。

尔□渠讲。n^{213}te^{55}ki^{334}kɔ^{213}。

【寿昌】潛告诉渠。tsen^{52}kɤ^{33}su^{33}kəɯ^{52}。

36　好好儿地走！不要跑！

【淳安】好好地行！不要跑！ xə^{55}xə^{0}tʰi^{0}xã^{445}！ pəʔ^{5}iə^{0}pʰə^{445}！

【遂安】好好样行！不要跑！ xɔ^{21}xɔ^{33}iɑ̃^{52}xã^{33}！ pə^{24}iɑ^{422}pə^{534}！

【建德】好好端$^{=}$走！弗要跑！ xɔ^{55}xɔ^{55}tɛ^{42}tsəɯ^{213}！ fəʔ^{5}iɔ^{55}pɔ^{334}！

【寿昌】好好儿儿行！勿要跳！ xɤ^{33}xɤ^{33}ȵien^{55}xã^{52}，uəʔ^{3}iɤ^{33}tʰiɤ^{33}！

37　他不小心跌了下去爬也爬不上来。

【淳安】渠农不小心跌下去爬也爬不起来。

kʰɯ^{31}lɔm^{224}pəʔ^{5}ɕiə^{55}ɕin^{224}tɑʔ^{5}xo^{0}kʰɯ^{0}pʰo^{445}ɑ^{55}pʰo^{445}pəʔ^{5}tɕʰi^{55}le^{445}。

【遂安】渠不当心跌下去爬也爬不起来。

kʰɯ^{33}pə^{24}tom^{55}ɕin^{534}tɑ^{24}xɑ^{42}kʰɯ^{422}pʰɑ^{33}iɛ^{422}pʰɑ^{33}pə^{24}tsʰɿ^{55}ləɯ^{33}。

【建德】渠弗小心合$^{=}$落去爬都爬弗上来。

ki^{334}fəʔ^{5}ɕiɔ^{55}ɕin^{42}xəʔ^{2}lo^{21}kʰi^{55}po^{33}tu^{55}po^{33}fəʔ^{5}so^{21}lɛ^{334}。

【寿昌】渠勿小心跌下去爬也爬勿上来。

kəɯ^{52}uəʔ^{3}ɕiɤ^{33}ɕien^{112}tie^{55}xuə^{33}kʰəɯ^{33}pʰɤ^{52}iɛ^{24}pʰɤ^{52}uəʔ^{3}sɑ̃^{53}liɛ^{52}。

渠勿小心跌跌下去爬也爬勿上来。

kəɯ^{52}uɔʔ^{3}ɕiɤ^{33}ɕien^{112}tie^{55}tie^{55}xuə^{33}kʰəɯ^{33}pʰɤ^{52}iɛ^{24}pʰɤ^{52}uɔʔ^{3}sɑ̃^{53}liɛ^{52}。

38　医生叫你多睡一睡。

【淳安】先生讴尔多困一下。ɕiã^{33}sã^{55}ə^{24}n^{0}tu^{224}kʰuen^{224}iʔ^{5}xo^{0}。

【遂安】医生叫义⁼多困下。i^{55}sã^{213}tɕiɑ^{422}i^{52}tə^{52}kʰuən^{55}xɑ^{0}。

【建德】医生讴尔多困困。i^{21}sen^{55}ŋəɯ^{42}n^{213}tu^{42}kʰuen^{33}kʰuen^{55}。

【寿昌】医生吆潛多困记。i^{33}sen^{33}yɑ^{52}tsen^{52}tu^{11}kʰuen^{33}tɕiəʔ^{3}。

39　我吸烟或者喝酒都不行。

【淳安】我农吃烟、吃酒都不会。vu^{55}lɔm^{445}tɕʰiʔ^{5}iã^{224}、tɕʰiʔ^{5}tɕiɯ^{55}tu^{224}pəʔ^{5}ue^{535}。

【遂安】尬烟酒都不会来个。kɑ^{52}iɛ̃^{55}tɕiu^{213}tu^{52}pə^{24}uəɯ^{52}ləɯ^{33}kə^{0}。

【建德】党⁼吃烟吃酒都弗会来。tɑŋ^{213}tɕʰiəʔ^{5}iã^{42}tɕʰiəʔ^{5}tɕiəɯ^{213}tu^{213}fəʔ^{5}ue^{55}lɛ^{334}。

【寿昌】我吃烟吃酒都勿行。ɑ^{534}tɕʰiəʔ^{3}i^{11}tɕʰiəʔ^{3}tɕiəɯ^{24}tu^{112}uɔʔ^{3}ɕien^{52}。

40　烟也好，酒也好，我都不喜欢。

【淳安】烟也好，酒也好，我都不欢喜。

iã^{224}ɑ^{55}xə^{55}，tɕiɯ^{55}ɑ^{55}xə^{55}，vu^{55}tu^{224}pəʔ^{5}fɑ̃^{24}ɕi^{0}。

【遂安】烟也好，酒也好，尬都不欢喜。

iɛ̃^{534}iɛ^{422}xɔ^{213}，tɕiu^{213}iɛ^{422}xɔ^{213}，kɑ^{52}tu^{52}pə^{24}fɑ̃^{55}sɿ^{213}。

【建德】烟也好，酒也好，党⁼都弗欢喜个。

iã^{42}ie^{55}xɔ^{213}，tɕiəɯ^{213}ie^{55}xɔ^{213}，tɑŋ^{213}tu^{213}fəʔ^{5}xuɛ^{42}ɕi^{21}kəʔ^{0}。

【寿昌】烟也好，酒也好，我农都勿欢喜。

i^{11}iɛ^{24}xɤ^{24}，tɕiəɯ^{24}iɛ^{24}xɤ^{24}，ɑ^{33}nɔm^{112}tu^{112}uɔʔ^{3}xuə^{11}ɕi^{24}。

41　不管你去不去，反正我是要去的。

【淳安】不管尔去不去，我总是要去个。

pəʔ^{5}kuã^{55}n^{55}kʰɯ^{224}pəʔ^{5}kʰɯ^{224}，vu^{55}tsɔm^{55}tsʰɿa^{55}iə^{0}kʰɯ^{24}kɑ^{0}。

【遂安】不管义⁼去不去，横直尬要去个。

pə^{55}kuɑ̃^{213}i^{52}kʰɯ^{422}pə^{24}kʰɯ^{422}，uã^{24}tɕʰiei^{213}kɑ^{52}iɑ^{422}kʰɯ^{55}kə^{0}。

【建德】弗管尔去弗去，横直卬都要去个。

fəʔ^{5}kuɛ^{213}n^{213}kʰi^{33}fəʔ^{5}kʰi^{334}，uɛ^{33}tsəʔ^{12}ɑŋ^{213}tu^{213}iɔ^{334}kʰi^{33}kəʔ^{5}。

【寿昌】勿管谮去勿去，反正我农一定要去个。

uɔʔ^{3}kuə^{24}tsen^{52}kʰəɯ^{33}uɔʔ^{3}kʰəɯ^{33}，fã^{55}tsen^{55}ɑ^{33}nɔm^{112}iəʔ^{3}tʰien^{33}iɤ^{33}kʰəɯ^{33}kəʔ^{0}。

42 我非去不可。

【淳安】我一定要去。vu^{55}iʔ^{5}tʰin^{535}iə^{24}kʰɯ^{224}。

【遂安】尬非要去不可。kɑ^{52}fi^{52}iɑ^{422}kʰɯ^{422}pə^{55}kʰuə^{213}。

【建德】卬非去弗可。ɑŋ^{213}fi^{33}kʰi^{334}fəʔ^{5}kʰu^{213}。

【寿昌】我随□□都要去。ɑ^{534}ɕi^{52}xã^{11}nã^{112}tu^{112}iɤ^{33}kʰəɯ^{33}。

我非要去勿可。ɑ^{534}fi^{112}iɤ^{33}kʰəɯ^{33}uɔʔ^{3}kʰu^{55}。

43 你是哪一年来的？

【淳安】尔农是哪一年来个？ n^{55}lɔm^{445}tsʰɿa^{55}lɑ^{24}iʔ^{5}iã^{0}le^{445}kɑ^{0}？

【遂安】义⁼是哪年来个？ i^{52}sɿ^{422}lɑ^{55}iɛ̃^{33}ləɯ^{33}kə^{0}？

【建德】尔是哪一年来个？ n^{213}tsɿ^{213}lɑ^{55}iəʔ^{5}ȵie^{334}lɛ^{33}kəʔ^{5}？

【寿昌】谮是□年来个？ tsen^{52}tsɿ^{534}tsʰɑ^{53}ȵi^{11}liɛ^{52}kəʔ^{3}？

44 我是前年到的北京。

【淳安】我农是前年到北京来个。

vu^{55}lɔm^{445}tsʰɿa^{55}ɕiã^{31}iã^{445}tə^{224}pəʔ^{5}tɕin^{55}le^{445}kɑ^{0}。

【遂安】尬是前年到北京个。kɑ^{52}sɿ^{422}ɕiɛ̃^{33}iɛ̃^{33}tɔ^{422}pə^{21}tɕin^{33}kə^{0}。

【建德】卬是前年到北京来个。ɑŋ^{213}tsɿ^{213}ɕie^{33}ȵie^{334}tɔ^{33}pəʔ^{5}tɕin^{42}lɛ^{33}kəʔ^{5}。

【寿昌】咱是前年到了北京。tsɑ^{52}tsɿ^{534}ɕi^{11}ȵi^{33}tɤ^{33}ləʔ^{3}pəʔ^{3}tɕien^{112}。

45 今天开会谁的主席？

【淳安】今阴开会哪一个是主席？

ken^{33}in^{55}kʰe^{24}ue^{535}lɑ^{24}iʔ^{5}kɑ^{0}tsʰɿa^{55}tɕya^{55}ɕiʔ^{13}？

【遂安】今日开会哪个主持个？ kɯ^{55}iei^{213}kʰəɯ^{52}uəɯ^{52}la^{55}ka^{0}tɕy^{24}tsɿ^{33}kə^{0}？

【建德】今朝开会哪个是主席？ tɕin^{42}tsɔ^{213}kʰɛ^{42}ue^{55}lɑ^{55}kɑ^{0}tsɿ^{213}tɕy^{55}tɕiəʔ^{12}？

【寿昌】今朝开会从⁼当主席？ ken^{11}tsɤ^{112}kʰie^{11}uɛ^{33}tsʰɔm^{52}tã^{11}tɕy^{55}tɕiəʔ^{13}？

46 你得请我的客。

【淳安】尔要请我个客。n^{55}iə^{224}tɕʰin^{55}vu^{55}kɑ^{0}kʰɑʔ^{5}。

【遂安】义$^{=}$要请客。i^{52}iɑ^{422}tɕʰin^{21}kʰa^{24}。

【建德】尔要请请党$^{=}$。n^{213}iɔ^{334}tɕʰin^{21}tɕʰin^{55}tɑŋ^{213}。

【寿昌】谮要请咱客。tsen^{52}iɤ^{33}tɕʰien^{24}tsɑ^{52}kʰəʔ^{3}。

47 一边走，一边说。

【淳安】一边行，一边讲。iʔ^{5}piã^{224}xɑ̃^{445}，iʔ^{5}piã^{224}kɔm^{55}。

【遂安】一边行，一边讲。i^{24}pɛ̃^{534}xɑ̃^{33}，i^{24}pɛ̃^{534}kom^{213}。

边行边讲。pɛ̃^{55}xɑ̃^{33}pɛ̃^{55}kom^{213}。

【建德】一边走，一边讲。iəʔ^{5}pie^{42}tsəɯ^{213}，iəʔ^{5}pie^{42}ko^{213}。

【寿昌】一边行，一边讲。iəʔ^{3}pi^{112}xɑ̃^{52}，iəʔ^{3}pi^{112}kɑ̃^{24}。

48 越走越远，越说越多。

【淳安】越行越远，越讲越多。vəʔ^{31}xɑ̃^{445}vəʔ^{31}vɑ̃^{55}，vəʔ^{31}kɔm^{55}vəʔ^{31}tu^{224}。

【遂安】越行越远，越讲越多。yɛ^{24}xɑ̃^{33}yɛ^{21}yɛ̃^{422}，yɛ^{24}kom^{213}yɛ^{24}tə^{534}。

【建德】越走越远，越讲越多。y^{213}tsəɯ^{213}y^{213}ȵye^{213}，y^{213}ko^{213}y^{213}tu^{42}。

【寿昌】越行越远，越讲越多。uei^{24}xɑ̃^{52}uei^{24}uei^{534}，uei^{24}kɑ̃^{24}uei^{24}tu^{112}。

49 把那个东西拿给我。

【淳安】拿愣个东西带$^{=}$拿我。lɑ^{535}len^{24}kɑ^{0}tɔm^{33}ɕi^{55}tɑ^{24}lɑ^{0}vu^{0}。

【遂安】把伊个东西担引$^{=}$尬。pɑ^{422}i^{33}kɛ^{422}tu^{55}sɿ^{213}tɑ̃^{55}n^{0}kɑ^{52}。

【建德】把末个东西担把党$^{=}$。po^{55}məʔ^{2}kəʔ^{5}tɑom^{42}ɕi^{213}tɛ^{42}po^{55}tɑŋ^{213}。

【寿昌】把末个东西拿了咱。pɑ^{24}məʔ^{31}kəʔ^{13}tɔm^{11}ɕi^{112}nuə^{11}ləʔ^{3}tsɑ^{52}。

50 有些地方把太阳叫日头。

【淳安】有些位置拿太阳讴做日头。

iɯ^{55}səʔ^{5}ue^{53}tsɿ^{55}lɑ^{535}tʰɑ^{24}iɑ̃^{0}ə^{24}tsu^{0}iʔ^{31}tʰɯ^{445}。

【遂安】有些位置把太阳叫日头。

iu^{55}səɯ^{0}uəɯ^{55}tsɿ^{0}pɑ^{422}tʰa^{55}iɑ̃^{33}tɕiɑ^{422}iei^{21}tʰiu^{33}。

【建德】有些地方把太阳讴做日头。

iəɯ^{21}səʔ^{5}tʰi^{55}fo^{42}po^{55}tʰɑ^{33}iɑ̃^{55}ŋəɯ^{21}tsu^{55}iəʔ^{2}təɯ^{334}。

【寿昌】有些堂子把太阳吆日头。

iəɯ^{53}ɕiɛ^{55}tʰɑ̃^{11}tsɿ^{24}pɑ^{11}tʰɛ^{55}iɑ̃^{112}yɑ^{52}ȵiəʔ^{3}tʰəɯ^{52}。

51　您贵姓？我姓王。

【淳安】尔贵姓？我姓王。n^{55}kue^{224}ɕin^{224}？ vu^{55}ɕin^{224}uɑ̃^{445}。

【遂安】义$^{=}$贵姓？尬姓王。i^{52}kuəɯ^{42}ɕin^{422}？ kɑ^{52}ɕin^{422}uɑ̃^{33}。

【建德】尔尊姓啊？卬姓王。n^{213}tsen^{334}ɕin^{55}ɑ^{0}？ ɑŋ^{213}ɕin^{33}o^{334}。

【寿昌】谮贵姓啊？咱姓王。tsen^{52}kuei^{33}ɕien^{33}ɑ^{0}？ tsɑ^{52}ɕien^{33}uɑ̃^{52}。

52　你姓王，我也姓王，咱们两个人都姓王。

【淳安】尔姓王，我也姓王，哇搭两个农都姓王。

n^{55}ɕin^{224}uɑ̃^{445}，vu^{55}ɑ^{55}ɕin^{224}uɑ̃^{445}，uɑ^{33}tɑʔ^{5}liɑ̃^{55}kɑ^{0}lɔm^{445}tu^{224}ɕin^{224}uɑ̃^{445}。

【遂安】义$^{=}$姓王，尬也姓王，嘎嘀两个农都姓王。

i^{52}ɕin^{422}uɑ̃^{33}，kɑ^{52}iɛ^{422}ɕin^{422}uɑ̃^{33}，kɑ^{33}ti^{33}liɑ^{21}kɛ^{42}lən^{33}tu^{52}ɕin^{422}uɑ̃^{33}。

【建德】尔姓王，党$^{=}$也姓王，尔夏$^{=}$两个都姓王。

n^{213}ɕin^{33}o^{334}，tɑŋ^{213}ie^{213}ɕin^{33}o^{334}，n^{213}xo^{55}nie^{21}kɑ^{334}tu^{213}ɕin^{33}o^{334}。

【寿昌】谮姓王，咱也姓王，我拉两农都姓王。

tsen^{52}ɕien^{33}uɑ̃^{52}，tsɑ^{52}iɛ^{24}ɕien^{33}uɑ̃^{52}，ɑ^{55}lɑ^{112}liɑ̃^{53}nɔm^{112}tu^{112}ɕien^{33}uɑ̃^{52}。

53　你先去吧，我们等一会儿再去。

【淳安】尔先去吧，哇拉等一下再去。

n^{55}ɕiɑ̃^{224}kʰɯ^{24}pɑ^{0}，uɑ^{24}lɑ^{55}ten^{55}iʔ^{5}xo^{0}tse^{24}kʰɯ^{224}。

【遂安】义$^{=}$先去，嘎拉隔一下再去。

i^{52}ɕiɛ̃^{52}kʰɯ^{422}，kɑ^{33}lɑ^{33}kɑ^{24}i^{24}xɑ^{422}tsəɯ^{422}kʰɯ^{422}。

【建德】尔先去吧，卬党$^{=}$等下再去。

n^{213}ɕie^{42}kʰi^{334}pɑ^{0}，ɑŋ^{213}tɑŋ^{0}ten^{213}xo^{55}tsɛ^{33}kʰi^{334}。

尔去起，……。n^{213}kʰi^{334}tɕʰi^{213}，……。

尔先去起，……。n^{213}ɕie^{42}kʰi^{33}tɕʰi^{213}，……。

【寿昌】谮前行，我拉等记再去。

tsen^{52}ɕi^{52}xɑ̃^{52}，ɑ^{55}lɑ^{112}ten^{24}tɕiəʔ^{3}tɕiɛ^{33}kʰəɯ^{33}。

……，我拉等记起再去。……，ɑ^{55}lɑ^{112}ten^{24}tɕiəʔ^{3}tɕʰi^{24}tɕiɛ^{33}kʰəɯ^{33}。

54　这个吃得，那个吃不得。

【淳安】乙个吃得，愣个吃不得。iʔ^{5}kɑ^{0}tɕʰiʔ^{5}tiʔ^{5}，len^{24}kɑ^{0}tɕʰiʔ^{5}pəʔ^{5}tiʔ^{5}。

【遂安】阿个吃得，伊个吃不得。ɑ^{33}kɛ^{422}tsʰɿ^{21}ti^{33}，i^{33}kɛ^{422}tsʰɿ^{24}pə^{24}ti^{24}。

【建德】佮个吃得，末个吃弗得。

kəʔ^{2}kəʔ^{5}tɕʰiəʔ^{5}təʔ^{5}，məʔ^{2}kəʔ^{5}tɕʰiəʔ^{5}fəʔ^{5}təʔ^{5}。

【寿昌】佮个吃得，末个吃勿得。

ki^{24}kɑ^{33}tɕʰiəʔ^{3}təʔ^{3}，mi^{24}kɑ^{33}tɕʰiəʔ^{3}uɔʔ^{3}təʔ^{3}。

55　这是他的书，那一本是他哥哥的。

【淳安】乙个是渠农个书，愣个是渠哥哥个书。

iʔ^{5}kɑ^{0}tsʰɿa^{55}kʰɯ^{31}lɔm^{224}kɑ^{0}ɕya^{224}，len^{24}kɑ^{0}tsʰɿa^{55}kʰɯ^{445}ku^{24}ku^{224}kɑ^{0}ɕya^{224}。

【遂安】阿本是渠自家个，伊本是渠姐姐个。

ɑ^{33}pən^{33}sɿ^{422}kʰɯ^{33}sɿ^{55}kɑ^{0}kə^{0}，i^{33}pən^{33}sɿ^{422}kʰɯ^{33}tsa^{21}tsa^{33}kə^{0}。

【建德】佮本是渠个书，末本是渠大哥个。

kəʔ^{2}pen^{55}tsɿ^{213}ki^{33}kəʔ^{5}ɕy^{42}，məʔ^{2}pen^{55}tsɿ^{213}ki^{334}tɑ^{21}ku^{55}kəʔ^{5}。

【寿昌】佮本是渠个书，末本是渠阿哥个。

ki^{24}pen^{55}tsɿ^{53}kəɯ^{52}kəʔ^{3}ɕy^{112}，mi^{24}pen^{55}tsɿ^{53}kəɯ^{52}əʔ^{3}ku^{112}kəʔ^{3}。

56　看书的看书，看报的看报，写字的写字。

【淳安】促$^{=}$书个促$^{=}$书，促$^{=}$报个促$^{=}$报，写字个写字。

tsʰoʔ^{5}ɕya^{224}kɑ^{0}tsʰoʔ^{5}ɕya^{224}，tsʰoʔ^{5}pə^{224}kɑ^{0}tsʰoʔ^{5}pə^{224}，ɕiɑ^{24}sɿa^{535}kɑ^{0}ɕiɑ^{24}sɿa^{535}。

【遂安】促$^{=}$书个促$^{=}$书，促$^{=}$报个促$^{=}$报，写字个写字。

tsʰu^{24}ɕy^{534}kə^{0}tsʰu^{24}ɕy^{534}，tsʰu^{24}pɔ^{422}kə^{0}tsʰu^{24}pɔ^{422}，ɕiɛ^{21}sɿ^{52}kə^{0}ɕiɛ^{21}sɿ^{52}。

【建德】看书个看书，看报个看报，写字个写字。

kʰɛ^{33}ɕy^{42}kəʔ^{5}kʰɛ^{33}ɕy^{42}，kʰɛ^{33}pɔ^{334}kəʔ^{5}kʰɛ^{33}pɔ^{334}，ɕie^{21}sɿ^{55}kəʔ^{5}ɕie^{21}sɿ^{55}。

【寿昌】□书个□书，□报个□报，写字个写字。

tsʰɔʔ^{3}ɕy^{112}kəʔ^{3}tsʰɔʔ^{3}ɕyl^{12}，tsʰɔʔ^{3}pəɯ^{33}kəʔ^{3}tsʰɔʔ^{3}pəɯ^{33}， ɕie^{24}sɿ^{33}kəʔ^{3}ɕie^{24}sɿ^{33}。

57　香得很，是不是？

【淳安】香得紧，是不是？ ɕiã^{224}tiʔ^{5}tɕin^{55}？ tsʰɿa^{55}pəʔ^{5}tsʰɿa^{55}？

【遂安】香来糊了，是不是？ ɕiɑ̃^{534}ləɯ^{33}u^{33}liɑ^{33}，sɿ^{422}pə^{24}sɿ^{422}？

【建德】香得很，是弗是？ ɕie^{42}təʔ^{5}xen^{213}，tsɿ^{213}fəʔ^{5}tsɿ^{213}？

【寿昌】吓农香，是勿是？ xəʔ^{3}nɔm^{55}ɕiã^{112}，tsɿ^{53}uɔʔ^{3}tsɿ^{534}？

58　试试看。

【淳安】试下促$^{=}$。tsʰɿa^{24}xo^{0}tsʰoʔ^{5}。

【遂安】试下促$^{=}$。sɿ^{55}xɑ^{0}tsʰu^{24}。

【建德】试试看。sɿ^{33}sɿ^{55}kʰɛ^{334}。试下看。sɿ^{33}xo^{55}kʰɛ^{334}。

【寿昌】试试看。sɿ^{33}sɿ^{33}kʰen^{55}。试记看。sɿ^{33}tɕiəʔ^{3}kʰen^{55}。

59　今天很热。（程度副词及其位置）

【淳安】今阴好热。ken^{33}in^{55}xə^{55}iəʔ^{13}。

【遂安】今日好热。kɯ^{55}iei^{213}xɔ^{24}iɛ^{213}。

【建德】今朝好热。tɕin^{42}tsɔ^{213}xɔ^{213}i^{213}。

【寿昌】今朝猛热。今天很热。ken^{11}tsɤ^{112}mã^{52}ȵi^{24}。

今朝热猛。今天挺热。ken^{11}tsɤ^{112}ȵi^{24}mã^{52}。

60　今天非常热。（程度副词及其位置。程度比上句更深）

【淳安】今阴交关热。今天非常热。ken^{33}in^{55}tɕiə^{33}kuã^{55}iəʔ^{13}。

今阴热得紧。今天热得很。ken^{33}in^{55}iəʔ^{31}tiʔ^{5}tɕin^{55}。

【遂安】今日热来糊了。kɯ^{55}iei^{213}iɛ^{21}ləɯ^{33}u^{33}liɑ^{33}。

【建德】今朝交关热。今天非常热。tɕin^{42}tsɔ^{213}tɕiɔ^{21}kuɛ^{55}i^{213}。

今朝热得很。今天热得很。tɕin^{42}tsɔ^{213}i^{21}təʔ^{5}xen^{213}。

【寿昌】今朝吓农热。今天非常热。ken^{11}tsɤ^{112}xəʔ^{3}nɔm^{55}ȵi^{24}。

今朝交关热。今天非常热。ken^{11}tsɤ^{112}tɕiɤ^{11}kuə^{112}ȵi^{24}。

今朝热猛热猛。今天热得很。ken^{11}tsɤ^{112}ȵi^{24}mã^{55}ȵi^{24}mã^{534}。

61　我买了一个碗。（完成体）

【淳安】我买去一只碗。vu^{55}ma^{53}kʰə^{55}iʔ^{5}tsaʔ^{5}uã^{55}。

【遂安】尬买了一只碗。ka^{52}ma^{55}lia^{33}i^{24}tsa^{24}uã^{213}。

【建德】卬买了一只碗。aŋ^{213}ma^{21}ləʔ^{5}iəʔ^{5}tsa^{55}uɛ^{213}。

【寿昌】咱买了一只碗。tsa^{52}ma^{53}ləʔ^{3}iəʔ^{3}tsəʔ^{3}ŋuə^{24}。

62　**他在××（本地县城名）工作。**（处所介词“在”）

【淳安】渠是千岛湖做事体。kʰɯ^{445}tsʰɿa^{55}tɕʰiã^{24}tə^{55}va^{445}tsu^{224}sɿa^{53}tʰi^{0}。

【遂安】渠纠⁼是狮城工作。kʰɯ^{33}tɕiu^{52}sɿ^{422}sɿ^{55}tɕʰin^{213}kən^{52}tsɔ^{52}。

【建德】渠□梅城工作。ki^{334}te^{213}me^{33}sen^{334}kaom^{42}tsəʔ^{5}。

【寿昌】渠在寿昌工作。kəɯ^{52}tɕʰiɛ^{534}səɯ^{33}tsʰã^{112}kɔm^{11}tsɔʔ^{3}。

63　**他在吃饭。**（进行体）

【淳安】渠是里吃饭。kʰɯ^{445}tsʰɿa^{55}li^{0}tɕʰiʔ^{5}fã^{535}。

【遂安】渠纠⁼是里吃饭。kʰɯ^{33}tɕiu^{52}sɿ^{55}li^{0}tsʰɿ^{24}fã^{52}。

【建德】渠□吃饭。ki^{334}te^{213}tɕʰiəʔ^{5}fɛ^{55}。

【寿昌】渠蹲仡里吃饭。kəɯ^{52}ten^{112}kəʔ^{3}li^{534}tɕʰiəʔ^{3}fɤ^{33}。

渠蹲末里吃饭。kəɯ^{52}ten^{112}məʔ^{3}li^{534}tɕʰiəʔ^{3}fɤ^{33}。

64　**他今天穿着一身新衣服。**（持续体。后有宾语）

【淳安】渠今阴着去一套新衣服。kʰɯ^{445}ken^{33}in^{55}tsaʔ^{5}kʰə^{55}iʔ^{5}tʰə^{224}ɕin^{24}i^{24}fu^{0}。

【遂安】渠今日着了一身新衣裳。

kʰɯ^{33}kɯ^{55}iei^{213}tɕia^{24}lia^{55}i^{24}ɕin^{534}ɕin^{534}i^{21}sã^{213}。

【建德】渠今朝穿一身新衣裳。ki^{334}tɕin^{42}tsɔ^{213}tɕʰye^{423}iəʔ^{5}sen^{42}ɕin^{42}i^{42}so^{213}。

【寿昌】渠今朝着了一身新衣裳。kəɯ^{52}ken^{11}tsɤ^{112}tsɔʔ^{3}ləʔ^{3}iəʔ^{3}sen^{112}ɕien^{112}i^{11}sã^{24}。

65　**他家门锁着，窗户也关着，一个人都没有。**（持续体。后无宾语）

【淳安】渠家里门锁住着个，床门关住着个，一个农都没有个。

kʰɯ^{445}ko^{24}li^{55}men^{445}su^{55}tɕʰy^{0}tsaʔ^{0}ka^{0}，kʰã^{55}men^{0}kuã^{24}tɕʰy^{0}tsaʔ^{0}ka^{0}，

iʔ^{5}ka^{224}lɔm^{445}tu^{224}məʔ^{31}iɯ^{55}ka^{0}。

【遂安】渠家里门锁住个，床门也关住个，一个农都无没。

kʰɯ^{33}ka^{55}li^{213}mən^{33}sə^{21}tsʰu^{52}kə^{0}，kʰã^{21}mən^{33}iɛ^{422}kuã^{52}tsʰu^{52}kə^{0}， i^{24}kɛ^{422}lən^{33}tu^{534}m^{33}ma^{33}。

【建德】渠家里门锁掉罢，床门也关掉罢，一个人都弗有。

ki^{334}ko^{42}li^{213}men^{334}su^{21}t^{h}iɔ^{55}pəʔ^{5}，k^{h}ɛ^{55}men^{334}ie^{213}kuɛ^{42}t^{h}iɔ^{21}pəʔ^{5}，iəʔ^{5}kɑ^{334}in^{334}tu^{213}fəʔ^{5}iəɯ^{213}。

【寿昌】渠家里门锁个，床门也关个，一个农都无没。

kəɯ^{52}kuə^{11}li^{11}men^{52}su^{24}kəʔ^{3}，k^{h}uə^{33}men^{52}iɛ^{24}kuə^{11}kəʔ^{3}，iəʔ^{3}kɑ^{33}nɔm^{52}tu^{24}m^{52}mɑ^{33}。

66　他来了。（已然体）

【淳安】渠来罢。k^{h}ɯ^{445}le^{445}pɑ^{0}。

【遂安】渠来了。k^{h}ɯ^{33}ləɯ^{33}lɛ^{0}。

【建德】渠来罢。ki^{334}lɛ^{33}pəʔ^{5}。

【寿昌】渠来罢。kəɯ^{52}liɛ^{52}pɑ^{0}。

67　天要下雨了。（将然体）

【淳安】天公要落雨罢。t^{h}iã^{33}kɔm^{55}iə^{224}lɑʔ^{31}ya^{55}pɑ^{0}。

【遂安】天快落雨了。t^{h}ɛ̃^{534}k^{h}ua^{422}lɔ^{21}y^{55}lɛ^{0}。

【建德】天要落雨罢。t^{h}ie^{42}iɔ^{334}lo^{21}y^{21}pəʔ^{5}。

【寿昌】天公要落雨罢。t^{h}i^{11}kɔm^{112}iɤ^{33}lɔʔ^{3}y^{534}pɑ^{0}。

68　你把门关上。（处置句）

【淳安】尔拿门关住。n^{55}lɑ^{53}men^{0}kuã^{24}tɕ^{h}ya^{0}。

【遂安】义⁼把门关去。i^{52}pɑ^{422}mən^{33}kuã^{52}k^{h}ɯ^{422}。

义⁼引⁼门关去。i^{52}n^{422}mən^{33}kuã^{52}k^{h}ɯ^{422}。

【建德】尔把门关上去。n^{213}po^{55}men^{334}kuɛ^{42}so^{21}k^{h}i^{55}。

【寿昌】谮把门关上。tsen^{52}pɑ^{11}men^{52}kuə^{11}sã^{534}。

69　你把钱放好，别丢了。（处置句）

【淳安】尔把铜钱园好来，不要□去。

n^{55}pɑ^{33}t^{h}ɔm^{31}ɕiã^{224}k^{h}ɔm^{24}xə^{55}le^{0}，pəʔ^{5}iə^{0}liʔ^{5}k^{h}ə^{0}。

【遂安】义⁼钞票园好，不跌出去。

i^{52}ts^{h}ɔ^{21}p^{h}iɑ^{422}k^{h}om^{422}xɔ^{213}，pə^{24}tɛ^{24}tɕ^{h}iei^{33}k^{h}ɯ^{55}。

【建德】尔把钞票园好，弗要失掉。

n^{213}po^{55}ts^{h}ɔ^{21}p^{h}iɔ^{55}k^{h}o^{33}xɔ^{213}，fəʔ^{5}iɔ^{55}səʔ^{5}t^{h}iɔ^{55}。

【寿昌】谮把钞票园好，勿脱去。

tsen^{52}pɑ^{11}ts^{h}ɤ^{33}p^{h}iɤ^{33}k^{h}ɑ̃^{33}xɤ^{24}，uɔʔ^{3}t^{h}əʔ^{3}k^{h}əɯ^{33}。

70　那个碗被他打破了。（被动句）

【淳安】愣个碗要渠跌破罢。len^{24}kɑ^{0}uɑ̃^{55}iə^{24}k^{h}ɯ^{445}tɑʔ^{5}p^{h}ɑ^{24}pɑ^{0}。

愣个碗遭渠跌破罢。len^{24}kɑ^{0}uɑ̃^{55}ts^{h}ə^{31}k^{h}ɯ^{445}tɑʔ^{5}p^{h}ɑ^{24}pɑ^{0}。

【遂安】伊个碗犯渠跌破了。i^{33}kɛ^{422}uɑ̃^{213}fɑ̃^{422}k^{h}ɯ^{33}tɑ^{24}p^{h}ɑ^{55}lɛ^{0}。

【建德】末只碗把渠敲破罢。məʔ^{2}tsɑ^{55}uɛ^{213}po^{55}ki^{334}k^{h}ɔ^{42}p^{h}ɑ^{213}pəʔ^{5}。

【寿昌】末个碗让渠敲破罢。mi^{24}kɑ^{33}ŋuə^{24}iɑ̃^{33}kəɯ^{52}k^{h}ɤ^{11}p^{h}ɑ^{33}pɑ^{0}。

71　你给我一把剪刀。（祈使双宾句）

【淳安】尔拿我一把剪刀。n^{55}lɑ^{53}vu^{0}iʔ^{5}po^{55}tɕiɑ̃^{55}tə^{55}。

【遂安】义 $^{=}$ 引 $^{=}$ 尬把剪刀。i^{52}n^{55}kɑ^{52}pɑ^{24}tɕiɛ̃^{21}tɔ^{33}。

【建德】尔把党 $^{=}$ 一把剪刀。n^{213}po^{55}tɑŋ^{213}iəʔ^{5}po^{213}tɕie^{55}tɔ^{42}。

【寿昌】谮拿把剪刀咱。tsen^{52}nuə^{11}pəɯ^{24}tɕi^{33}tɤ^{112}tsɑ^{52}。

谮拿咱一把剪刀。tsen^{52}nuə^{11}tsɑ^{52}iəʔ^{3}pəɯ^{24}tɕi^{33}tɤ^{112}。

72　他给我一个桃子。（陈述双宾句）

【淳安】渠农拿我一个桃。k^{h}ɯ^{31}ləm^{224}lɑ^{53}vu^{0}iʔ^{5}kɑ^{55}t^{h}ə^{445}。

【遂安】渠引 $^{=}$ 尬一个桃了。k^{h}ɯ^{33}n^{55}kɑ^{52}i^{24}kɛ^{422}t^{h}ɔ^{33}lɛ^{0}。

【建德】渠把印一个桃。ki^{334}po^{55}ɑŋ^{213}iəʔ^{5}kɑ^{334}tɔ^{334}。

【寿昌】渠拿咱一个桃。kəɯ^{52}nuə^{11}tsɑ^{24}iəʔ^{3}kɑ^{33}t^{h}ɤ^{52}。

73　这座山我爬得上，他爬不上。（可能补语）

【淳安】乙只山我爬得起去，渠爬不起去。

iʔ^{5}tsɑʔ^{5}sɑ̃^{224}vu^{55}p^{h}o^{445}tiʔ^{5}tɕ^{h}i^{55}k^{h}ɯ^{224}，k^{h}ɯ^{445}p^{h}o^{445}pəʔ^{5}tɕ^{h}i^{55}k^{h}ɯ^{224}。

【遂安】阿一只山尬爬得上去，渠爬不上去。

ɑ^{33}i^{24}tsɑ^{24}sɑ̃^{534}kɑ^{52}p^{h}ɑ^{33}ti^{24}ɕiɑ̃^{55}k^{h}ɯ^{422}，k^{h}ɯ^{33}p^{h}ɑ^{33}pə^{24}ɕiɑ̃^{55}k^{h}ɯ^{422}。（上

去～起去 tsʰɿ^{21}kʰɯ^{24})

【建德】佗只山印爬上去，渠爬弗上去。

kəʔ^{2}tsɑ^{55}sɛ^{42}ɑŋ^{213}po^{33}so^{21}kʰi^{334}，ki^{334}po^{33}fəʔ^{5}so^{21}kʰi^{334}。

……爬得上去，……。……po^{33}təʔ^{5}so^{21}kʰi^{334}，……。

……爬个上去，……。……po^{33}kəʔ^{5}so^{21}kʰi^{334}，……。

【寿昌】佗个山头我农爬了上去，渠农爬勿上去。

ki^{24}kɑ^{33}ɕyə^{11}tʰəɯ^{55}ɑ^{33}nəm^{112}pʰɤ^{52}ləʔ^{3}sɑ̃^{33}kʰəɯ^{33}，kəɯ^{52}nəm^{33} pʰɤ^{52}uɔʔ^{3}sɑ̃^{33}kʰəɯ^{33}。

74　你再吃一碗。（“添”等后置，表继续进行动作）

【淳安】尔再吃碗添。n^{55}tse^{224}tɕʰiʔ^{5}uɑ̃^{0}tʰiɑ̃^{224}。

尔再吃碗。n^{55}tse^{224}tɕʰiʔ^{5}uɑ̃^{0}。

尔吃碗添。n^{55}tɕʰiʔ^{5}uɑ̃^{0}tʰiɑ̃^{224}。

【遂安】义$^{=}$再吃碗添。i^{52}tsəɯ^{422}tsʰɿ^{24}uɑ̃^{0}tʰɛ̃^{534}。

义$^{=}$吃碗添。i^{52}tsʰɿ^{24}uɑ̃^{0}tʰɛ̃^{534}。

【建德】尔再吃碗添。n^{213}tsɛ^{334}tɕʰiəʔ^{5}uɛ^{213}tʰie^{423}。

尔再吃碗。n^{213}tsɛ^{334}tɕʰiəʔ^{5}uɛ^{213}。尔吃碗添。n^{213}tɕʰiəʔ^{5}uɛ^{213}tʰie^{423}。

【寿昌】谮再吃碗添。tsen^{52}tɕiɛ^{24}tɕʰiəʔ^{3}ŋuə^{55}tʰi^{112}。

谮吃碗添。tsen^{52}tɕʰiəʔ^{3}ŋuə^{55}tʰi^{112}。

75　我没听清，你重说一遍。（“过”等后置，表重复进行动作）

【淳安】我农不曾听灵清，尔再讲遍过。

vu^{55}ləm^{445}pəʔ^{5}xəm^{445}tʰin^{224}lin^{31}tɕʰin^{224}，n^{55}tse^{224}kəm^{55}piɑ̃^{0}ku^{224}。

……，尔再讲遍。……，n^{55}tse^{224}kəm^{55}piɑ̃^{0}。

……，尔讲遍过。……，n^{55}kəm^{55}piɑ̃^{0}ku^{224}。

【遂安】尬不恒$^{=}$听清楚，义$^{=}$再讲遍添。

kɑ^{52}pə^{55}xən^{33}tʰen^{422}tɕʰin^{55}tsʰu^{213}，i^{52}tsəɯ^{422}kom^{21}pɛ̃^{422}tʰɛ̃^{534}。

【建德】印未听清楚，尔再讲遍过。

ɑŋ^{213}mi^{55}tʰin^{42}tɕʰin^{42}tsʰu^{213}，n^{213}tsɛ^{334}ko^{21}pie^{55}ku^{334}。

……，尔再讲遍。……，n^{213}tsɛ^{334}ko^{21}pie^{55}。

……，尔讲遍过。……，n^{213}ko^{21}pie^{55}ku^{334}。

【寿昌】咱勿曾听清楚，谮再讲遍过。

tsɑ^{52}uɔʔ^{3}sen^{52}tʰien^{33}tɕʰien^{11}tsʰu^{24}，tsen^{52}tɕiɛ^{24}kɑ̃^{24}pi^{55}ku^{33}。

……，谮讲遍过。……，tsen^{52}kɑ̃^{24}pi^{55}ku^{33}。

76 你先去，我等一会儿再去。（“先”等后置）

【淳安】尔先去起，我等一下再去。

n^{55}ɕiã^{224}kʰɯ^{24}tɕʰi^{55}，vu^{55}ten^{55}iʔ^{5}xo^{0}tse^{24}kʰɯ^{224}。

尔先去，……。n^{55}ɕiã^{24}kʰɯ^{224}，……。

尔去起，……。n^{55}kʰɯ^{24}tɕʰi^{55}，……。

【遂安】义$^{=}$先去起，尬等一下再去。

i^{52}ɕiɛ̃^{534}kʰɯ^{55}tsʰɿ^{213}，kɑ^{52}tən^{21}i^{21}xɑ^{422}tsəɯ^{42}kʰɯ^{422}。

义$^{=}$先去，……。i^{52}ɕiɛ̃^{534}kʰɯ^{422}，……。

义$^{=}$去过先，……。i^{52}kʰɯ^{55}kuə^{0}ɕiɛ̃^{534}，……。

【建德】尔先去起，印等一下再去。

n^{213}ɕie^{42}kʰi^{33}tɕʰi^{213}，ɑŋ^{213}ten^{213}iəʔ^{5}xo^{55}tsɛ^{33}kʰi^{334}。

尔先去，……。n^{213}ɕie^{42}kʰi^{334}，……。

尔去起，……。n^{213}kʰi^{334}tɕʰi^{213}，……。

【寿昌】谮前去起，咱等记添再去。

tsen^{52}ɕi^{52}kʰəɯ^{33}tɕʰi^{24}，tsɑ^{52}ten^{24}tɕiəʔ^{3}tʰi^{112}tɕiɛ^{33}kʰəɯ^{33}。（“添”字可省，下同）

谮前去，……。tsen^{52}ɕi^{52}kʰəɯ^{33}，……。

谮去起，……。tsen^{52}kʰəɯ^{33}tɕʰi^{24}，……。

77 我是老师，他也是老师。（判断句）

【淳安】我是老师，渠也是老师。vu^{55}tsʰɿa^{55}lə^{55}sɿ^{0}，kʰɯ^{445}ɑ^{55}tsʰɿa^{55}lə^{55}sɿ^{0}。

【遂安】尬是老师，渠也是老师。kɑ^{52}sɿ^{422}lɔ^{24}sɿ^{534}，kʰɯ^{33}iɛ^{422}sɿ^{422}lɔ^{24}sɿ^{534}。

【建德】党$^{=}$是老师，渠也是老师。tɑŋ^{213}tsɿ^{213}lɔ^{55}sɿ^{42}，ki^{334}ɛ^{55}tsɿ^{213}lɔ^{55}sɿ^{42}。

【寿昌】咱是老师，渠也是老师。tsɑ^{52}tsɿ^{53}lɑ^{55}sɿ^{33}，kɔɯ^{52}iɛ^{24}tsɿ^{53}lɑ^{55}sɿ^{33}。

78　你去不去？（反复问句）

【淳安】尔去不去啊？ n^{55}kʰɯ^{224}pəʔ^{5}kʰɯ^{224}a^{0}？

【遂安】义$^{=}$去不去？ i^{52}kʰɯ^{422}pə^{24}kʰɯ^{422}？

【建德】尔去弗去？ n^{213}kʰi^{33}fəʔ^{5}kʰi^{334}？

【寿昌】谮去勿去？ tsen^{52}kʰəɯ^{33}uɔʔ^{3}kʰəɯ^{33}？

谮去勿？ tsen^{52}kʰəɯ^{33}uɔʔ^{3}？

79　他去没去？（反复问句）

【淳安】渠去未啊？ kʰɯ^{445}kʰɯ^{24}mi^{0}a^{0}？

渠去不添？ kʰɯ^{445}kʰɯ^{224}pəʔ^{5}tʰiã^{55}？

【遂安】渠去不恒$^{=}$去？ kʰɯ^{33}kʰɯ^{422}pə^{55}xən^{33}kʰɯ^{422}？

【建德】渠有弗有去？ ki^{334}iəɯ^{213}fəʔ^{5}iəɯ^{0}kʰi^{334}？

渠去未？ ki^{334}kʰi^{33}mi^{55}？

渠去份$^{=}$？ ki^{334}kʰi^{33}fen^{55}？

【寿昌】渠去曾去？ kəɯ^{52}kʰəɯ^{33}sen^{55}kʰəɯ^{33}？

渠去曾啊？ kəɯ^{52}kʰəɯ^{33}sen^{55}a^{0}？

附录一　浙江的九姓渔民

壹　我国的“贱民”

本文所谓的“贱民”，是指在旧社会的一些地区，社会地位比一般的平民还要低的某些特殊的居民群体，不包括一般的乞丐、妓女等人。所以，这里的“贱”是卑贱的意思，而不是下贱的意思。据笔者所知，我国的贱民主要有以下五类：

1. 佃仆：分布在皖南徽州地区。

2. 惰民：也叫“惰贫”“六姓惰民”“丐户”“怯怜户”，“惰”字又写作“堕”。分布在浙江绍兴、宁波（如余姚、奉化）和江苏常熟等地，以绍兴为典型。

3. 小姓：分布在浙江金华、严州（如遂安）和皖南徽州等地，以金华为典型。

4. 蛋民：也叫“蛋户”“水上居民”，“蛋”字又写作“疍”“蜑”。分布在福建、广东、广西沿海港湾和内河上。

5. 九姓渔民：详见下文。

此外，有关资料中还提到江西贵溪有“狗民”，山西、陕西有“乐户”等贱民。

贰　九姓渔民简介

目前所能见到的关于九姓渔民的资料和研究，除了一些零星的历史文献以外，比较主要的有程秉荣（1987），方向（1994），施怀德（1994）。由于九姓渔民的历史面貌去今已远，可靠文献缺乏，口碑资料难得，大家对九姓渔民的认识还有不少出入，有些认识则比较模糊，值得进一步商榷。本文在现有资料和研究的基础上，结合笔者所做的调查，对九姓渔民及其方言的基本情况略做介绍和分析，以引起同道的兴趣，将九姓渔民的研究进一步引向深入。

一、概况

九姓渔民的自称一般是"船浪人意为船上人"，也称"搭鱼个意为抓鱼的"，现被称为"九姓渔民"或"九姓渔户"。他们以浙江省西部三江交汇的建德市梅城镇（旧严州府府治）[①]为中心，主要分布在新安江、兰江、富春江（七里泷一段）上，即建德、兰溪、桐庐一带，活动范围南至龙游、衢县、江山，西至淳安，北至杭州。

九姓渔民的"九姓"是指陈、钱、林、李、袁、孙、叶、许、何九个姓。清初时曾编为伏、仁、义、礼、智、信、捕七个字号，有大小船只 2000 多艘，至道光、咸丰年间尚有 1000 多艘，太平天国革命（1851 — 1864 年）后减少为 300 多户。

1958 年合作化时，定居在建德县（今建德市）的九姓渔民共有 366 户，1300 多人，其中以陈、钱、孙、许四姓居多。他们或者加入了渔业社，或者加入了航运社，继续从事水上生产工作。20 世纪 60 年代以后，地方政府组织散居在江上的九姓渔民上岸定居。这些九姓渔民被集中安置在建德县三江沿岸的梅城、三都、大洋三个镇，在这三个镇的江边分别建立了九姓渔民聚居的渔业村。

梅城渔业村的九姓渔民一部分原来就生活在梅城附近，一部分由七里泷迁来。新安江上洋溪一带的九姓渔民也有少量迁居梅城的，不过他们住在梅城南门码头附近，不住在渔业村里。梅城渔业村的九姓渔民上岸后一开始先住在大

① 梅城自公元 225 年至 1960 年为建德县县城，历时 1735 年；自公元 697 年至 1958 年为州府地区级政府所在地，历时 1261 年。

洋，后来搬到梅城附近的乌石滩、严东关，1979 年搬到现在的馒头山。现在住在该村的居民有 120 多人，以钱、陈二姓为主，但其中约有一半人在梅城等地工作，户口已迁出本村。三都渔业村的九姓渔民原来主要生活在七里泷，现在该村有 170 多人，以许姓为主，其次为钱姓。大洋渔业村的九姓渔民约有 1/3 原来就生活在兰江上，2/3 来自七里泷和新安江（来自七里泷的略多），现在该村有 160 多人，有陈、钱、许等姓。此外，洋溪也住着几户九姓渔民，但没有渔业村。

除建德县以外，据说在兰溪、桐庐、衢州也有少量九姓渔民居住。

清同治五年（1866 年），严州知府戴槃奏免九姓渔民渔课，并令改贱为良。当时为了大力宣传和推行这一政策，官府贴了告示，刻了石碑，还给九姓渔民发了准予改贱为良的“执照”。但石碑已毁于“文革”期间，告示、执照也极其难寻。所幸程秉荣（1987）收录了府示、碑文以及发给一个名叫陈顺发的九姓渔民的执照的复印件。由于程文刊于《建德文史资料》，流布有限，一般人难以看到这些珍贵的文献资料。兹将府示和碑文转录于下，以供大家参考。

各渔船实贴札发告示三百道

府　示

九姓渔课钱粮　出自江山船只
向由建德完纳　给发门牌油票
本府详请奏裁　已奉大宪批准
定自五年为始　课银一概免纳
并准改贱为良　革除九姓名目
船中窝娼宿弊　嗣后永行禁止
各宜凛遵毋违　妇女不准下舱
倘敢仍蹈故习　立即严拿究办

同治五年七月

裁严郡九姓渔课并令改贱为良碑记

严郡建德县之渔课，始自明洪武年间。九姓则陈、钱、林、李、袁、孙、叶、许、何。相传陈友谅明初抗师，子孙九族家属贬入舟居，使之身为贱业，几无异于校坊之设也。由明至今数百年来，渔课照完。舟中所居之妇女，名为眷属，实则官妓。迄今日久年深，九姓之姓常存，九姓之名已难遍考。近数十年来，船只名为“江山”，各县购买妇女作为眷属，以此营生，船以奉官为名。官吏既征钱粮，即有不能禁止之势。渔课虽征银无多，而胥役之在外浮收需索，曾不知加增几倍。今欲禁江山船之妇女，则必裁建德县之渔课。查建德县船庄册载，原额征丁口银二百十八两零，雍正年间已摊入田地山塘均匀带征，无庸议裁。渔课一项，仍照旧征收，共银九十四两五钱五分八厘。除解藩司衙门，无闰之年一十七两八钱一分，有闰之年一十九两六钱七分一厘，照例另行筹解外，余系府衙门修仓充饷之用，皆属可裁之款。余乃为之请于督抚诸宪，将九姓渔户课钞永远裁革，于国课无损，于人心有益，并准九姓改贱为良。查乾隆年间议准山西、陕西之乐户，浙江之丐户，虽编籍由来无可确据，而其相仍托业定属卑污。雍正年间因御史年熙蔼尔太先后条奏，准令除籍改业，得为良民。正所以杜其邪僻之路，非即许其厕身衣冠之林也。嗣后因酌定限制，以清冒滥。如削籍之乐户改业为良，报官存案，祓濯旧污，阅时久远，为里党所共知者，自不便阻其向上之路。应以报官改业之人为始，下逮四世，本族亲支，皆系清白自守，方准报捐应试。浙江九姓之渔户，悉令地方官照此办理。乃因渔课未裁，百数十年各户仍习贱业而未改。今九姓之课既准裁免，九姓之人可以改业矣！惟改业之户不准遽行报捐应试，自报官之人为始，下逮四世，方准照办。至于耕读工贾，业已为良，应悉从其便。如有势豪土棍藉端欺压讹诈者，严行查禁惩治，以儆刁风。我国家之立法至周且备，是在地方官遵而行之。从此渔课裁，而九姓之妇女，不准再作娼妓，所以节其流也。渔课裁，而九姓之民人，可以渐入士林，所以清其源也。今大府咨部裁革，诸宪亦出示严禁，庶数百年之民患可除，而积习为之一变，其所以维持风化者匪浅鲜也！是为记。

同治五年十二月

二、来历

九姓渔民的来历问题至今仍是一个悬案。

比较流行的一种说法是，九姓渔民的祖先是元末陈友谅（1320 — 1363 年）的部属。陈友谅于元至正二十年（1360 年）在江州（今江西九江）建大汉国称帝，此后与朱元璋进行了三年多的战争，但屡战屡败，元至正二十三年（1363 年）八月，陈在鄱阳湖一役中被乱箭射死。其部分残兵败将沿着赣东北—皖南的“茶叶之路”[①]，翻山越岭逃到徽州，然后顺新安江而下，因为他们多为水军（陈友谅即渔民出身），便停在了三江交汇的梅城一带。等官府查明这些不速之客的来历后，即被朱元璋贬为贱民，只令在水上生活，不得上岸定居。据程秉荣（1987），梅城的九姓渔民有一首渔歌云：“老子严江七十翁，年年江上住船篷。早年打败朱洪武，五百年前真威风！”

除此之外，还有说是南宋亡国大夫遗族，或者说是富家歌妓之类沦落而成。方向（1994）则提出如下观点：九姓渔民的祖先是百越之后。六朝时刘宋大将沈庆之讨伐江、汉蛮民，将所虏获的蛮民（即蛋民）全部移至南京，编为娼籍。[②]南京的蛋民部分融入当地汉人，部分到了徽州。在徽州，他们因为帮助蒙元抗御朱元璋部队的进攻，遂被朱元璋贬为水上贱民。后来这些人又来到浙江严州一带，成为近世浙江的九姓渔民。

罗香林（1955）就已联系古百越民族，试图理清我国东南地区蛋民、惰民等各种贱民的源流关系。他认为“蛋、惰、太、泰、歹、撣”等称呼，音都相通，本义都是“人”的意思。例如他说：“蛋惰声纽相同，韵则一为寒部，一为歌部，歌寒二部正阴阳对转。”显然认为“惰民”就是“蛋民”的别称。他在文中虽未专门考证九姓渔民的来历，但实际上把九姓渔民笼统地包括在了“惰民”里面。可惜罗文题目太大，而有力的论据不多，尚不能一锤定音。不过，九姓渔民与闽、粤、桂蛋民之间的关系的确是值得我们做进一步比较研究的。

---

① 白居易《琵琶行》：“商人重利轻别离，前月浮梁买茶去。”浮梁县位于江西省景德镇市以北，以产茶著名，与之相邻的安徽省祁门县也以红茶名闻天下。

② 《南史·沈庆之传》：“率军讨伐江、汉蛮民，前后所获蛋，并移都下，以为营户。”

方向（1994）跟罗文一样，正如他自己所说“推理多于求证”，准确地说是“推测多于求证”。他否定九姓渔民来自陈友谅残部之说的论证也无法使人信服。他的论证过程是，他的熟悉地方掌故的祖父曾经说陈家村的惰民（俗称“陈家佬”）是陈友谅的后裔，因此九姓渔民不可能也是陈友谅的后裔；既然朝廷让朱元璋的头号仇敌陈友谅的后裔当惰民，那么陈友谅的胁从者亦即那些别姓部属就不至于当比惰民还要卑贱的九姓渔民（至少应该平等都当惰民）。可见，方文对于九姓渔民来历的研究，虽然把九姓渔民的历史“提前了九百年”，结果是把问题搞得更加复杂化了。

笔者认为，研究九姓渔民特别是其来历问题，最重要的资料有以下四类：（1）文献，（2）口碑，（3）风俗，（4）方言。其中，今天所能搜集到的口碑资料可靠性很差，因为几乎所有的九姓渔民都没有文化，他们对自身历史的来龙去脉很难说得明白。笔者访问过的九姓渔民老人中，只有一个人说到他们的祖先曾经出船帮助官府攻打严州府的太平天国驻军，攻下严州后，官府就给了他们在江上捕鱼的特权。其他人即使连这样的传说都说不上来。至于传统的风俗习惯也早已成为历史的陈迹，即使今天在世的年岁最高的九姓渔民也只是看到过，或者听说过而已，因为到了他们生长的时代（20世纪），九姓渔民的社会地位和生活情况已经有了很大的改变了。在这种情况下，文献和方言的资料就显得尤其珍贵。现存文献中最重要的大概就是上文所引的碑文了。因为当时严州知府既然要为九姓渔民奏免渔课，而且刻石永记，理应查证有关九姓渔民的历史和现状情况，而他所能掌握的情况应该要比后人掌握的情况丰富、可靠得多。至于方言方面的情况，笔者将在下文介绍，并据此提出我们对这个问题的一些看法。总之，我们认为应该严格以现有材料为依据，来探讨我们现在所能够解决的那一部分问题，而不宜做过多假设。

三、生活和风俗

九姓渔民以船为家，捕鱼为业，生活十分艰辛。有些家庭为生活所迫，女子从事卖身行业，久而久之，竟成风气。专门的妓船高大、宽敞而华丽，被称为“茭白船茭白是生长在水里的一种蔬菜”，也叫“江山船据说因产地江山县而得名”。旧时在严州及其周围地区非常有名，直至解放前在梅城南门码头尚存数艘。这些“茭白船”中，有些是九姓渔民的，有些则大概是其他渔民或岸上人的。有人说“茭白船”就等于九姓渔船，并似乎认为九姓渔民全都是男渔女娼，甚或“父驾舟，母上灶，兄弟划桨，儿媳和女儿当妓女”（方向，1994），这恐怕与实际情况有出入。可以设想，当时一般的九姓渔民除了维持生计以外，有几家购置得起这样高档豪华的船呢？笔者所访问过的九姓渔民老人没有一个人承认“茭白船”跟九姓渔民有关，他们都说那是有钱人的，他们从来也没有上去过。这似乎可以说明大多数九姓渔民还是以捕鱼为生的穷人。

九姓渔民长期以来深受社会歧视，主要表现为：

1. 不准上岸定居，再有钱也不准在岸上盖房子，只能住在船上；

2. 不准与岸上人通婚，通婚只限于九姓渔民内部；

3. 不准上学和应试；

4. 不准穿长衫、马褂和鞋子，即使穿鞋也得把鞋后跟踩下去拖着穿。

九姓渔民有自己的风俗习惯。不过自清同治五年（1866年）实行“改贱为良”的政策以后，九姓渔民逐渐融入岸上社会，风俗习惯也慢慢跟岸上人趋同。20世纪以来变化更大。今天九姓渔民的生活和风俗跟岸上人已经没什么两样。关于九姓渔民以前的风俗习惯，程秉荣（1987）、方向（1994）已做了较详细的介绍，这里不再赘述。

叁　九姓渔民的方言

笔者于1995年8月、1996年4月、1997年3月三次赴梅城、三都、大洋调查九姓渔民的方言。本文介绍的九姓渔民方言以梅城的为主。据梅城渔业村年龄最大的九姓渔民老人钱狗儿、孙兰英夫妇（均生于1910年）和村支书钱樟生（生于1944年）等人介绍，九姓渔民称自己的方言为“船浪白话”，意为船上话（为阅读方便，下文称“船上话”）。各地九姓渔民的方言基本相同，但长期生活在某一地区的九姓渔民可能会受到当地方言的一些影响。今天的船上话跟梅城一带的方言十分相近，相互通话没有困难，但九姓渔民和当地人都能够区分船上话和当地方言。九姓渔民在家里使用船上话，跟当地人交往使用当地方言，一般即梅城话（当地称“梅城白话”。为阅读方便，下文称“梅城话”）。但非九姓渔民只会说当地方言，不会说船上话。不过现在从外面嫁到九姓渔民家里的女子也会说一点船上话。

在笔者做调查的20世纪90年代中期，真正地道的船上话只有七八十岁的老年人会说。中年人受当地方言影响很大，常常会不自觉地把当地方言的成分混入船上话。青少年主要生活在非九姓渔民社会里，他们已经说不好船上话了，而且使用船上话的机会也越来越少。估计用不了几年，船上话就会基本消亡。

从笔者调查的情况来看，梅城渔业村的船上话跟梅城话之间是“大同小异”。下面，从“同”和“异”两方面来介绍船上话的主要特点，主要介绍“异”的方面。当然，在船上话内部也存在一些差异，例如钱狗儿和钱樟生的话就有所不同。这当中有的可能是因为原来生活的地区不同所造成的，如钱狗儿一家原来是在梅城一带，钱樟生一家原来是在七里泷一带；有的是年龄差异。这里以钱狗儿的话为主。

一、“同”的方面

（一）语音

1. 古全浊声母今全部读清音，逢塞音塞擦音时平、上、入声送气，去声不送气，例如：田 tie^{22} ǀ 近 tɕin^{213} ǀ 地 tʰi^{34} ǀ 薄 pou^{213}。

2. 见系开口二等字读［k］组声母，例如：讲 kɑŋ^{213} ǀ 敲 kʰɔ^{53} ǀ 学 xɔ^{213}。

3. 古咸、山两摄和梗摄开口二等的阳声韵字失去鼻音韵尾，入声韵字失去塞音韵尾，转为开尾韵或元音尾韵，例如：男 nɛ^{22} ǀ 冷 la^{213} ǀ 雪 si^{55} ǀ 白 pɑ^{213}。

4. 其他入声韵字带喉塞尾［ʔ］，有［əʔ iəʔ uəʔ yəʔ］四个入声韵。

5. 通摄阳声韵字带［m］韵尾，例如：东 təm^{53} ǀ 用 iəm^{34}。

6. 入声分阴入、阳入。

7. 有小称，“儿［n^{22}］”字自成音节，例如：筷儿 kʰuɛ^{22}n$^{22\text{-}55}$。

（二）词汇

1. 人，说“人”，不说“农”。

2. 不，说“弗”。

3. 动词“没有”说“弗有”，副词“没有”说“未”。

4. 什么，说“啥哩”。

（三）语法

1. “添”用在动词性词语后，表示将动作继续进行下去，例如：尔再讲遍添你再说一遍。

2. “起”用在动词性词语后，作用跟普通话里放在动词前修饰动词的“先”基本相同，例如：尔去起你先去。

根据以上特点，我们完全可以把今天的船上话视为建德话里的一个比较特殊的小类，归入建德话。

二、“异”的方面

（一）语音

1. 声母分尖团，古精组细音字和见组细音字声母不同，例如：精 $tsin^{53}$ ≠ 经 $tɕin^{53}$。今梅城话不分尖团。

2. “爬马八袜法”等字读 [ɤa] 韵，例如：爬 $pɤa^{22}$ ｜马 $mɤa^{213}$ ｜法 $fɤa^{55}$。这类字梅城话读 [o] 韵。

3. 山摄合口一等帮组字韵母特殊，读 [ou] 韵，例如：半 pou^{22} ｜满 mou^{213}。这类字梅城话读 [ɛ] 韵。

4. 山摄合口一等端系字韵母特殊，读 [ei] 韵，例如：短 tei^{213} ｜酸 sei^{53}。这类字梅城话读 [ɛ] 韵。

5. 宕江两摄阳声韵字读 [aŋ iaŋ uaŋ yaŋ] 韵，梅城话绝大部分字失去鼻音韵尾，读 [o ɛ ie] 等韵。

6. 梅城话浊去字与咸山宕江四摄和梗摄部分清入字声调相同，都读 [55]，例如：自＝雪 $ɕi^{55}$。船上话浊去字读 [34] 调，咸山宕江四摄和梗摄部分清入字自成一个调类，读 [55]。因此船上话比梅城话多一个调类。

（二）词汇

1. 在人称代词系统方面存在重要的区别，表现为：

（1）第一人称单数，船上话用“我”和“我农”，梅城话用“党$^{=}$”和“印”。

（2）单数代词，船上话有一套带“农”的形式，梅城话没有。

（3）复数代词，船上话由单数的“我、尔、渠”加上“拉”构成，梅城话第一人称复数由单数形式重叠而成，第二、三人称复数由单数的“尔、渠”加上“奆”构成。

（4）第一人称包括式，船上话由“我”和“尔”组合而成，梅城话说“尔夏$^{=}$”。详见下表（声调只标实际调值）：

	我	你	他	我们	你们	他们	咱们
船上	我 a^{213} 我农 a^{21}lɔm^{213}	尔 n^{213} 尔农 n^{21}lɔm^{213}	渠 ki^{22} 渠农 ki^{22}lɔm^{22}	我拉 a^{21}la^{213}	尔拉 n^{21}na^{213}	渠拉 ki^{21}la^{213}	我尔 a^{21}n^{213}
梅城	党$^{=}$taŋ^{213} 印 ɑŋ^{213}	尔 n^{213}	渠 ki^{334}	印党$^{=}$ɑŋ^{213}taŋ^{0} 党$^{=}$党$^{=}$ taŋ^{213}taŋ^{0}	尔奆 n^{213}ta^{0}	渠奆 ki^{55}ta^{0}	尔夏$^{=}$ n^{213}xo^{55}

2. 在指示代词系统中，近指代词相同，都用“仡［kəʔ^{12}］”。远指代词不同，船上话用“尔［n^{213}］”，梅城话用“末［məʔ^{12}］”。

3. 亲属称谓多带词头“阿”，例如：阿□叔叔；爸爸 ɑ$^{534-53}$u^{13} ｜阿婶｜阿哥｜阿姊。梅城话没有词头。

4. 左手叫“大手”“反手”，右手叫“细手”“顺手”。梅城话只叫“反手”“顺手”。

5. 脖子叫“脰颈”。梅城话叫“头颈”，不过遂安、寿昌、汤溪、兰溪诸葛等地也叫“脰颈”。

6. 玉米叫“六谷”，梅城话叫“包萝”。

7. 方位词“上”用“浪”，例如：船浪船上｜边浪边上，旁边。梅城话用“上”。

8. 动词“说”用“话”，梅城话用“讲”。

9. 舒服说“得过”，梅城话说“舒服”。

（三）语法

1. 程度补语有“酸得紧”的形式，梅城话跟普通话一样说“酸得很”。

2. 可能补语“吃得”“吃了得”两种形式并用，梅城话跟普通话一样只说“吃得”。

肆　一些初步的推论

由上可见，船上话和梅城话在很大程度上是相同或者相近的。例如，古全浊声母的演变常常可以作为区分不同方言区的重要依据，梅城话采取了一种不同于周围诸县方言甚至也未见于汉语其他任何方言的独特的演变方式，即平、上、入声送气，去声不送气，而船上话在这个问题上跟梅城话完全一致。但与此同时，船上话跟梅城话之间也存在一些重要的区别。例如声母分尖团，有[ɤa]韵，第一人称代词用“我”“我农我”“我拉我们”“我尔咱们”，远指代词用“尔”，有“阿”词头，等等。

从今天船上话的具体面貌以及船上话跟梅城等地方言的关系来看，我们可以得到以下一些初步的看法。

1. 船上话是外来的

船上话跟梅城话相同的成分，大部分是从梅城话里吸收来的，但也有一些可能是船上话自己原有的，只不过正好跟梅城话相同罢了。船上话跟梅城话相异的成分，有些是古代船上话的遗留，但也有一些以前可能为船上话和梅城话所共有，后来只保留在船上话里，或者是船上话跟梅城话碰撞融合而产生的新形式。因此，要判断船上话的来历，不能只看船上话跟梅城话相异的部分，相异的部分也不能全部当作判断船上话来历的根据。不过话说回来，要从今天的船上话里确切地圈出其固有的那一部分成分是十分困难的。我们认为，从考证船上话来历的角度来说，可以依据的是船上话跟梅城话相异的成分中的那些最重要的语音特点、基本词语和语法现象。

如上所述，船上话拥有一些跟梅城等地方言不同的重要特点，尤其是第一人称代词、远指代词等这些语言中非常重要的概念，船上话也有自己的形式。

从这一点来看，我们很难认为船上话是当地土生土长的。当然，如果九姓渔民来源于古代的某个少数民族，那么船上话也有可能是一种比梅城话资格更老的本地话。按照罗香林（1955）的“古越族来源说”就可以推导出这个结论。不过，古百越民族除了南部、西部边缘地区演化成为后来的壮侗语族诸民族之外，其他地区均已融入汉族。即使迟至三国时代仍然盘踞在皖南、浙西偏僻山区的山越大军最终也融入了汉族的汪洋大海之中，在梅城这种繁华热闹的水陆码头居然会有一支小分队能够历经几千年的风吹浪打而顽强地独立生存下来——尽管是作为贱民，那实在是令人难以置信的。

我们认为船上话是外来的。那么船上话究竟是从哪里来的呢？这是一个目前尚难以确切回答的问题。要解决船上话的来源问题，首先必须对船上话进行深入细致的调查，然后将船上话与有关的汉语方言以及民族语言进行比较。但我们现在所掌握的船上话的材料还不足以做全面的比较。当然，如果九姓渔民的祖先真的是陈友谅的残部，那么最早的船上话实际上就是这些残兵败将的方言。但这些人主要来自何省何县？以说什么地方方言为主？或者干脆就是一群来自四面八方的乌合之众，本来就没有一种比较一致的方言，到了一个远离家乡的新地方以后只好放弃各自的方言而改用当地方言，只是将自己原有的若干特殊成分带进了当地方言（即：原有特殊成分→梅城话＝船上话），亦未可知。这就需要文献方面的证据。不过，我们现在还不能先假设九姓渔民的祖先没有自己的方言——那是建立在好几个假设的基础上的假设，而放弃对船上话来源的研究。所以，目前最要紧的还是尽快地对九姓渔民及其船上话的现状进行详细调查。笔者打算在对船上话做进一步调查的基础上，另文探讨船上话的来源问题。

2. 船上话在梅城一带已经存在了相当长的时间

从今天船上话严重地混同于梅城话的情况来看，船上话在梅城一带应该已经生存发展了相当长的时间。在浙江的中西部地区，各地方言之间的通话程度是非常低的。例如建德、寿昌二县（寿昌县已于1958年并入建德县）的方言之间通话就很困难，建德、寿昌跟东边的兰溪、西边的淳安、遂安等县之间就已经无法通话。船上话作为一种外来的方言，本来应该是跟梅城等地方言迥然不同的，但今天却已变得跟梅城话大同小异，通话毫无困难。这说明九姓渔民进入梅城及其周围地区必已具有相当长的历史了，严州知府《改贱为良碑记》所说的明初的时间至少可以看作是一个下限。

3. 九姓渔民的生产生活方式决定了船上话的命运

时间对语言的发展变化固然是很重要的，但不是唯一的因素，甚至不是最重要的因素。今天船上话之所以已基本融入梅城话，除了时间因素以外，跟九姓渔民的生产生活方式也是密切相关的。九姓渔民虽然为人所不齿，生活在一个相对独立的社会里，但他们以捕鱼为业的生产方式迫使他们必须跟岸上人进行频繁的贸易才能维持生存。而另一方面，岸上人要吃鱼、乘船大概也不得不跟九姓渔民打交道，更不用说那些钟情于"茭白船"的各色人等了。既然九姓渔民与岸上社会有着如此千丝万缕的联系，他们无疑必须得学会当地方言以将此作为跟岸上人交往的工具，因为岸上人是绝对不会来学他们的方言的（可能也正因此，对九姓渔民的限制条款里面没有不准说岸上话这一条）。在长期对内使用船上话，对外使用当地方言的双语语言生活中，船上话本身也发生了深刻的变化，最终导致今天这种严重混同于当地方言而濒临消亡的结局。

畲话的情况可以从反面说明这个问题。畲族是明清时代（主要是清代）进入浙江地区的。今天散布在浙江各地汉族中间的畲族虽然对外都使用当地方言，但在内部却大多数都能较好地保存使用自己特有的语言形式——畲话。其主要原因恐怕是畲族一般都居住在地偏人稀的高山深沟，生活长期自给自足，不需要跟当地汉族发生太多的交往，因而语言上也没有必要完全同化于当地的方言。当然，畲族的民族意识也是保存畲话的一个重要原因。

4. 除了梅城话以外，船上话也受到了附近其他方言的影响

九姓渔民的分布和活动虽然以梅城为中心，但由于以船为家，浮家泛宅，流动性很大。因此，船上话除了深受跟它关系最密切的方言、同时也是当地的权威方言梅城话的影响以外，也必然受到了附近桐庐、兰溪、淳安等地方言的影响。从今天船上话跟梅城话相异的那一部分特点来看，其中有一些可能是附近地区方言影响的结果。例如声母的分尖团现象，虽然建德、寿昌、淳安、桐庐方言都不分尖团，但兰溪方言分尖团。又如韵母中十分特殊的 [ɤa] 韵，在兰溪、金华一带就很常见。再如单数人称代词里的“我农我”“尔农你”“渠农他”，在寿昌、淳安、兰溪、金华都有相应的形式。

当然，船上话跟附近其他方言之间的这种对应关系，有的可能是二者各自平行发展的结果，而有的甚至也有可能暗示了船上话来源方面的某些线索。这些都是有待于今后继续研究的。

参考文献

曹志耘　1996《金华方言词典》，江苏教育出版社。

陈碧笙　1954 关于福州水上居民的名称、来源、特征以及是否少数民族等问题的讨论，《厦门大学学报》（文史版）第 1 期。

陈柯云　1995 雍正五年开豁世仆谕旨在徽州的实施——以《乾隆三十年休宁汪、胡互控案》为中心，国际徽学研讨会论文，安徽黄山。

程秉荣　1987 建德县“九姓渔户”，建德县政协文史资料委员会编《建德文史资料》第二辑，内部资料。

方　向　1994 富春江上的“九姓渔户”，《中国民间文化》第 2 集（总第 14 集），学林出版社。

傅国通、方松熹、蔡勇飞、鲍士杰、傅佐之　1985《浙江吴语分区》，浙江省语言学会《语言学年刊》第三期方言专刊，《杭州大学学报》增刊。

韩振华　1954 试释水上蛋民（白水郎）的历史来源，《厦门大学学报》（文史版）第 5 期。

建德县志编纂办公室　1986《建德县志》，浙江人民出版社。

金华市地方志编纂委员会　1992《金华市志》，浙江人民出版社。

罗香林　1955 蛋民源流考，转载于广西民族研究所资料组 1964 年编印《少数民族史论文选集》（三），内部资料。

施怀德　1994　兰溪茭白船的渊源及其习俗，《中国民间文化》第1集（总第13集），学林出版社。

叶显恩　1983　《明清徽州农村社会与佃仆制》，安徽人民出版社。

章寿松主编　1984《金华地方风俗志》，浙江省金华地区群众艺术馆，内部资料。

浙江省桐庐县县志编纂委员会、北京师范学院中文系方言调查组　1992　《桐庐方言志》，语文出版社。

诸焕灿　余姚惰民浅考，出处未明，疑刊于《浙江民俗》。（另有无名氏《绍兴堕民》，出处未明，亦疑刊于《浙江民俗》）

（原载《中国文化研究》1997年第3期）

附录二　浙江九姓渔民方言的语音特点

壹　引言

九姓渔民是我国旧时的一类“贱民”。九姓渔民的自称一般是“船上人”（梅城话）、“船浪人”（梅城话）或“船拉人意为船上人”（三都话、大洋话），也称“搭鱼个意为抓鱼的”，现被称为“九姓渔民”或“九姓渔户”。他们以浙江省西部三江交汇的建德市梅城镇（旧严州府府治）[①]为中心，主要分布在新安江、兰江、富春江（七里泷一段）上，即建德、兰溪、桐庐一带，活动范围南至龙游、衢县、江山，西至淳安，北至杭州。

九姓渔民的“九姓”是指陈、钱、林、李、袁、孙、叶、许、何九个姓。清初时曾编为伏、仁、义、礼、智、信、捕七个字号，有大小船只 2000 多艘，至道光、咸丰年间尚有 1000 多艘，太平天国革命（1851 — 1864 年）后减少为 300 多户。

1958 年合作化时，定居在建德县（今建德市）的九姓渔民共有 366 户，1300 多人，其中以陈、钱、孙、许四姓居多。他们或者加入了渔业社，或者加入了航运社，继续从事水上生产工作。20 世纪 60 年代以后，地方政府组织散居在江上的九姓渔民上岸定居。这些九姓渔民被集中安置在建德县三江沿岸

① 梅城自公元 225 年至 1960 年为建德县县城，历时 1735 年；自公元 697 年至 1958 年为州府地区级政府所在地，历时 1261 年。

的梅城、三都、大洋三个镇，在这三个镇的江边分别建立了九姓渔民聚居的渔业村。梅城渔业村的九姓渔民一部分原来就生活在梅城附近，一部分由七里泷迁来，现在该村有 120 多人，以钱、陈二姓为主。三都渔业村的九姓渔民原来主要生活在七里泷，现在该村有 170 多人，以许姓为主，其次为钱姓。大洋渔业村的九姓渔民约有 1/3 原来就生活在兰江上，2/3 来自七里泷和新安江（来自七里泷的略多），现在该村有 160 多人，有陈、钱、许等姓。此外，梅城南门码头附近和洋溪也住着几户九姓渔民。

除建德县以外，据说在兰溪、桐庐、衢州也有少量九姓渔民居住。

目前所能见到的关于九姓渔民的资料和研究，除了一些零星的历史文献以外，比较主要的有程秉荣（1987）、方向（1994）、施怀德（1994）。曹志耘（1997）曾在现有资料和研究的基础上，结合自己所做的调查，对九姓渔民的来历、生活、风俗以及方言的基本情况做了介绍和分析。

本文根据笔者 1995 年 8 月、1996 年 4 月、1997 年 3 月三次赴建德市梅城、三都、大洋调查九姓渔民方言所得的材料，介绍九姓渔民方言的具体情况，并做一些讨论。九姓渔民称自己的方言为“船上白话”“船浪白话”或“船拉（人）白话”，意为船上话（为阅读方便，下文有时称“船上话”）。今天的船上话跟旧府治、旧县城梅城一带的方言十分相近，相互通话没有困难，但九姓渔民和当地人都能够区分船上话和当地方言。九姓渔民在家里使用船上话，跟当地人交往使用当地方言。但非九姓渔民只会说当地方言，不会说船上话。不过现在从外面嫁到九姓渔民家里的女子也会说一点船上话。在笔者做调查的 20 世纪 90 年代中期，真正地道的船上话只有七八十岁的老年人会说。中年人受当地方言影响很大，常常会不自觉地把当地方言的成分混入船上话。青少年主要生活在非九姓渔民社会里，他们已经说不好船上话了，而且使用船上话的机会也越来越少。估计用不了几年，船上话就会基本消亡。

各地九姓渔民的方言基本相同，但长期生活在一定地区的九姓渔民其方言也各有一些自己的特点。今天聚居在梅城、三都、大洋三地的九姓渔民因为来源不完全相同，方言也有所不同，即使同一聚居地的九姓渔民因来源不同，其方言内部也存在着一些差异。本文的材料主要以大洋九姓渔民方言为依据，同时参考梅城、三都二地的船上话。由于老年九姓渔民几乎都不识字，记录《方言调查字表》的时候只好请了一位1945年出生（1997年调查时52岁）的发音人：陈国良，男，1945年出生于大洋附近的麻车（兰江上），1958年迁到大洋（兰江上），1969年以后在大洋岸上定居，读过两年书。除了陈国良外，在梅城、三都、大洋还调查了十来位发音人。本文提及的几位发音人简况如下：

现住地	原生活地区	姓名	性别	出生年份	第一次调查时年龄
梅城	梅城	钱狗儿	男	1910	86岁
梅城	乾潭、大洋	钱樟生	男	1944	51岁
三都	？	许顺明	男	1918	78岁
三都	？	钱天生	男	1951	45岁
大洋	麻车	许老鼠	男	1936	61岁
大洋	新安江（原白沙）	陈樟坤	男	1933	64岁
大洋	新安江（原白沙）	陈金红	男	1946	51岁
大洋	乾潭	钱金花	女	1953	44岁

贰　九姓渔民方言的声韵调

一、声母20个，包括零声母在内

p 布爬簿白	pʰ 破步	m 米毛满命袜		f 斧房
t 到头淡夺	tʰ 土地	n 耐南	l 脑农老龙连炉	
ts 紫早精纸赵郑	tsʰ 草清			s 三字星墙时
tɕ 经主陈权舅择	tɕʰ 起轻春轿共	ȵ 泥年热软牛月		ɕ 戏兴书刷实
k 改跪厚	kʰ 苦及	ŋ 鹅藕矮		x 海虎灰
ø 儿衣烟换雨远				

说明：

来自古全浊声母平声的字读的不送气清音声母，有时带送气色彩。

二、韵母 47 个，包括自成音节的 [m]、[n] 在内，其中 [ã iã uã yã] 四韵是文读专用韵母

ɿ 子刺事	i 低棋衣味割鳖脱叶	u 补府库	y 女主水
			yu 桌戳
a 篮咸安眼耕	ia 借山娘生	ua 官关梗横	
ɑ 排买街	iɑ 柴夜择	uɑ 怪快坏	yɑ 帅抓
ɤə 爬马法		uə 家花落	
ɤ 盘满方		uɤ 光糠黄	yɤ 双庄壮
	ie 尖店边	ue 嘴桂鬼	ye 靴砖原月
ᴇ 来赔堆罪男敢短酸		uᴇ 块灰位	
ou 鹅婆过火薄			
ɔ 宝饱敲	iɔ 表姚脚药		
əɯ 头凑狗后酒	iəɯ 手牛油		
ã 文叛感	iã 文县演	uã 文团完	yã 文券宣
en 心根村灯冰城星	in 深身音	uen 滚婚温	yen 准闰云
ɑŋ 汤床讲	iɑŋ 亮养长墙养	uɑŋ 广王	yɑŋ 状爽
oŋ 东风公	ioŋ 虫凶用		
m 亩			
n 五鱼儿耳二			
əʔ 塔佛北黑百木	iəʔ 甲贴十雪一力尺	uəʔ 杀刮骨国屋	yəʔ 缺橘竹浴

说明：

1. [a] 组韵母里的 [a]，接近 [ɐ]。

2. [ue] 韵，有人（许老鼠）读 [ui]。

3. [ue]、[uᴇ] 二韵的区分有时不太稳定。

4. [ou] 韵，实际读音是 [ʊu]。

5. [əɯ] 韵，与 [k] 组声母相拼时 [ə] 不太明显，为 [ᵊɯ]。

6. [ã] 组韵母，鼻化不太明显。

7. 入声韵的喉塞尾 [ʔ] 不太明显。

8. 通摄入声读 [təʔ] 音节的字，韵母有时接近 [ᵘəʔ] 或 [ᵘoʔ]。

9. 梅城、三都与大洋的主要差异：

大洋 [a ia ua] 韵的部分字如"耕山关"等，梅城钱樟生读 [ᴇ iᴇ uᴇ]（钱狗儿读 [a ia ua]），三都发音人都读 [ᴇ iᴇ uᴇ]（许顺明"耕"字读 [a] 韵，但"冷"字读 [ᴇ] 韵）。

大洋 [ɤə] 韵，梅城钱狗儿读 [ɤa]，梅城钱樟生读 [ɤ]，三都发音人都读 [ɤ]。

大洋 [ɤ] 韵，梅城发音人都读 [ou]，三都发音人都读 [u]。

大洋 [ie] 韵，梅城钱樟生、三都钱天生读 [iɪ]。

大洋 [oŋ ioŋ] 韵，梅城发音人都读 [ɔm iɔm]，但 [m] 尾的发音不明显。

三、单字调 7 个

阴平	[534]	衣天西东新山
阳平	[33]	皮田亭梅南来
上声	[13]	死早水改火粉，是稻柱米冷眼，截盒热月药叶
去声	[44]	四变做盖送放，大地洞命乱硬
阴入甲	[55]	八发脚桌刷血
阴入乙	[5]	北国哭七福一
阳入	[12]	毒贼十木六日

说明：

1. 阴平 [534] 有时为 [53]。

2. 阳平 [33] 接近 [223]。

3. 上声 [13] 的开头先略降。

4. 去声 [44] 接近 [34]。

5. 阴入甲 [55] 较短，有时略带喉塞尾色彩。

6. 阳入 [12] 是短调，开头先略降。

叁　九姓渔民方言的音韵特点

一、声母的特点

1. 古全浊声母字今读清声母，逢塞音塞擦音平、上、入声不送气，去声送气。但平声字有时也带送气色彩。如：排 $pɑ^{33}$ ｜亭 ten^{33} ｜舅 $tɕiəɯ^{13}$ ｜近 $tɕin^{13}$ ｜

地 t^hi^{44} | 洞 $t^ho\eta^{44}$ | 白 $p\partial ʔ^{12}$ | 毒 $t\partial ʔ^{12}$。

梅城钱狗儿为平上入声不送气，去声送气。钱樟生基本上平上入声不送气，去声送气；但有的平上入声字也读送气，有的去声字也读不送气；有时则是送气和不送气又读，或是介于送气和不送气之间。

三都发音人不论平上去入声一律不送气，即跟梅城、大洋不同，浊去字也不送气，如：步 pu^{44} | 地 ti^{44} | 洞 $to\eta^{44}$ | 郑 $tsen^{44}$ | 轿 $tɕiɔ^{44}$。

2. 泥母洪音多数字读 [l] 声母，与来母字不分，如：奴＝炉 lu^{33} | 脑＝老 $lɔ^{13}$ | 农＝龙 $lo\eta^{33}$。少数字读 [n] 声母，如：奶 $nɑ^{534}$ | 南 $nᴇ^{33}$。

梅城钱狗儿、钱樟生泥母洪音字一般读 [n] 声母，与来母字不混。但来母宕开三的“良凉量粮两亮”等字读 [n] 声母，如：两 $niɑ\eta^{13}$ | 亮 $niɑ\eta^{44}$。这些字大洋读 [l] 声母。

三都发音人有少量泥母洪音字读 [l] 声母，如：南男 $lᴇ^{33}$（许顺明）~ $nᴇ^{33}$（钱天生）| 农 $lo\eta^{33}$。同时，来母宕开三的字读 [n] 声母。

3. 精组细音字，多数字读 [ts] 组；有的字（一般是口语里不常用的字）读 [tɕ] 组，或 [ts]、[tɕ] 组又读。如：酒 $ts\partial ɯ^{13}$ ≠ 九 $tɕi\partial ɯ^{13}$ | 妻 ts^hi^{534} ≠ 溪 $tɕ^hi^{534}$ | 选 sie^{13} ≠ 险 $ɕie^{13}$ | 济＝计 $tɕi^{44}$ | 集 $si\partial ʔ^{12}$ 收拾，$tɕi\partial ʔ^{12}$ ~体。

从本市乾潭、新安江等地移居大洋村的渔民如钱金花乾潭、陈樟坤新安江、陈金红新安江，不分尖团，精组细音字读 [tɕ] 组声母。

梅城钱狗儿保留比较完整的尖团对立；钱樟生的情况跟大洋陈国良大致相同，但是尖团不分的例字更多一些。

三都发音人都不分尖团，精组细音字读 [tɕ] 组声母。

4. 知系字今读 [ts]、[tɕ] 两组声母。就传统的、土的语音层次而言，二等字多读 [ts] 组，三等字多读 [tɕ] 组。

知系二等字中有少数也读作 [tɕ] 组声母，如：柴 $ɕiɑ^{33}$ | 搀 $tɕ^hia^{534}$ | 山 $ɕia^{534}$ | 删 sa^{534} ~ $ɕia^{534}$ ~ $ɕiɑ^{534}$ | 桩 $tɕyɤ^{534}$ | 双 $ɕyɤ^{534}$ | 生 $ɕia^{534}$ | 争 $tɕia^{534}$。

知系三等字中，假摄、遇摄鱼韵、蟹摄、止摄开口一般读作 [ts] 组声母。

5. 见系开口二等字，白读为 [k] 组声母，文读为 [tɕ] 组声母，如（“/”前

面是白读，后面是文读）：教 kɔ^{44}/tɕiɔ^{44} | 江 kuɤ^{534}/tɕiɑŋ^{534} | 学 xəʔ^{12}/ɕiəʔ^{12}。

6. 疑、影母，今韵母为开口呼的字读 [ŋ] 声母，如：牙 ŋuə^{33} | 眼 ŋa^{13} | 矮 ŋɑ^{13} | 安 ŋᴇ^{534}。

二、韵母的特点

1. 古阳声韵，咸山摄全部、宕江摄部分、梗摄开二字在白读中没有鼻音尾，今读开尾韵。其余韵摄的字收 [n] 尾或 [ŋ] 尾。例见下条。

2. 古入声韵，咸山宕江摄的部分字在白读中没有塞音尾，今读开尾韵。其余韵摄的字收 [ʔ] 尾，不过 [ʔ] 不太明显。如：

咸	深	山	臻	宕	江	曾	梗开二	梗其他	通
点 tie^{13}	金 tɕin^{534}	反 fa^{13}	民 men^{33}	房 fɤ^{33}	桩 tɕyɤ^{534}	升 ɕin^{534}	耕 ka^{534}	成 ɕin^{33}	用 ioŋ^{44}
叠 tia^{13}	急 tɕiəʔ^{5}	发 fɤə^{55}	密 miəʔ^{12}	缚 fu^{13}	桌 tɕyu^{55}	识 ɕiəʔ^{5}	隔 kəʔ^{5}	石 ɕiəʔ^{12}	浴 yəʔ^{12}

3. 果摄字主要读 [ou] 韵，如：多 tou^{534} | 哥 kou^{534} | 火 xou^{13}。

4. 假开二以及咸合三入声、山开二入声和合三入声的部分字读 [ɤə] 韵。例如：爬 pɤə^{33} | 马 mɤə^{13} | 八 pɤə^{55} | 法 fɤə^{55} | 袜 mɤə^{13}。

5. 效摄一、二等没有区别。

6. 咸山摄三、四等字韵母的主要元音没有区别。

7. 宕江摄阳声韵最主要的白读层次为 [ɤ uɤ yɤ] 韵母，如：帮 pɤ^{534} | 黄 uɤ^{33} | 双 ɕyɤ^{534}。

8. 梅城、三都与大洋的主要差异：

大洋 [uə] 韵，梅城全部合入 [uɑ] 韵。

果摄字如"大鹅婆过"等，大洋主要读 [ou] 韵，梅城多合入 [u] 韵。三都许顺明部分字（如"大婆"）读 [o] 韵，部分字（如"鹅过"）读 [u] 韵，钱天生都合入 [u] 韵。

山合一端系字如"短酸"等，大洋归 [ᴇ] 韵（与"来堆罪"等字相同），梅城自成一韵 [ei]。

三、声调的特点

1. 平、入声分阴阳，上、去声不分阴阳。

2. 清入、浊入字根据塞音尾的存失各分长短两类。清入字分为阴入甲［55］（长调）和阴入乙［5］（短调）两调，浊入字的长调读［13］，与上声合流，短调［12］自成调类。

3. 部分不常用的古清上、次浊上字读去声［44］调，部分不常用的古浊去字读上声［13］调，带有文读的性质。

4. 梅城、三都与大洋的主要差异：

清去字的调类，大洋清去字与浊去字合为去声［44］；梅城清去字与浊平字合为阳平［33］。三都许顺明清去字与浊平、浊去字都不同，自成阴去调［434］；钱天生跟大洋一样，清去字与浊去字合为去声［44］。

四、特殊字音

写 siɑŋ^{13}（许老鼠、陈国良音。钱狗儿、钱樟生无鼻尾）｜些 səʔ^{5} ｜蛤～蟆：青蛙 kuə^{33} ｜腐 u^{534} ｜髓 siəʔ^{5} ｜喜～鹊 sɿ^{13} ｜蚁□［xou^{44}］～：蚂蚁 ŋɑ^{13} ｜肥洋～皂：肥皂 pi^{33} ｜尾～巴 mi^{44} ｜未～去 mi^{44} ｜厚 kəɯ^{13} ｜剑 tsie^{44} ｜还～有 uəʔ^{5}（陈国良音）～ a^{33}（钱樟生音）｜船 ye^{33}（许老鼠音）～ ue^{33}（陈国良、钱狗儿、钱樟生音）｜毕 pen^{44} ｜昂 kɑŋ^{33} ｜娘 ȵia^{33} ｜让 ȵia^{44} ｜浓 ioŋ^{33} ｜春 ɕyɤ^{534}

肆　文白异读、连读调、小称音

一、文白异读（例略）

1. 精组细音部分字，白读［ts］组声母，文读［tɕ］组声母。

2. 知系三等部分字，白读［tɕ］组声母，文读［ts］组声母。

3. 见系开口二等部分字，白读［k］组声母，文读［tɕ］组声母。

4. 咸山宕江梗摄部分字，白读没有鼻音韵尾，读作开尾韵，文读为鼻化韵（咸山摄）、收［n］尾（梗摄）或［ŋ］尾（宕江摄）。具体情况如下：

	白读韵	文读韵
咸	a ᴇ ie	ã iã
山	a ᴇ ie ɤ ua ye	ã iã uã yã
宕	ɤ uɤ yɤ	ɑŋ iɑŋ uɑŋ yɑŋ

江　　ɯɤ yɤ　　　　　　　　aŋ iaŋ yaŋ

梗　　a ia ua　　　　　　　　en in

5. 咸山宕江摄部分字，白读没有塞音韵尾，读作开尾韵，文读收 [ʔ] 尾。

6. 如上文所述，在带有文读性质的场合（如较新较文的词语），部分古清上、次浊上字读去声 [44] 调，部分古浊去字读上声 [13] 调。

二、连读调

九姓渔民方言两字组的连调规律见表 14。表中各栏的上一行为单字调，下一行为连读调，无下一行的表示连读调与单字调相同。

表 14　九姓渔民方言两字组连调表

1 \ 2	阴平 534	阳平 33	上声 13	去声 44	阴入甲 55	阴入乙 5	阳入 12
阴平 534	534 534 53 —— 534 534 53 13	534 33 53 —— 534 33 53 13	534 13 53	534 44 53 —— 534 44 53 13	534 55 53	534 5 53	534 12 53
阳平 33	33 534	33 33 —— 33 33 　　53	33 13	33 44	33 55	33 5	33 12
上声 13	13 534 33 —— 13 534	13 33 33 —— 13 33 —— 13 33 44 53	13 13 33 —— 13 13 —— 13 13 21 44	13 44 33 —— 13 44 —— 13 44 21	13 55 33 —— 13 55 21	13 5 33 —— 13 5 21	13 12 33 —— 13 12
去声 44	44 534	44 33 —— 44 33 33 44	44 13 —— 44 13 33 44	44 44 —— 44 44 33	44 55	44 5	44 12

续表

1 \ 2	阴平 534	阳平 33	上声 13	去声 44	阴入甲 55	阴入乙 5	阳入 12
阴入甲 55	55 534	55 33	55 13	55 44	55 55	55 5	55 12
阴入乙 5	5 534	5 33	5 13	5 44	5 55	5 5	5 12
阳入 12	12 534	12 33	12 13	12 44	12 55	12 5	12 12

说明：

1. 连调类型基本上属于前变型，但后字也有一些变化。如前字为阴平时，后字的阴平、阳平、去声会变成 [13]。

2. 阴平做后字时常读作 [53]，阳入做前字时有时读作 [2]，本文里均不标出。

3. 读作轻声的词较少，所以轻声未列入连调表。现已记录到的轻声词有：舌头 ɕye^{13}təɯ^{0} ｜比喻 pi^{44}y^{0} ｜可以 kʰou^{44}i^{0} ｜荔枝 li^{44}tsɿ^{0} ｜鲤鱼 li^{44}n^{0} ｜哪里 lɑ^{44}li^{0} ｜枕头 tɕin^{44}təɯ^{0} ｜忘记 mɤ^{44}tɕi^{0} ｜钵头钵 pɤ^{55}təɯ^{0} ｜客人 kʰəʔ^{5}in^{0} ｜橘子 tɕyəʔ^{5}tsɿ^{0}。

三、小称音

九姓渔民方言里只有少量的小称现象。构成小称的方式有两种，一是在词末加自成音节的“儿 [n^{33}]”，该音节一般要读成高平调 [44]，例如：

虾儿虾 xuə$^{534-53}$n$^{33-13}$ ｜兔儿兔子 tʰu^{44}n$^{33-44}$ ｜筷儿筷子 kʰua^{44}n$^{33-44}$ ｜掠儿梳子 liɔ$^{13-21}$n$^{33-44}$ ｜鸟儿 tiɔ$^{13-33}$n$^{33-44}$ ｜燕儿 ȵie$^{44-33}$n$^{33-44}$

二是不加“儿 [n^{33}]”，但把最后一个音节读成高平调 [44]，例如：

牙齿 ŋuə^{33}tsɿ$^{13-44}$ ｜老鼠 lɔ$^{13-33}$tsʰɿ$^{13-44}$ ｜偷油老鼠蝙蝠 tʰəɯ$^{534-33}$iəɯ^{33}lɔ$^{13-33}$tsʰɿ$^{13-44}$ ｜辣虎辣椒 luə^{13}xu$^{13-44}$ ｜笤帚扫地用的 tiɔ^{33}tɕiəɯ$^{13-44}$ ｜头颈太阳穴 təɯ^{33}tɕin$^{13-44}$ ｜舅母 tɕiəɯ^{13}m$^{13-44}$

参考文献

曹志耘　1997 浙江的九姓渔民，《中国文化研究》第3期。

程秉荣　1987 建德县“九姓渔户”，建德县政协文史资料委员会编《建德文史资料》第二辑，内部资料。

方　向　1994 富春江上的“九姓渔户”，《中国民间文化》第2集（总第14集），学林出版社。

建德县志编纂办公室　1986《建德县志》，浙江人民出版社。

施怀德　1994 兰溪茭白船的渊源及其习俗，《中国民间文化》第1集（总第13集），学林出版社。

（原载江蓝生、侯精一主编《汉语现状与历史的研究——首届汉语语言学国际研讨会文集》，中国社会科学出版社，1999年）

后记

我第一次接触到严州方言是80年代初在山东大学读书的时候。当时我正在阅读那本看上去像文物一样的《浙江方音集》油印本（是从钱曾怡师那里借来的），看到遂安方言的“美”字读 [b] 声母，这给我留下了很深的印象。后来我对严州方言就一直比较留心，可惜有关严州方言的资料极为难得。严州的方言也像烟雾缭绕的新安山水一样，始终给人一种神秘的感觉。

京都大学的平田昌司先生在研究皖南徽语的同时，对浙西和赣东北的徽语以及徽语的外围方言也十分关注。1993年8月在上海见面的时候，他希望我对严州方言做一些调查。能有机会去亲身了解带有神秘色彩的严州方言，我自然感到非常高兴。两年多来，我差不多把所有的研究时间都用在了严州方言上。然而，对博大丰厚的严州方言来说，我所做的工作太不够了，或者说这只是一个开头吧。

1994年9月，我在日本向汉语学界的一些朋友报告了关于严州方言的初步调查结果，没想到引起了大家很大的兴趣。早稻田大学的古屋昭弘先生还好心地提出将有关的调查结果作为他主编的《开篇》单刊的一种，在东京出版。按理说，现在还不到撰写严州方言著作的时候。但是，考虑到学界同人们迟迟看不到严州方言的文字，尽早将首批调查结果整理面世还是非常有必要的。因此，笔者只好一面调查整理，一面写作修改，如此翻来覆去，数易其稿，终于写成现在的这个样子。就我个人来说，已是尽了最大的努力。但愿它没有辜负平田昌司先生和古屋昭弘先生以及其他同好们的期望。

严州方言发音人的情况已在有关章节介绍。各地的发音人以及当地有关政府部门、文化教育界人士对我的工作给予了极大的支持，在此谨向他们表示衷心的感谢。特别要感谢的是毛永甫、蒋建源、费大赞、邵列之、商振哲、姚承义、邵继康等诸位先生。其中姚承义、邵继康两位发音人已于1995年先后谢世，我非常缅怀他们的音容笑貌，他们的声音将通过这本书流传下去。

在日本任教的胡士云先生也同我一起对淳安方言进行过调查，并对淳安方言的写作提出了宝贵意见，谨此致谢。

此外，还要感谢上海师范大学的潘悟云先生，他慷慨地送给我由他设计的国际音标软件，使我免却了输入音标的烦恼，大大提高了工作效率。

最后要说的是，严州是一个充满魅力的地方，那里山青水秀，民风古朴，地域文化厚实而独特。虽然近年来随着千岛湖的开发，观光客接踵而来，但对各方面的研究者来说仍然是一片处女地。我希望看到有更多的学者来关心严州，研究严州。

此项研究得到日本三菱基金会（The Mitsubishi Foundation）的资助。

曹志耘

1996年2月15日（乙亥年腊月廿七）于济南

补 记

20 世纪 90 年代，在国内出版学术著作非常困难，《严州方言研究》只好拿到日本出版，而且只印了几百本。所幸它未被埋没，出版后次年即获得北京大学王力语言学奖金。不过，国内学者特别是年轻一辈估计没几个见过它。

我曾经打算对严州方言进行更加深入的调查研究，并一度对遂安县的“18 都”逐一做了调查，在淳安、建德、寿昌也调查了部分乡镇以及九姓渔民的方言，但这项计划最终没有完成。时光荏苒，转眼间 20 年就过去了。在这 20 年中，千岛湖已飞速发展成为黄金旅游点，但严州方言的调查研究却依然十分冷清。面对这种状况，“重操旧业”的念头时不时地在脑中泛起。2015 年，我终于下决心开始全面改写此书的工作。

我做的工作首先是把原书 wps 文件 word 化，在此基础上录入音标，校改错漏。在内容方面，增加了语音特点、遂安方音内部差异、严州方言字音对照以及附录等章节，重写了前言、概说两章，重画了所有方言地图，此外，在音标符号、方言用字、内容安排、体例格式等方面进行了全面的规范化处理，使之与此前出版的《徽州方言研究》《吴语处衢方言研究》《吴语婺州方言研究》一致。

以前写书、写论文，总感到有人在后面催，有时是自己催自己。唯有这次没有任何人催我，也没有任何的功利性，这种感觉就像是在做一件自己用的家具，可以慢慢地敲打、打磨。当然，这件家具最终还是要拿出来见人的，到底成色如何还得听用户评说。

在此书交付出版之际，我再次想起几十年前在东京的地铁上，我和古屋昭弘先生商讨出版问题的情景。我想借此机会，再次向古屋昭弘先生、平田昌司先生和好文出版的尾方敏裕先生表示衷心的感谢，向王力语言学奖金评选委员会表示衷心的感谢，同时我也要感谢北京语言大学出版社，特别是责任编辑唐琪佳女士为此书出版所付出的辛勤努力。

曹志耘

2016 年 9 月 6 日于北京